Mes Mémoires

. IV

1830 à 1831

Alexandre Dumas

(Traducteur : EM Waller)

Writat

Cette édition parue en 2024

ISBN : 9789359944364

Publié par
Writat
email : info@writat.com

Contenu

LIVRE I

CHAPITRE I

Mes répétitions *de Christine* m'avaient ouvert la maison de Mademoiselle Georges, comme celles d' *Henri III.* m'avait donné l'entrée chez celle de mademoiselle Mars.

La maison qu'occupait mon bon et excellent Georges, au n° 12 de la rue Madame, était, si je me souviens bien, composée d'habitants très originaux. Tout d'abord, dans les combles vivait Jules Janin, le deuxième locataire. Vint ensuite Harel, le locataire principal, qui habitait au deuxième étage. Et au premier et au rez-de-chaussée se trouvaient Georges, sa sœur et ses deux neveux. L'un de ces deux neveux, qui est aujourd'hui un grand, beau et intelligent jeune homme qui porte le nom de Harel, figurait depuis longtemps régulièrement à l'affiche de sa tante, tant en province qu'à Paris, car elle ne pouvait se passer de lui, soit au théâtre, soit en ville.

Mes lecteurs se souviendront de la phrase qui n'a jamais varié pendant cinq ou six années consécutives :

"Le jeune Tom, âgé de dix ans, jouera le rôle de", etc.

Les autres noms varieraient de celui de Joas à celui de Thomas Diafoirus ; mais l'âge ne variait jamais : le jeune Tom avait toujours dix ans.

Nous devrions être justes envers le jeune Tom ; il détestait jouer et, chaque fois qu'il devait monter sur scène, il marmonnait entre ses dents :

"Maudit soit le théâtre ! Si seulement on pouvait le brûler !"

« Qu'est-ce que tu dis, Tom ? demandait mademoiselle Georges.

"Rien, tante", répondait Tom; "Je ne fais que répéter mon rôle."

Son frère Paul, qu'on appelait « le petit Popol », était de loin l'objet le plus drôle qu'on ait jamais vu : il avait une tête charmante, avec de beaux yeux noirs et de longs cheveux châtains, mais son corps était trop petit pour porter la tête. . Cette disproportion donnait à l'enfant un aspect très grotesque : il était immensément intelligent, gourmand comme Grimod de la Reynière, et tout le contraire de Tom en ce sens qu'il serait resté sur scène toute sa vie, s'il avait réussi à obtenir beaucoup à manger ainsi.

A l'époque où je l'ai connu pour la première fois, ce n'était qu'un petit singe de six ou sept ans, et déjà il avait imaginé un moyen d'ouvrir un compte créditeur au café qui fait l'angle de la rue de Vaugirard et du rue de Molière, au moyen de toutes sortes d'excuses ingénieuses. Un beau jour, on apprit que le compte du petit Popol s'élevait à cent écus ! En trois mois, il avait économisé pour trois cents francs de confiseries et de boissons de toutes sortes, qu'il avait demandées au nom de sa mère ou au nom de sa tante, et qu'il avait mangées ou bu dans les escaliers, dans les couloirs ou dans les rues. derrière les portes. C'est lui qui, en *Richard Darlington* , fut placé de manière à le faire paraître de la taille d'un homme ordinaire, représentant le président de la Chambre des communes. A ce titre, il avait une cloche à sa droite et un verre d'eau sucrée à sa gauche ; il sonna avec la gravité de M. Dupin, et but le verre d'eau sucrée avec la dignité de M. Barrot. Le petit mendiant n'apprendrait jamais ses prières, ce qui fit un immense plaisir au Voltairien Harel ; cependant, tout à coup (c'était au cours d'une épidémie de choléra), ils découvrirent que le petit Popol disait matin et soir une prière qu'il avait sans doute improvisée pour la circonstance.

Ils furent curieux de savoir quelle était cette prière et, se cachant pour l'écouter, entendirent ceci :

"O Seigneur Dieu ! prends ma tante Georges ; prends mon oncle Harel ; prends mon frère Tom ; prends maman Bébelle ; prends mon ami Provost, mais laisse le petit Popol et la cuisinière !"

Mais la prière n'apporta pas au pauvre petit le bonheur qu'il souhaitait ardemment : le choléra le prit et l'emporta avec mille cinq cents autres dans la même journée.

Nous avons dit qui était son frère Tom ; nous avons tous vu comment "maman Bébelle" agissait sous le nom de Georges le Jeune : disons maintenant quelques mots de tante Georges, la plus belle femme de son temps, et de l'oncle Harel, l'homme le plus spirituel de son temps.

Eh bien, la tante de Georges était une belle créature d'environ quarante et un ans. Nous avons déjà donné une esquisse de son portrait par la plume habile de Théophile Gautier. Ses mains, ses bras et ses épaules, son cou, ses dents et ses yeux étaient d'un charme et d'une beauté indescriptibles ; mais, comme la charmante fée Mélusine, il y avait une certaine lassitude visible dans ses mouvements, qui était augmentée par le port de robes beaucoup trop longues — pourquoi, je l'ignore, car ses pieds étaient aussi beaux que ses mains.

L'oisiveté de Mademoiselle Georges, sauf pour les choses liées au théâtre, où elle était toujours aux aguets, était incroyable . Grand et majestueux, conscient de sa beauté, ayant deux empereurs et trois ou quatre rois pour admirateurs, Georges aimait à s'allonger sur un grand canapé, en robes de velours, pelisses fourrées et châles indiens en cachemire, pendant l'hiver ; en été, dans des robes de thé en batiste ou en mousseline. Ainsi étendu, dans une pose toujours insouciante et gracieuse, Georges recevait la visite des étrangers, tantôt avec la majesté d'une matrone romaine, tantôt avec le sourire d'une courtisane grecque ; tandis qu'entre les plis de sa robe, les ouvertures de ses châles et les jupes de ses robes de thé, sortaient les têtes de deux ou trois lièvres de la meilleure race, ressemblant à autant de têtes de serpents. L'amour de Georges pour la propreté était proverbial : elle effectuait une toilette préliminaire avant d'entrer dans son bain, afin de ne pas salir l'eau dans laquelle elle restait une heure ; elle y recevait ses amies familières, attachant de temps en temps ses cheveux avec des épingles d'or lorsqu'ils tombaient ; ses bras splendides se dressaient entièrement hors de l'eau, sa gorge et sa poitrine semblaient sculptées dans le marbre de Paros. Et c'était une chose singulière que ces actions, qui chez une autre femme auraient été provocatrices et lascives, fussent simples et naturelles chez Georges, comme celles d'un Grec du temps d'Homère ou de Phidias ; aussi belle qu'une statue, elle ressemblait simplement à une statue surprise de sa propre nudité, et elle aurait été, j'en suis sûr, bien surprise si un amant jaloux lui avait défendu de se montrer ainsi dans son bain, où, comme une mer, - nymphe, elle faisait soulever l'eau avec le mouvement de ses épaules et de ses seins blancs.

Georges rendait tout son entourage propre dans ses habitudes, sauf Harel. Mais Harel, c'était une tout autre affaire. La propreté signifiait pour lui un immense sacrifice, et ce sacrifice, il ne le ferait que sous une forte pression et contrainte. Alors Georges, qui l'adorait et ne pouvait se passer de ses bavardages délicieux et spirituels à ses oreilles, déclarait à tout le monde qu'elle n'aimait que son esprit, et que, quant au reste de sa personnalité, elle le laissait libre de en faire ce qu'il voulait.

A cette époque, Georges possédait encore de magnifiques diamants et, parmi eux, deux boutons qui lui avaient été offerts par Napoléon et qui valaient chacun près de douze mille francs. Elle les avait fait monter en boucles d'oreilles et les portait de préférence à toutes les autres. Ces boutons étaient si gros que Georges très souvent, en rentrant le soir, après avoir joué, les enlevait, se plaignant qu'ils lui tiraient les oreilles. Un soir, nous sommes revenus avec elle et nous sommes mis à table pour souper. Le souper terminé, nous mangeâmes des amandes ; Georges en mangea beaucoup et, en mangeant, se plaignit du poids de ces boucles d'oreilles, les ôta de ses oreilles et les posa sur la nappe. Cinq minutes plus tard, le domestique est venu, un pinceau à la main, pour enlever les miettes de la table, a balayé les boucles d'oreilles et les coquilles d'amandes dans un panier, et les boucles d'oreilles et les coquilles ont été jetées par la fenêtre dans la rue. Georges se coucha sans se souvenir de ses boucles d'oreilles et dormit paisiblement ; Si philosophique qu'elle fût, elle n'aurait certainement pas fait cela si elle avait su que son domestique avait jeté par la fenêtre vingt-quatre mille francs de diamants.

Le lendemain, Georges le Jeune entra dans la chambre pour réveiller sa sœur.

" Eh bien, dit-elle, vous pouvez bien vous vanter d'avoir de la chance ! Regardez ce que je viens de trouver. "

"Qu'est-ce que c'est?"

"Une de tes boucles d'oreilles."

"Où as-tu récupéré ça ?"

"Dans la rue."

"Dans la rue?"

"Oui, ma chérie... dans la rue, à la porte... Tu as dû le perdre en revenant du théâtre."

"Non, je les ai mis au dîner."

"En êtes-vous sûr ?"

" Tellement sûr que, parce qu'ils me fatiguaient, je les ai sortis et je les ai posés à mes côtés. Qu'en ai-je pu faire après ?... Où ai-je pu les mettre ? "

"Eh bien, mon Dieu !" s'écria Georges le Jeune. "Je me souviens maintenant : nous mangions des amandes et le domestique balayait la table avec le pinceau."

" Ah ! mes pauvres boucles d'oreilles ! " s'écria Georges à son tour. " Descends vite et regarde, Bébelle ! "

Bébelle était déjà en bas de l'escalier et, cinq minutes plus tard, elle revint avec la deuxième boucle d'oreille qu'elle avait trouvée dans le caniveau.

« Ma chérie, dit-elle à sa sœur, nous avons beaucoup de chance. Faites dire une messe, ou un grand malheur nous surprendra.

Nous avons évoqué l'aversion de Harel pour la propreté : elle était universellement connue, et lui-même en tirait une sorte de fierté ; c'était un homme qui aimait les contradictions et cela l'amusait de s'étendre sur cette étrange supériorité. Lorsqu'il vit Georges allongée sur son canapé, entourée de ses chiens bien lavés et peignés, avec leurs colliers de maroquin autour du cou, il soupira d'ambition. Car son ambition – qu'il avait souvent exprimée mais jamais réalisée – était d'élever un cochon ! Il considérait saint Anthony comme le plus heureux des saints et, comme lui, il était prêt à se retirer dans un désert si la Providence daignait lui permettre le même compagnon. A l'approche de l'anniversaire d'Harel, Georges et moi décidâmes de couronner ses modestes désirs : nous achetâmes pour vingt-deux livres *tournois* un cochon de trois ou quatre mois ; nous lui avons mis une couronne de diamants sur la tête, un bouquet de roses à son côté, des anneaux de pierres précieuses autour de ses pieds et, le conduisant en grande pompe comme une mariée, nous sommes entrés dans la salle à manger au moment que nous avons cru être le plus opportun. pour favoriser Harel avec cette douce surprise. Aux cris poussés par le nouvel arrivant, Harel abandonna aussitôt sa conversation avec Lockroy et Janin, si attrayante qu'elle fût, et courut vers nous. Le cochon tenait dans l'une de ses pattes une lettre de compliment qu'il présentait à Harel. Harel sauta sur son cochon - car il devina aussitôt que le cochon était pour lui - le pressa contre son cœur, se frotta le museau avec son nez, le fit asseoir à côté de lui dans la chaise haute de Popol, l'attacha dans la chaise avec un des chiens de Georges. foulards et commença à le bourrer de toutes sortes de friandises. Le cochon fut baptisé sur-le-champ, et reçut d'Harel (qui faisait vœu d'assumer les obligations de parrain envers son filleul) le nom euphonique de Piaff-Piaff. Le soir même, Harel se retira au deuxième étage avec Piaff-Piaff et, comme personne n'avait pensé au lit de l'animal, Harel emporta avec lui une des robes de velours de Georges et en fit une portée pour le cochon. Ce vol entraîna le lendemain une terrible altercation entre Georges et Harel, dans laquelle nous, appelés pour juger entre les deux, condamnâmes Harel à payer à Georges deux cents francs d'indemnité pour la nuit. La robe a été envoyée à un magasin et les costumes des page-boys en ont été confectionnés. L'amour de Harel pour son cochon devint fanatique. Un jour, il est venu me voir lors d'une répétition et m'a dit :

"Sais-tu, mon cher, j'aime tellement mon cochon que je couche avec lui !"

"Alors je comprends," répondis-je. "Je viens de rencontrer ton cochon, qui m'a dit exactement la même chose."

Je crois que c'est la seule boutade à laquelle Harel n'a jamais trouvé de réplique.

Comme tous les animaux caressés, Piaff-Piaff prit conscience de son pouvoir, en abusa, et un jour les choses finirent par tourner très mal pour lui. Piaff-Piaff, bien nourri, bien logé, constamment caressé, couchant avec Harel, atteignait le poids honorable de cent cinquante livres ; ce qui — car nous l'avons calculé — représentait cinquante livres de plus que Janin, trente livres de plus que Lockroy, dix livres de plus que moi, cinquante-cinq livres de moins qu'Eric Bernard ; il fut décrété dans un conseil dont Harel était exclu, que lorsque Piaff-Piaff atteindrait deux cents livres, il serait transformé en boudin noir et en saucisses. Malheureusement pour lui, il commettait chaque jour de nouvelles déprédations dans la maison, ce qui conduisait à une menace générale de hâter l'heure de sa disparition, et pourtant, malgré toutes ces mauvaises actions, le culte de Harel pour Piaff-Piaff était si bien connu. que les résolutions les plus strictes finissaient toujours par lui accorder la grâce. Mais un jour , Piaff-Piaff rôdait autour d'une sorte de cage où était gardé un magnifique faisan que j'avais donné à Tom ; le faisan eut l'imprudence de passer son cou à travers deux barres pour picorer un grain de maïs, et Piaff-Piaff étendit son museau et mordit la tête du faisan. Tom n'était qu'à quelques pas, a vu l'acte accompli et a poussé de grands cris. Mais le faisan, décapité, n'était bon qu'à être rôti. Piaff-Piaff, en attaquant tout le monde, avait eu le sens de respecter la propriété de Tom ; il avait, comme nous l'avons dit, fréquemment bénéficié de l'allégation des circonstances atténuantes, mais ce dernier outrage maladroit ne lui laissait aucun sympathisant, si éloquent soit-il, qui pût le sauver de la mort. Georges déclara avec insistance qu'il méritait la mort et personne, pas même Janin, n'osa contredire cette sentence. Jugement prononcé, on décida de profiter de l'absence d'Harel pour le mettre à exécution, et, tandis que tout le monde s'échauffait contre le coupable, on fit appeler le boucher et on lui dit d'apporter son couteau. Cinq minutes plus tard, Piaff-Piaff poussait des cris assez forts pour réveiller tout le quartier. La porte de la rue était fermée pour empêcher Harel d'entrer s'il revenait à ce moment-là ; mais nous avions oublié que le jardin possédait une sortie sur le Luxembourg et qu'Harel pouvait passer par là. Soudain, tandis que Piaff-Piaff prononçait les notes lugubres qui signifiaient que sa mort approchait, la porte s'ouvrit et Harel parut en criant :

" Que fais-tu à mon pauvre Piaff-Piaff ? Qu'a-t-il ? "

— Eh bien, dit Georges, votre horrible Piaff-Piaff était devenu trop insupportable.

" Ah ! pauvre animal ! pauvre bête ! " s'écria Harel ; "on lui tranche la gorge !" Puis, après un moment de pause, il dit d'un ton triste : « En tout cas, j'espère que vous avez dit au boucher de mettre beaucoup d'oignons dans le boudin noir, j'adore les oignons !

Et ce fut l'oraison funèbre de Piaff-Piaff.

CHAPITRE II

M. Briffaut, Censeur et Académicien. — Histoire de *Ninus II*. —M. de
Lourdoueix — L'idée d' *Antoine* — La pièce reçue par les Français est arrêtée
par la Censure — Le duc de Chartres — Négociations pour sa présence avec
celle de ses deux frères à la première représentation de *Christine* — Louët —
Un autographe du Prince Royal

C'est au milieu d'une telle société, très différente par son humeur de celle de
la Comédie-Française, que les répétitions de *Christine* m'ont transporté. Tout
comme dans le cas d' *Henri III.* , tous nos amis artistes m'offraient leurs
services : Boulanger avait dessiné une moitié des costumes et Saint-Ève
l'autre, quand tout à coup nous reçumes l'annonce officielle : « La pièce est
arrêtée.

D'abord *Marion Delorme* a été arrêtée, puis *Christine* ! Vraiment, la censure s'en
mêlait.

J'allai au Ministère et constatai que ma pièce était entre les mains de M.
Briffaut, auteur de *Ninus II*. L'histoire de *Ninus II*. pourrait sûrement rendre
M. Briffaut indulgent envers les autres. Mais pardonnez-moi, vous ne
connaissez peut-être pas l'histoire de *Ninus II*. Je vais vous le dire.

M. Briffaut avait écrit, en 1809 ou 1810, une pièce sous un titre ou un autre,
dont la scène se passait en Espagne. Mais la censure l'a stoppé. Un ami de M.
Briffaut fit appel à Napoléon contre la décision des censeurs. Napoléon a lu
la pièce et a découvert qu'elle contenait quelques vers faisant l'éloge des
Espagnols.

"La censure a eu raison de l'interdire", a-t-il déclaré. "Cela ne me convient
pas du tout d'avoir l'éloge d'un peuple avec lequel je suis en guerre !"

— Mais, Sire, que va devenir l'auteur ? » demanda l'ami humblement et avec
sympathie. " Il n'a composé qu'une seule pièce et n'en écrira peut-être jamais
une autre de toute sa vie ; il comptait sur cela comme une ouverture à bien
des ambitions... Sire, vous ruinerez sa carrière ! "

" Très bien alors ; s'il place son action, disons, en Assyrie, au lieu d'en
Espagne, je n'y ferai pas d'objection ; et, au lieu d'appeler son héros Pélage,
il l'appelle Ninus I. ou Ninus II, j'autoriserai il."

Or, M. Briffaut n'allait pas se laisser arrêter par de telles conditions, c'est
pourquoi il appela sa pièce *Ninus II*. ; puis, partout où le mot *Espagnols* entra,
il le changea en *Assyriens* , et *Burgos* en *Babylone* : cela rendait difficile la
modification des rimes, mais c'était tout ; — et la pièce fut autorisée et jouée
; c'est sans doute à cause de cet exploit herculéen qu'on fit de M. Briffaut

membre de l'Académie. C'était, en somme, un très bon garçon, et pas trop fier de n'avoir rien fait, supériorité qui rend insolents beaucoup de mes collègues.

Nous discutâmes longuement, non pas des défauts littéraires, mais des défauts politiques de la malheureuse *Christine*. Il semblait qu'elle en était hérissée ; et le pauvre Censeur, dont le toucher était très délicat, ne savait pas trop où mettre la main sur eux. Il y avait notamment ce vers que Christine récite en allusion à sa couronne :

"C'est un hochet royal trouvé dans mon berceau !"

ce qui était considéré comme un crime. Dans cette ligne, j'attaquais la légitimité, le droit divin, la succession ! Je ne peux pas vous dire le nombre de choses que j'attaquais dedans ! Pour le moment, je crois que j'ai dû, sans le savoir, écrire ma pièce dans cette belle langue turque dont Molière nous donne un échantillon dans *Le Bourgeois gentilhomme* , et qui est capable d'exprimer beaucoup de choses en très peu de mots. Puis il y eut l'envoi de la couronne à Cromwell : suggestion très dangereuse pour la monarchie ! C'est en vain que j'ai protesté que l'incident était fidèle à l'histoire ; que Christine avait bien envoyé la couronne au Protecteur, qui l'avait fait fondre. Rappeler à l'humanité, qui semblait avoir oublié l'épisode, qu'il avait réellement eu lieu, fut considéré comme un acte révolutionnaire et incendiaire. En effet, de la manière de M. Briffaut de traiter l'histoire dans *Ninus II.* , il était évident qu'il ne s'inquiétait pas beaucoup des faits historiques. Mais, malgré mes discussions avec M. Briffaut, si agréables qu'elles fussent rendues par son affabilité, aucun progrès ne fut fait, et ainsi, comme Harel était pressé par le temps, je fus décidé à essayer d'engager les bons offices de M. de Lourdoueix, chef de l'état-major de la censure.

On m'avait conseillé de me faire présenter à M. de Lourdoueix par une dame de grande réputation qui était une de ses amies ; Je ne sais pas quel était son nom, mais on m'a fait comprendre que c'était le seul moyen par lequel on pouvait l'atteindre ; cependant, comme Raoul dans les *Huguenots*, j'étais plein de confiance dans la justesse de ma cause ; aussi, sans aucune introduction, je fis une expédition vers le côté sud, où se trouvait M. de Lourdoueix. Je ne sais pas si M. de Lourdoueix avait composé un *Ninus III.* ou *Ninus IV.* , qu'il appartienne à l'Académie, ou simplement au Club Caveau ; mais il était loin d'être aussi courtois que M. Briffaut. Notre entretien fut bref ; après cinq minutes de conversation décidément amère des deux côtés, il dit :

"Après tout, monsieur, cela ne sert à rien d'en dire davantage ; car aussi longtemps que la Branche Ancienne sera sur le trône et que j'agis en tant que Censeur, votre travail sera suspendu."

— Très bien, monsieur, répondis-je en m'inclinant ; "J'attendrai !"

« Monsieur, dit ironiquement M. de Lourdoueix, cette décision était déjà prise.

"Alors je le répète", dis-je et je le quittai.

Mais c'était une menace suffisamment sérieuse : je n'avais plus l'appui de M. de Martignac, cet homme de ressources. Le ministère Polignac avait succédé au sien, et je n'avais aucun moyen d'approcher le nouveau président du Conseil. Alors j'ai attendu; la seule arme qui me restait était la patience et, pendant que j'attendais, un jour que je me promenais sur le boulevard, je me suis arrêté brusquement et je me suis dit :

« Un homme qui, découvert par le mari de sa maîtresse, la tue, jurant qu'elle avait résisté à ses adresses et mourant sur l'échafaud pour le meurtre, sauve l'honneur de la femme et expie son crime.

L'idée d' *Antoine* était trouvée ; et, comme je crois l'avoir dit ailleurs, le personnage du héros m'a été suggéré par celui de Didier dans *Marion Delorme*. Six semaines plus tard, *Antony* avait terminé. J'ai lu la pièce au Français, mais la lecture n'a pas reçu un accueil très chaleureux. J'ai partagé mes deux premiers rôles entre mademoiselle Mars et M. Firmin ; mais il était évident qu'ils préféreraient que je choisisse d'autres interprètes pour ces personnages. J'ai envoyé la pièce au Censeur, et elle a été arrêtée comme *Christine* . Cela en a fait une paire. Mais, soit qu'il y ait eu à l'époque un certain sentiment de pudeur aujourd'hui perdu de vue, soit que j'avais quelque ami dans le passé qui travaillait pour moi - et j'ai toujours soupçonné l'excellente et très cultivée Madame du Cayla de ayant été cet ami — si, en effet, Harel avait réellement de l'influence sur le gouvernement qu'il formait, la pièce de *Christine* m'a été rendue sans très grande altération, au début de mars. Ils étaient même partis dans la fameuse phrase du *hochet royal* , si incendiaire qu'on la disait, et de l'envoi de la couronne au Protecteur, en dépit de la catastrophe possible qui pourrait résulter de cette réminiscence historique ! Les répétitions interrompues reprirent donc.

Cependant, au milieu de tous mes soucis, j'allais toujours constamment à la bibliothèque du Palais-Royal, où j'avais fait une nouvelle connaissance. Ma nouvelle connaissance était le duc de Chartres. Il était alors un charmant garçon et est devenu depuis un prince charmant ; assez mauvais savant, quoi qu'en disent ses maîtres ; — et de peur que, pour l'honneur de la profession scolastique, ils ne me démentissent, je me contenterai, à titre d'illustration, d'une anecdote à ce sujet. Le duc de Chartres était alors, comme je l'ai dit, un garçon séduisant de dix-sept ans et, comme j'en avais vingt-sept, la différence d'âge entre nous n'étant pas aussi grande que celle entre lui et Casimir Delavigne , ou entre lui et Vatout, il C'était vers moi qu'il se tournait généralement. D'ailleurs, à cette époque, on parlait beaucoup de mon nom ; on m'a attribué toutes sortes d'aventures, et une foule de dictons ont depuis été mis à mon compte. J'avais les passions de l'Africain, disaient-ils, et ils montraient mes cheveux crépus et mon teint foncé, qui ne pouvaient ni ne voulaient nier leur origine tropicale. Tout cela s'ajoutait au curieux intérêt qu'éprouvait à mon égard un garçon sur le point de devenir adulte, qui avait de la sympathie pour l'Art tel que nous l'exprimions, ou plutôt tel que je l'exprimais, puisqu'à cette date Hugo n'avait encore rien publié dans le ligne dramatique. *Hernani* ne devait être joué que le 25 février 1830, et l'intimité dont je parle commença vers la fin de 1829. Aussi le duc de Chartres me considérait-il comme un homme, sinon de son âge, du moins pas si fort que ça. beaucoup plus âgé, et dès qu'il pouvait s'enfuir, il venait discuter avec moi. Je dois dire que la conversation fut bientôt détournée et passa de l'art aux artistes, de la pièce aux comédiens, et que nous nous intéressâmes autant à discuter des mérites relatifs de mademoiselle Louise Despréaux, de mademoiselle Alexandrine Noblet et de mademoiselle Léontine Fay, que de *Henri III.* et *Christine.* Mais nos rencontres ne duraient jamais longtemps, car, au bout de quelques minutes, nous entendions le duc d'Orléans chanter sa messe, ou quelque gentilhomme crier le nom du duc de Chartres, et le jeune prince qui, comme un homme adulte, encore tremblant devant le roi, s'enfuyait par quelque porte cachée en balbutiant :

« Oh ! monsieur Dumas, ne leur dites pas que vous m'avez vu !

Quelque temps avant la représentation de *Christine* , il avait exprimé son souci d'assister, avec ses deux jeunes frères, à la représentation de mon deuxième drame ; mais il craignait que la permission ne lui soit pas accordée. Pourquoi ce pauvre garçon est-il venu vers moi pour l'aider ? Il est venu me prier de faire part au duc d'Orléans de mon désir que ses enfants assistent à la représentation de ma pièce. J'étais tout disposé, de mon côté, à faire cette demande ; et, la première fois que j'ai vu Son Altesse, j'ai osé le faire. Le prince « *fredonnait* et *haussait* » un peu, pour exprimer sa méfiance à l'égard de la moralité d'une pièce jamais tombée sous l'interdiction de la censure ; mais je l'ai rassuré de mon mieux ; et, après quelques pressions, j'obtins que les jeunes princes assistèrent à la représentation. J'ai eu soin d'aller à la bibliothèque le jeudi suivant, car j'étais sûr d'y voir le duc de Chartres, et il est venu, mais il était accompagné de M. de Boismilon ; cependant, il réussit à passer à côté de moi et à me dire à voix basse :

"Nous y allons ! Merci."

Mais j'ai promis de raconter une anecdote illustrant l'oisiveté du duc de Chartres, faute qu'ils s'efforçaient de cacher à son père ; les prix dont les jeunes princes sont habituellement chargés servent à détourner ses soupçons.

Je tiendrai ma promesse.

En 1835, je fis un voyage en Italie avec Jadin. Notre intention était de voyager comme de vrais touristes, à pied, à cheval ou à mulet, en calèche, *corricolo* ou *spéronare* ou en bateau ; bref, comme nous le pourrions. Nous décidâmes de quitter la France par le golfe de Gênes ; aussi, à Hyères, nous engageâmes une sorte de chauffeur qui, pour cent francs, devait nous conduire à Nice, en longeant les rives du golfe de Jouan, ce qui nous permettrait de nous arrêter une demi-journée. Jadin avait l'intention de dessiner le rivage où Napoléon avait débarqué en 1815, dans l'intention de le faire graver plus tard. Le vetturino avait stipulé, comme sa part de notre marché, qu'il lui serait permis d'ajouter quatre personnes à notre nombre, à condition qu'ils ne s'opposeraient pas à une première halte de cinq ou six heures à Cannes et à une seconde halte à Grasse. Parmi les voyageurs qui nous accompagnaient se trouvait un jeune homme de vingt-quatre ou vingt-cinq ans, vêtu d'un habit bleu, d'un pantalon en nankin, de bas colorés et de chaussures à lacets. Dans mes *Impressions de voyage*, je lui ai donné le nom de Chaix ; dans mes Mémoires, je dois lui donner son vrai nom, qui était Louët. Pendant un jour et demi, il ne nous a pas adressé un mot ; mais notre conversation parut l'intéresser énormément ; il souriait à nos plaisanteries et écoutait attentivement nos remarques sérieuses, beaucoup plus rares. A table, sa place était toujours réservée par la nôtre et, lors de notre premier couchage, il s'arrangeait pour n'être séparé de nous que par une cloison. Arrivé au golfe de Jouan, il s'arrêta et, pendant que Jadin faisait son dessin, je me jetai à l'eau pour me baigner. Au moment où je me déshabillais, Louët s'approcha de moi et, me parlant pour la première fois, me demanda la permission de se baigner avec moi. Je ne reconnus pas d'abord la politesse pointilleuse avec laquelle la demande était formulée, et je répondis en riant qu'il était parfaitement libre de faire ce qu'il voulait. Il m'a remercié pour la permission et a pris le bain le plus rationnel et le moins mouvementé que j'aie jamais vu, dans trois pieds et demi d'eau ; puis, le dessin et le bain terminés, nous montâmes dans notre voiture et couchâmes à Nice la même nuit. Trois de nos compagnons nous avaient déjà quittés, l'un sur les hauteurs de Draguignan et les deux autres à Grasse. Louët seul nous resta fidèle jusqu'à Nice, ce qui me surprit d'autant plus que je l'avais entendu dire aux autres qui l'avaient accompagné jusqu'à la voiture, au moment où il les quittait, qu'il se rendait à Paris.

Or Louët aurait dû donner un sens très large au proverbe : « Tout chemin mène à Rome », s'il pouvait se persuader jusqu'à penser que la route de Toulon à Nice le mènerait à Paris. Cette conduite étrange de notre compagnon de voyage éveilla la curiosité de Jadin et la mienne, mais elle s'expliqua enfin par une demande que le vetturino fit de la part de Louët, qui n'osa pas nous la faire lui-même. Louët était effectivement parti de Toulon pour se rendre à Paris, mais il avait été tellement charmé par notre conversation passionnante pendant le voyage qu'au lieu de se rendre seulement jusqu'à Luc et de partir de là pour Draguignan et Castellane, il avait dit au vetturino que, comme il n'avait jamais vu Nice, il irait là-bas. Arrivé à Nice, il demanda par l'intermédiaire du vetturino si, comme une grande faveur, nous lui permettions de continuer le voyage avec nous ; il a tenu à nous dire que sa société ne nous coûterait rien, car il paierait le tiers de ce que nos dépenses s'élèveraient ; le vetturino ajouta, en guise de parenthèse, que Louët, qu'il connaissait, venait de recevoir un héritage d'environ trente mille francs et qu'il revenait à Paris avec, lorsqu'il tomba chez nous : après quoi il ne voyait pas comment il pourrait trouver une meilleure façon de dépenser une partie de son argent que dans notre société. La demande fut présentée avec une supplication si gracieuse et Louët paraissait un si bon jeune homme que nous ne pensâmes même pas à discuter de la question, mais laissâmes que nous serions ravis d'avoir sa compagnie ; que, comme il le proposait, les dépenses seraient divisées par tiers, et que dès le lendemain nous lui communiquerions notre projet de voyage, afin qu'il voie alors si notre itinéraire lui convenait. Il nous répondit que nous n'avions pas besoin de lui donner un tel programme, qu'il n'avait pas de but précis — c'était nous et non le voyage qu'il voulait — que, puisque nous l'avions honoré de la permission de nous accompagner, il irait en Chine avec nous, ou partout où nous le souhaitions. Certes, personne n'aurait pu être plus accommodant et, en effet, Louët a fait tout le voyage en Italie avec nous et s'est révélé être un excellent compagnon de voyage. Je racontai cette histoire dans mes *Impressions de voyage* avec la gaieté légère du récit qui m'est naturelle, et en 1838 je reçus la visite de Jadin.

"Tu ne devineras jamais qui vient te voir demain...?" il a commencé.

"Je ne peux pas."

"Louët."

"Absurdité!"

Je n'avais pas revu Louët depuis mon retour d'Italie, trois ans auparavant.

"Oui," continua Jadin, "et je suis envoyé pour vous annoncer la visite."

" Quoi ! viendrait-il par hasard me demander satisfaction de l'avoir introduit dans mes *Impressions de voyage* ? "

— Non, bien au contraire ; il est ravi de figurer dans le livre et vient vous demander un service.

" Ah ! il sera le bienvenu. Qu'est-ce qu'il y a ? "

"Il souhaite vous dire lui-même ce que c'est."

"Bien ! Je l'attendrai."

Louët arriva le lendemain, et c'était exactement le même bon garçon simple, sauf qu'il semblait avoir beaucoup avancé dans l'art de s'habiller.

"Eh bien, Louët, te voilà ! Eh bien, mon ami, tu as l'air d'un millionnaire."

— Oui, parce que je suis mieux habillé qu'autrefois ; mais sinon, c'est exactement l'inverse. Je n'ai pas un sou.

"Quoi ? Tu n'as pas un sou ?"

"Non. J'ai risqué ma petite fortune et je l'ai perdue."

"Absolument?"

"Le tout."

" Ah ! le pauvre garçon ! "

"Alors je suis venu demander..."

"Quoi ? Pas pour des conseils sur la façon de faire fortune, sûrement ?"

"Non : pour votre influence."

"Avec le gouvernement ?" Ai-je demandé avec un étonnement croissant.

"Non."

"Le roi?" Ai-je demandé, encore plus surpris.

"Non."

"Avec le duc d'Orléans ?"

"Oui."

Mon visage est tombé. Je désirais garder l'amitié vénérée et loyale que j'avais vouée au duc pure de tout motif d'intérêt, afin qu'il puisse être sûr de la nature authentique de mon attachement ; aussi chaque fois qu'on me demandait d'obtenir quelque faveur du prince royal, cela me causait une véritable douleur.

"Le duc d'Orléans !" Je répète. " Que veux-tu que je demande en ta faveur au duc d'Orléans, mon cher Louët ? "

"Un petit message..."

"Un petit post !" répétai-je en haussant les épaules.

"Il ne vous le refusera sûrement pas", a ajouté Louët.

"Au contraire, mon ami, il me la refusera, car je serai le premier à lui dire de refuser ma demande."

"Pourquoi?"

— Parce que vous n'avez aucun droit sur le duc d'Orléans, vous ne le connaissez même pas.

"En effet, j'ai une excuse, je le connais bien", me dit Louët. "J'étais un de ses camarades d'université."

"Chez Henri IV.?"

"Oui."

"Tu es certain ?"

"Pourquoi, bien sûr."

"Est-ce qu'il se souviendrait de toi ?"

" J'étais dans la même classe que lui ; d'ailleurs, s'il m'a oublié, je possède une petite note de sa propre écriture qui lui ravivera la mémoire. "

"Un mot de sa part ?"

« Regardez ici : vous le verrez par vous-même » ; et il me montra trois lignes sur un bout de papier en petite écriture contenant ces mots :

> " MON CHER LOUËT, Traduisez-moi de Ασκρωνδη
> jusqu'à
> ὅ λος , et je vous serai infiniment obligé.

> " DE CHARTRES "

Je saisis le journal avec empressement.

"Oh!" J'ai dit : "Dans cet état de choses, mon cher Louët, tu es sauvé, et je répondrai de tout."

« Vous allez donc vous charger de cette affaire pour moi ? »

"Avec le plus grand plaisir."

"Quand verras-tu le duc ?"

"Demain matin."

"Quand dois-je revenir ?"

"Demain à midi."

"J'aurai mon poste ?"

"Je l'espère."

"Ma foi, mon cher monsieur, vous m'aurez rendu un immense service."

"Je le ferai pour toi. Va dormir tranquillement, sans souci. Et après-demain tu te réveilleras avec un salaire de douze cents francs."

Louët s'en alla avec cette agréable perspective devant lui, et j'écrivis au prince royal pour lui demander une entrevue le lendemain matin. Un quart d'heure plus tard, j'obtenais son accord. J'étais alors logé au n° 22 de la rue de Rivoli. Mes fenêtres étaient exactement en face de celles du duc d'Orléans et il répondait souvent par un signe aux demandes telles que je venais de lui adresser. De telles exigences de ma part étaient rarement posées ; J'attendais toujours que le prince me fasse venir, car je savais que le roi, et particulièrement la reine, regardait de travers mes visites à leur fils. Ainsi, le lendemain, quand je me présentai au prince, il me dit :

"Ah, te voilà ! Pourquoi diable es-tu si pressé de me voir ?"

— Ah ! monseigneur, pour vous demander une faveur que vous m'accorderez, j'en suis sûr, avec grand plaisir.

"Pour qui, ou de quoi s'agit-il ?"

"Je ne sais pas, Monseigneur, pourquoi vous êtes si catégorique avec moi ; vous savez que je ne suis pas un puriste."

"Peu importe, c'est une bonne chose de prouver que, bien que prince royal, j'ai fait des études universitaires."

" Exactement, et c'est d'un de vos camarades de collège, Monseigneur, que je viens vous parler. "

"Est-ce qu'il en resterait un seul, par hasard, sans couchette ?" Il a demandé.

— Oui, Monseigneur ; je l'ai découvert.

"Oh ! toi ! Tu es capable de découvrir n'importe quelle chose mortelle."

"Eh bien, Monseigneur, puisque je suis le découvreur de la Méditerranée...!"

"Eh bien, qu'as-tu découvert de plus maintenant ?"

"Je vous l'ai dit, l'un des compagnons d'université de Votre Altesse Royale."

"Quel est son nom?"

J'ai sorti le bout de papier de ma poche, prêt à être utilisé à la première occasion.

"Louët, monseigneur."

Le duc poussa un cri.

"Oh ! ce cancre !" il a dit.

Je l'ai regardé avec un sourire et j'ai fait semblant de remettre le papier dans ma poche.

— Alors, Monseigneur, dis-je, cela change la donne.

"Comment ça?"

"Je n'ai rien d'autre à demander à Votre Altesse."

"Pourquoi?"

J'ai haussé les épaules.

"Eh bien, c'est quoi ce bout de papier que tu remets dans ta poche et que tu meurs d'envie de me montrer ?"

— J'ai encore bien hâte de vous le montrer, c'est vrai, Monseigneur.

"Très bien, alors, montre-le-moi !"

"Je n'ose pas."

"Donnez-le-moi!"

J'ai tendu la main vers le prince et avec la plus grande soumission, je lui ai remis le papier.

"Bien!" il a dit; "c'est sûrement une machine infernale."

" Lisez-le, Monseigneur. "

Le prince jeta un coup d'œil au bout de papier et rougit jusqu'aux yeux.

Il rougit très facilement, et, même si c'était là une faiblesse, c'était une faiblesse qu'il partageait avec le duc de Nemours et le duc d'Aumale.

"Ah ah!" dit-il après l'avoir lu.

Puis, en me regardant...

"Eh bien, qu'est-ce que ça prouve ?" il a dit. « Que j'étais encore plus cancre que lui.

— Monseigneur, dans ce cas, vous ferez sûrement quelque chose pour aider votre supérieur ?

"Que voulez-vous que je fasse?"

Et là-dessus il s'approcha tranquillement de la cheminée, roulant le morceau de papier entre ses doigts.

"Eh bien, Monseigneur, j'espère sincèrement que vous lui trouverez un poste."

"Où?"

"Près de ta propre personne."

"En quelle qualité ?"

"Eh bien, si ce n'était que comme futur précepteur de vos enfants, il traduirait pour eux du grec Ασκρωνδη *jusqu'à* λος."

« Pas ça, » dit-il ; "mais j'ai une idée."

"Ma parole, cela ne m'étonne pas."

Alors le prince se mit à rire.

"Pensez-vous qu'il apprendrait l'allemand ?"

"Il apprendrait tout ce que vous voudriez, Monseigneur."

"Très bien. Je lui ferai secrétaire attaché à Madame la duchesse d'Orléans; quand il connaîtra l'allemand, il traduira les lettres qu'elle reçoit d'Allemagne... c'est le seul poste que j'ai à lui offrir."

« Quand commencera le salaire ?

"Dès demain; dis-lui de passer chez Asseline."

"Je vous remercie, tant pour lui que pour moi, Monseigneur."

Il s'approchait de plus en plus de la cheminée, roulant sans cesse le petit bout de papier entre ses doigts. Finalement il tendit le bras vers la cheminée, mais, tenant ma main entre le papier et les flammes, je dis :

"Pardon, Monseigneur."

"Que veux-tu?"

"Ce bout de papier..."

"Pourquoi?"

"C'est mon courtage."

"Qu'est-ce que tu vas en faire ?"

"Je vais le faire encadrer."

"Oh, je sais que tu es tout à fait capable de faire ça. Laisse-moi le brûler."

"Monseigneur, je le cacherai dans un portefeuille et je ne le montrerai qu'une fois par semaine."

"Promettez-vous?"

« Sur ma parole d'honneur !

"Dans ce cas, tu peux le prendre, et comme tu as envie de me quitter pour aller annoncer la bonne nouvelle à ton protégé, viens avec toi."

" Oh ! Monseigneur, vous n'aurez pas la peine de me le répéter deux fois. "

"Aller aller."

Il m'a fait signe de partir avec sa main et je l'ai quitté.

Pauvre prince ! J'ai beaucoup d'anecdotes à raconter sur lui comme celle-ci ; et je veux leur dire. C'est grâce à sa bonté de cœur et à la loyauté de son patriotisme qu'il est devenu populaire. Et, quand il mourut, j'écrivis ces paroles prophétiques :

"Dieu vient d'enlever le seul obstacle qui existe entre la Monarchie et la République."

C'est pour cela que vous êtes mort, Monseigneur : vous étiez un obstacle : la République était une nécessité.

CHAPITRE III

La première représentation d' *Hernani* — Le vieil as de pique — Le vieil homme se dispute — Parodies — Origine de l'histoire de Cabrion et de Pipelet — Eugène Sue et Desmares — Soulié me revient — Il m'offre cinquante de ses ouvriers dans le capacité des applaudisseurs. — Première représentation de *Christine* . — Un souper chez moi. — Hugo et de Vigny corrigent les lignes répréhensibles.

Hernani avait été rendu à Hugo presque sans avoir été examiné ; et nous ne leur avions pas laissé le temps de la relire, Taylor souhaitant monter la pièce avant son départ pour l'Egypte. On nous a demandé de l'entendre lire devant le Comité en présence des comédiens, la pièce ayant été préalablement acceptée.

La lecture d' *Hernani* fit une profonde sensation ; néanmoins j'ai préféré, et je préfère encore, *Marion Delorme.*

Nous étions au théâtre à deux heures le jour de la représentation. Nous savions bien que la victoire remportée par de Vigny n'était pas de grande portée. Ce n'était pas Shakespeare, Goethe ou Schiller que les gens sensés doutaient, c'était nous-mêmes. Ce que nous voulions, c'était un théâtre national, original, français, et non grec, anglais ou allemand ; et c'était notre mission de créer.

Henri III. , bonne ou mauvaise, était du moins une œuvre originale, tirée de nos propres chroniques, où l'on pouvait discerner des traces de l'influence d'autres théâtres, mais aucune imitation servile. *Marion Delorme* , qui ne put être récupérée de la censure, et *Hernani* , qui allait bientôt être jouée, étaient toutes deux des pièces du même type. Mais *Henri III.* était intrinsèquement une œuvre plus forte, alors qu'Hernani *et* Marion *Delorme* étaient plus remarquables par leur style.

Malheureusement, les comédiens français étaient rigides dans certaines de leurs habitudes traditionnelles : il était généralement impossible de les faire passer de la tragédie à la comédie sans qu'ils commettent de terribles erreurs d'expression ou même d'intonation. Nous avons raconté l'anecdote de Michelet et les quatre vers en référence à la scène du placard. Il faut aussi mentionner que, chez Hugo, comédie et tragédie s'entremêlent souvent sans étapes intermédiaires, ce qui rend l'interprétation de sa pensée plus difficile que s'il avait tenté de mettre en place une échelle ascendante ou descendante pour franchir le gouffre. entre familiarité et grandeur de la situation.

La langue anglaise, lorsqu'elle est rimée, scannée et divisée en syllabes courtes ou longues, a un grand avantage sur la nôtre, avantage dont Shakespeare a

pleinement profité : ses pièces étaient généralement écrites dans trois styles :
en prose, en vers blancs et en vers rimés. Or, le peuple, le peuple, parle en
prose ; les classes moyennes en vers blancs ; et les princes et les rois en rimes.
D'ailleurs, si les idées du plébéien s'exaltent à mesure qu'il parle, Shakespeare
met à sa disposition deux styles ascendants pour exprimer sa pensée ; si des
pensées plus basses jaillissent de la bouche des rois et des princes, il se permet
de se servir du langage du peuple, ou même de celui de la bourgeoisie, plutôt
que de nuire à cette expression particulière de la pensée. Mais le public qui
écoute notre œuvre ne connaît rien de tout cela et est bien indifférent à toutes
ces nuances : il vient simplement applaudir ou siffler ; ils applaudissent ou
sifflent, c'est tout.

La première représentation d' *Hernani* a laissé une impression unique dans les
annales théâtrales ; la suspension de *Marion Delorme* , les bruits qu'on y avait
entendus sur *Hernani* , avaient excité au plus haut point la curiosité du public,
et on avait raison d'attendre une nuit d'orage. Le peuple attaquait avant
d'avoir entendu un mot et se défendait sans comprendre ce qu'il défendait.
Quand Hernani apprend par Ruy Gomez qu'il a confié sa fille à Charles
Quint, il s'écrie :

"... Vieillard stupide, il l'aime !"

M. Parseval de Grandmaison, qui était un peu sourd, le prit pour

"Vieil comme de pique, il l'aime !"
("Vieil as de pique, il l'aime!")

et, dans sa pure indignation, il ne put s'empêcher de crier :

"Oh ! mais vraiment ça va un peu trop loin !"

"Qu'est-ce qui va trop loin, monsieur ?" » s'enquit mon ami Lassailly, qui était
à sa gauche et qui avait entendu la remarque de M. Parseval de Grandmaison,
mais n'avait pas compris ce que disait Firmin.

"Je dis, monsieur," répondit l'académicien, "que c'est aller un peu trop loin
d'appeler un vieillard respectable et digne comme Ruy Gomez de Silva, "vieil
as de pique"!"

"Quoi ! C'est une expression trop forte ?"

"Oui, dis ce que tu veux, ce n'est pas de bon goût, surtout venant d'un jeune
homme comme Hernani."

- Monsieur, répondit Lassailly, il avait le droit de le dire. Les cartes ont été
inventées, elles ont été inventées du temps de Charles VI; Monsieur
l'Académicien, si vous ne le savez pas, je vous le sais. . Vive le vieil as de
pique ! Bravo, Firmin ! Bravo, Hugo !

Vous pouvez comprendre à quel point il était désespéré de tenter de répondre à ceux qui attaquaient et se défendaient de cette façon.

Hernani rencontre un grand succès, quoique plus fortement contesté qu'*Henri III*. Il est assez simple d'en trouver la raison : les beautés de forme et de style sont les moins appréciées par l'esprit vulgaire, et c'étaient là les charmes particuliers de Hugo. Par contre, ces belles touches, étant purement artistiques, nous ont fait une grande impression, et à moi en particulier.

Hernani reçut tous les tributs d'usage pour triompher : elle fut outrageusement attaquée et défendue avec une égale violence ; il fut parodié avec une astuce habile dirigée contre les coutumes dramatiques traditionnelles, sous le titre d'*Arnali, ou la Contrainte par Cor* (Arnali, ou Contrainte par Acclamation), œuvre française traduite du gothique. Et en ce qui concerne les parodies, notons un fait historique dont la date pourrait autrement se perdre dans la nuit des temps, si nous ne le notions ici.

L'histoire, car elle est telle, de Cabrion et de M. Pipelet remonte au mois de mars 1829. C'est ce qui arriva, et cela causa tant d'inquiétude aux porteurs de Paris, qu'ils sont restés depuis lors une race mélancolique !

Henri III. , destiné à rencontrer un grand succès, ou du moins à faire sensation, devait aussi avoir sa parodie ; pour faciliter l'exécution de cet important ouvrage, j'avais envoyé d'avance mon manuscrit à de Louvain et à Rousseau ; puis, à leur demande, j'avais travaillé avec eux à cette pièce du mieux que je pouvais, et nous l'appelâmes *Le Roi Dagobert et sa Cour*. Mais la Censure considérait que ce titre manquait par rapport au descendant de Dagobert. Le descendant de Dagobert, cette digne compagnie qui porte, pour armes, des ciseaux de sable sur champ d'argent, signifiait Sa Majesté Charles X. On confondait descendant et successeur, mais on sait que les messieurs des comités d'examen sont au-dessus de la considération d'un si simple une bagatelle comme ça. Nous avons donc modifié le titre pour celui de *La Cour du roi Pétaud* , ce à quoi la Censure n'a soulevé aucune objection. Comme si personne ne descendait du roi Pétaud !

Donc la parodie d'*Henri III. et sa Cour* fut joué au Vaudeville sous ce titre. Il parodiait la pièce, scène par scène. Or, à la fin du quatrième acte, la scène d'adieu entre Saint-Mégrin et son domestique a été parodiée par celle entre le héros de la parodie (j'ai malheureusement oublié son nom) et son portier. Dans cette scène extrêmement tendre, touchante et sentimentale, le héros demande au portier une mèche de cheveux sur l'air de *Dormez donc ; mes chères amours!* ce qui était à la mode à ce moment-là et qui était le plus approprié à la situation. Le soir du spectacle, tout le monde est parti en chantant le refrain et les paroles de la chanson. Trois ou quatre jours après, plusieurs d'entre nous dînaient chez Véfours, dont de Leuven, Eugène Sue, Desforges,

Desmares, Rousseau, plusieurs autres et moi-même. A la fin du dîner, qui avait été extrêmement animé, nous chantâmes en chœur le fameux refrain :

"Portier, je veux
De tes cheveux !"

Eugène Sue et Desmares décidèrent de réaliser cette envolée de notre imagination et, en entrant dans la maison, n° 8 de la rue de la Chaussée-d'Antin, où Eugène Sue connaissait le nom de la concierge, ils demandèrent au brave homme si il ne s'appelait pas M. Pipelet. Il a répondu par l'affirmative. Alors, au nom d'une princesse polonaise qui l'avait vu et tombée désespérément amoureuse de lui, elles demandèrent, à maintes reprises, une mèche de ses cheveux, et, pour s'en débarrasser, la pauvre Pipelet finit par la donner. eux. C'était un homme perdu, après avoir commis une telle faiblesse ! Le soir même, trois autres demandes lui furent adressées de la part d'une princesse russe, d'une baronne allemande et d'une marquise italienne ; et, chaque fois qu'on lui en faisait la demande, un chœur invisible chantait sous la grande porte :

"Portier, je veux
De tes cheveux !"

La plaisanterie se poursuivit le lendemain ; nous envoyâmes tous ceux que nous connaissions demander une mèche de ses cheveux à maître Pipelet, de sorte qu'il finit par ne répondre qu'avec horreur, tandis qu'en vain il retirait de sa porte la traditionnelle affiche :

Adressez-vous au porteur.

Le dimanche suivant, Eugène Sue et Desmares décidèrent de donner au pauvre diable une sérénade en grande pompe : ils entrèrent dans la cour à cheval, guitares à la main, et se mirent à chanter l'air persécuteur. Mais, comme nous l'avons dit, c'était dimanche, et les maîtres de maison étant à la campagne, le portier s'attendait bien à ce qu'ils essayent d'aigrir son sabbat comme les autres jours, en ne lui accordant pas le repos que Dieu s'était concédé. Après avoir prévenu tous les domestiques de la maison, il se glissa derrière les chanteurs, ferma la porte de la rue et fit un signal convenu à l'avance, sur quoi cinq ou six domestiques coururent à son secours, et les troubadours furent contraints de transformer leurs instruments de musique en armes de défense. : ils sont repartis avec rien d'autre que le manche de leurs guitares dans les mains. Personne n'a jamais connu les détails de ce combat, qui devait être terrible ; les combattants l'ont gardé pour eux ; mais on savait que c'était arrivé ; et le portier de la rue de la Chaussée-d'Antin fut élu hors-la-loi littéraire. A partir de ce moment, la vie du misérable devint pour lui un enfer prématuré : même son repos nocturne n'était pas respecté ; car tout littérateur tardif devait prêter serment de rentrer chez lui par la rue de la Chaussée-d'Antin, même s'il demeurait à la barrière du Maine. La persécution a duré plus de trois mois ; au bout de ce temps, un nouveau visage apparut pour répondre à la demande habituelle : la femme de Pipelet vint en pleurant devant la grille dire que son mari avait été victime de cette persécution et avait été transporté à l'hôpital avec une crise de fièvre cérébrale. . Le malchanceux était dans un délire et, dans ses délires, répétait sans cesse, encore et encore, le refrain qui lui avait coûté sa raison et sa santé. Voilà donc la vraie vérité sur la célèbre persécution des Pipelets, qui fit une grande sensation dans les années 1829 et 1830.

Revenons maintenant à *Christine*. Lorsque la pièce fut rendue de la Censure, elle fut répétée avec volonté. Le romantisme, qui s'était emparé du Théâtre-Français, venait de s'étendre de l'autre côté de la Seine et s'était détourné de l'Académie, comme pour une forteresse qu'un grand général dédaigne d'attaquer en période d'invasion. et menaça d'emporter l'Odéon d'assaut.

Cela créait une véritable révolution dans le quartier latin. De plus, afin de donner plus d'effet à la prochaine représentation, Harel suspendit constamment la pièce, moyen de publicité et de publication jusqu'alors tout à fait inconnu.

Le matin de la répétition générale, je reçus une ligne de Soulié ; c'était, à l'exception de la légère correspondance évoquée précédemment et de l'envoi de places pour *Roméo et Juliette* , le seul signe de son existence qu'il m'avait donné depuis un an. Il m'a demandé un laissez-passer pour cette répétition. Je lui envoyai aussitôt un laissez-passer pour lui et pour tous ses amis qui souhaiteraient l'accompagner. La répétition a eu lieu le soir même. Or, à cette époque, les répétitions générales étaient de véritables représentations de la pièce telle qu'elle serait finalement présentée. Les amis n'en avaient pas encore marre, le succès ne les avait pas rendus indifférents ou jaloux, et il semblait vraiment y avoir un intérêt général porté au sort de certains d'entre eux. La cause que nous défendions était celle de tout aspirant obscur qui espérait devenir un jour célèbre ; et ils partageraient une grande partie de l'influence acquise par nous, afin de rendre leur voie plus sûre et plus brillante. L'égoïsme en a fait des dévots. La répétition générale de *Christine* fut donc un succès enthousiaste.

Je quittai l'orchestre après le cinquième acte et allai présenter mes respects à Soulié. Il fut très ému et me tendit les bras. Je l'embrassai avec une profonde émotion ; cela m'avait affligé d'être en bons termes avec un homme que j'aimais et dont j'admirais le talent plus que les autres, parce que, mieux que les autres, j'appréciais ce talent.

"Ah!" dit-il, vous avez certainement été bien avisé d'écrire votre *Christine* seule. C'est un ouvrage admirable, mais des parties souffrent quant à la composition ; cela viendra. Un jour vous serez notre principal dramaturge, et nous vos humbles serviteurs. ".

« Allons, mon cher ami, dis-je, tu dois être fou pour dire de telles choses !

— Non, je pense ce que je dis, sur mon honneur. Vous dire que cela me fait un immense plaisir serait aller trop loin ; vous ne me croiriez pas, mais néanmoins c'est ainsi.

Je l'ai remercié.

« Écoutez, dit-il, parlons sérieusement : je sais qu'il y a un complot organisé contre votre pièce et qu'ils vont vous faire chaud au cœur demain soir.

"Oh, j'en étais certain."

« Il vous reste cinquante places dans la fosse ?

"Oui."

"Alors donnez-les-moi et je ferai venir tous mes ouvriers de la scierie, et nous vous soutiendrons contre eux, n'ayez crainte !"

Je lui ai donné un paquet de billets sans les compter, et, comme on m'attendait sur scène, je l'ai encore embrassé et nous nous sommes séparés.

Je pense que cet homme possédait certaines qualités fraternelle et confiante qu'on cherche en vain dans les milieux théâtraux : lui qui avait été sifflé trois ou quatre mois auparavant dans le même théâtre, et dans des circonstances semblables, demandait maintenant cinquante places à son rival, pour pour soutenir une pièce dont le succès ne ferait qu'intensifier l'échec de la sienne, et de la part d'un rival qui, avec une générosité prodigieuse, lui offrit aussitôt, sans la moindre hésitation ni appréhension, une pile de billets en nombre tout à fait suffisant pour le ruiner le meilleur jeu du monde s'il tombait entre de mauvaises mains. Nous étions sans doute des personnages plutôt absurdes, mais nous étions incontestablement bien intentionnés.

Aucun retard n'ayant été jugé nécessaire, la pièce fut jouée le lendemain.

Frédéric m'avait dit la vérité. Il y avait eu, par quelqu'un dont je n'avais pas la moindre idée, peut-être spontanément et sans autre motif que la haine qu'on nous portait, l'opposition la plus rude que j'aie jamais vue. Comme d'habitude, j'étais présent dans une loge lors de ma première nuit, je n'ai donc rien perdu des incidents de cette terrible bataille qui dura sept heures ; au cours de laquelle la pièce fut renversée une douzaine de fois et se relevait toujours, se terminant à deux heures du matin en obligeant le public haletant, horrifié et effrayé à se mettre à genoux.

Oh! Je le répète avec un enthousiasme qui n'a pas diminué après vingt-cinq ans de combat, et malgré mes cinquante ou plus succès triomphaux, la lutte entre le génie de l'homme et la mauvaise volonté de la foule, la vulgarité des gens. public, la haine des ennemis, est un spectacle grand et splendide. Il y a une immense satisfaction dans les milieux dramatiques à sentir l'opposition mise à genoux et lentement amenée à mordre la poussière dans une défaite totale. Oh! quel orgueil la victoire produirait-elle, si elle n'était, parmi les honnêtes gens, un remède à la vanité !

Il est tout à fait impossible de donner une idée de l'effet que produisit sur le public l'arrestation de Monaldeschi, après le monologue de Sentinelli à la fenêtre, qui avait été hué. Tout le théâtre éclata en applaudissements, et lorsque, au cinquième acte, Monaldeschi, sauvé par l'amour de Christine, envoya l'anneau empoisonné à Paula, il y eut des cris furieux contre le lâche assassin, qui se transformèrent en acclamations frénétiques lorsqu'ils le vit se traîner blessé et saignant aux pieds de la reine, qui, malgré ses supplications et ses prières, donne à proférer ce vers que Picard avait déclaré *impossible* :

"Eh bien, j'en ai pitié, mon père.—Qu'on l'achève !"

Enfin, tout le public était conquis et le succès de la pièce était assuré. L'épilogue, calme, froid et grandiose, sorte de vaste caverne aux sols humides et aux voûtes humides où j'enterrais les corps de mes personnages, a nui à son acceptation réussie. Ces âmes coupables aux têtes blanchies et aux affections mortes, se retrouvant après trente ans de séparation, l'une sans haine et l'autre sans amour, se regardant avec émerveillement et se demandant pardon pour le crime qu'elles avaient commis, présentèrent une succession de des scènes qui étaient plus philosophiques et religieuses dans leur esprit que dramatiques dans leur art. Confronté à mon propre travail, j'ai reconnu mon erreur ; mais, ayant commis une erreur, je dois expier ; j'ai donc supprimé l'épilogue, qui était vraiment la meilleure pièce de toute l'œuvre, quant au style, bien que loin d'être parfaite. Hâtons-nous de dire que le reste n'était pas très frappant ; il était écrit à l'imitation d'une langue dans laquelle je commençais alors à peine à bégayer, avec des accents hésitants.

Je n'avais pas perdu de vue Soulié pendant la représentation : lui et ses cinquante hommes étaient là. Même si j'avais mis un masque sur mon visage, je n'aurais pas osé faire ce qu'il a fait pour la réussite de ma pièce !

Oh! cher et fidèle ami ! Connu et apprécié de peu, moi qui vous ai connu et apprécié de votre vivant et qui vous ai défendu après votre mort, je vante toujours vos vertus !

Mais pour conclure mon récit : l'ensemble du public a quitté la salle sans que personne ne puisse dire si *Christine* était une réussite ou un échec.

J'ai ensuite organisé un souper pour tous mes amis qui voulaient venir. Si nous n'étions pas pleinement triomphants de la victoire, nous étions en tout cas excités par le combat. Nous étions environ vingt-cinq à souper : Hugo, de Vigny, Paul Lacroix, Boulanger, Achille Comte, Planche (Planche, qui n'avait pas encore été mordu par le chien de la haine, et qui ne montra que plus tard un penchant à la folie). , Cordelier-Delanoue, Théodore Villenave, et je ne sais qui d'autre, de la jeunesse bruyante, pleine de vie et d'activité qui nous entourait alors ; tous les volontaires appartenant à cette grande guerre d'invasion, qui n'était en réalité pas aussi terrible qu'elle le prétendait, et qui, après tout, ne menaçait de s'emparer de Vienne que pour s'emparer des frontières du Rhin.

Écoutez maintenant ce qui s'est passé : l'événement que je vais raconter était presque un double de l'épisode à propos de Soulié ; et j'en répondrai comme étant unique dans les annales de la littérature.

Il y avait dans ma pièce une centaine de vers qui avaient dû être retouchés et qui, pour user d'un vulgarisme expressif, avaient été *empoignés* dès la première représentation ; ils devaient être soumis à des critiques hostiles, car ils ne manqueraient pas d'être repris à la prochaine représentation ; sans compter une douzaine de coupes qui devaient être confectionnées et dressées par des mains habiles et paternelles ; il fallait le faire immédiatement, le soir même, afin que le manuscrit puisse être renvoyé le lendemain matin pour que les modifications soient apportées à midi, et la pièce jouait le soir même. Il était désormais hors de question que moi, qui avais vingt-cinq invités à recevoir, puisse le faire. Mais Hugo et de Vigny prirent le manuscrit et, me disant de me rassurer, ils s'enfermèrent dans une petite pièce et, pendant que nous mangions, buvions et chantions, ils travaillèrent. Ils travaillèrent pendant quatre heures consécutives avec la même énergie consciencieuse qu'ils auraient employée à leur propre travail ; et quand ils sortirent au point du jour, nous trouvant tous couchés et endormis, ils laissèrent le manuscrit prêt pour l'exécution sur la cheminée, et, sans réveiller personne, ces deux rivaux s'en allèrent bras dessus, bras dessous, comme deux frères !

Vous en souvenez-vous, cher Hugo ? Vous en souvenez-vous, de Vigny ?

Nous fûmes tirés de notre léthargie le lendemain matin par le libraire Barba, qui vint m'offrir douze mille francs pour le manuscrit de *Christine* , c'est-à-dire le double de la somme pour laquelle j'avais vendu *Henri III*. Ce fut donc incontestablement une réussite !

CHAPITRE IV

Un fiacre qui passe. Madame Dorval dans l' *Incendiaire* .
Deux actrices. Le duc d'Orléans demande pour moi la croix
de la Légion d'honneur. Sa recommandation n'a aucun effet.
M. Empis—Salon de Madame Lafond—Mon costume
d'Arnaute—Madame Malibran—Frères et sœurs dans l'Art

Le lendemain, ou plutôt le soir du surlendemain de ma première représentation, je traversais la place de l'Odéon à une heure du matin, passant du théâtre éclairé dans l'obscurité de la rue, et du théâtre du bruit des applaudissements d'une maison bondée au silence d'une place vide, de l'ivresse à la réflexion, de la réalité aux rêves, lorsqu'une tête de femme apparut à la porte d'un fiacre m'appelant par mon nom. Je me suis retourné, le taxi s'est arrêté et j'ai ouvert la porte.

"Etes-vous M. Dumas ?" » s'enquit la personne à l'intérieur.

"Oui madame."

" Très bien, entre et embrasse-moi. Ah ! tu as un talent merveilleux, et tu ne dessines pas mal non plus les femmes ! "

Cela m'a fait rire et j'ai embrassé la belle oratrice. Celle qui me parlait ainsi, c'était Dorval, Dorval à qui j'aurais pu répondre dans les mêmes mots :

"Vous avez un talent merveilleux et vous enlevez plutôt bien les femmes."

Le fait est que depuis que nous avons vu Dorval jouer Malvina dans Le *Vampire*, elle s'est énormément améliorée. Dans l' *Incendiaire* surtout, elle avait été parfaitement magnifique. Ceux qui liront ces lignes maintenant ne sauront pas de quoi il s'agissait : je me souviens seulement d'un rôle de curé, que Bocage jouait excellemment, et d'une scène de confession où Dorval était sublime. Imaginez-vous une jeune fille à qui on a mis une torche entre les mains ; comment, ni par quel moyen, je ne m'en souviens plus, mais peu importe ; d'ailleurs, c'était il y a vingt-deux ou vingt-trois ans, et j'ai oublié le drame et, je le répète, je ne me souviens plus que de l'actrice. Elle jouait à genoux la scène de la confession évoquée plus haut : elle durait tout un quart d'heure, pendant lequel on retenait son souffle ou on ne respirait qu'en pleurant. Une nuit, Madame Dorval était plus belle, plus tendre et plus pathétique que jamais : et je vais vous dire pourquoi. Vous aurez vu des tableaux de Ruysdael et de Hobbema et vous rappellerez comment les rayons du soleil parcourent leurs paysages, éclairant un coin du ciel gris et illuminant l'atmosphère brumeuse où les grands bœufs paissent dans les hautes herbes. Eh bien, écoutez ça. Quand l'acteur est fatigué, après avoir joué dix à cinquante fois le même rôle, l'inspiration s'éteint peu à peu, le génie s'endort et l'émotion s'éteint ; le ciel de l'acteur devient gris et son atmosphère se trouble, et il recherche des rayons de soleil comme ceux qui éclairent les toiles de Hobbema ou de Ruysdael. La vue d'un ami parmi les spectateurs, d'un collègue artiste talentueux penché sur le cercle vestimentaire, est pour lui comme un rayon de soleil ; un visage pensif aux yeux brillants dans la pénombre d'une boîte. Alors la communication s'établit entre la maison et la scène ; le courant électrique est perçu et, grâce à lui, le joueur revient au temps des premières représentations ; toutes les cordes endormies se réveillent et soudain pleurent, pleurent et sanglotent plus frémissant que jamais ; le public applaudit et crie bravo, et pense que c'est pour cela que le joueur fait ces merveilles. Pauvre public trompé ! C'est vers une âme sœur, insoupçonnée par vous, que sont dirigés tous ces efforts, ces cris et ces larmes ! Vous en bénéficiez simplement comme de la rosée, de la lumière ou de la flamme. Mais après tout, qu'importe à toi qui verses la rosée, qui répands cette lumière, qui allume cette flamme, puisque dans cette rosée, cette lumière et cette flamme tu te rafraîchis, t'éclaires et te réchauffes ? Alors, un soir, Dorval s'était surpassée, pour qui ? Elle n'en avait pas la moindre idée. C'était pour une femme dans l'assistance, une femme qui, depuis trois heures, la tenait en haleine sous son regard d'aigle ; pendant trois heures Dorval ne vit aucun des autres gens de la maison, elle pleura et parla et vécut, en un mot, agissait pour cette seule femme : quand elle applaudissait et criait « Bravo ! l'actrice avait été payée pour son travail, récompensée pour ses peines et récompensée pour son talent ! Elle s'était dit : « Je suis satisfaite puisqu'elle l'est. Alors le rideau fut tombé et, essoufflée, écrasée, presque morte d'épuisement, comme une pythonisse lorsqu'on l'enlève de son trépied, Dorval se rendit dans sa chambre ; de vainqueur elle devint victime et tomba à demi évanouie sur son lit. Tout à coup, la porte de sa loge s'ouvrit, et l'inconnue parut sur le seuil. Dorval se leva en tremblant et la prit à deux mains comme si elle eût été une amie. Pendant quelques minutes, les deux femmes se regardèrent en silence, souriantes, les larmes aux yeux.

— Pardonnez-moi, madame, dit l'inconnu avec une douceur de voix incroyable ; " mais je ne pouvais pas rentrer chez moi sans vous raconter la joie, l'émotion, le bonheur que je vous dois. Oh ! c'était merveilleux, sublime, exquis ! "

Dorval la regardait et la remerciait avec ses yeux, avec une inclinaison de la tête et un mouvement des épaules qui lui étaient particuliers, tout en l'interrogeant, en s'informant avec tous les muscles de sa figure :

"Mais qui êtes-vous, madame ? Qui êtes-vous ?"

L'inconnu devina ses pensées et répondit (seuls ceux qui avaient entendu parler cette merveilleuse sirène peuvent concevoir la douceur de sa voix) :

"Je suis Madame Malibran."

Dorval poussa un cri et montra le seul tableau qui ornait sa chambre. C'était un portrait de Madame Malibran en Desdémone. Madame Dorval possédait désormais l'une des deux choses qui lui manquaient jusqu'alors pour devenir une femme du plus haut mérite : une amie qui lui serait fidèle mais en même temps discriminante ; et telle amitié, Mme Malibran lui offrait. Maintenant qu'elle avait sa part d'amitié, il appartenait à la Providence de lui accorder celle d'amour.

Après que Madame Dorval eut joué les rôles d'Adèle d'Hervey et de Marion Delorme, elle joua Kitty Bell ; à cette époque, elle était devenue une femme des plus accomplies et une actrice accomplie. L'exclamation de Dorval lorsqu'elle m'a arrêté près de l'Odéon, et la franc-maçonnerie artistique qu'elle a franchement scellée d'un baiser fraternel, m'ont fait bien plaisir ! Pour que la fierté soit satisfaite, l'éloge doit venir d'une source supérieure ou, à tout le moins, d'une source aussi élevée que celle du destinataire. Car la louange qui vient d'en haut est ambroisie, celle d'en bas n'est qu'un encens.

Un jour, Michelet m'a écrit (je ne l'avais jamais vu ni parlé avec lui auparavant).

« Monsieur, dit-il, je vous aime et vous admire ; vous êtes une des forces de la nature.

Cette lettre me fit un plaisir plus vif et plus réel que si j'avais reçu la nouvelle que la grand-croix de la Légion d'honneur m'avait été décernée. La mention de la Légion d'honneur suggère quelques mots relatifs à la sensation provoquée par les succès des deux *Henri III.* et *Christine.*

Christine avait été jouée le 20 février, et le 9 mars, très probablement à la demande du duc de Chartres, qui avait assisté, de son plein gré, à la première représentation, le duc d'Orléans écrivit ce qui suit à M. Sosthène de la Rochefoucauld :—

"PALAIS-ROYAL, 9 *mars* 1830

" J'entends, monsieur, que vous comptez soumettre au Roi la suggestion d'accorder la croix de la Légion d'honneur à M. Alexandre Dumas, lorsque viendra la saison où il accorde habituellement des promotions à cet ordre.

« Les succès de M. Alexandre Dumas comme dramaturge me semblent en effet mériter une telle marque d'estime, et je serai d'autant plus heureux qu'il l'obtienne, qu'il a été attaché à mon secrétariat et à mon ministère forestier. département depuis six ans, période pendant laquelle il a entretenu sa famille d'une manière des plus louables, on me dit qu'il a l'intention de voyager dans le nord de l'Europe, et qu'il accorde une grande importance à la nomination qui aura lieu avant son départ. Je ne sais si le 12 avril serait une occasion convenable pour soumettre la proposition au Roi ; mais je veux vous en suggérer l'idée, en témoignage de l'intérêt que je porte à M. Dumas.

"Permettez-moi de profiter de cette occasion pour vous offrir l'assurance de ma sincère estime pour vous. — Bien affectueusement, LOUIS-PHILIPPE D'ORLÉANS"

Un jour que j'étais à la bibliothèque, M. le duc d'Orléans entra avec une lettre à la main. Je m'étais levé à son entrée et restais debout tandis qu'il s'avançait vers moi.

« Écoutez, monsieur Dumas, dit-il, c'est ce qui a été demandé de votre part. Lisez-le.

Intensément étonné, je lis la lettre que je viens de retranscrire ci-dessus. Je savais que M. Sosthène de la Rochefoucauld, qui était très amical pour moi, avait été pressé par Beauchesne d'envoyer mon nom au bureau de M. de la Bouillerie ; mais c'était assez loin de mes pensées pour que le duc d'Orléans consentît jamais à me recommander lui-même. Je rougis excessivement, balbutiai quelques mots de remerciement et lui demandai à qui je devais le bonheur d'être recommandé par lui.

"À un ami", répondit-il, et c'est tout ce que je pus tirer de lui.

Malheureusement, la recommandation du duc ne servit à rien. On m'a appris depuis que c'était M. Empis, premier commis de la maison du roi, qui avait contrecarré les bonnes intentions du prince et de M. de la Rochefoucauld. M. Empis appartenait à une école littéraire tout à fait opposée à la mienne ; il avait écrit une pièce très remarquable intitulée *La Mère et la Fille* , dont le rôle principal fut créé par Frédérick Lemaître, dès sa première apparition à l'Odéon, et la pièce connut un succès extraordinaire. J'ai dit plus haut : "Malheureusement, la recommandation du duc n'a servi à rien." Expliquons le mot *malheureusement.* C'était vraiment malheureux ; car à cette époque la croix de la Légion d'honneur n'avait pas été décernée à la radio, et cela eût été une riche récompense si je l'avais obtenue. J'étais jeune et plein d'espoir, de vigueur et d'enthousiasme ; J'étais juste au seuil de ma carrière; et c'est pourquoi ma nomination m'aurait fait un très grand plaisir. Mais c'est un des malheurs de ceux qui ont le pouvoir de donner de tels honneurs, qu'ils ne sachent jamais les donner à temps ; cette croix, que le duc d'Orléans m'a demandée en 1830, le roi Louis-Philippe ne me l'a offerte qu'en 1836, aux Fêtes de Versailles ; encore ce n'est pas lui-même, mais le prince royal qui me l'a donné, à l'occasion de son mariage, alors que les ordres dont il disposait étaient une grand'croix et deux croix d'officier et une croix de chevalier. La grand'croix était pour François Arago ; les deux croix d'officier étaient pour Augustin Thierry et Victor Hugo ; la croix de Chevalier était pour moi.

Arrivé à cette époque de ma vie, je raconterai toutes les histoires liées à cet ordre, et comment M. de Salvandy, pour qu'on lui pardonne d'avoir présenté la croix d'Officier à Hugo et la croix de Chevalier, se sentit obligé d'en donner un en même temps à un excellent garçon, dont le nom était si totalement inconnu qu'il préservait, par son obscurité même, la célébrité du nôtre. Le résultat fut que je mis ma croix dans ma poche, au lieu de l'épingler dans ma boutonnière.

Et cela me rappelle l'histoire du père d'un de mes confrères littéraires, riche marchand de coton, qui, ayant reçu la croix, parce qu'il avait prêté deux millions de francs à Charles X, ne portait que le ruban à la boutonnière de son gousset. . J'ai donc dû, pour le moment, me priver du ruban rouge. J'en ai d'abord voulu à M. Empis d'avoir déjoué mon joli rêve, mais bien plus en colère ensuite contre lui d'avoir écrit *Julie, ou la Réparation* !

Cependant, nous avons réussi à trouver des distractions sans fin pendant cet heureux hiver de 1830, si rigoureux soit-il. C'est un fait remarquable que les révolutions surprennent presque toujours les peuples au milieu des danses, et les rois au milieu des feux d'artifice. Il y eut aussi de nombreux bals masqués. Il y avait à cette époque un Salon à Paris chez Madame Lafond, qui regroupait toute la société artistique. Madame Lafond était, à cette date, une femme âgée de trente-six à trente-huit ans, au zénith de sa beauté, qui était celle d'une brune, et elle était admirablement conservée : elle avait des yeux noirs parlants et des yeux noirs. des cheveux ondulés, ajoutez à ces charmes un sourire le plus envoûtant, les mains les plus gracieuses qu'on puisse imaginer, et une intelligence remarquable par sa puissance et sa bonté, et vous n'aurez encore qu'une impression très imparfaite de la maîtresse de ce salon. Son mari était le musicien Lafond, qui était un violoniste de talent : il était petit et blond, et soutenait parfaitement sa femme lors de ses soirées, jouant le même rôle que le prince Albert joue à la cour de la reine Victoria. Je crois qu'il a été tué dans un accident de voiture. Il avait deux fils beaucoup plus jeunes que moi, qui portaient encore de petites vestes rondes et des cols rabattus, et qu'on envoyait au lit à huit heures. Ils sont devenus deux charmants jeunes gens que j'ai depuis rencontrés dans diverses ambassades.

A cette époque, ni le costume des pierrots ni celui des dockers n'étaient devenus à la mode ; Chicard et Gavarni étaient encore cachés dans les profondeurs obscures du futur ; et le ballet de l'Opéra n'était pas sorti du domino traditionnel dans lequel il eût été difficile d'enfiler ces galops fous, au son de cette musique terrible, qui valut à Musard le surnom de « Napoléon du Cancan ». Le vrai cancan, qui était une danse nationale capitale, la seule qui possédait des éléments de spontanéité et de pittoresque, était relégué aux marges de la civilisation, avec les autres marchandises de contrebande proscrites par la coutume.

Or, le choix d'un costume convenable était une affaire très sérieuse pour un auteur de vingt-six ans, qui commençait déjà à avoir la réputation, à tort ou à raison, d'être tout à fait un Othello. J'avais fait la connaissance aux bals de Firmin - je ne sais pourquoi je n'ai jamais encore parlé de ses délicieuses réunions, où l'on était sûr de trouver, sans poudre ni peinture, les figures les plus jeunes et les plus jolies de Paris - d'un jeune homme intelligent. camarade, élève de M. Ingres, et qui est devenu depuis le célèbre antiquaire Amaury Duval. Il revenait tout juste de Grèce, où il avait participé à une expédition artistique envoyée au pays de Périclès, après la bataille de Navarin. Il apparut à l'un des bals de Firmin sous le déguisement d'un Pallikar. Le Pallikar était alors à la mode ; Byron l'avait introduit, et toutes nos jolies femmes avaient collecté des fonds pour cette mère de belles femmes, la terre de Grèce. A partir de cette époque, je devins de grands amis avec Amaury et, plus tard, je donnai son nom à un de mes romans, en souvenir de notre amitié de jeunesse ; ou plutôt, disons, de l'amitié de notre jeunesse. Il se proclamait partisan fanatique de mes ouvrages, et il était, on s'en souvient, fils et neveu d'un académicien, qui aurait réclamé les têtes des membres de l'Académie, après la première représentation de *Henri III*. J'allai donc le retrouver, car il importait surtout, dans un bal costumé, de tirer le meilleur parti de ses avantages naturels. J'ai dit que je n'avais jamais été beau, mais j'étais grand et bien bâti, bien qu'assez léger ; mon visage était maigre et j'avais de grands yeux bruns, au teint foncé ; en un mot, s'il était impossible de créer de la beauté, il était assez facile de former du caractère. Nous avons donc décidé que la tenue d'un Albanais me conviendrait parfaitement ; et Amaury m'a donc conçu un costume. Or, le turban était la partie la plus frappante de ce costume, et, étant enroulé deux ou trois fois autour de la tête, il passait autour du cou et se nouait au point de départ. Mais il fallait faire le costume, et comme il était couvert de broderies, de galons et de dentelles, il fallait quinze jours pour le confectionner.

Enfin le soir arriva, et à onze heures la robe était terminée ; à minuit, j'entrais chez Mme Lafond. Mon costume était alors presque inconnu en France : la veste et les jambières étaient de velours rouge brodé d'or ; la *fustanelle* , blanche comme neige, n'avait pas été privée d'un seul pouce de sa largeur propre ; les bras d'argent éblouissants étaient merveilleusement travaillés, et surtout l'originalité de la coiffure attirait sur moi tous les regards. Je pensais que je ferais une sensation triomphale, mais je n'avais aucune idée de la manière dont elle s'exprimerait. Je n'avais pas fait dix pas dans la chambre qu'une jeune femme, vêtue en prêtresse romaine, couronnée de verveine et de cyprès, s'excusa auprès de son associé et le quitta pour venir vers moi. Elle m'entraîna ensuite dans un petit boudoir et, me faisant asseoir, resta debout devant moi et me dit :

"Maintenant, monsieur Dumas, vous allez m'apprendre à mettre un turban comme celui-là; demain je joue Desdémone avec Zucchelli et vous savez comment s'habillent ces diables italiens; j'aimerais en tout cas qu'il si tu avais une coiffure comme la tienne, ça m'énerverait!"

La prêtresse romaine était Madame Malibran, dont j'aurai bientôt beaucoup à dire et dont j'ai déjà parlé deux fois à propos de la première représentation d' *Henri III.* , où elle s'est accrochée au bord de sa loge au troisième étage tout au long du cinquième acte ; et aussi à propos de Dorval, dans les bras duquel elle courut se jeter après une représentation de *l'Incendiaire.* Oui, c'est Madame Malibran, l'artiste incomparable, qui seule peut-être de tous les artistes, a uni le drame au chant, la force à la grâce, la joie à la tristesse, à un degré que personne n'a jamais atteint. Hélas! elle aussi est morte jeune et n'est plus qu'une ombre à notre horizon ! Ombre de Desdémone et de Rosine, de la Somnambule et de Norma, ombre éblouissante, harmonieuse, mélancolique ! que ceux qui ont vu la réalité vivante peuvent encore revivre à l'aide de la mémoire, mais qui n'est qu'un fantôme pour ceux qui ne l'ont pas vue ! Elle mourut encore jeune, mais par là du moins elle emporta avec elle dans le tombeau tous les avantages que l'on peut tirer d'une mort prématurée ; elle est morte belle, aimante et aimée, au zénith de son triomphe, ceinte de gloire, couronnée de lauriers et enveloppée de gloire ! Mais les artistes de théâtre ne laissent rien de transmissible à la postérité, aucune trace de la pureté de leur chant, de la grâce de leurs mouvements ou de la passion de leurs gestes, rien qu'un reflet qui reste dans la mémoire de leurs contemporains. Il reste donc à nous, peintres ou poètes, qui laissons quelque chose après notre départ ; à nous, enfants privilégiés de l'Art, qui possédons la faculté de reproduire la forme ou l'esprit des choses matérielles et périssables par l'intermédiaire de nos pinceaux et de nos plumes ; à qui Dieu a donné un miroir pour une âme qui se souvient au lieu d'oublier ; il nous appartient de vous faire revivre, ô frères et sœurs ! pour vous représenter tel que vous étiez et, si possible, refléter vos images encore plus grandes et plus belles qu'elles ne l'étaient dans la vie !

Mes lecteurs pensaient-ils, lorsque j'ai commencé ces volumes, que mon objectif était simplement égoïste, celui de parler éternellement de moi-même ? Non en effet; Je voulais qu'il serve de cadre immense pour représenter tous mes confrères de l'Art, pères ou enfants de mon siècle, les grands esprits et les charmantes personnalités dont j'ai pressé les mains, les joues et les lèvres ; ceux qui m'ont aimé et que j'ai aimé; ceux qui ont été ou qui sont encore l'ornement de notre temps ; y compris ceux que je n'ai peut-être jamais connus, et même ceux qui m'ont détesté ! Les *Mémoires d'Alexandre Dumas* , eh bien, ce serait absurde ! Qu'aurais-je pu devenir seul, comme un individu isolé, un atome perdu, un grain de poussière au milieu de tant de tourbillons. Simplement rien. Mais en m'associant à vous, en serrant de ma main gauche la main droite d'un artiste, de ma main droite la main gauche d'un prince, je suis devenu un maillon de la chaîne d'or qui relie le passé à l'avenir. Non, je n'écris pas mes propres Mémoires, mais ceux de tous ceux que j'ai connus ; et comme j'ai été en contact avec les plus grands et les plus illustres personnages de France, c'est vraiment des Mémoires de France que j'écris.

Je passai la majeure partie de la nuit à apprendre à Madame Malibran à mettre un turban albanais, et le lendemain Zucchelli jouait Othello avec une coiffure semblable à celle que j'avais portée la veille au soir. Madame Malibran avait bien raison. La coiffure d'Othello faisait son effet, car elle n'avait jamais été plus grande ni plus sublimement belle !

Adieu, Marie ! Elle s'appelait aussi Marie, comme Marie Dorval et Marie Pleyel — *au revoir !* Je vous reverrai à Naples !

CHAPITRE V

Pourquoi la recommandation du duc d'Orléans au sujet de ma croix d'honneur a échoué. L'indemnité d'un milliard. Le voyage de La Fayette en Auvergne. Sa réception à Grenoble, Vizille et à Lyon. Le voyage de Charles X en Alsace. Varennes et Nancy. — Ouverture des Chambres. — Le discours royal et l'adresse des 221. — Article 14. — La conquête d'Alger et la reconquête de nos frontières rhénanes.

Passons d'une soirée artistique à une soirée aristocratique, qui fit une tout autre sensation ! Je veux parler de la fameuse soirée au Palais-Royal donnée, le 31 mai 1830, par le duc d'Orléans à son beau-frère, le roi de Naples. Mais revenons d'abord à des sujets un peu plus anciens.

Pourquoi la recommandation du duc d'Orléans en ce qui concerne l'obtention d'une croix d'honneur pour moi avait-elle si peu de poids ? C'est que, à mesure que sa popularité grandissait de jour en jour, à mesure que son crédit diminuait aux Tuileries. Parce que, s'enhardissant chaque jour et pesant dans son esprit la question qu'il entendait poser, m'a-t-il dit depuis, à un conseil et non à un prince du sang, il laissait échapper des expressions contre la cour qui montraient une opposition trop ouverte à ses méthodes. Car depuis que M. de Polignac était nommé ministre, depuis l'occasion de la fameuse audience donnée à Victor Hugo lors de sa réception par le roi à Saint-Cloud, tout le monde attendait l'éclatement d'une nouvelle révolution. Il fallait qu'une révolution fût universellement attendue, puisque j'avais, à mon tour, répondu à M. de Lourdoueix par la fameuse phrase « j'attendrai » , et, si j'avais attendu, l'affaire n'aurait fait que été reportée de six mois.

Le 2 mars, la Chambre a rouvert ses portes. Le roi était présent à la séance, décidé à prendre une mesure révolutionnaire. Or mille choses déterminèrent Charles X à s'engager dans une telle démarche : ses propres voyages en Alsace, ceux de M. de La Fayette en Auvergne, et d'autres événements que nous rapporterons à leur place. Le général La Fayette, ayant acquis l'argent de ses indemnités comme émigré royaliste, avait décidé de parcourir l'Auvergne comme républicain. En effet, le milliard d'indemnité venait d'être distribué ; et, chose étrange à dire, il s'est avéré qu'il enrichissait davantage les libéraux que les royalistes. Le duc d'Orléans, par exemple, reçut 16 000 000 de francs. Le duc de Liancourt reçut pour sa part 1 400 000 francs. Le duc de Choiseul, 1 100 000 francs. Général La Fayette, 456.182 francs. M. Gaëtan de La Rochefoucauld, 428 206 francs. M. Thiers, 357 850 francs. Et enfin, M. Charles de Lameth, 201 696 francs.

Eh bien, le général La Fayette partit pour l'Auvergne. Le général La Fayette, que j'ai connu intimement et qui était tout à fait amical dans ses inclinations pour moi, que j'espère décrire à son tour au cours de ces Mémoires, sans permettre l'hommage respectueux d'un jeune homme et la sympathie du ami pour nuire à l'impartialité de l'historien. Le général La Fayette, dis-je, était né en 1757, à Chavagnac, près de Brioude, et, quelques jours avant la clôture de la session de 1829, il était parti visiter l'ancienne terre de les Arvernais. Il avait cédé au désir de revoir sa terre natale, désir qui touche nos âmes de souvenirs si profonds qu'il nous y attire toute notre vie, et il est remarquable que cet attrait grandisse à mesure que l'on approche de la mort. , comme si la nature avait implanté dans le cœur de l'homme un désir impérieux de chercher sa sépulture près de l'endroit où il est né. Or, le général La Fayette a été accueilli tout au long de cette tournée avec joie, affection et respect, mais sans fanatisme. Des banquets lui avaient été donnés à Issoire, à Clermont et à Brioude ; mais aucune d'elles n'avait jusqu'alors eu une quelconque portée politique : il s'agissait simplement de réunions de concitoyens célébrant le retour d'un de leurs membres, et rien de plus. Tout à coup, on apprit la nouvelle d'un changement de gouvernement et de l'avènement de M. de Polignac au pouvoir.

Dès l'instant où arriva la nouvelle du changement de gouvernement, le voyage de La Fayette prit une autre tournure : il avait l'aspect d'une protestation influente et un ton d'espoir presque religieux. Le général était au Puy, coïncidence remarquable, dans la même ville où régnaient autrefois les ancêtres de M. de Polignac, lorsque, deux heures avant le banquet qu'on préparait en son honneur, le peuple apprit que la formation du Ministère du 8 août ; aussitôt ils se rassemblèrent avec enthousiasme autour du célèbre voyageur, se pressant contre lui aux cris de « Vive La Fayette ! et, au repas, deux heures plus tard, on porta le joli toast révolutionnaire suivant :

"La Chambre des députés, le *seul et unique espoir* de la France !"

Le général avait l'intention de se rendre à Vizille pour voir sa petite-fille, épouse d'Augustin Périer, qui vivait dans un château construit autrefois par le connétable de Lesdiguières, un ancien manoir féodal, transformé plus tard en usine et atelier. Pour se rendre à Vizille, ville historique dont le gouvernement, avec celui de Bretagne, fut le premier en 1788 à s'opposer aux arrêtés royaux, il devait passer par Grenoble. De plus, il le traverserait ; le général était justement homme à faire deux ou trois lieues pour cueillir la fleur de la popularité, qui se fane vite et qui, après quarante ans, refleurissait une seconde fois aussi fraîche que la première.

Grenoble est une grande ville de dissensions : nulle part les germes de la liberté n'ont produit des récoltes plus luxuriantes que dans cette ville insoumise, qui, en 1815, par respect pour Napoléon, a fait sauter les portes qui ne voulaient pas lui ouvrir ; qui, en 1816, vit guillotiner Didier, Drevet et Buisson, et fusiller vingt-deux conspirateurs, dont un vieillard de soixante-cinq ans et un enfant de quinze ans ! Une vingtaine de jeunes gens à cheval et plusieurs voitures sortirent pour saluer le général ; ils le rencontrèrent à une lieue de la ville pour former une escorte ; puis aux portes de la France l'ancien maire, déchu de sa charge, probablement à cause des nombreuses réactions politiques de l'époque, l'attendait, pour lui remettre une couronne de feuilles de chêne argentées. Cette couronne, *témoignage de l'amour et de la gratitude du peuple*, était le résultat d'une souscription à cinquante centimes par tête. A Vizille, ils firent encore mieux : ils tirèrent au canon. Le 5 septembre, ce fut au tour de Lyon de manifester la sympathie générale par une réception qui était en soi une véritable ovation. Une députation fut même désignée pour le recevoir aux frontières du département du Rhône ; elle était escortée par une troupe de cinq cents cavaliers, par mille jeunes gens à pied et par soixante voitures occupées par les principaux marchands de la ville. Au milieu de ces voitures se trouvait une calèche vide, tirée par quatre chevaux, qui était destinée à l'usage du général.

A la porte de la ville, le général fut harangué par un ancien avocat. Nous ne nous souvenons pas du discours, sinon qu'il était d'un ton ultra libéral, mais nous nous souvenons de quelques mots de la réponse de celui à qui il était adressé. « Aujourd'hui, répondit le général, après un long détournement de brillant patriotisme et d'espérances constitutionnelles, je me trouve de nouveau parmi vous à ce que je considérerais comme un moment critique, si je n'avais observé partout au cours de mes voyages, comme aussi dans cette ville puissante, la fermeté calme et même méprisante d'un grand peuple, conscient de ses droits, conscient de sa force et qui restera fidèle à ses devoirs !

Cette déclaration, dix mois auparavant, était prophétique sur l'Association bretonne, le refus de payer l'impôt et la Révolution de Juillet.

Le récit de ses voyages fut imprimé et cent mille exemplaires furent vendus. "Ceux que Dieu veut ruiner, il les prive d'abord de la raison." La Monarchie était en effet devenue folle ! Un journal des plus influents, monarchique, a publié un article sur ce voyage, dont les quelques lignes suivantes peuvent servir de spécimen :

> « Le voyage du général La Fayette est une orgie révolutionnaire, qui n'est pas tant le résultat d'un enthousiasme patriotique que de diverses combinaisons d'esprit de parti. Le Comité directeur et les loges maçonniques les ont réunis, ces partis désireux de fêter la Révolution, en la personne du général qui, depuis 1789, a

prêché et défendu des principes semblables, bref, c'est la Révolution actuelle élevée aux hauts lieux.

Il nous faut maintenant dire quelques mots sur le voyage de Charles X en Alsace ; il équilibrera celui du général La Fayette. En outre, tous les événements qui ont conduit à de grandes catastrophes dans l'histoire présentent un intérêt particulier. Contrairement à celui de La Fayette qui, comme on l'a vu, avait excité l'enthousiasme du peuple partout où il passait, le voyage du roi, suivant l'usage habituel des voyages princiers, n'avait fait que témoigner d'une loyauté officielle et factice, répandue sur le territoire réel. la haine en bas, comme les plis d'un beau tissu recouvrent une table vermoulue. On peut dire qu'elle a fait bien plus, elle a mis en lumière quelques-uns de ces sinistres présages qui annoncent de grands désastres. Ils avaient traversé Varennes (et on se demande par quel malheureux hasard ou par oubli cette ville fatale à la cause de la monarchie avait-elle été choisie pour la route du roi ?), et à Varennes ils s'arrêtèrent pour changer de chevaux, en tête du pont. , à l'entrée du porche, exactement à l'endroit même où Louis XVI, la Reine, Madame Élisabeth, les Enfants de France et leur gouvernante, Madame de Tourzel, avaient été contraints de s'arrêter sous les menaces de Drouet, de descendre du carrosse et de suivre M. Sausse dans son épicerie qui devait leur servir d'antichambre du Temple. Madame la duchesse d'Angoulême, qui avait fait partie de ce premier voyage, était avec le second. Lorsqu'elle reconnut l'endroit fatal, au bout de trente-huit ans, elle frémit, poussa un cri et ne voulut pas laisser à la voiture le temps d'un relais, mais ordonna aux postillons de se diriger vers la prochaine place de poste. Cette fois, les postillons obéirent ; ils avaient refusé le 21 juin 1791. Ils ne partirent cependant pas assez vite pour ne pas surprendre quelques paroles peu judicieuses que la duchesse laissa tomber ; des paroles qui, portées par les vents de la haine, la précédèrent tout au long du voyage, de telle sorte que, lorsque Charles X et sa famille arrivèrent à Nancy, chef des villes royalistes, et se montrèrent au balcon du palais pour saluer le peuple, des sifflements se faisaient entendre au-dessus des acclamations, chaque fois que le roi saluait : le peuple traitait ses princes comme on traite les acteurs qui ont mal joué leur rôle. Le duc d'Orléans ne perdit rien de vue ; tel un chasseur à l'affût de sa proie, il guettait pour profiter de toutes les erreurs commises par la proie royale qu'il traquait. Ainsi, moi aussi, qui me trouvais sur un pied d'intimité dans sa maison, je pouvais, pour ainsi dire, sentir battre le pouls de son ambition, et je n'avais aucun doute sur la nature de ses désirs, qui devenaient chaque jour de plus en plus optimistes. .

J'ai mentionné que la Chambre s'est ouverte le 2 mars 1830. J'étais présent à la séance d'ouverture. Au moment où le roi posait son pied sur la première marche du trône, il l'accrocha dans le tapis de velours qui recouvrait les marches. Il a trébuché et a failli tomber. Sa casquette roulait par terre. Le duc d'Orléans s'élança pour le ramasser et le rendit au roi. J'ai donné un coup de coude à mon voisin : autant que je me souvienne, c'était Beauchesne.

« Avant un an, lui dis-je, il arrivera la même chose à la couronne ; seulement, au lieu de la rendre à Charles X, il la gardera pour lui.

Dans le discours prononcé par Charles X, après qu'il eut mis sur sa tête le bonnet que le duc d'Orléans lui avait rendu, était le paragraphe suivant, remarquable :

> "Je n'ai aucun doute sur votre coopération aux bonnes actions que je souhaite accomplir. Vous rejetterez avec mépris toutes les insinuations perfides que le sentiment malveillant s'efforce de propager. Si de mauvaises machinations opposent à mon règne des obstacles que je ne veux ni ne dois pour le prévoir, je trouverais la force de les vaincre dans ma résolution de maintenir la paix publique, dans la juste confiance du peuple français et dans l'amour qu'il porte toujours à son roi.

L'adresse des 221 fut la réponse à ce discours ; au paragraphe ci-dessus, voici la réponse : -

> « La Charte a posé comme condition indispensable au fonctionnement régulier des affaires publiques, qu'il y ait un accord permanent des opinions politiques entre votre gouvernement et les désirs du peuple. Sire, notre loyauté et notre dévouement nous obligent à vous dire qu'un tel consensus d'opinions n'existe pas.

C'était une déclaration de guerre en pleine forme.

Charles X trembla de tous ses membres en écoutant la lecture de l'Adresse. Puis, quand la députation eut quitté les Tuileries, il dit :

"Je ne permettrai pas que ma couronne soit plongée dans le caniveau !" Et il dissout la Chambre.

Voilà quelques-uns des événements qui ont ému tous les cœurs, même celui du *Journal des Débats* . Il attaqua le gouvernement avec une violence des plus inhabituelles.

> « Polignac, La Bourdonnaye et Bourmont, s'écria-t-il, cela équivaut à dire Coblence, Waterloo, 1815 ! Voilà les trois principes, les trois personnages principaux du ministère. Pressez-les fort, tordez-les et ils ne dégorgeront que humiliations, malheurs et dangers ! »

Charles X. a lu cet article.

"Ah!" a-t-il déclaré, "ces gens qui invoquent la Charte ne savent pas qu'elle contient l'article 14, que nous pouvons tenir en tête".

Et en fait, le ministère Polignac n'avait été créé que pour mettre en vigueur ce fameux article que Louis XVIII. avait caché dans la Charte, comme une épée de dissension, mais dont il ne se servirait jamais.

Tous les espoirs du roi et de M. de Polignac étaient placés dans cet article 14 même.

Ainsi, lorsque M. de Peyronnet fut appelé à former un ministère, M. de Polignac lui dit :

"N'oubliez pas que nous voulons mettre l'article 14 en vigueur."

"C'est effectivement aussi mon intention!" avait dit M. de Peyronnet.

Tout se passait pour le mieux puisque tout le monde conseillait à la France d'appliquer l'article 14.

Restait seulement à savoir si la France autoriserait sa mise en vigueur. Ils espéraient vraiment détourner l'attention du pays dans une autre direction par deux visions éblouissantes ; puis, pendant qu'on le détournait, on voulait lui bander les yeux et lui bâillonner les lèvres. Ces deux événements furent : la conquête d'Alger ; et la restitution de nos frontières rhénanes.

Nos lecteurs savent tout de la conquête d'Alger. Exaspéré par notre consul, le dey lui avait asséné un coup d'éventail au visage. Ce coup fut suivi de trois années de siège ; mais, comme le blocus ne bloquait en réalité rien, Hussein-dey, avec la logique turque, avait conclu que, comme en Turquie, les insultes se vengent toujours en proportion de la force de celui qui l'a lésé, on ne pouvait pas être très fort puisqu'on ne prenait pas notre vengeance. En conséquence, étant bloqué comme il l'était, il s'amusait à tirer sur un navire de trêve, et menaçait aussi ouvertement de mettre à mort notre consul à Tripoli en l'empalant ; notre consul ne s'imaginant pas une mort de cette sorte, se réfugia à bord d'un navire anglais qui le déposa un beau jour à Marseille. Or ces insultes étaient au-delà de toute tolérance, et une expédition africaine fut décidée.

Notre bonne amie, l'Angleterre, cette précieuse alliée, dont je crois qu'elle a un double droit de se mêler de toutes nos affaires ; qui, chaque fois que nous mettons le pied sur un rivage, tremble de peur que nous voulions y établir du commerce ; L'Angleterre, qui, après nous avoir pris l'Inde, les Antilles, les Antilles et l'île de France, voudrait nous enlever les deux ou trois stations qui nous restent, soit dans le golfe du Mexique, soit en Océanie, soit dans le

L'océan Indien a été grandement perturbé lors de notre expédition projetée. La Russie, au contraire, se réjouissait ; elle se réjouissait à l'idée que la France campait de l'autre côté de la Méditerranée pour surveiller le Portugal et Gibraltar. Charles X comprit que la Russie était sa véritable alliée, que nous, dirigeants de l'Occident, n'avions aucune question controversée à régler avec elle dont les ambitions étaient toutes tournées vers l'Est. L'Autriche, en raison de son littoral méditerranéen, prêta son concours à l'expédition ; Hollande, dont le consul avait été enchaîné par ordre du dey, approuva ; le roi de Piémont, qui y voyait la sécurité de son commerce à l'égard de Gênes et de la Sardaigne, s'en réjouit beaucoup ; La Grèce, qui y voyait la perspective d'un nouveau coup porté à ses anciens ennemis, nous encouragea à poursuivre nos démarches ; Méhémet-Ali, qui y voyait un moyen d'affaiblir la Porte, nous offrit ses services ; et enfin toutes les puissances de l'Italie moderne, la Toscane, Rome, Naples et la Sicile, nous ont applaudis ! Et c'était pour une fois une occasion capitale de renvoyer l'Angleterre vaquer à ses affaires. M. d'Haussez, ministre de la Marine, s'en chargea. Un jour, Lord Stuart, ambassadeur d'Angleterre à Paris, vint le voir et, de cet air arrogant particulier aux ambassadeurs anglais, lui demanda des explications.

« Si vous désirez une explication diplomatique, répondit M. d'Haussez, M. le président du Conseil vous la donnera ; si une explication personnelle vous satisfera, je vous la donnerai : et c'est ceci : nous ne le faisons pas. Je m'en fiche d'un claquement de doigts pour toi.

J'étais chez Mme du Cayla le soir où M. d'Haussez raconta cette brutalité héroïque, et j'ajouterai que tout le monde l'applaudit, même les dames présentes. Lord Stuart a transmis la réponse à son gouvernement, qui l'a trouvée sans doute satisfaisante, puisqu'il nous a laissé tranquilles.

L'histoire a enregistré les diverses tentatives de conquête d'Alger ; elle était imprenable, ce qui avait été prouvé, disait-on, par l'expédition de Charles V en 1541, par celle de Duquesne en 1662 et par celle de Lord Exmouth en 1816 ; les trois tentatives ayant échoué ou n'ayant été que partiellement réussies. Heureusement, François Arago avait des avis très différents lorsqu'il fut convoqué en consultation sur ce point. François Arago connaissait Alger, car il avait été fait prisonnier par un corsaire et avait passé plusieurs mois à bord de son navire. Il déclara qu'il y avait deux choses dans les environs d'Alger, à savoir du bois et de l'eau, dont l'existence avait été niée par les ingénieurs. Il convainquit M. de Polignac, qui était prêt à se laisser convaincre, et il convainquit à son tour le général Bourmont, qui accepta le commandement de l'armée de terre, et l'amiral Duperré, qui accepta le commandement de la flotte. Puis, lorsque tous les préparatifs furent énergiquement poussés, cent trois cuirassés, trois cent soixante-dix-sept navires de transport et deux cent vingt-cinq navires, transportant trente-six mille hommes pour le débarquement, et vingt -sept mille marins, tous appareillent le 16 mai du port de Toulon et avancent majestueusement vers Alger. Voilà pour la conquête d'Alger, qui, à la fin du mois de mai, époque où nous sommes parvenus, battait son plein.

Passons maintenant à la restitution de nos frontières rhénanes. Aucun accident n'avait conduit à cet événement comme dans le cas d'Alger. C'était une combinaison politique dont tout l'honneur est dû à M. de Renneval, car c'est de lui que l'idée est venue la première. La France et la Russie concluent une alliance offensive et défensive contre l'Angleterre. Et, confiante dans cette alliance, la France reprendrait ses frontières rhénanes et fermerait, de son côté, les yeux sur la prise de Constantinople par la Russie. La Turquie crierait, mais personne ne s'en soucierait. La Prusse et la Hollande crieraient, mais Hanovre serait enlevé à l'Angleterre et divisé en deux parties, dont l'une serait donnée à la Prusse, l'autre à la Hollande. Quant à l'Autriche, elle se taisait, grâce à une tranche de Servia, avec laquelle on pétrissait un gâteau et lui jetait comme à Cerbère, non seulement pour l'empêcher de mordre, mais aussi pour l'empêcher d'aboyer.

C'étaient deux beaux projets à accomplir pour un roi de France : qu'un seul homme abolisse une puissance barbare, la terreur de la Méditerranée, et rende à la France ses provinces du Rhin, accomplissant, c'est-à-dire, un exploit que Charles-Quint avait échoué. en reconquérant par la diplomatie ce que Napoléon avait perdu par les armes ; il serait à la fois un grand guerrier militaire et un grand homme politique. Que faut-il craindre, et qui pourrait bouleverser la Monarchie dans ce double projet ? Deux éléments : l'Océan et les Hommes !

CHAPITRE VI

La soirée du 31 mai 1830 au Palais-Royal. — Le roi de Naples. — Une question d'étiquette. — Comment doit-on s'adresser au roi de France. — Le vrai Charles X. — M. de Salvandy.—Les premières flammes du volcan.—Le duc de Chartres m'envoie enquêter sur le tumulte.—Alphonse Signol.—Je l'arrache aux griffes d'un soldat de la Garde royale.—Son irritation et ses menaces.—Le volcan n'est qu'un incendie. de paille

------

C'est au milieu de ces événements qu'eut lieu le bal dont j'ai parlé au début du dernier chapitre. Comme nous l'avons dit, elle fut offerte par le duc d'Orléans à son beau-frère, le roi de Naples. Le roi de Naples était ce méprisable François, fils de Ferdinand et de Caroline, qui, en 1820, fut choisi par les patriotes pour les représenter et les trahit ; qui, choisi pour être un appui à la Révolution, la supprima. Il était le souverain de ses citoyens, décimés en 1798 et proscrits en 1820 ; mais, sûr de l'allégeance de ses lazzaroni (le véritable pilier de force sur lequel repose le trône des Deux-Siciles), il vient visiter la France et passer un peu de temps avec sa famille. Les voyageurs royaux — la reine l'accompagnait — furent reçus à la Cour par un splendide accueil, mais l'aversion de Paris pour ce traître était si grande que le préfet de la Seine, bien qu'il désirât lui donner une fête, osa il ne le faisait pas de peur que les gens ne lui brisent les fenêtres. Mais le duc d'Orléans, sous couvert de relations et comptant sur sa popularité toujours croissante, osa faire ce que le préfet de la Seine n'avait pas osé. Mais il y avait une grande question à régler, ou plutôt une grande faveur à obtenir, c'était la présence à cette fête du roi Charles X. Je me souviens de l'émoi qui s'en produisit alors, au Palais. -Royal. Le duc d'Orléans, qui connaissait l'étiquette de la cour aussi bien que n'importe quel homme du royaume, savait bien qu'un roi de France donne lui-même des fêtes, mais n'accepte pas les invitations des autres. Il y avait bien un précédent à cette dérogation à l'usage habituel : un siècle auparavant, Louis XV, au retour d'un voyage ou d'une fête, je ne sais plus laquelle, passa trois jours avec le prince de Condé ; mais c'était *à la campagne* , à Chantilly, donc ça n'avait aucune signification. Il est vrai aussi qu'en visitant le duc d'Orléans vous avez rendu visite à la duchesse, qui était fille d'un roi et un *vrai Bourbon* , comme disait madame la duchesse d'Angoulême ; ce qui n'était pas poli envers les Orléans, qu'on regardait alors comme *de faux Bourbons* ; mais le duc trouva que ce serait une belle chose de recevoir le roi dans sa propre maison ! Un si grand honneur refléterait la gloire sur l'écusson familial ; et le duc ferma les yeux pour ne pas voir la grimace que faisait Madame la Dauphine, ferma les oreilles pour ne pas entendre les propos de Madame la Duchesse d'Angoulême et persista si respectueusement dans sa demande, que Charles X laissa se laisser persuader, à condition qu'une compagnie de ses gardes occuperait le Palais-Royal une heure avant son arrivée. Ces questions d'étiquette étaient des choses bien dérisoires comparées à celles qui se débattaient à la même époque entre le peuple et la monarchie. Dès que la promesse royale fut obtenue, la maison du duc d'Orléans ne songea plus qu'au bal prochain. Il fut décidé de présenter devant le roi de Naples tous les meilleurs représentants littéraires et artistiques du monde français. Le roi Charles X, qui ne les connaissait pas ou presque, les verrait en même temps et ferait ainsi d'une pierre deux coups. Apparemment, j'étais considéré comme un faux spécimen, tout comme les Orléans étaient de faux Bourbons ; car j'avais été oublié, ou, du moins, exclu de la liste. Mais cet excellent garçon, le duc de Chartres, me demanda un billet et fut ravi de m'en envoyer un. J'ai hésité à accepter, car l'homme qu'il fallait voir était le fils du roi et de la reine qui avaient empoisonné mon père. Mais ne pas répondre à l'invitation, c'eût été chagriner le duc de Chartres, à la fois à cause de mon absence et à cause de la raison de cette absence. J'ai donc décidé d'accepter. Les invitations disaient : « Huit heures et demie » ; le roi Charles X devait arriver à neuf heures. Lorsque le duc d'Orléans m'a aperçu, il s'est approché de moi, marque d'attention qui m'a beaucoup étonné.

Ce n'était pas qu'il avait une faveur à me conférer, mais un conseil qu'il devait me donner. Son Altesse Royale, me supposant peu versé en étiquette, a voulu me donner quelques conseils pour éviter de trébucher sur les sols glissants du Palais-Royal.

« Monsieur Dumas, dit le duc, si par hasard le roi vous fait l'honneur de vous adresser la parole, vous savez qu'en lui répondant, vous ne devez pas l'appeler *Sire* ou *Sa Majesté*, mais simplement *le Roi*. "

— Oui, Monseigneur, je le sais.

"Ah ! comment tu sais ça ?"

"Je le sais, Monseigneur, et même la raison du mode d'adresse. Les mots *Sire* et *Majesté* ont été profanés dès qu'ils ont été donnés à l'usurpateur, et les vrais courtisans considèrent très sagement qu'ils ne peuvent plus être donnés à un légitime. monarque."

"Très bien!" dit le duc en tournant les talons, et en indiquant clairement par le ton de sa voix qu'il aurait préféré que je sois moins bien informé des affaires de la cour.

Dix minutes plus tard, les tambours battaient les armes. Le duc d'Orléans prit la duchesse par le bras et fit signe à Madame Adélaïde et au duc de Chartres de le suivre ; il alla si vite à la rencontre du visiteur royal, qu'il perdit sa femme dans la salle des gardes, comme Énée l'avait fait trois mille ans auparavant en quittant Troie, et comme devait faire, dix-huit ans plus tard, le duc de Montpensier. en quittant les Tuileries. Le duc arrivait dans le grand hall d'entrée du Palais-Royal au moment où Charles X descendait de voiture et posait le pied sur la première marche de l'escalier qui y conduisait. Nous nous étions précipités après nos illustres hôtes, que nous vîmes reparaître entre une haie de gardes de deux hauteurs, dans l'ordre suivant :

Le roi Charles X marchait le premier avec Madame la duchesse d'Orléans à son bras. M. le Dauphin ensuite, donnant le bras à madame Adélaïde. Puis M. le duc d'Orléans, avec madame la Dauphine ; et enfin M. le duc de Chartres, donnant le bras à madame la duchesse de Berry. Devant eux, prêts à les recevoir à la porte du premier salon, s'avançaient le roi et la reine de Naples.

Il y a bien vingt-deux ans que le roi Charles X est mort en exil ; les hommes de notre génération l'ont vu, mais ceux de trente ans, ou les jeunes gens d'une vingtaine d'années, ne l'ont pas vu et c'est pour leurs yeux que nous écrivons la description suivante. Charles X était alors un vieillard de soixante-seize ans, grand et maigre, la tête un peu inclinée d'un côté, ornée de beaux cheveux blancs ; ses yeux étaient toujours vifs et souriants ; il avait le nez de Bourbon et une bouche enlaidie par la lèvre inférieure tombante sur son menton ; il était très aimable et courtois, fidèle et loyal, fidèle à ses amitiés et à ses vœux ; il possédait tous les attributs royaux, sauf l'enthousiasme. Dans ses manières, il possédait un air royal particulier à sa race. Si l'article 14 n'avait pas été dans la Charte, il n'aurait certainement jamais songé à faire un *coup d'Etat* ; car c'était rompre son serment, et s'il avait renoncé à sa promesse, il n'aurait plus, comme il le disait lui-même, osé regarder le portrait de François Ier ni la statue du roi Jean. En outre, désirant l'absolutisme par simple indolence, et la tyrannie par manque d'activité, il disait à propos de la tyrannie et de l'absolutisme :

« Vous pouvez broyer tous les princes de la maison de Bourbon dans le même mortier sans en extraire un seul grain de despotisme ! Et Louis Blanc l'a admirablement dessiné dans ces lignes : « Aussi humain que banal, s'il voulait rendre son pouvoir absolu, c'était pour se soustraire à l'action violente ; car il n'y avait rien d'énergique chez lui, pas même dans son fanatisme ; rien de bien grand, pas même son orgueil.

En conclusion, les précautions prises en ma faveur par le duc d'Orléans n'étaient pas nécessaires. Le roi ne m'a même jamais regardé ; bien que je doive ajouter que je n'ai jamais pris la moindre peine pour me mettre à portée de sa vision.

J'éprouvais une véritable antipathie à l'égard des Bourbons de la branche aînée de la famille, et ce n'est qu'en pensant aux morts, au passé et aux exilés , que je pus me résoudre à leur rendre justice plus tard.

Lorsque le roi, le dauphin, la dauphine et la duchesse de Berry furent arrivés, la fête commença.

M. de Salvandy a raconté, à propos de cette fête, toute sa conversation avec le duc d'Orléans. Cela commençait par ces mots qui firent la fortune politique de l'auteur d'*Alonzo* :

"Monseigneur, c'est une vraie fête napolitaine, car nous dansons au bord d'un volcan..."

Et en effet, le volcan commença très vite à montrer ses feux. Ils partaient du Palais-Royal, ce cratère de 1789, qu'on croyait éteint trente-cinq ans auparavant, mais qui n'était en réalité que endormi. J'étais là et je l'ai vu surgir, et je peux donc raconter l'éruption qui a eu lieu sous mes propres yeux. J'étais sorti me rafraîchir sur la terrasse, et je méditais sur l'étrange coïncidence du sort qui faisait de moi, même alors républicain, un témoin presque forcé d'une fête donnée par les Bourbons de France, contre lesquels mon père s'était opposé. se battait contre ces Bourbons de Naples qui l'avaient empoisonné, lorsque tout à coup de grands cris se firent entendre et des lumières vives apparurent dans les jardins du Palais-Royal. Une masse de flammes, comme sortant d'un tas de bois, s'élevait d'une des pelouses carrées, parmi les parterres de fleurs qui semblaient jaillir du piédestal de la statue d'Apollon. Et c'est ce qui s'était passé. Les nombreux spectateurs de la fête princière qui se pressaient dans le jardin du Palais-Royal voulaient avoir leur part des festivités, et, au mépris des sentinelles qui gardaient les pelouses, une douzaine de jeunes gens avaient escaladé les balustrades et, se prenant mutuellement mains, avait commencé une danse en rond en chantant le vieux *Ça ira révolutionnaire*. Pendant ce temps, d'autres jeunes s'étaient amusés à empiler une pyramide de chaises et à l'éclairer en plaçant dans les interstices des chaises des lampes prises ici et là. Le principal bâtisseur de cet édifice chancelant et l'acteur principal de cette escapade révolutionnaire était un jeune homme dont la mort lui donna une certaine célébrité. Il se présentait comme un homme de lettres et s'appelait Alphonse Signol. Trois jours auparavant, il m'avait apporté un drame intitulé *Le Chiffonnier* et m'avait demandé de le lire. Cela avait certes du mérite (nous verrons plus tard ce qu'il en est advenu), mais il était si éloigné de mon style d'écriture, dont j'étais par conséquent le maître, qu'il m'aurait été impossible de lui apporter quelque aide que ce soit. , même en termes de conseils. Si seulement Signol s'était contenté de mettre les lampes sur les chaises, tout irait bien ; mais au lieu de cela, il s'avisa de placer les chaises au-dessus des lampes, et tout alla mal. La flamme d'une lampe atteint la paille d'une des chaises et tout le tas s'enflamme. De là sortaient des flammes et des cris, et des femmes volaient à travers les arbres et sous les voûtes des galeries de pierre. Ce tumulte attira rapidement l'attention des invités du duc d'Orléans. C'était grave d'avoir des cris et un incendie dans le jardin du Palais-Royal pendant que Charles X était dans son enceinte ! J'ai vu le duc d'Orléans gesticulant follement à une fenêtre ; et tandis que je commençais à être beaucoup plus occupé de ce qui se passait à l'intérieur qu'à l'extérieur, je sentis quelqu'un me toucher doucement l'épaule. Je me retournai, et c'était M. le duc de Chartres, qui avait vainement cherché à comprendre le sens de tout ce désordre et de toutes ces fumées, et qui voulait savoir si j'avais eu plus de chance que lui dans mes recherches. Je répondis par la négative, mais je lui proposai aussitôt d'aller lui demander la cause et le résultat de ce tumulte ; et comme j'ai pu le voir, il n'a rejeté mon offre que pour des motifs de discrétion, en cinq secondes j'étais dans le hall et cinq secondes plus tard dans le jardin. J'arrivai juste à temps pour assister à une lutte entre un jeune homme et un soldat, dans laquelle le jeune allait s'en tirer le plus mal ; quand, croyant le reconnaître, je m'élançai. J'étais si fort que j'ai vite réussi à séparer les deux combattants. J'avais raison dans mes conjectures : le jeune était Signol. Le militaire était un caporal ou un sergent appartenant au 3e régiment de la garde. Signol avait été assez sévèrement malmené dans la lutte ; il était donc furieux, et bien que séparé du soldat, il menaçait encore de l'attaquer de nouveau.

"Oh, espèce de coquin !" dit-il en lui tendant le poing, "Je ne veux rien avoir à faire avec toi... mais le premier officier de ton régiment que je croiserai, je te le promets, sur ma parole d'honneur, je boxerai ses oreilles pour lui.

J'ai essayé de le calmer.

« Non, non, non », dit-il ; "Quand je promets de tenir ma parole, et tu seras mon second, n'est-ce pas ?"

Je répondis « oui » pour le calmer et je l'entraînai rue de Valois. Là, sous prétexte de lui demander le motif de sa querelle, je lui demandai ce qui s'était passé, et il me raconta ce que je viens de raconter. Au milieu de son récit, il trouva l'occasion de me demander si j'avais lu son drame. J'ai répondu par l'affirmative.

« Très bien, alors, » dit-il ; "Je viendrai en parler avec vous demain."

Et, comme s'il craignait que le tumulte ne se calme en son absence, il se précipita dans le jardin du Palais-Royal. Je ne l'ai pas retenu, car je savais tout ce que je voulais savoir : il n'y avait aucun complot prémédité dans cet accident, ce n'était qu'une sottise. Je rentrai au palais et rendis compte à M. le duc de Chartres de mon expédition.

Le récit était si court et si concis que, lorsqu'il fut transmis par le jeune prince aux illustres invités de son père, il calma aussitôt les craintes qu'ils parurent un instant avoir eues. Mais, pour plus de sécurité, on fit sortir la foule du jardin, et la fête dura, sans autre interruption, jusqu'au point du jour.

A minuit, le roi et la famille royale se retirèrent.

CHAPITRE VII

Affaire urgente. — Un témoin perdu et deux retrouvés. — Rochefort. — Signol au Théâtre des Italiens. — Il insulte le lieutenant Marulaz. — Les deux épées. — Le duel. — Signol est tué. — *Victorine* et *le Chiffonnier*. — La mort intervient.

Le lendemain, je fus réveillé par Signol. Une minute après son retour dans le jardin du Palais-Royal, il avait été contraint d'en sortir à la pointe d'une baïonnette. Il me parut, si possible, encore plus exaspéré le matin que la nuit précédente. Or, non seulement il avait soif de tuer un officier du 3e régiment, mais, comme Han d'Islande, il désirait anéantir tout le régiment. Comme je croyais déceler une folie naissante dans cette manie de massacre, j'ai abordé le sujet de son mélodrame. Puis l'humeur de l'homme changea : il avait écrit le drame dans le but d'apporter un peu de réconfort à sa vieille mère, et toute une année d'espoir et de bonheur reposaient sur cette œuvre. Si je ne l'ai pas gardé pour le relire et si je ne lui ai pas proposé de le retoucher, ou, en tout cas, de lui indiquer où le faire, il était conscient que, dans son état actuel d'inachèvement, il ne pouvait pas être joué et serait refusé; alors, adieu à la douce lumière de l'espérance qui avait brillé un instant dans le cœur de la mère et du fils ! J'ai donc promis de relire *le Chiffonnier* et de faire de mon mieux pour favoriser son succès. Après quoi, j'ai invité l'auteur à déjeuner. Nous nous sommes séparés entre midi et une heure. Il se rendit au Théâtre-Italien pour réclamer un stand qu'il reçut comme rédacteur en chef d'un journal quelconque.

Ce soir-là, on jouait *La Gazza ladra*. J'avais moi-même rendez-vous avec une très jolie femme, que j'avais rencontrée chez Firmin, une dame qui jouait aux *Mars* en province ; et ce fut un rendez-vous si intéressant que je ne rentrai chez moi que le lendemain midi. Mon domestique me raconta que le jeune homme qui avait déjeuné avec moi la veille m'était venu me voir à sept heures du matin et avait paru très contrarié de ne pas me trouver chez lui. Il avait demandé un stylo et du papier et avait écrit cette note — que Joseph (mon serviteur) m'a remise : —

"Alphonse Signol, pour une affaire très pressante."

Je crus qu'il s'agissait de son drame, et comme je ne trouvais pas cette affaire aussi pressante que Signol, et comme j'étais très fatigué, je me couchai et dis à mon domestique de dire à quiconque viendrait que je n'étais pas chez moi. Vers cinq heures, je me suis réveillé et j'ai sonné. Signol était revenu et avait écrit un autre billet qui, lorsqu'on me l'a apporté, contenait ces mots :

« Cher DUMAS, je me bats demain matin en duel à l'épée
avec M. Marulaz, lieutenant du 3e régiment de la garde. Je
vous ai dit que je devrais vous demander d'être mon second
et je suis venu ce matin vous prier de me rendre ce service.
Vous n'étiez pas chez vous, j'ai donc dû chercher quelqu'un
d'autre. Si je suis tué, je lègue *le Chiffonnier* à votre charge ;
ma mère.

" *Vale et moi ama* " SIGNOL "

Cette lettre m'a rempli de pensées tristes pour le reste de la journée et de la
nuit. Je n'avais aucune idée de l'endroit où vivait Signol, ni s'il avait une
maison, donc je ne pouvais pas lui envoyer. Je pensais tout à coup que je
pourrais peut-être avoir de ses nouvelles au café des Variétés, qu'il fréquentait
la plupart du temps ; aussi, un mois auparavant, il avait eu une querelle avec
Soulié, qui s'était terminée par un échange de quelques coups de pistolet. Il
était maintenant près de cinq heures de l'après-midi. Rochefort (un de mes
amis, un homme intelligent qui a composé plusieurs pièces originales, dont
Jocko , ainsi que de délicieux poèmes) prenait un verre d'absinthe à une des
tables du café. Il se leva en m'apercevant.

"Ah!" dit-il en se grattant le nez, une habitude qu'il avait, tu connais ce pauvre
Signol !...

"Bien?"

"Il vient d'être tué !"

Je poussai un soupir, même si, en réalité, ce n'était pas une nouvelle pour
moi, car mes pressentiments m'avaient déjà annoncé la nouvelle de
Rochefort. Voici un récit de ce qui s'est passé. Lorsqu'il m'a quitté l'avant-
veille, il était allé chercher son ticket de stand au Théâtre-Italien. Par
malchance, on lui donna une place dans l'orchestre. Une seconde coïncidence
malheureuse fit qu'un officier et des soldats du 3e régiment de la garde
seraient de service cette nuit-là aux Italiens. Il y avait un siège vide devant
Signol, qu'un officier vint s'approprier à la fin du premier acte. Il était le fils
du général Marulaz, aujourd'hui, je crois, lui-même général. Ce n'était pas
vraiment son tour de service, mais il avait remplacé un de ses amis ; son ami
avait un rendez-vous particulier ce soir-là (remarquez l'étrange enchaînement
des circonstances !), il supplia donc Marulaz de bien vouloir prendre sa place.
Marulaz consentit et, à peine assis, il sentit deux mains s'appuyer sur le fond
de son stand. Il ne pensait pas qu'une quelconque grossièreté était
intentionnelle par cette action, donc il n'y prêta pas attention au début ; mais
quand les mains restèrent là dix minutes, il se retourna et vit qu'elles
appartenaient à Signol. Marulaz a poliment laissé entendre que le dossier de

son siège n'était pas le bon endroit pour les mains de Signol et, sans répondre, Signol les a retirées. Le jeune officier pensait que l'incident était accidentel et n'y attachait donc aucune importance . Cinq minutes plus tard, en s'adossant au dossier de son siège, il sentit à nouveau les mains. Cette fois, il n'attendit pas et se retourna aussitôt.

« Monsieur, dit-il, je vous ai déjà fait savoir que vos mains m'ennuient là ; ayez la bonté de les mettre dans vos poches, si vous n'avez pas d'autre endroit pour les mettre, mais ayez la bonté de les ôter de mes mains. siège!"

Signol les retira une seconde fois. Mais, au bout de deux minutes encore, le jeune officier sentit non seulement les mains de son voisin irritant, mais aussi sa tête sur son épaule. Cette fois, il perdit patience, se releva d'un bond et se retourna.

"Monsieur! monsieur!" s'écria-t-il, si vous le faites exprès pour me chercher querelle, dites-le-moi tout de suite.

— Très bien, c'est fait exprès, répondit Signol en se levant aussi.

"Pourquoi?"

"Exprès pour vous insulter, et si je n'ai pas déjà fait assez pour cela, prenez ça !" Et le fou en colère donna à Marulaz un coup au visage.

Tout à fait étonné de cette conduite incompréhensible, le jeune officier sortit machinalement son épée à moitié du fourreau.

"Regarder!" cria Signol, il va m'assassiner !

Marulaz remit son épée dans son fourreau et répondit :

"Non, monsieur, je ne vous assassinerai pas, mais je vous tuerai !"

Et, pour venger l'insulte qu'il avait ainsi reçue gratuitement, Marulaz, qui était très fort, souleva Signol comme s'il eût été un enfant de l'autre côté du sien, puis le plaça sous ses pieds.

L'incident provoqua une grande émotion dans la salle, d'autant plus que même les proches ne savaient pas de quoi il s'agissait : ils avaient entendu une altercation, vu le coup et entendu les mots "Il va m'assassiner !" Ils avaient vu l'éclair de l'épée dégainée et son retour rapide dans son fourreau ; enfin, ils virent un homme debout devant un autre, le pied sur lui. Ne sachant pas exactement qui avait raison ou qui avait tort dans la querelle, ils prirent parti pour le plus faible, encerclèrent Marulaz et l'arrachèrent à Signol, qui, chancelant et à demi étouffé, se dirigea vers le couloir et la rue, et de là vers le théâtre. café. Marulaz l'y suivit, et il s'agissait alors d'une question de réparation, qui ne pouvait plus être réglée par un combat immédiat. Ils échangèrent des cartes et fixèrent rendez-vous pour l'avant-lendemain, au bois de Vincennes.

La journée suivante devait être consacrée par chaque combattant à choisir ses seconds, et par les seconds à arranger les conditions du duel. Le lendemain, à deux heures, les quatre seconds se réunirent, se concertèrent et se mirent d'accord sur les épées comme armes à employer. Le lieutenant Marulaz choisit pour un de ses seconds l'ami qu'il avait remplacé dans le service ; cet ami avait des épées de duel, et Marulaz les examina, les jugea convenables et lui dit de les apporter à cette occasion.

"D'accord", dit son ami; "Mais je vous préviens, l'une des deux est une arme malheureuse : elle a déjà servi trois ou quatre fois le même but, et les combattants qui l'ont utilisée ont été soit tués, soit blessés."

« Peste, prends-le ! Marulaz répondit en riant ; "Alors ne me dis pas de quoi il s'agit, et si je le dessine, je préférerais ne pas le savoir."

Le lendemain matin, ils se retrouvèrent au bois de Vincennes. Tous avaient apporté des épées avec eux. Ils les ont tirés au sort et ceux amenés par les seconds de Marulaz ont gagné. Puis ils tirèrent au sort laquelle aurait le choix entre ces deux épées. Marulaz a de nouveau remporté le tirage au sort. Il prit au hasard le premier qui lui tombait sous la main.

"Bravo!" lui murmura son ami ; "tu as dessiné le bon !"

Ils se mirent au garde-à-vous. Au second tour, Marulaz désarme Signol.

« Monsieur, s'écria-t-il en faisant un pas en arrière, je suis désarmé !

"Alors je vois, monsieur," répondit froidement Marulaz; "Mais puisque vous n'êtes pas blessé, prenez votre épée et continuons."

Signol le ramassa, tira une ficelle de sa poche, s'assura de mieux tenir son épée, et, d'une attaque rapide, contre les règles habituelles du duel, monta la garde, se précipita et blessa grièvement son adversaire au bras. Lorsque Marulaz sentit l'acier froid et vit couler le sang, il se sentit poussé à la frénésie, se jeta sur son ennemi et le força à reculer de vingt pas, l'amenant contre une haie où il se jeta et passa son épée à travers le corps. Signol poussa un cri aigu, étendit les bras et mourut avant d'avoir eu le temps de tomber à terre.

"Messieurs", dit Marulaz en se tournant vers les quatre secondes, "ai-je combattu loyalement ?"

Tous s'inclinèrent pour reconnaître qu'il l'avait fait. S'il y avait eu des récriminations à formuler lors de cette rencontre fatale, elles auraient été dirigées contre le mort. Mais personne ne songe à rejeter la faute sur un cadavre....

On se souvient que j'avais désormais hérité du manuscrit de Signol, dont le directeur de la Porte-Saint-Martin possédait un double. Trois ou quatre mois plus tard, j'étais présent à la première production de *Victorine, ou la Nuit porte conseil*. C'était l'idée squelettique de *Chiffonnier*, il est vrai, mais enchâssée dans un décor enchanteur qui n'était en rien l'œuvre de Signol. L'un de ses auteurs était Dupeuty, les autres étaient Dumersan et Gabriel. J'ai cherché Dupeuty, j'ai placé le MS. de *Chiffonnier* entre ses mains et lui demanda s'il trouvait juste de priver la mère de Signol de ce que je considérais comme sa part de la production. Dupeuty et ses collaborateurs n'avaient aucune idée de l'existence d'un manuscrit original, puisque l'idée de leur vaudeville leur avait été fournie par le directeur de la Porte-Saint-Martin, et qu'ils y avaient travaillé ; mais lorsqu'ils apprirent la véritable filiation, ils acceptèrent spontanément, généreusement et loyalement d'inclure la pauvre mère dans leur réussite.

Et c'est l'histoire de la mort de Signol et de la composition et de la réalisation de *Victorine, ou la Nuit porte conseil*.

LIVRE II

CHAPITRE I

Alphonse Karr—Le cuirassier—La médaille de sauvetage et la croix de la Légion d'honneur—La maison de Karr à Montmartre— *Sous les tilleuls* et les critiques—La prise d'Alger—M. Dupin père. Pourquoi il n'a pas écrit ses Mémoires. Signature des ordonnances de juillet. Raisons qui m'ont empêché d'aller à Alger.

Les événements que nous venons d'enregistrer dans notre dernier chapitre nous amènent au 2 juin.

Tandis que Charles X regardait le ciel étoilé du haut de la terrasse du duc d'Orléans, il dit :

« Quel beau temps pour ma flotte algérienne !

Mais il se trompait : presque aussitôt la flotte avait quitté le port, elle avait été dispersée par une tempête, et, lorsque Charles fit ce commentaire, elle avait toutes les peines du monde à se rallier à Palma.

Sur d'autres sujets, l'opposition allait de l'avant et les grands et petits journaux s'en prenaient au gouvernement, les uns à coups de gourdin, les autres à coups de bâton. Nous avons évoqué la manière dont le *Journal des Débats* a traité le ministère Polignac lors de son accession au pouvoir. Si nous avions ces petits papiers à notre disposition, nous pourrions peut-être prouver que les plaisanteries des nains peuvent faire autant de mal que les insultes infligées par les géants.

Le Figaro était au nombre des petits journaux qui, à cette époque, menaient une escarmouche avec le gouvernement. Elle était dirigée par Bohain et, comme on le sait, Janin, Romieu, Nestor Roqueplan, Brucker, Vaulabelle, Michel Masson et Alphonse Karr comptaient parmi ses plus éminents contributeurs. Karr était peut-être, à cette époque, le moins connu de ces Pléiades de combattants. Depuis, il est devenu l'un de nos artistes littéraires les plus distingués – observez, je dis artistes littéraires et non lettrés ou hommes de lettres – mais à cette époque, il menait ses premiers combats. Il avait assisté à la lecture d'*Henri III.*, chez Nestor Roqueplan, où j'ai fait sa connaissance. Selon notre habitude envers tous les hommes remarquables de notre temps, choisissons pour commentaire particulier, parmi ses premiers efforts, cette faculté spéciale qui a le pouvoir de donner à la vérité le charme du paradoxe. Cette vérité, nue et dévoilée lorsqu'elle est traitée par d'autres, est toujours, en quittant les mains d'Alphonse Karr, revêtue d'un voile d'or. Sans doute Alphonse Karr a, depuis 1830, dit aux différents gouvernements qui se sont succédé, ainsi qu'à ceux qui les ont flattés ou attaqués, un plus grand nombre de vérités que tout autre homme. Et, différentes des vérités supposées des autres, celles d'Alphonse Karr sont réelles et indéniables, plus elles sont sondées, plus elles se révèlent vraies. Alphonse Karr était, à cette époque, un beau jeune homme de vingt-deux ou vingt-trois ans, aux traits réguliers encadrés de cheveux noirs ; il avait adopté une tenue vestimentaire excentrique, à laquelle il a toujours adhéré ; il était extrêmement bien fait, fort physiquement et adepte de tous les exercices de gymnastique, notamment de natation et d'escrime. Au cours de l'année 1829, alors qu'il se baignait dans la Marne, il avait sauvé de la noyade un cuirassier. L'homme était lourd et presque aussi fort que Karr lui-même, de sorte qu'il arriva presque qu'au lieu que Karr sauve le cuirassier, ce dernier noya Karr. Cet acte a fait suffisamment de bruit pour que Karr reçoive une médaille du gouvernement, et je l'ai vu occasionnellement la porter. Cette médaille fut, entre les mains des farceurs, la source de moqueries interminables, que la réputation de bravoure de Karr maintenait, il est vrai, dans les limites des convenances, mais qui ne s'épuisaient jamais. Il n'y avait pas de précédent pour cette fameuse médaille, et j'en lisais quelque chose, hier encore, dans un journal ou autre. Un jour, lors d'un grand dîner auquel j'assistais en compagnie d'une foule de personnes portant des décorations, non seulement des médailles ordinaires, mais la croix de la Légion d'honneur, qui, aujourd'hui, est distribuée et décernée d'une tout autre manière de toutes les médailles du monde, ces plaisanteries aux dépens de Karr, qui était également l'un des invités, reprirent. Karr, avec son flegme froid et habituel, appela le serveur et lui demanda un stylo, de l'encre et du papier. Il découpait le papier en autant de morceaux ronds qu'il y avait d'invités décorés à table, écrivait sur chaque morceau la raison pour laquelle celui qui le portait avait été décoré et passait chaque morceau dans son quartier approprié. Cela fit complètement taire ses moqueurs.

Karr est né en Allemagne en décembre 1808 et n'est naturalisé français que depuis 1848. Son père était l'un des cinq ou six musiciens allemands qui ont fait évoluer le piano du clavecin. Trois de ses oncles sont morts en tant que capitaines au service français. Il était en outre neveu du baron Heurteloup et cousin de Habeneck. Il n'écrivait alors aucun article politique dans le *Figaro*. Il m'a dit plus d'une fois, avec sérieux, qu'il avait vu la révolution de juillet et même celle de février sans savoir de quoi il s'agissait. Mais, plus tard, il étudia très profondément le sujet des premières révolutions ; car, en 1848, il écrivait à ce sujet :

"Plus cela change, plus c'est la même chose !" (« Plus les choses changent, plus elles restent les mêmes ! »)

En 1829, il fut professeur adjoint au Collège Bourbon et se mit à écrire de la poésie, dont il envoya une partie au *Figaro*. Bohain ouvrit toutes les lettres reçues. Or Bohain était un de ces hommes au langage franc qui professaient ouvertement un haut mépris pour la poésie. Sa réponse à Karr fut :

> « Mon cher monsieur, vos vers sont charmants ; mais
> envoyez-moi de la prose. J'aimerais mieux être pendu que
> de mettre un seul vers de poésie dans mon journal !

Karr n'insista pas : les hommes intelligents sont rares, et comme il ne voulait pas que Bohain se pende, il lui envoya de la prose. Ce fut une grande humiliation pour le jeune poète de devoir avaler. Tous les articles à caractère pastoral publiés par *le Figaro* à cette époque sont d'Alphonse Karr. Karr s'était fait un lieu d'habitation des plus étranges. Il avait loué le vieux Tivoli de Montmartre, à moitié tombé en ruine dans les carrières : il restait encore un peu de bois et le vestiaire en jonc. La nuit, il dormait au vestiaire ; le jour, il se promenait dans le petit bois. Il y commence son premier roman, *Sous les tilleuls*. Il l'acheva rue de la Ferme-des-Mathurins, dans l'atelier des deux frères Johannot, qu'il prit après eux. De Montmartre, Alphonse Karr ne venait à Paris qu'environ deux fois par mois. Il possédait un bateau à Saint-Ouen, où il passait tout le temps qui lui restait depuis son bois ou son vestiaire.

Sous les tilleuls est apparu en 1831, je crois. Le livre, digne d'intérêt, fut donc remarqué. C'est dire qu'il a été attaqué avec acharnement, comme on attaque en France tout ce qui fait preuve d'originalité et de puissance. On accusa d'abord l'auteur d'avoir imité un livre de Nodier paru quinze jours après le sien ; malheureusement, la date étant sur la page de titre, ils ont dû retirer cette accusation. Ils l'accusèrent ensuite de l'avoir traduit en entier de l'allemand, et allèrent même jusqu'à donner le titre à l'original allemand, *Unter den Linden* (Sous le Limes), mais on s'aperçut bientôt qu'il n'existait aucun livre portant un tel titre. titre dans toute la littérature allemande, et que dans presque toutes les grandes villes se trouvait une promenade publique ainsi appelée, ce qu'Alphonse Karr ne nia pas. L'auteur avait placé en épigrammes en tête de ses chapitres ou lettres des vers de sa plume, sans doute ceux que Bohain avait rejetés, mais qu'il avait cru de son devoir d'orner des noms de Schiller, Goethe et Uhland. Les critiques se laissèrent prendre au piège et les louèrent au détriment de la prose. La prose et les vers appartenaient tous deux à Karr ! En outre, un grand nombre de lettres du roman avaient en réalité été écrites à une jeune fille dont Karr était profondément amoureux. Karr ne reçut sa décoration qu'en 1845 ou 1846. Un jour, Cavé lui dit qu'il s'agissait de donner la Croix à son père ou à lui-même. Marie-Louise avait promis la Croix à son père qui, en 1840, l'attendait toujours. Karr alla voir M. Duchâtel, et, s'étant assuré que Cavé avait tout à fait raison dans sa déclaration, il dit au ministre :

"Monsieur, quand un père et un fils méritent tous deux la croix, le fils ne l'accepte pas avant son père."

Et M. Duchâtel n'a donné la décoration qu'au père, alors que le père et le fils auraient dû l'avoir. À la mort de son père, Karr reçut une décoration ; il prit le dernier ruban que son père avait porté sur son manteau et le mit tout seul.

Au début de juin 1830, je le rencontrai dans la rue, bras dessus bras dessous avec Brucker. Brucker était peintre sur porcelaine et l'un des ouvriers les plus originaux du journalisme de 1830. Je les rencontrai tous deux au moment même où partait le premier des cent coups de canon annonçant la prise d'Alger.

"Écouter!" » demanda Karr. "Qu'est-ce que c'est ? Cela ressemble à des coups de feu."

« Sans doute Alger a été prise », répondis-je.

"Bah ! Est-ce qu'ils l'ont assiégé ?" Karr a répondu.

Alger était effectivement prise ; son surnom de *la Guerrière* n'avait pas suffi à le sauver. Ce nid de vautours qui, comme disait Hugo, n'avait été qu'à moitié tué par Duquesne, fut enfin détruit par M. de Bourmont. Dès que la grande nouvelle fut reçue, le ministre de la Marine, le baron d'Haussez, se précipita chez le roi. Lorsqu'on l'annonça, Charles X s'élança vers lui à bras ouverts ; M. d'Haussez voulut lui baiser la main, mais Charles l'attira contre sa poitrine.

« Viens dans mes bras », dit-il ; "Aujourd'hui, nous nous embrassons tous."

Et le roi et son ministre s'embrassèrent.

Cependant, au milieu de ces apparentes faveurs que la Providence semblait accumuler sur la tête de la branche aînée, les hommes clairvoyants discernaient un abîme béant.

"Prends soin de toi!" s'écria M. Beugnot comme un pilote terrifié. "Si vous n'y prenez pas garde, la Monarchie sombrera sous la toile comme un navire entièrement armé !"

— Je serais bien moins inquiet si M. de Polignac l'était un peu plus ! M. de Metternich l'a fait remarquer à notre ambassadeur à Vienne, M. de Renneval.

Il faut avouer que même l'opposition, moins clairvoyante que M. Beugnot et M. de Metternich, se chargea de rassurer le roi, au cas où Sa Majesté éprouverait quelque inquiétude. Comment, en effet, pourraient-ils craindre quoi que ce soit, lorsque M. Dupin père, un des chefs de l'opposition, disait, pendant le débat sur l'Adresse :

> « La *base fondamentale* de l'Adresse est *un profond respect pour*
> *la personne du Roi* ; elle exprime au plus haut degré
> *la vénération pour l'ancienne race des Bourbons* ; elle représente
> *la légitimité* , comme *vérité juridique* mais, plus encore, comme

nécessité   *sociale*   .   une
nécessité - désormais reconnue *par tous les esprits réfléchis* , le véritable
résultat de l'expérience et de la conviction.

Ô bon monsieur Dupin ! sain d'esprit et intègre de jugement, une lumière brillante du barreau, un législateur intrépide et irréprochable ; vous qui, méditant sur le procès de Jésus, avez écrit ces lignes sublimes sur Ponce Pilate :

> " Pilate, voyant qu'il ne pouvait pas vaincre l'esprit de la multitude, mais que leur excitation augmentait de plus en plus, envoya chercher de l'eau et se lava les mains devant le peuple, en disant : 'Je suis innocent du sang de ce juste : faites-le » (Matt, XXVII. 24) ; « et il leur accorda leur demande » (Luc XXIII. 24), « et le livra entre leurs mains pour qu'il soit crucifié » (Matt, XXVII. 26). Ô Pilate ! ils sont teints de sang innocent. Tu as cédé par faiblesse, et tu es tout aussi coupable que si tu l'avais sacrifié par mauvaise intention ; des générations l'ont répété jusqu'à nos jours. " (*passus est sub Pontio Pilato*). Ton nom reste dans l'histoire comme une leçon pour avertir tous les hommes publics, tous les juges pusillanimes, pour leur montrer la honte de céder contre leurs propres convictions. Le peuple hurlait de fureur au pied de ton tribunal ! Peut-être que ta propre vie n'était pas en sécurité, mais qu'importe ? Ton devoir était clair, et dans un tel dilemme, il vaut mieux souffrir la mort que de l'infliger.

Ô digne Monsieur Dupin ! avocat de Jésus-Christ et de Béranger sous la Restauration ; Président de Chambre et procureur général sous Louis-Philippe ; Président de l'Assemblée nationale, pourquoi n'écrivez-vous pas vos Mémoires, comme j'écris les miens ? Pourquoi, contrairement à la lâcheté et à la crainte de Ponce Pilate, ne vous montrez-vous pas inébranlable dans vos convictions, inébranlable dans votre devoir, tenace dans vos sympathies, inébranlable sur votre siège de procureur général, calme dans votre fauteuil présidentiel, rigide sur votre président curule du législateur ? Quelle instruction le monde aurait-il pu tirer des Mémoires d'un homme comme vous, qui eut tant d'occasions de prouver sa fidèle allégeance à la branche aînée des Bourbons le 29 juillet 1830, à la branche cadette le 24 février 1848, et enfin de sa fidélité à la République le 2 décembre 1851 ! Mais vous êtes trop modeste, bon monsieur Dupin ! La modestie, jointe au courage civique et à la conscience politique, est une de vos plus grandes qualités, et c'est seulement par modestie que vous n'osez pas vous-même dire ce que vous pensez de vous-même. Mais qu'à cela ne tienne, car, chaque fois que l'occasion se présentera, je me ferai l'honneur de prendre votre place dans cette honorable tâche, mon seul regret étant de n'en savoir pas plus que ce que je sais, pour pouvoir parler plus amplement et plus clairement. pour vous traiter selon vos mérites. Quelle raison de craindre avait la légitimité lorsque la Société *Aide-toi ! le ciel aider*, à la Fête des vendanges de Bourgogne, déclara que le roi était le premier pouvoir de l'État, et porta des toasts à la santé de Charles X. Pourquoi auraient-ils peur quand M. Odilon Barrot, dans un autre banquet donné par six cents électeurs et orné de deux cent vingt et une couronnes symboliques, mêlait le roi et la loi dans un seul toast ? Ô grands hommes d'État, vous qui creusez les tombeaux des rois et qui enterrez les monarchies, quand, en effet, le peuple, fatigué de votre fausse science, vous frottera-t-il une fois pour toutes le visage à l'histoire que vous faites et que vous ne faites pas ? voir?

Ainsi, le 24 juillet, Charles X convoqua un concile en toute confiance. Lors de ce concile, le sort de la monarchie fut de nouveau pesé dans la balance et il fut décidé de signer les ordonnances. Mais M. d'Haussez osa faire remarquer au président du Conseil que M. de Bourmont lui avait arraché la promesse de ne rien risquer pendant son absence.

"Bah!" dit le prince de Polignac, qu'avons-nous besoin de lui ? Ne suis-je pas ministre de la Guerre pendant son absence ?

« Mais, demanda M. d'Haussez, sur combien d'hommes pouvez-vous compter à Paris ? En avez-vous, au plus bas calcul, jusqu'à vingt-huit ou trente mille ?

"Oh, plus que ça ; j'en ai quarante-deux mille."

M. d'Haussez secoua la tête d'un air dubitatif.

"Regardez donc par vous-même", dit le président du Conseil en lui jetant un document roulé sur la table.

M. d'Haussez le déroula et additionna les chiffres.

"Mais je ne trouve ici que treize mille hommes, et ce chiffre sur le papier signifierait à peine sept à huit mille hommes réellement aptes à la guerre. Où trouvez-vous vos vingt-neuf mille manquants pour compléter votre total de quarante-deux mille ?"

— Soyez tranquille, répondit M. de Polignac ; "ils sont disséminés dans Paris et, dans quelques heures, s'il le fallait, ils pourraient tous être rassemblés sur la place de la Concorde."

Les ordonnances ont été signées le lendemain.

En signant, le roi avait le dauphin à sa droite et M. de Polignac à sa gauche ;
les autres ministres bouclèrent la boucle autour de la table verte. Chacun a
signé à son tour. M. d'Haussez souleva de nouveau ses objections.

« Monsieur, lui dit Charles X, refusez-vous de coopérer avec vos collègues ?

« Sire, répondit M. d'Haussez, puis-je pouvoir poser une question au roi ?

" Qu'y a-t-il, monsieur ? "

"Le roi a-t-il l'intention de procéder, à supposer qu'un ou plusieurs de ses
ministres démissionnent ?"

"Oui," répondit Charles avec décision.

« Alors, dans ce cas, dit le ministre de la Marine, je signerai. Et il l'a fait.

Cinq minutes après, ils se levèrent tous et, comme Charles X passait devant
M. d'Haussez, il remarqua que le regard attentif du ministre était fixé sur les
murs, et il demanda :

" Que regardez-vous avec tant d'attention, monsieur d'Haussez ? "

"Sire, je cherchais si par hasard je pourrais trouver une photo du comte de
Strafford." [1]

Le roi sourit et partit.

Ces détails furent connus plus tard ; ils étaient gardés un profond secret à
l'époque. Seuls deux ou trois hommes étaient au courant de ce qui se passait.
Casimir Périer, qui était alors profondément attaché à la branche aînée des
Bourbons, comme M. Dupin et M. Barrot et bien d'autres (nous verrons tout
à l'heure comment Périer s'efforça d'étouffer la Révolution de Juillet
lorsqu'elle éclata). dehors) dînait dans sa maison de campagne du bois de
Boulogne, lorsqu'il reçut un petit message de forme triangulaire. Il l'ouvrit, le
lut et devint pâle, puis livide, et ses bras tombèrent de désespoir. Il annonça
que les ordonnances avaient été signées le jour même. Qui lui a envoyé la
nouvelle n'a jamais transpiré. Le 25 ou le 26 au soir, M. de Rothschild, qui
spéculait sur la hausse des valeurs, reçut de M. de Talleyrand cette simple
déclaration :

"Je viens de Saint-Cloud : spéculez sur une baisse des prix."

Mais moi, qui n'étais ni un M. Casimir Périer, ni un M. de Rothschild, ni
encore un ami de M. de Talleyrand, moi qui ne spéculais ni sur les hausses ni
sur les baisses de la Bourse, je ne savais absolument rien de ce qui se passait,
et j'allais partir pour Alger. Alger serait un très beau spectacle au début de sa
conquête. J'avais pris place dans la malle-poste pour Marseille et j'avais fait

mes bagages ; J'avais échangé trois mille francs en argent contre trois mille francs en or, et je devais partir le lundi 26 à cinq heures du soir, lorsque, le lundi à huit heures du matin, Achille Comte entra dans ma chambre et me dit :

"Avez-vous entendu la bonne nouvelle ?"

"Non."

" Les ordonnances sont annoncées au *Moniteur*. Allez-vous encore à Alger ?
"

"Je ne serai pas si stupide. Nous verrons des événements plus étranges ici chez nous que là-bas!"

« Puis j'ai appelé mon domestique.

« Joseph, lui dis-je, va chez mon armurier et rapporte-moi mon fusil à double canon et deux cents balles de vingt calibres !

———

[1] Voir le passage où Louis Blanc décrit admirablement cette scène dans son *Histoire de dix ans*.

CHAPITRE II

Le troisième étage du n° 7 de la rue de l'Université. — Les premiers résultats des ordonnances. — Le café du Roi. — Étienne Arago. — François Arago. — L'Académie. — La Bourse. — Le Palais-Royal. — Madame de Louvain. — Voyage dans perquisition de son mari et de son fils – Protestation des journalistes – Noms des signataires

Mon domestique revint avec les articles nécessaires quelques heures plus tard. J'ai soigneusement enfermé fusil et munitions et je suis sorti prendre une bouffée d'air dans les rues. Il était dix heures du matin, et le visage de Paris paraissait aussi calme que si le *Moniteur* avait annoncé le début de la saison de chasse, au lieu d'avoir publié les ordonnances. Comte rit de mes pressentiments. Je l'ai emmené déjeuner au troisième étage du n° 7 de la rue de l'Université. Il était alors occupé par une très jolie femme, qui s'était si vivement intéressée à mon projet de départ pour Alger, qu'elle comptait m'accompagner jusqu'à Marseille. J'allai lui dire que, pour le moment, en tout cas, j'avais renoncé au voyage et que, par conséquent, si elle avait fait ses valises, elle pourrait les déballer. Elle n'avait pas pu comprendre que le véritable motif de mon voyage en Afrique était la curiosité ; elle ne comprenait pas plus clairement mes raisons de rester en France, qui étaient uniquement par curiosité. Elle estima que j'aurais dû trouver des raisons plus adéquates pour mon départ et pour mon séjour.

Mes lecteurs qui ont bien voulu suivre dans ces Mémoires les différentes phases de ma vie ont dû remarquer que j'ai eu soin d'éviter les détails du genre de ceux que je viens d'indiquer plus haut ; mais j'aurai l'occasion de parler plus d'une fois de cette amitié, qui devait être le moyen, par la Providence de Dieu, de m'apporter beaucoup de bonheur, changeant dans les jours sombres la tristesse en joie et les larmes en sourires.

Je devais cette connaissance à Firmin. Il jouait Saint-Mégrin en province et, un jour, il vint chez moi, amenant avec lui une magnifique duchesse de Guise, pour laquelle il sollicita toute l'influence que je pouvais exercer dans le milieu théâtral. J'ai commencé par demander à Firmin quel intérêt et quel genre d'intérêt il portait à sa protégée. J'ai toujours eu soin de respecter les différentes protégées de mes amis ; et la question était d'une certaine importance en ce qui concerne cette belle femme.

Firmin répondit que son intérêt pour elle était tout artistique, et que le mien pourrait prendre la forme qui me plairait.

J'étais alors allé jusqu'à remarquer la belle duchesse au point de vue de ses qualités scéniques. Ses cheveux étaient d'un noir de jais et ses yeux d'un bleu profond, son nez droit comme celui de la Vénus de Milo et ses dents comme des perles . Inutile de dire que je me suis mis entièrement à sa disposition. Malheureusement, ou heureusement, le temps des engagements théâtraux était révolu ; cela a lieu en avril, et Madame Mélanie S... ne m'a été présentée qu'au mois de mai. Je n'ai donc pas réussi à me présenter en son nom ; mais, comme la belle duchesse voyait que ce n'était pas ma faute, elle ne s'offusqua pas de mon échec. Je l'ai même persuadée de rester à Paris : elle était jeune et pouvait attendre ; des opportunités se présenteraient sûrement à elle si elle était sur place et prête à les saisir ; d'ailleurs, si une telle occasion ne se présentait pas sans qu'on la demande, je m'arrangerais pour la réaliser. J'avais déjà à cette époque assez de réputation pour ouvrir toutes grandes les portes d'un théâtre à tout homme ou à toute femme à qui je remettais un billet signé adressé au directeur.

Pendant ce temps, suivant l'exemple de l'abbé Vertot, je commençais mon siège. Je pensais pour l'instant que j'aurais neuf ans, comme Achille devant Troie ! Mais je me trompais ; il ne dura que trois semaines, ainsi que le siège du duc d'Orléans devant Anvers. Si mes lecteurs sont francs, ils admettront ce que nos ingénieurs français ont reconnu haut et fort dans leurs éloges de la tactique du général Chassé : une résistance de trois semaines est une résistance honorable ; il n'y a que peu d'endroits, aussi fortement fortifiés soient-ils, qui puissent résister aussi longtemps. Or, le mien avait tenu aussi longtemps et, comme il n'avait finalement été que surpris, il n'avait donc pas été stipulé dans les articles de capitulation qu'il me serait interdit de quitter Paris par simple curiosité. J'ai déjà dit combien ma curiosité avait été grande de voir Alger juste après sa prise, et comment un sentiment de curiosité encore plus fort m'avait poussé à modifier mes projets. Puis aussi je dois avouer une autre chose dont je me souviens, bien que ce jour soit très éloigné de l'époque où se sont produits les événements que je raconte, à savoir que mon insatiable curiosité de voir Alger m'a envahi dans un moment de malaise. caractère; que, aussitôt l'humeur passée, j'étais aussi heureux de trouver une excuse pour rester à Paris que j'avais été, à l'époque, pour y aller.

Achille Comte et moi sommes descendus à une heure et avons fait quelques tours ensemble le long des quais ; puis, comme il ne semblait y avoir aucune apparence d'excitation, il me quitta, et nous nous donnâmes rendez-vous pour le lendemain. J'allai au Palais-Royal, où j'espérais avoir des renseignements ; mais on n'y savait rien : le duc d'Orléans était à Neuilly et le duc de Chartres à Joigny, à la tête de son régiment ; M. de Broval était à Villiers, et personne n'avait rien vu d'Oudard. Alors je suis allé au café du Roi. Ses principaux habitués étaient, on s'en souvient, les rédacteurs de la *Foudre* , du *Drapeau blanc* et de la *Quotidienne* , tous journaux royalistes. Ils ont vivement applaudi la mesure. Lassagne seul en paraissait inquiet. Je n'ai pas beaucoup participé à la conversation, car tous ces hommes, Théaulon, Théodore Anne, Brissot, Rochefort et Merle, avaient des opinions différentes des miennes, mais étaient mes amis personnels. J'ai une parfaite horreur de discuter avec mes amis, et je préfère de beaucoup me battre en duel avec l'un d'eux. Car j'ai toujours eu la conviction que, avant vingt-quatre heures, une telle dispute se terminerait par des coups de pistolet.

Pendant que j'étais au café du Roi Étienne, Arago entra. Notre amitié datait, comme je l'ai dit, du moment où il prit connaissance de mon *Ode au général Foy* et de mes *Nouvelles contemporaines* , dans *la Lorgnette* et *le Figaro*. Mais ce jour-là, il y avait une autre raison pour laquelle nous nous cherchions : nos opinions politiques étaient les mêmes. Nous sommes sortis ensemble à une heure et demie et, à deux heures, son frère François devait faire un discours à l'Académie. Comme Étienne avait un billet de rechange, il me proposa de l'accompagner. Je n'avais jamais vu l' *Institut plus* que son extérieur, et pensais qu'il me faudrait beaucoup de temps avant d'avoir une aussi bonne chance de revoir l'intérieur, j'ai donc accepté son invitation. Au début du Pont des Arts, nous avons rencontré un de nos amis avocat, Mermilliod, je crois. Aux premières nouvelles des ordonnances, cinq ou six journalistes et autant de députés s'étaient rassemblés chez maître Dupin pour demander au célèbre avocat s'il y avait moyen de publier des journaux sans autorisation ; mais, au lieu de résoudre le problème, l'avocat se contenta de répondre :

"Messieurs, la Chambre est dissoute, je ne suis donc plus député..."

Et malgré tous leurs efforts, les journalistes et les députés ne parvenaient pas à en tirer davantage. Les journalistes étaient partis furieux ; les rédacteurs du *Courrier français* , *du Journal du Commerce* et du *Journal de Paris* ont déclaré qu'ils feraient appel en premier lieu à M. de Belleyme, président du Tribunal, pour obtenir une ordonnance invitant les imprimeurs à prêter leurs presses pour l'impression. des journaux non autorisés. Mais il semblait bien désespéré d'attendre que M. de Belleyme prenne un quelconque décret, alors que M. Dupin avait refusé d'accorder même une simple consultation touchant l'événement du moment ! Néanmoins, toutes ces démarches indiquaient clairement le début d'une résistance. Étienne, de son côté, a affirmé que son frère ne donnerait pas sa conférence maintenant, invoquant la gravité de la situation politique comme raison de son abstention.

Le courage et le patriotisme de François Arago étaient trop connus pour que cette opinion (exposée par son frère) puisse passer pour extraordinaire. Lorsque nous arrivâmes à l' *Institut,* nous trouvâmes une grande agitation et une grande excitation parmi les immortels habituellement calmes et sereins, dans leurs manteaux bleus tressés de vert. Leur rencontre n'avait pas encore commencé. Le bruit s'était répandu qu'Arago ne parlerait pas, et certains académiciens disaient qu'il le ferait, parce qu'il était un homme beaucoup trop direct pour compromettre l'Académie par son silence.

"Va-t-il parler ou pas ?" J'ai demandé à Étienne.

"Nous le saurons", a-t-il répondu. "Il est là, là-bas."

"Ah!" J'ai dit : "Est-ce qu'il ne parle pas au duc de Raguse ?"

— Oui ; le duc de Raguse est un de ses plus vieux amis.

" Allons donc de l'avant... Je suis bien curieux de savoir ce que le souscripteur de la capitulation de Paris a à dire des souscripteurs des ordonnances. "

"Par jupiter!" Étienne répondit : « Il dira qu'on a défait aujourd'hui, 26 juillet 1830, tout ce qu'il a fait le 30 mars 1814 !

Nous continuâmes notre route, mais il n'était pas facile de se frayer un chemin au milieu d'une foule illustre, à laquelle il fallait présenter au moins une excuse pour chaque coup de coude. Lorsque nous arrivâmes à François Arago, le duc était déjà à une certaine distance de lui.

— Vous venez de quitter Marmot, demanda Étienne ; "Qu'est ce qu'il dit?"

"Il est furieux ! Il dit que c'est le genre de gens qui se jettent au bord de la ruine, et il espère seulement qu'il ne sera pas obligé de tirer l'épée en leur faveur."

"Bien!" J'ai dit; "Il lui suffit de faire cela pour se rendre populaire."

"Et qu'en as-tu à dire ?" Étienne a demandé à son frère.

"Je ? Oh ! Je ne devrais pas parler."

Cuvier passait. Il venait par hasard d'entendre ces mots au passage, et il s'arrêta.

"Quoi ! tu ne parles pas ?" il s'est excalmé.

"Non," répondit Arago,

"C'est tout à fait vrai aussi !" interpola Étienne.

— Écoutez, mon cher, venez à l'écart avec moi et parlons raisonnablement, dit Cuvier.

Il éloigna François Arago de nous. De l'endroit où nous nous trouvions, nous pouvions juger de la discussion animée qui s'ensuivait par la vivacité de leurs gestes. M. Villemain se joint aux deux orateurs et semble prendre Cuvier à partie. Plusieurs autres académiciens, que je ne connaissais pas de vue et peut-être même de nom, entouraient Arago et, contrairement à M. Villemain, semblaient insister auprès de Cuvier pour qu'Arago parle. Après un quart d'heure de discussion, il fut décidé qu'Aragô prendrait la parole. Or, cette décision avait été prise pour ainsi dire à la majorité des voix, et il eût été impossible au célèbre astronome de résister aux vœux de la majorité de ses confrères, qui déclaraient tous haut et fort qu'ils considéreraient son silence comme un controversé. Il est passé à côté de nous alors qu'il se rendait chez lui.

"Eh bien, tu vas parler après tout ?" lui dit Étienne.

"Oui, mais rassurez-vous", répondit-il; "Je vous assure qu'à la fin de mon discours, ils penseront que ça aurait été aussi bien si je n'avais pas ouvert la bouche."

"Que diable peut-il trouver à dire à propos de Fresnel ?" J'ai demandé à Étienne.

C'est à l'éloge de Fresnel qu'il devait parler.

"Oh!" répondit Étienne, je ne m'inquiète pas là-dessus. S'il s'agissait du Grand Turc, il parviendrait à insérer ce qu'il veut dire.

Et Arago, prenant pour sujet l'habile ingénieur des ponts et des remblais, le savant médecin, le sévère examinateur de l'École polytechnique, le célèbre inventeur des phares lenticulaires, trouva effectivement le moyen de lancer des allusions enflammées sur la situation politique brûlante, qui furent accueillies par l'assemblée sous des applaudissements frénétiques.

Cuvier et les autres académiciens qui avaient insisté pour qu'Arago parle avaient raison ; seulement, ils avaient raison selon notre point de vue, non selon le leur.

La conférence d'Arago fut un splendide triomphe. En effet, il est impossible qu'un orateur soit plus pittoresque, plus grand ou plus frappant que François Arago à la tribune lorsqu'il est emporté par une véritable passion ; il relevait la tête et secouait ses mèches, sombres en 1830, grises en 1848. Qu'il s'attaque aux contrevenants à la charte royaliste ou qu'il défende la constitution républicaine, il était toujours le même orateur éloquent, toujours le même inspiré. poète, le même législateur convaincu. Car Arago n'est pas seulement la science, il est la conscience elle-même ; il n'est pas seulement un génie, mais une âme d'honneur. Disons-le en passant ; même si je sais que beaucoup d'autres diront la même chose, j'aimerais pourtant être parmi eux.

En sortant de l'Institut, je montai voir Mme Chassériau, qui demeurait à l'Académie, en raison de la position qu'y occupait son père, M. Amaury

Duval. Madame Chassériau, qui s'appela plus tard Madame Guyet-Desfontaines, était une de mes plus anciennes amies : je crois avoir déjà parlé d'elle et dit que chez elle, ainsi que chez celles de Nodier et de Zimmermann, je me sentais toujours dans la meilleure forme intellectuelle. Ne me laissez pas mal comprendre : je ne me fais pas un compliment, je rends seulement justice à Mme Guyet-Desfontaines. Elle était si bonne, si aimable et affable, et riait si joliment, avait de si jolies dents, qu'on serait carrément idiot de ne pas montrer en sa compagnie un esprit au moins égal au sien. Elle aussi, comme tout le monde, était pleine des événements qui se passaient : elle allait bientôt recevoir des nouvelles, puisque M. Guyet-Desfontaines était allé consulter ce grand thermomètre de l'esprit parisien, la Bourse. La Bourse était en effervescence, les trois pour cent étaient tombés de soixante-dix-huit francs à soixante-douze francs. N'était-il pas curieux que, le même jour et au même moment, l'Académie et la Bourse, le savoir et l'argent, crient toutes deux « Anathème » et soient du même avis ?

Je suis allé dîner chez Véfour. En traversant les jardins du Palais-Royal, je remarquai une certaine agitation parmi un groupe de jeunes gens montés sur des chaises lisant à haute voix le *Moniteur* ; mais leur imitation de Camille Desmoulins n'eut pas beaucoup de succès. Après mon dîner, je courus chez Adolphe de Louvain, dont le père était, comme mes lecteurs le savent, l'un des principaux rédacteurs du *Courrier*. Madame de Louvain était très inquiète pour son mari, qui avait quitté la maison à deux heures de l'après-midi et n'était pas revenu à sept heures du soir. Elle avait envoyé Adolphe le chercher, mais, comme le corbeau de l'Arche, lui non plus n'était pas revenu. Alors moi, je me mis à la poursuite d'Adolphe. M. de Louvain n'était pas venu parce qu'il y avait eu rendez-vous au bureau du *Courrier français* , et Adolphe n'était pas revenu parce qu'il avait été envoyé chez Laffitte. Ils rédigeaient une protestation au nom de la Charte, dans les bureaux du *Courrier* , qui devait être signée par tous les journalistes. Quant à la forme que devait prendre la résistance, ils parlaient pour le moment simplement de refuser de payer les impôts. Tout à coup Châtelain arriva triomphant. M. de Belleyme venait de publier un décret ordonnant aux imprimeurs d'imprimer les journaux suspendus. Tout le monde politique connaissait Châtelain ; il était l'un des hommes les plus honorables de la presse et l'un des rares à avoir des opinions républicaines en 1830. Il déclara formellement que le *Courrier français* paraîtrait le lendemain matin, même sous sa seule responsabilité. Adolphe de Louvain entra le suivant : il avait trouvé les portes de Laffitte fermées. Je reviens donner cette nouvelle à Mme de Louvain ; malheureusement, ce n'était pas une information aussi paisible que celle de la colombe, et je rapportais avec moi autre chose qu'un rameau d'olivier ; mais j'ai pu la rassurer sur son mari et son fils : tous deux étaient sains et saufs et rentreraient chez eux dès que la protestation serait rédigée. Nous disons *rédigé* au lieu de *signé* , car la question de savoir si la protestation devait être signée ou non a été longuement débattue. Certains affirmaient qu'il y avait dans la presse une force non sondée, à laquelle s'ajoutait un mystère. Ceux-ci ont insisté pour qu'il ne soit pas signé. D'autres, au contraire, ont déclaré qu'il vaudrait bien mieux rendre public l'acte d'opposition et signer la protestation de toutes ses signatures. C'était une chose singulière que ce soit MM. Baude et Coste, deux sportifs audacieux, qui souhaitaient préserver l'anonymat ; et M. Thiers, homme politique prudent, qui voulait qu'il soit signé ouvertement. L'opinion de M. Thiers l'emporta. À minuit, la dernière page de la protestation était couverte de quarante-cinq signatures. C'étaient ceux de MM. Gauja, Thiers, Mignet, Carrel, Chambolle, Peysse, Albert Stapfer, Dubochet et Rolle, du *National* ; Leroux, Guizard, Dejean et de Rémusat, du *Globe* ; Senty, Haussman, Dussart, Busoni, Barbaroux, Chalas, Billard, Baude et Coste, du *Temps* ; Guyet, Moussette, Avenel, Alexis de Jussieu, Châtelain, Dupont et de la Pelouze, du *Courrier français* ; Année, Cauchois-Lemaire et Évariste Dumoulin, du *Constitutionnel* ; Sarrans fils, du *Courrier des Électeurs* ; August Fabre et Ader, de la *Tribune des départements* ; Levasseur, Plagnol et Fazy, de la *Révolution* ; Larréguy et Bert, du *Journal du Commerce* ; Léon Pillet, du *Journal de Paris* ; Bohain et Roqueplan, du *Figaro* ; Vaillant, du *Sylphe*.

De peur que mes lecteurs ne soient surpris de ce que je donne ici la totalité des quarante-cinq noms, je tiens à souligner qu'il s'agissait des noms de quarante-cinq hommes qui ont tous risqué leur tête en signant. Tandis que moi, qui ne risquais rien, mais n'aurais rien demandé de mieux que de courir un tel risque, je rentrais simplement dans mon appartement à onze heures, après avoir pris soin d'aller donner de mes nouvelles au n° 7 de la rue de l'Université. Ils pensaient que j'étais parti pour Alger !

CHAPITRE III

Le matin du 27 juillet — Visite à ma mère — Paul Foucher — *Amy Robsart* — Armand Carrel — Le bureau du *Temps* — Baude — Le commissaire de police — Les trois serruriers — Le bureau du *National* — Cadet Gassicourt — Colonel Gourgaud — M . de Rémusat—Physionomie des passants

———

Je rentrai chez moi afin de garder toute ma liberté d'action pour le lendemain. Je comptais rendre visite à ma mère dès le matin : je ne l'avais pas vue depuis deux jours et je craignais qu'elle ne soit mal à l'aise, surtout si elle avait entendu ce qui se passait dehors. Ma pauvre mère, à cette époque, habitait rue de l'Ouest. Je crois avoir déjà déclaré que nous avions choisi pour elle cette nouvelle demeure afin qu'elle soit plus proche de la famille Villenave, qui avait quitté la rue de Vaugirard et habitait à côté d'elle. Mais malheureusement, au moment où ma mère avait le plus besoin de l'aide du voisinage, Madame Villenave et Madame Waldor et Élisa (la plus fidèle compagne de ma mère, avec son chat Mysouf) étaient parties en Vendée, où elles possédaient une petite propriété de campagne appelée la Jarrie, à trois lieues de Clisson. J'ai trouvé ma mère dans le plus parfait état de tranquillité d'esprit et de corps ; aucune rumeur d'événements passagers n'avait encore pénétré dans ce que Thébaïd appelait le quartier du Luxembourg. J'ai déjeuné avec elle, je l'ai embrassée et je l'ai laissée dans son calme doux et tranquille.

En m'éloignant, j'ai croisé Paul Foucher. Il revenait de chez son beau-frère Victor Hugo, qui demeurait rue Notre-Dame-des-Champs, et à qui il était allé annoncer qu'il devait faire une lecture le lendemain, de quelle pièce ou dans quel théâtre en particulier, je l'ignore. Paul Foucher était alors le même myope et distrait qu'il est encore, heurtant indifféremment aux passants les poteaux et les arbres, sur lesquels il semblait toujours chercher les affiches des théâtres où étaient jouées ses pièces. ; absorbé par le train de pensées qui le préoccupait au moment où vous l'avez rencontré, et incapable d'entrer dans la vôtre, ni de sortir de la sienne, dans laquelle il vous ramènerait encore et encore. Sa pensée dominante lorsque je l'ai rencontré ce matin-là était la lecture qu'il devait donner le lendemain. Paul Foucher, si jeune soit-il, avait fait une entrée fracassante dans la vie dramatique. L'année précédente, une pièce dont on disait qu'il était l'auteur avait été jouée à l'Odéon, mais sa grande beauté, une beauté de caractère excentrique et mal adaptée à la scène, avait précipité son échec, et l'échec, bien que grand, glorieux, le genre d'échec qui met en lumière les qualités d'un homme, tout comme certaines défaites révèlent le caractère d'une nation. Paul Foucher avait eu son Poitiers, son

Azincourt et son Crécy, et pouvait prendre position en conséquence. La pièce s'appelait *Amy Robsart* et était tirée de, ou plutôt inspirée par, la romance de *Kenilworth de Walter Scott*. Au lendemain de son échec, Hugo s'en proclame l'auteur ; mais l'honneur de la seule représentation dont elle disposait n'en était pas moins indissociable de Paul Foucher. La pièce n'a jamais été imprimée. Hugo m'a fait cadeau du manuscrit plus tard ; J'ose dire que je l'ai toujours en ma possession. J'ai essayé en vain d'obtenir des informations de Paul : il ne connaissait qu'une seule nouvelle et ne considérait pas que le monde politique ou littéraire avait besoin d'en connaître une autre. Cette nouvelle était que le lendemain il devait lire une pièce en cinq actes. Je vis venir le moment où il allait anticiper la droite du Comité et me lire sa pièce. Mais la lecture du plus beau drame que le monde ait jamais vu ne m'aurait pas consolé de perdre le moindre détail de la pièce que Paris mettait en scène en ce moment. J'ai sauté dans un taxi et j'ai échappé à la lecture. J'ai donné l'adresse du chauffeur Carrel.

Depuis que la crise actuelle était survenue, Carrel était considéré par les jeunes membres de l'opposition comme leur chef, élu, sinon publiquement, du moins par consentement tacite. J'avais fait la connaissance d'Armand Carrel chez M. de Louvain, qui, depuis le retour en France du jeune exilé politique, après le couronnement de Charles X, l'avait placé à la rédaction du *Courrier* ; il habitait, si je me souviens bien, rue Monsigny ou à proximité. Mort en 1836, il n'est déjà, pour la jeune génération de vingt à vingt-cinq ans, qu'un personnage historique. A l'époque dont nous parlons, c'était un homme de vingt-huit ans, de taille moyenne, au front calme et fuyant, aux cheveux noirs, aux petits yeux vifs et brillants, au nez long et pointu, aux lèvres fines et assez pâles. , aux dents blanches et au teint bilieux. Bien que Carrel professât les opinions libérales les plus avancées, comme c'est souvent le cas des hommes d'une grande intelligence et d'une organisation raffinée, il avait les habitudes les plus aristocratiques imaginables, ce qui rendait le contraste entre ses paroles et son apparence très étrange. Il portait presque toujours des bottes vernies, une cravate noire serrée autour du cou, une redingote noire boutonnée jusqu'au dernier bouton, un gilet en piqué blanc ou en peau de chamois et un pantalon gris. L'ensemble de sa tenue révélait le style militaire de l'ancien officier. Cette qualité guerrière était, dans une certaine mesure, passée du corps de Carrel à son esprit. Charlemagne signait ses traités avec le pommeau de son épée et les faisait respecter avec sa pointe ; ainsi de Carrel : ses articles semblaient toujours avoir été écrits avec une pointe d'acier, semblable à celles dont se servaient les anciens, qui laissaient de profondes traces de tranchant sur leurs tablettes de cire. Mais le style polémique de Carrel était très fin, noble et franc ; il montra hardiment son front à ses ennemis : il ressemblait en quelque sorte à celui de Pascal et de Paul-Louis Courier. Il n'avait reçu que peu d'éducation historique, sauf sur nos voisins d'outre-Manche ; il fut secrétaire d'Augustin Thierry tandis qu'il écrivait son beau livre sur la Conquête de *l'Angleterre par* les Normands . Carrel, avec son sérieux habituel, avait ramassé les miettes qui tombaient de cette somptueuse table et avait compilé une Histoire abrégée de l'Angleterre. Nous étions assez bons amis, même si, peut-être, nous n'étions pas tout à fait justes l'un envers l'autre ; il me considérait comme trop poète, et je le considérais comme trop soldat. Je l'ai trouvé tranquillement occupé à prendre son petit-déjeuner. Il avait signé la protestation par devoir ; risquant sa tête aussi froidement à la pointe de la plume qu'il l'avait déjà fait plusieurs fois à la pointe de l'épée, tout en ne croyant qu'aux méthodes licites de résistance. Quant à la résistance armée, il n'y serait pour rien. Il avait prévu de rester à la maison toute la journée pour travailler ; mais, sur mes instances, et comme je lui avais dit que je croyais avoir vu une certaine agitation monter dans les rues, il décida de sortir avec moi. Il mit dans sa poche une paire de petits pistolets, du genre qu'on appelle pistolets de poche, prit à la main une petite canne en os de baleine, souple comme un fouet, et nous descendîmes ensemble vers les boulevards. Sans doute refroidi par son action à Béfort et à Bidassoa, il a hésité à se mettre en avant alors que tant de gens se tenaient en retrait. Nous avons parcouru les boulevards depuis la rue de la Chaussée-d'Antin jusqu'à la rue Neuve-Vivienne, puis nous avons longé la place de la Bourse. Les gens se précipitaient en direction de la rue de Richelieu. Ils rapportèrent que les locaux du *Temps* avaient été envahis et pillés par un détachement de gendarmerie à cheval.

Bien sûr, il va sans dire que nous suivions nous aussi la foule ; il n'y avait, comme d'habitude, qu'une part de vérité dans la rumeur. Une vingtaine de policiers étaient alignés devant le bâtiment où s'effectuait l'imprimerie, qui se trouvait au fond d'une très grande cour. La porte de la rue était fermée et, avant de pouvoir envahir les ateliers, ils attendaient l'arrivée du commissaire de police. A son arrivée, Baude, l'un des rédacteurs du *Temps* et signataires de la protestation, donne l'ordre de fermer la porte de l'atelier et d'ouvrir celle de la rue. Le Commissaire, portant son écharpe blanche de fonction, frappa à la porte au moment même où on l'ouvrait, et Baude et lui se trouvèrent face à face. Le Commissaire recula devant la formidable apparition. Baude était une magnifique figure d'homme, non seulement dans son apparence générale mais dans chaque détail de sa personne. C'était un géant de cinq pieds huit ou dix pouces, avec d'épais cheveux noirs qui flottaient autour de sa tête comme une crinière ; ses yeux étaient bruns et profondément enfoncés sous des sourcils sombres : ils semblaient, à certains moments, lancer des éclairs ; il avait une voix rauque et terrible qui, entendue au milieu du bruit d'une révolution, sonnait comme le tonnerre dans un orage. Baude était suivi d'autres rédacteurs et d'employés et ouvriers qui se formaient derrière lui en un corps de trente personnes. En voyant le chef tête nue et pâle et les visages figés des ouvriers, ils devinèrent que, sous la résistance juridique que Baude avait invoquée à son secours, se cachait une résistance bien réelle et matérielle, c'est-à-dire une résistance. avec des armes. J'ai serré le bras de Carrel ; il était très pâle et paraissait très ému, mais il restait tout à fait muet et secouait la tête en signe de désapprobation. Il y avait un tel silence de mort dans la rue, remplie peut-être de quelques milliers de personnes, qu'on aurait pu entendre la respiration d'un enfant. Baude fut le premier à prendre la parole et à interroger le Commissaire.

" Que voulez-vous, monsieur ? et pourquoi vous êtes-vous présentés devant notre imprimerie ? "

« Monsieur, balbutia le commissaire de police, je suis venu en conséquence des ordonnances... »

« Pour démolir nos presses, je suppose ? demanda Baude. "Eh bien, au nom du Code, qui est à la fois antérieur et supérieur à votre ordonnance, je vous appelle à les respecter !"

Et Baude tendit un exemplaire du Code ouvert à l'article sur *l'Effraction* . Cette arme était certes d'un caractère plus alarmant et plus terrible que la présentation de pistolets ou d'épées, mais les ordres du surintendant avaient été parfaitement clairs.

« Monsieur, dit-il, je suis obligé de faire mon devoir » ; et, se tournant vers l'un de ses hommes, il dit : « Envoyez quelqu'un chercher un serrurier.

" Très bien ! J'attendrai qu'il vienne ", dit Baude.

Un murmure parcourut la foule. Ils commencèrent à comprendre que là, en pleine rue, sous les yeux de la foule, sous le regard de la Providence, allait se dérouler un des plus grands spectacles qu'il soit donné à la vue humaine de voir : la résistance de la loi à la loi. la force arbitraire, de l'individu à la foule, de la conscience à la tyrannie.

Pas un homme parmi les spectateurs n'avait dit à Baude : « Vous pouvez compter sur mon soutien » ; mais il était évident qu'il sentait qu'il pouvait compter sur tout.

Le serrurier est arrivé ; et, sur l'ordre du surintendant, il allait franchir le seuil de la porte de la rue, pour aller ouvrir les portes de l'imprimerie avec ses outils, lorsque Baude, l'arrêtant, en saisissant doucement son bras, dit—

" Mon ami, vous ne savez sans doute pas quels risques vous courez en obéissant aux ordres du commissaire de police ? Vous courez le risque d'être envoyé aux galères. " Et il lut à haute voix les lignes suivantes :

> « Sera puni des travaux forcés quiconque se rendra coupable
> ou complice de vol commis par effraction dans une maison
> ou une pièce ou un logement habité ou servant d'habitation
> par effraction du dehors par escalade ou en usant de fausses

clés, qu'il ait pris le grade de fonctionnaire public ou
d'officier civil ou militaire, ou après avoir revêtu l'uniforme
ou la tenue de fonctionnaire ou officier public, ou en
alléguant un faux ordre des autorités civiles ou militaires. "

Tandis que Baude poursuivait sa lecture, le serrurier leva la main sur sa casquette et, à la fin de l'article, il écoutait le lecteur tête nue. A ce signe de respect envers la loi par un homme du peuple, la foule éclata en d'immenses applaudissements. Le commissaire insista, et le serrurier, obéissant à ses ordres autoritaires, tenta d'entrer. Baude recula et lui fit place.

"Fais-le!" dit-il, mais vous savez que cela signifie pour vous les galères.

Le serrurier s'arrêta de nouveau et les acclamations redoublèrent. Le commissaire a renouvelé ses ordres de crocheter les serrures des portes.

" Messieurs, s'écria Baude d'une voix forte, je fais appel contre M. le Commissaire devant jury et des ordonnances aux assises... Qui me donnera leurs noms comme témoins de l'outrage qui m'est fait ? "

Cinq cents voix répondirent simultanément. Crayons et papiers circulèrent instantanément parmi la foule avec un empressement et une unanimité merveilleux ; chacun prit le crayon à tour de rôle et inscrivit son nom et son adresse sur le papier. Puis tous furent remis à Baude.

« Vous voyez, monsieur, dit-il au commissaire de police, j'ai beaucoup de témoins.

"Ma parole, monsieur le commissaire", dit enfin le serrurier à cet officier de justice, "demandez à quelqu'un d'autre de faire votre travail, je me retire."

Et, mettant sa casquette sur sa tête, il se retira. Il était accompagné de vivats et de nouveaux applaudissements.

"Mais la force doit toujours être du ressort de la loi !" rétorqua le surintendant.

"Je commence effectivement à croire que ce sera le cas", répondit ironiquement Baude.

"Oh, je connais mon métier", a répondu l'officier. "Appelle un autre serrurier."

Un fonctionnaire en noir apparut dans la foule comme auparavant et revint avec un serrurier portant un tas de picklocks à la taille. Les applaudissements qui avaient accompagné la retraite de l'autre homme se changèrent rapidement en gémissements à l'apparition de ce nouveau. Le serrurier avait peur.

Alors qu'il se frayait un chemin à travers la foule, il glissa son paquet de picklocks dans la main d'un des spectateurs, qui le passa au suivant, et ainsi de suite à travers la foule. Lorsqu'il fut devant la porte, l'ordre précédemment donné à son collègue fut renouvelé.

« Monsieur le Commissaire, dit-il en désignant sa ceinture vide, je n'y parviens pas : mes outils m'ont été volés.

"Tu mens!" s'écria le commissaire, et je vous ferai arrêter !

La main d'un de ses hommes était tendue pour le saisir, mais la foule lui ouvrait un chemin puis se refermait derrière lui, l'enveloppait dans ses plis et l'engloutissait complètement dans son flot. Il a littéralement disparu comme s'il avait été dévoré !

Ils convoquèrent alors le forgeron chargé de riveter les chaînes du forçat. Mais comme l'opposition de la foule commençait à prendre un caractère grave et paraissait sombre et menaçante, la rue fut dégagée avec l'aide de la police.

La foule se retira par la place Louvois et l'arcade Colbert, et par la rue de Ménars, en criant :

« Vive la Charte ! »

Les hommes grimpaient sur les poteaux, agitaient leurs chapeaux et criaient à Baude :

" Vous pouvez compter sur nous, vous avez nos adresses. Nous serons vos témoins. *Au revoir ! au revoir !* "

Un renfort de policiers aperçu venant de la direction du Palais-Royal complète le dégagement de la rue. Mais qu'importe ? La victoire morale revenait à l'opposition, et Baude avait joué un rôle aussi important que n'importe quel fantomatique révolutionnaire de 1789.

Carrel et moi avons quitté la rue de Richelieu et nous sommes rendus aux bureaux *nationaux* . Le *National* existait alors à peine un an ; elle avait été commencée par Thiers, Carrel et l'abbé Louis, au château de Rochecottes, aux pieds de madame de Dino, sous les yeux de M. de Talleyrand. Le duc d'Orléans, qui avait prêté les fonds nécessaires, paya pour ainsi dire l'allaitement de cet enfant Hercule, qui, dix-huit ans plus tard, devait le saisir par la taille et l'étouffer. Ces bureaux étaient situés rue Neuve-Saint-Marc, à l'angle de la place des Italiens. Nous y avons trouvé un foyer d'actualités. La veille au soir, un des rédacteurs était arrivé, découragé et abattu : il avait parcouru les quartiers les plus pauvres, toujours les plus faciles à remuer, et, secouant la tête, il avait prononcé ces paroles décourageantes :

"Le peuple ne bougera pas !"

Et quand nous sommes entrés dans les bureaux *nationaux* à deux heures, les gens étaient encore silencieux ; mais on sentait dans l'air cette sorte de frisson d'excitation qui faisait presser les gens dans leur marche et pâlir, on ne savait pourquoi ; comme la terreur profonde et instinctive ressentie par les animaux à l'approche d'un tremblement de terre.

D'où venait ce frémissement qui n'était encore, pour ainsi dire, qu'à la surface de la société ? Il est facile de deviner. La motion de M. Thiers, qui avait porté quarante-cinq signatures au pied de la protestation des journalistes (elle avait été publiée dans le *Globe* , le *National* et le *Temps* , et cent mille exemplaires peut-être en avaient été imprimés) et distribuée dans les rues), cette motion, disons-nous, avait compromis quarante-cinq personnes. Or, ces quarante-cinq individus constituaient un corps compact agissant sur les masses, et chacun était également une force distincte, agissant sur les membres individuels de la société. Chaque signature était le centre d'une circonférence plus ou moins large d'amis, d'employés, de commis, d'ouvriers, de compositeurs, de compagnons et de diables imprimeurs. Chacun anime son cercle particulier, et chaque membre individuel de ce cercle, si humble soit-il, est lui-même un agent et use de son influence sur ses subordonnés ; donc, dès que l'impulsion fut donnée, elle se communiqua des grands centres aux petits, les roues se mirent à tourner, et l'on sentit la société trembler sous le battement d'une machine invisible, presque comme on sent frémir un moulin à vent sous la révolution de son mouvement. voiles ou un bateau à vapeur au battement de ses pagaies. Carrel a été invité à trois réunions différentes, toutes dans le but d'organiser l'opposition. L'une était de caractère purement libéral, confinant au républicanisme, et se tenait rue Saint-Honoré, chez le pharmacien Cadet de Gassicourt ; les principaux membres étaient Thiers, Charles Teste, Anfous, Chevalier, Bastide, Cauchois-Lemaire et Dupont ; on y discuta une motion tendant à créer dans chaque arrondissement un comité de résistance, avec pouvoir de se mettre en communication directe avec les députés. La seconde était bonapartiste et se tenait chez le colonel Gourgaud. Elle était principalement composée du maître de maison, puis des colonels Dumoulin, Dufays et Plavet-Gaubet, et du commandant Bacheville. Leur but était de tenter de promouvoir les affaires de Napoléon II, mais, comme tous ces hommes étaient plus des hommes d'action que de pensée, rien n'était réglé, et ils fixèrent un autre rendez-vous pour le lendemain, place des Petits-Pères. La troisième réunion a eu lieu dans les bureaux *du Globe* et était composée de Pierre Leroux, Guizard, Dejean, Paulin et Rémusat, ainsi que de plusieurs personnes qui n'avaient rien à voir avec le personnel du journal. Ici, les conseils les plus contradictoires s'élevaient : les uns voulaient faire appel aux armes dès le lendemain, les autres étaient horrifiés de la vitesse avec laquelle, dès qu'un mouvement est commencé, il descend malgré tout sur le chemin qui mène à la révolution.

M. de Rémusat était du nombre des effrayés.

Il s'écria d'un ton désespéré : « Où allez-vous ? Où nous poussez-vous ? Elle ne doit en aucun cas nous conduire à la révolution, ce n'est pas ce que nous désirons : la résistance légale, bonne et bonne, mais rien au-delà.

Bien entendu, cette réunion ne décida pas plus que les autres d'une ligne d'action, à moins qu'elle ne conduisît M. de Rémusat au lit avec la fièvre qui le prit ensuite.

Carrel n'a assisté à aucune de ces trois réunions. Il était partisan d'une résistance légale poussée jusqu'à ses limites les plus larges, mais uniquement d'une résistance légale. Il ne croyait à aucun bien découlant d'un conflit entre citoyens et soldats : il comprenait le sens des révolutions prétoriennes et exigeait de ceux qui parlaient de recourir aux armes :

"Avez-vous un régiment sur lequel vous pouvez compter en toute sécurité ?"

Personne n'avait de régiments prêts, puisqu'aucun complot n'était préparé. Mais il n'en restait pas moins une grande et redoutable conspiration générale, celle de l'opinion publique, qui accusait les Bourbons d'être responsables de la défaite de 1815 et voulait venger Waterloo dans les rues de Paris.

Cette conspiration se voyait dans les yeux, les gestes, les paroles et même dans le silence même des gens que l'on croisait, des groupes que l'on rencontrait, des individus solitaires qui s'arrêtaient, hésitant entre aller à droite ou à gauche, comme pour se dire : " Où se passe-t-il ? Où font-ils quelque chose ? Je dois y aller et faire exactement ce que font les autres. "

CHAPITRE IV

Docteur Thibaut - Le gouvernement de Gérard et
Mortemart - Étienne Arago et Mazue, le commissaire de
police - Le café Gobillard - Incendie au corps de garde de
la place de la Bourse - Les premières barricades - La nuit

Nous sommes retournés sur les boulevards depuis le bureau du *National*. En haut de la rue Montmartre, nous avons entendu ce qui ressemblait à des coups de feu, en direction du Palais-Royal. Il était presque sept heures du soir.

"Hah ! Qu'est-ce que c'est ?" J'ai demandé à Carrel.

"Par jupiter!" il a répondu : "c'était une volée qui était tirée".

"Eh bien, tu viens voir ?"

« Mon Dieu, non ! » il a répondu. "Je vais rentrer chez moi."

"Je veux y aller", dis-je.

" Vas-y donc ; mais ne sois pas assez bête pour te laisser entraîner dans les choses ! "

"Pas de crainte. Adieu!"

"Adieu!"

Carrel s'éloignait de son pas calme et mesuré, le long du faubourg Montmartre, tandis que je m'élançais en courant vers la place de la Bourse. Je n'avais pas parcouru cinquante mètres avant de rencontrer le docteur Thibaut. Il avait l'air très important.

" Ah ! c'est toi, cher ami ? " J'ai dit. "Quelles sont les nouvelles?"

Thibaut, qui avait adopté une grande gravité d'expression, affirmant qu'aucun médecin ne pouvait faire son chemin dans le monde sans elle, était, cette fois-ci, plus que grave : il était sombre.

"Mauvaises nouvelles!" il a répondu; "Les choses deviennent horriblement compliquées."

"Mais est-ce qu'ils se battent ?" J'ai dit,

"Oui; un homme a été tué rue du Lycée et trois autres rue Saint-Honoré... Les Lanciers ont chargé dans la rue de Richelieu et sur la place du Palais-

Royal... Une barricade était en train d'être construite. monté rue de Richelieu, mais il a été pris avant d'être terminé.

"Où vas-tu?"

« Vous l'entendrez demain, si je réussis, dit-il.

— Ma foi, mon cher, vous prenez des airs de diplomate.

« Qui sait ? Je vais peut-être former un nouveau gouvernement !

"Dans votre métier de médecin, mon cher ami, je vous invite à donner toute votre attention à l'ancien ministère, car il me semble diablement malade !"

Deux jeunes gens nous dépassèrent rapidement à ce moment.

« Un drapeau tricolore ? dit l'un d'eux. "Ce n'est sûrement pas possible !"

"Je vous dis que je l'ai vu moi-même", répondit l'autre.

"Où?"

"Sur le quai de l'École."

"Quand?"

"Il y a une demi-heure."

"Qu'ont-ils fait à l'homme qui le portait ?"

"Rien… ils l'ont juste laissé passer."

"Alors allons-y."

"D'accord."

Et ils s'enfuirent dans la rue Notre-Dame-des-Victoires.

« Tu vois, mon cher, dis-je à Thibaut, ça chauffe ! Va à ton ministère, mon ami.

"Je vais."

Il s'éloigna en direction du boulevard des Capucines.

Thibaut ne m'avait pas trompé. Il était en fait occupé à former un ministère ; seulement son ministère n'était pas destiné à mourir de longévité. C'était le ministère de Gérard et de Mortemart, qui avait pour pendant le ministère Thiers et Odilon Barrot de la Révolution de 1848. Mais, dira-t-on, comment le docteur Thibaut pouvait-il former un ministère ? Quant à cela, eh bien, je vais vous le dire.

On se souvient qu'en 1827 ou 1828, Madame de Celles, fille du général Gérard, atteinte d'un mal de poitrine, avait demandé à Madame de Louvain de lui parler d'un jeune médecin qui pourrait l'accompagner en Italie, et que Le nom de Thibaut lui avait été donné. Il avait fait le voyage avec la belle malade, et les résultats combinés du voyage et du médecin faisaient des merveilles sur sa santé. A leur retour, le général fut si reconnaissant des soins que Thibaut avait prodigués à sa fille qu'il l'admit dans l'intimité personnelle de sa maison. Thibaut, lorsque je le rencontrai, allait rendre visite à M. le baron de Vitrolles, de la part du général Gérard, pour essayer de le persuader d'inciter à des mesures conciliantes auprès de M. de Polignac et, en cas d'échec, auprès du roi. lui-même. Les gens sérieux commençaient manifestement à prendre conscience de la gravité de la situation. C'est une information que Thibaut n'a pas pu me dire lors de notre rencontre, mais qu'il m'a divulguée plus tard.

Huit heures sonnaient à l'horloge de la Bourse ; Je voulais regagner mon faubourg Saint-Germain ; mais, en entrant à un bout de la rue Vivienne, j'aperçus des baïonnettes à l'autre. J'aurais pu passer par la rue des Filles-Saint-Thomas, mais la curiosité m'a retenu. Je bats en retraite jusqu'au café du théâtre des Nouveautés. Autant que je me souvienne, il était tenu par un nommé Gobillard, un excellent garçon, favori de nous tous. La troupe avançait d'un pas régulier, occupant toute la largeur de la rue, poussant devant elle hommes, femmes et enfants. Le peuple, poussé par les soldats, céda et recula en criant :

"Vive la ligne !"

Des femmes agitaient leurs mouchoirs aux fenêtres ouvertes en criant :

"Ne tirez pas sur le peuple !"

Parmi les hommes que les soldats chassaient, il y avait un certain type d'hommes qu'on ne voit qu'à des heures particulières de la journée : le genre d'hommes qui déclenchent des émeutes et des révolutions, des hommes qu'on pourrait appeler les pionniers du désordre. Quand les troupes atteignirent la place de la Bourse, elles se déployèrent, mais, comme elles ne pouvaient couvrir toute la largeur de la place, une partie de ceux qui étaient poussés par les soldats débordèrent des deux côtés et refluèrent après eux. Or, il y avait près de la Bourse une vieille baraque en bois branlante qui servait de poste de garde. Le régiment y laisse une douzaine de soldats comme dans un blockhaus et disparaît dans la rue Neuve-Vivienne en direction de la Bastille. Le régiment était à peine hors de vue, que quelques garçons de la foule s'approchèrent des soldats restés dans le poste de garde, en criant :

« Vive la Charte ! »

Tandis que ces jeunes gens ne faisaient que crier, les soldats gardèrent patience, mais des pierres suivirent bientôt les cris. Un soldat, touché par une pierre, a tiré et une femme est tombée, une femme d'une trentaine d'années.

Des cris de « Meurtre ! » monta et, en une seconde, la place se vida, les lumières s'éteignirent et les magasins furent fermés. Le théâtre des Nouveautés seul restait éclairé et ouvert, on jouait *la Chatte blanche* , et ceux qui étaient à l'intérieur de la maison n'avaient aucune idée de ce qui se passait au dehors. Une petite troupe d'une douzaine d'hommes surgit, à ce moment, de la rue des Filles-Saint -Thomas. Il était dirigé par Étienne Arago et criait :

"Arrêtez la pièce ! Fermez les théâtres ! On tue des gens dans les rues de Paris !..."

Il buta contre le corps de la femme qui avait été tuée.

- Portez ce cadavre sur les marches du péristyle, afin que tout le monde puisse le voir, dit Étienne ; "Je vais faire vider le théâtre."

Et, en effet, la place se vidait un instant après, le flot des spectateurs, en sortant, s'étalant comme un torrent devant un rocher, pour éviter de piétiner les corps. J'ai couru vers Arago.

"Que font-ils", ai-je demandé. "Qu'est-ce qui a été décidé ?"

"Rien encore... Des barricades sont érigées... et des femmes tuées et des théâtres fermés, comme vous le voyez."

"Où vais-je te retrouver ?"

— Demain matin, chez moi, n° 10, rue de Grammont.

Puis, se tournant vers les hommes qui l'accompagnaient :

"Aux Variétés, mes amis !" il a dit; "Fermer les théâtres, c'est hisser le drapeau noir sur Paris !"

Et la petite foule disparut avec lui dans la rue de Montmorency. Il était passé devant la sentinelle et la caserne sans produire aucun signe. Et c'est ainsi que le mouvement avait commencé et d'où provenaient les coups de feu que Carrel et moi avions entendus.

Étienne Arago (j'espère qu'on me pardonnera de toujours citer le même nom, mais je m'engagerai à prouver, sans exception, qu'Étienne Arago a été le ressort du mouvement insurrectionnel), Étienne Arago, dis-je, venait de dîner chez Desvergers. et Varin et était revenu avec eux au théâtre du Vaudeville, qui se trouvait alors rue de Chartres, lorsqu'une foule leur barra le passage rue Saint-Honoré, devant le passage Delorme. On disait qu'un homme avait été tué rue du Lycée. Une charrette chargée de décombres attendait pour passer, dès que la foule se serait dispersée ; quatre ou cinq voitures, arrêtées par le même obstacle, attendaient aussi, à la file.

— Excusez-moi, mon ami, dit Étienne au cocher en dételant le cheval des brancards ; "nous avons besoin de votre panier."

"Pourquoi?"

"Pour faire une barricade avec, bien sûr !"

"Oui, oui, des barricades, faisons des barricades !" s'exclamèrent plusieurs voix.

Et, en un clin d'œil, les chevaux furent détachés, la charrette renversée et le contenu entassé de l'autre côté de la rue.

"Bien!" dit Arago. "Maintenant tu n'auras plus besoin de moi ; je suis recherché ailleurs."

Et, laissant la barricade gardée par ceux qui avaient contribué à sa construction, il traversa le passage Delorme, longea la rue de Rivoli et gagna le Vaudeville. Les gens entraient simplement.

"Il n'y aura pas de jeu pendant que les combats se poursuivent !" il a dit; « rendez aux gens leur argent ! »

Puis, à ceux qui persistaient à entrer...

« Pardon, messieurs, dit-il, on ne rira pas du Vaudeville pendant que Paris pleure.

Et il commença à essayer de fermer la porte.

« Monsieur, demanda une voix, pourquoi fermez-vous le Vaudeville ?

"Pourquoi ?... Parce que je suis le gérant du théâtre et que j'ai choisi de le fermer."

"Oui, mais le Gouvernement ne le choisit pas : au nom du Gouvernement, je vous ordonne de le laisser ouvert !"

"Qui es-tu?"

"Dieu ! tu me connais assez bien."

"Peut-être, mais je veux que ceux qui écoutent et participent à ce débat sachent aussi qui vous êtes."

"Je suis M. Mazue, commissaire de police."

"Eh bien, monsieur Mazue, commissaire de police, faites attention à vous !" répondit Arago en poussant contre la grille ; "Ceux qui n'y vont pas seront bientôt écrasés."

« Monsieur Arago, demain vous ne serez plus directeur du Vaudeville !

" Monsieur Mazue, demain vous ne serez plus commissaire de police. "

— Nous verrons cela, monsieur Arago !

"Je l'espère, monsieur Mazue !"

Avec l'aide de deux machinistes, Étienne ferme la grille, malgré les efforts des policiers ; puis, sortant par la porte de la scène, il commença à fermer les autres théâtres, acte qui eut une immense influence sur les débats de la soirée et sur ceux du lendemain.

Tous ces détails nous ont été racontés derrière les portes soigneusement closes du café Gobillard. Nous étions là au nombre de trois ou quatre et, comme nous avions couru toute la journée, nous mourions de faim. Nous avons commandé le dîner. Le sujet de notre conversation se devine facilement. Certains disaient que l'agitation de l'heure n'avait pas plus d'importance que celle de 1827, et que l'émeute n'avait pas la force de prendre les proportions d'une révolution, mais qu'elle échouerait de la même manière. D'autres, et moi parmi eux, croyaient au contraire que nous n'en étions qu'au prologue de la comédie et que le lendemain montrerait un tout autre état de choses. Nous étions en pleine discussion lorsque le bruit des coups de feu nous surprit et nous fit frissonner. Il a été tiré sur la place. Presque immédiatement, on entendit le cri : « Aux armes ! suivi d'un bruit semblable à celui d'un combat au corps à corps.

« Vous voyez, dis-je, le drame commence !

Il était maintenant dix heures moins vingt à l'horloge du café. Nous avons couru au premier étage pour regarder par les fenêtres. Le corps de garde avait été surpris, encerclé et attaqué par une vingtaine d'hommes. Une lutte se déroulait dans l'obscurité, dont nous ne distinguions aucun détail, rien d'autre qu'une masse confuse. Les soldats furent vaincus et désarmés. Leurs fusils, cartouchières et épées leur avaient été retirés et ils furent renvoyés par la rue Joquelet ; puis une quinzaine se détachèrent du corps principal et ramassèrent le cadavre de la femme qui gisait encore sur les marches du théâtre, le déposèrent sur une civière et s'en allèrent dans la rue des Filles-Saint-Thomas en criant : « Vengeance ! Trois ou quatre munis d'une torche restèrent derrière les autres et, avec cette torche, allumèrent un feu de paille au milieu du corps de garde ; puis ils ont abattu et brisé les planches dont il était fait et les ont laissées tomber dans le feu de joie. Bien sûr, les planches s'enflammèrent très rapidement, et instantanément la caserne ne fut plus qu'une vaste masse embrasée ; les trois ou quatre retardataires l'abandonnèrent à son sort et rejoignirent leurs compagnons. L'incendie a jeté une illumination sinistre sur la place et a brûlé la moitié de la nuit sans que personne ne tente de l'éteindre. Nous descendîmes et terminâmes notre souper, les pensées très pleines de ce dont nous venions de voir. Nous nous séparâmes vers minuit, et je pris la rue Vivienne ; le passage Perron étant fermé, j'ai longé la rue Neuve-des-Petits-Champs et la rue de Richelieu. Dans la rue de l'Échelle, se déplaçant dans l'obscurité, il y avait des ombres qui, lorsque je m'approchais, criaient : « Qui vive ? J'ai répondu : "Un ami !" et j'ai continué tout droit. C'était une barricade qui s'élevait silencieusement, comme si elle avait été construite par des esprits de la nuit. Je serrai la main de plusieurs de ces ouvriers nocturnes et gagnai le Carrousel. Derrière les portes du château, j'apercevais deux ou trois cents hommes campés dans la cour des Tuileries. Je pensais que c'était à peu près la même chose que celle-ci dans la nuit du 9 au 10 août 1790. J'ai essayé de jeter un coup d'œil à travers les portes, mais une sentinelle a crié : « Restez à l'écart ! et j'ai continué mon chemin. Sur les quais, tout reprenait son aspect normal. J'arrivai rue de l'Université sans avoir rencontré personne ni sur le Pont Royal ni dans la rue du Bac. Dès mon arrivée chez moi, j'ouvris ma fenêtre et j'écoutai : Paris me paraissait silencieux et désert ; mais cette tranquillité n'était que superficielle, on sentait que la solitude était peuplée et le silence vivant !

CHAPITRE V

Je fus réveillé, comme le 26, par Achille Comte.

"Bien?" Ai-je demandé en me frottant les yeux.

"Oh, ça avance !" il a dit. "Le Quartier des Écoles est en état d'insurrection ouverte, mais les étudiants sont furieux."

"Contre qui?"

« Contre les principaux dirigeants : Laffitte, Casimir Périer et La Fayette... Ils ont interpellé ces personnes hier : l'un leur a dit de se taire, tandis que d'autres ne les ont même pas vus... Mais Barthélemy et Méry vous donneront toute leur confiance. détails ; ils étaient là, les poches pleines de poudre à canon qu'ils avaient achetée chez un épicier.

Je m'habillai, pris une voiture pour aller chez ma mère et la trouvai calme comme si rien d'extraordinaire ne se passait à Paris. J'avais donné l'ordre de la maintenir dans l'ignorance, et ils avaient été soigneusement exécutés. En quittant ma mère, je me rendis en voiture chez Godefroy Cavaignac, qui habitait rue de Sèvres. Il était sorti, mais on me dit que je le retrouverais soit chez Joubert le libraire, passage Dauphine, soit chez Charles Teste, à *la Petite-Jacobinière*, place de la Bourse.

Joubert, qui fut ensuite aide de camp de La Fayette, je crois lieutenant-colonel, était un ancien Carbonaro et un ami de Carrel ; Condamné à mort comme ce dernier l'était, après l'affaire de Béfort, il s'était évadé des prisons de Perpignan grâce à l'aide d'une religieuse et de deux de ses amis, Fabre et Corbière.

Charles Teste, que nous connaissions tous bien, avait bâti une librairie place de la Bourse, qu'on surnommait du nom expressif de *Petite-Jacobinière*, à cause de l'opinion de ceux qui la fréquentaient. Charles Teste était un des personnages les plus dignes et les plus nobles qu'on pût rencontrer. Étant pauvre, il s'était disputé avec ses frères les plus riches. Sous le règne de Louis-Philippe, il n'exercera aucune profession, et Dieu sait comment il vivait ! Lorsque son frère fut condamné par la Cour des pairs, il se mit entièrement à sa disposition et devint son soutien, son réconfort et sa force. Puis, après la Révolution de 1848, tous ses anciens amis arrivèrent au pouvoir, mais il déclina les postes qui lui étaient offerts et la seule faveur qu'il demanda fut que son frère soit transféré de prison vers un sanatorium. Charles Teste est mort, je crois, il y a dix-huit mois ou deux ans ; lorsqu'il rendit son dernier souffle, la France perdit l'un de ses plus grands citoyens.

Je me rendis d'abord au passage Dauphine, mais Cavaignac y était passé et était sorti avec Bastide, et on croyait que tous deux étaient allés à *la Petite-Jacobinière*. J'ai donc congédié mon taxi, car j'avais un appel à passer au n° 7 de la rue de l'Université. Ici, je n'avais établi aucun cordon préventif, comme dans le cas de ma mère, et tout était connu. J'ai promis d'être spectateur et de ne pas me mêler du tumulte : à ces conditions, j'ai été autorisé à sortir.

Il y eut un grand attroupement rue de Beaune, chez un pharmacien nommé Robinet ; elle était composée d'électeurs et de membres de la garde nationale des 10e et 11e arrondissements. Tout ce qu'ils voulaient, c'était se lancer sur le sentier de la guerre, mais personne ne possédait d'armes.

"Pas d'armes ?" demanda Étienne Arago, qui entra à ce moment-là. "Si vous n'avez pas d'armes, il y en a beaucoup chez les armuriers !"

On savait aux bureaux *nationaux* et à *la Petite-Jacobinière* qu'une réunion avait lieu chez Robinet, et on avait envoyé Arago comme adjoint. Il n'avait pas perdu son temps depuis le matin.

"Pas d'armes !" » était le cri général à la *Petite-Jacobinière* comme ailleurs.

Le Sergent Mathieu au théâtre du Vaudeville, et par conséquent il y avait une vingtaine de fusils, d'épées et de portefeuilles à poudre qui traînaient parmi les magasins de la propriété. Gauja et Étienne s'enfuirent au Vaudeville et mirent les armes dans des paniers d'osier qu'ils recouvrirent de draps ; ils recrutaient des porteurs et des machinistes, tandis qu'ils suivaient le cortège, vêtus sous leurs longues redingotes de l'uniforme des officiers de la garde impériale. La place du Palais-Royal était pleine de troupes. Un capitaine sortit des rangs et demanda aux commissionnaires : « Qu'est-ce que vous transportez là ?

"Un petit-déjeuner de mariage de Parly, Capitaine," répondit Arago.

Le capitaine se mit à rire : les pointes des épées et des baïonnettes dépassaient la vannerie. Mais il tourna seulement le dos à ce qu'il voyait et retourna dans les rangs. Fusils, épées et flacons à poudre arrivèrent sains et saufs à *la Petite-Jacobinière*, où ils furent distribués. C'est à la suite de cette distribution d'armes qu'Étienne avait été envoyé chez Robinet.

" A ses mots : " Si vous n'avez pas d'armes, il y en a beaucoup chez les armuriers ! " tout le monde sortit. Étienne courut chez l'armurier le plus proche avec Gauja et un nommé Lallemand. L'armurier habitait rue de l'Université. Après avoir montré à Étienne sa boutique, qui était du côté gauche de la rue de Beaune, je tournai à droite, pour aller chercher mon propre fusil, et Lallemand se précipitèrent vers la boutique de l'armurier, qui venait de fermer. Étienne eut plus de chance avec l'armurier que la veille avec le commissaire de police, et il réussit à entrer dans la boutique.

« Mon ami, dit-il, ne vous effrayez pas ; nous ne sommes pas venus prendre vos armes, mais les acheter.

Il prit cinq ou six fusils, en garda un pour lui, un pour Gauja et un pour Lallemand, et distribua le reste. Puis il vida ses poches, qui contenaient 320 francs et, pour le surplus de dépenses, il donna une traite sur son frère François, de l'Observatoire, qui paya religieusement. Lallemand approuva le projet de loi. Ce Lallemand était un jeune homme bien élevé et très cultivé que nous surnommions *le Docteur*, parce qu'il parlait toujours beaucoup latin. Je fais cette explication afin d'éviter toute confusion avec le professeur Lallemand. Ils prirent aussi de la poudre et des balles chez le même armurier et, comme nous le verrons, on ne tarda pas à en avoir besoin.

J'étais rentré chez moi, j'avais appelé mon domestique Joseph et je lui avais dit de me sortir mon costume de tir complet. C'était la forme d'exercice la plus appropriée et la plus commode à laquelle nous allions appliquer nos énergies ; et, plus important encore, c'était le moins visible. J'étais à mi-chemin de ma toilette, lorsque j'entendis un grand tumulte dans la rue du Bac et que je me précipitai à ma fenêtre : il venait d'Étienne Arago et de Gauja, qui appelaient le peuple aux armes. On se souvient que j'habitais au-dessus du café Desmares ; mais j'ai oublié de préciser que trois de mes fenêtres donnaient sur la rue du Bac. A ce moment, deux policiers à cheval surgirent du côté du pont, à l'entrée de la rue. Pourquoi étaient-ils venus là ? Quelle chance les avait amenés ? Nous ne le savions pas du tout. Lorsque la foule qui remplissait la rue les aperçut, de grands cris s'élevèrent. Là-dessus, les policiers parurent conférer ensemble ; mais s'ils hésitaient, ce n'était qu'un instant : ils prenaient leurs brides entre leurs dents, tiraient leurs sabres d'une main et tenaient leurs pistolets de l'autre. La foule n'était pas armée et se précipitait dans les ruelles secondaires, dans les magasins ouverts ou s'enfuyait dans la rue de Lille. Arago et Gauja se cachèrent aux coins de la rue : l'un d'eux (je ne sais lequel) criait à l'autre :

"Viens ! il est temps de commencer !"

Au même instant, les deux policiers se jettent sur eux au grand galop. Deux détonations et des éclairs de tirs arrivèrent simultanément d'Étienne et de Gauja. Tous deux visaient le même homme et celui-ci tomba transpercé par les deux balles. Ils se sont précipités vers le gendarme étendu au sol. Il était en train de mourir. L'autre policier a fait demi-tour. Le cheval sans cavalier suivit son propre chemin et disparut dans la rue du Bac. Ils lui prirent son sabre, son pistolet et sa poudrière et le portèrent à la Charité. Lorsqu'on a vu qu'un policier blessé était amené à l'hôpital et qu'on a appris qu'il avait été blessé parce qu'il avait chargé sur les gens, les patients étaient prêts à l'achever.

L'esprit de révolution avait effectivement pénétré dans les hôpitaux !

Pendant ce temps, j'avais enfilé ma veste, pris mon fusil, mon carnier et ma corne à poudre, rempli mes poches de plombs et je suis descendu. Arago et Gauja avaient tous deux disparu. J'étais connu dans le quartier et les gens se rassemblaient autour de moi.

« Que faut-il faire ? » ont-ils demandé.

"Élevez des barricades !" J'ai répondu.

"Où?"

"L'un à chaque extrémité de la rue de l'Université, l'autre en face de la rue du Bac."

Ils m'ont apporté un pied-de-biche et je me suis mis à la tâche en commençant à déblayer la rue. Tout le monde réclamait des armes.

Pendant ce temps, les tambours battaient dans le jardin des Tuileries. Trois soldats de la Garde Royale parurent en haut de la rue du Bac, du côté de la rue Saint-Thomas-d'Aquin.

"Regarde ici!" Je dis à ceux qui m'entouraient : "Vous demandez des armes ? Rien de plus opportun. Voyez ! voici trois fusils qui viennent vers vous ; il ne vous reste plus qu'à les prendre...."

"Oh, si c'est tout !" ils ont dit.

Et ils se sont précipités vers les militaires qui se sont arrêtés. J'étais le seul homme armé dans la foule.

"Mes amis", criais-je aux soldats, "rendez vos armes et il ne vous sera fait aucun mal !"

Ils se sont consultés un moment, puis ont rendu leurs armes. J'ai gardé les soldats couverts des miens, prêts à tuer le premier homme qui ferait une démonstration hostile. Les gens prirent les fusils, mais ceux-ci n'étaient pas chargés : de là, naturellement, la volonté des pauvres diables de les rendre. Le peuple poussait de grands cris de triomphe, la bataille avait commencé par une victoire : un gendarme tué et trois soldats de la Garde Royale faits prisonniers ! Il est vrai que nous avons dû laisser partir nos captifs, car nous ne savions pas quoi en faire.

Nous avons maintenant continué nos barricades. Un petit groupe d'étudiants arriva du haut de la rue de l'Université ; à sa tête marchait un grand jeune homme blond, vêtu d'une redingote vert pomme. Il était le seul du groupe à posséder une arme de service. Nous avons fraternisé et ils se sont joints à nous pour travailler sur les barricades. Le voisinage immédiat de la caserne des Gardes du Corps, sur le quai d'Orsay, nous faisait craindre une attaque. Il était bien impossible que la sentinelle n'ait pas entendu les deux coups de feu, n'ait pas vu les policiers voler et n'ait pas donné l'alarme. J'en avais assez de retourner les pavés, alors j'ai donné ma pioche au grand garçon blond. Il a commencé à ramasser l'espace intermédiaire, mais le pied-de-biche était lourd, il est tombé de ses mains et m'a frappé à la jambe.

" Ah ! monsieur, s'écria-t-il, je vous demande pardon très profondément, car je suis sûr que j'ai dû vous faire très mal ! "

C'était vrai, mais il y a des moments où on ne ressent pas de douleur.

« Peu importe, » lui dis-je ; "c'est sur l'os."

Il leva la tête. "Est-ce que vous possédez un esprit vif ?"

"Par jupiter!" J'ai répondu : "C'est une bonne question : c'est mon affaire d'en avoir un !"

« Voudriez-vous me privilégier avec votre nom ? »

"Alexandre Dumas."

"Oh ! monsieur !" (Il me tendit la main.) "Je m'appelle Bixio... Profession, étudiant en médecine. Si je suis tué, voici ma carte ; ayez la bonté de me faire ramener chez moi. Si vous êtes blessé, je mettrai mes connaissances scientifiques à votre disposition."

" Monsieur, j'espère qu'on n'aura pas besoin de votre carte ni de vos connaissances ; mais je prendrai quand même l'une et j'accepterai l'autre. Gardez bien mon nom, s'il vous plaît, comme je me souviendrai du vôtre ! "

Nous nous sommes serré la main et notre amitié date de cette rencontre.

Les barricades terminées, nous les laissâmes garder par ceux qui avaient contribué à les faire.

"Maintenant," dis-je à Bixio, "où vas-tu ?"

"Je vais dans la direction de Gros-Caillou."

" Dans ce cas, je vous accompagnerai jusqu'à la Chambre... Je veux aller voir ce qui se passe au *National.* "

"Quoi!" s'exclama Bixio. "Tu vas comme ça, avec ton fusil, dans les rues ?"

"Certainement!" J'ai répondu; "Il me semble que vous allez faire pareil."

— Oui, mais seulement de ce côté-ci de la Seine.

"Bah ! Je suis en costume de tir et non en costume de combat."

"Mais le tournage n'a pas encore commencé."

"Très bien, alors, je vais ouvrir la saison."

Cependant, comme on le verra, je n'osai pas traverser les Tuileries avec mes accoutrements : je contournai la place de la Révolution, je la traversai sans encombre et descendis tout le long de la rue Saint-Honoré. Les barricades de la rue de l'Échelle et de la rue des Pyramides avaient été détruites. Lorsque j'arrivai rue de Richelieu et aperçus un régiment en haut de la place Louvois, de l'autre côté du Palais-Royal une ligne dense de troupes était visible, et un escadron de lanciers était posté place du Palais-Royal. . Il ne me restait aucun passage à moins que je ne reprenne le chemin par lequel j'étais venu. J'ai découvert que j'étais presque en face de mes anciens bureaux, le n° 216. Je suis donc entré et je suis monté au premier étage. Là, j'ai trouvé Oudard. Il me regarda, hésitant à me reconnaître.

"Quoi ! c'est toi ?" Il a demandé.

"Aucun doute à ce sujet."

"Que fais-tu ici aujourd'hui ?"

"Je viens voir si je ne peux pas rencontrer le duc d'Orléans."

"Qu'est-ce que tu lui veux ?"

J'ai commencé à rire.

"Je veux m'adresser à lui comme *Votre Majesté*", répondis-je.

Oudard poussa un lamentable cri de détresse.

« Malheureux ! » dit-il, comment peux-tu prononcer de tels mots ? Suppose que quelqu'un t'entende !

"Oui, mais personne ne m'entendra, et encore moins le duc." "Pourquoi?"

— Parce que je présume qu'il est à Neuilly.

"Le duc d'Orléans est à sa juste place !" Oudard répondit magistralement.

" Mon cher Oudard, comme je suis beaucoup moins versé que toi en matière d'étiquette, permettez-moi de vous demander où est la bonne place ? "

"Eh bien, aux côtés du roi, je suppose."

"Alors," dis-je, "je présente mes compliments à Son Altesse."

A ce moment, les tambours commencèrent à battre au coin de la rue de Richelieu, tournant par la rue Saint-Honoré, et s'avançant vers le Palais-Royal. Derrière eux venait un général, entouré de son état-major. Je pouvais les voir clairement à travers les fentes des stores extérieurs.

J'éprouvais une grande envie de rendre Oudard malade de peur.

« Écoutez, Oudard, lui dis-je, je suis fermement convaincu que si j'éliminais le général qui vient de passer, cela avancerait considérablement les affaires de M. le duc d'Orléans... qui est si proche du roi. ".

Et j'ai couvert le général avec mon fusil. Oudard devint pâle comme un mort et se jeta sur mon fusil, qui n'était même pas armé. Je lui ai montré en riant le marteau posé sur le téton.

"Oh!" il a dit, "vous quitterez cet endroit, n'est-ce pas ?"

"Vous devez attendre que les soldats soient passés... Je ne peux raisonnablement pas attaquer, à moi seul, deux ou trois mille hommes."

Oudard s'est assis, j'ai posé mon fusil dans un coin et j'ai ouvert grande la fenêtre.

« Que fais-tu ensuite ? » Il a demandé.

« Je vais m'amuser à regarder passer les militaires » ; et je les ai regardés du début à la fin.

Ils se rendirent à l'Hôtel de Ville, où de chaleureux combats avaient commencé. Le général commandant, que j'avais choisi, à la grande terreur d'Oudard, était le général Wall.

Je revins par la rue de Richelieu, derrière les derniers rangs, le fusil sur l'épaule, aussi tranquillement que si j'allais à l'ouverture de la saison de tir, dans la plaine de Saint-Denis.

CHAPITRE VI

L'aspect de la rue de Richelieu—Charras—L'École polytechnique—La tête à la perruque—Le café de la Porte Saint-Honoré—Le drapeau tricolore—Je deviens chef de troupe—Mon propriétaire me donne un préavis—Un monsieur qui distribue de la poudre - Le capitaine du 15e d'infanterie légère

La rue de Richelieu avait un aspect bien étrange. A peine les troupes eurent-elles quitté la rue, que les insurgés y pénétrèrent audacieusement, ou plutôt, sortant de toutes les portes, y régnèrent en maîtres. Partout les fleurs de lys étaient effacées avec le monogramme royal, tandis que partout les devises étaient barbouillées de boue. Aux cris de « *Vive la Charte !* » succèdent ceux de « *A a les Bourbons !* » Des hommes armés apparaissent aux coins des rues, comme à la recherche d'un centre de résistance ou d'un champ de bataille. De temps en temps, une porte de magasin s'ouvrait et, à travers l'espace entrouvert, on apercevait un soldat de la Garde nationale en uniforme, hésitant encore à sortir, mais n'attendant que le moment opportun pour se joindre au vaste tumulte. Les femmes agitaient des mouchoirs aux fenêtres et criaient bravo à chaque homme qui apparaissait avec un pistolet à la main. Personne ne marchait de son pas habituel, tous couraient. Personne ne parlait comme d'habitude, ils sortaient des expressions à moitié finies. Une fièvre universelle semblait s'être emparée de la population : c'était un spectacle merveilleux ! L'être le plus froid et le plus antipathique aurait été obligé de se joindre à l'agitation générale à l'étranger.

J'arrivai aux bureaux *nationaux* et, à la porte, je rencontrai Carrel en conversation avec Paulin.

"Ah!" Je m'écriai : " Te voilà !... bien. On m'a dit que tu avais quitté Paris et que tu étais à la campagne avec Thiers et Mignet, on a même dit que tu étais dans la vallée de Montmorency. "

"Qui t'as dit ça?"

" Comme si je m'en souvenais !... " Et en effet, je n'aurais pas pu dire qui m'avait annoncé cette nouvelle, qui m'avait été donnée d'ailleurs pour me prouver le peu d'effet que faisaient les dirigeants du parti. Le mouvement était lui-même aux prises avec la soi-disant Révolution qui était en cours.

"Il y a du vrai dans cette rumeur", a-t-il déclaré. "Je suis effectivement allé à la campagne avec Thiers, Mignet et une autre personne que je souhaitais mettre en sécurité."

« Élisa ? Dis-je inconsidérément.

"Oui, ma femme Élisa", a souligné Carrel; " mais aussitôt qu'elle fut en sécurité, je revins, et me voici. "

Carrel était tout à fait sincère dans les quelques mots qu'il venait de prononcer. Ceux qui vivaient en relations intimes avec Carrel connaissaient celle que je venais d'appeler Élisa, et qu'en guise de leçon, il avait appelée sa *femme*. Il adorait cette dame, qui était vraiment adorable et la meilleure et la plus dévouée des femmes ! Il existait entre eux une de ces liaisons que la société proscrit mais que le cœur respecte : un amour qui rachète la faute commise par une telle vertu que d'un pécheur il fait un saint. Qu'est devenue cette pauvre noble créature après la mort de Carrel ? Je n'ai aucune idée; mais je sais qu'en apprenant le terrible accident, je pensais bien moins à celui qui était mort qu'à celle qui était condamnée à vivre.

Je demande patience à mes lecteurs de s'éloigner si souvent de mon sujet pour parler d'affaires de cœur comme celle-ci, mais j'écris mes Mémoires et non une histoire ; mes impressions, et non une compilation de dates : à mesure que mes impressions reviennent à ma mémoire, ainsi elles font flotter un nuage sombre ou doré entre mes yeux et mon papier, selon qu'elles sont tristes ou joyeuses.

Nous étions maintenant rejoints par un beau et beau garçon âgé de vingt à vingt-deux ans. Carrel lui tendit la main.

"Oh ! alors c'est toi, Charras ?" il a dit.

"Oui. Je te cherchais."

"Dans quel but?"

"Pour vous demander où ils se battent."

« Est-ce qu'il y a des combats quelque part ? » demanda Carrel.

"Mon Dieu ! Bien sûr que si !"

"Eh bien ! peu importe ; mais je n'aurais jamais cru qu'il était si difficile de se casser la tête... Depuis hier soir, je cours partout avec cet objet en vue et je n'ai pas encore réussi." mon désir!"

Charras, l'un des plus braves officiers de l'armée d'Afrique et l'un des personnages les plus fidèles de la Révolution de 1848, avait été chassé de l'École polytechnique, au début de 1830, pour avoir chanté « La Marseillaise » et crié « *Vive la Fayette !* " lors d'un dîner. Un seul de ces deux délits aurait suffi à l'expulser, mais, comme ils ne pouvaient pas l'expulser deux fois, ils durent se contenter de l'expulser une fois pour toutes. Depuis lors, il habitait au n° 38 de la rue des Fossés-du-Temple, chez l'acteur Fresnoy, qui tenait un hôtel meublé, étant aussi, en même temps, directeur du théâtre de marionnettes du Petit-Lazari, qui la protection et l'influence de son locataire se sont transformées en un théâtre d'acteurs vivants et parlants, une semaine après la Révolution de Juillet. Depuis le 26, Charras envisageait le rôle que pourraient jouer ses anciens camarades, les élèves de l'École polytechnique, dans l'insurrection ; en conséquence, il se mit aussitôt en communication avec eux, et, le 27, il avait réussi à leur distribuer les journaux de l'opposition parus, le *Globe*, le *Temps* et le *National.* L'imprimeur du *Courrier français* avait décliné ses presses, et le *Constitutionnel* et les *Débats* n'avaient pas osé paraître. A deux heures, les étudiants gradués, sergents et adjudants, qui avaient le droit de sortir à leur guise, s'étaient précipités dans les rues, et avaient attiré tous les quartiers bouillonnants de révolte, revenant à l'École en disant, après ce qu'ils avaient vu, qu'une collision était imminente. A cette nouvelle, l'excitation devint intense. Vers sept heures, on entendit des coups de mousquet dans la rue du Lycée et des coups de feu dans la rue Saint-Honoré. Les étudiants furent bientôt rassemblés dans la salle de billard, et là ils décidèrent qu'il faudrait envoyer quatre de leurs membres à Laffitte, à La Fayette et à Casimir Périer pour leur faire part du sentiment de l'École et que les étudiants étaient prêts à se jeter. dans l'insurrection. L'École comptait entre quarante et cinquante républicains, autant peut-être que Paris en contenait parmi ses douze cent mille habitants. Les quatre étudiants choisis étaient MM. Berthelin, Pinsonnière, Tourneux et Lothon. Les autorités essayèrent de les retenir, mais ils s'enfuirent sans autorisation et arrivèrent au logement de Charras à neuf heures du soir. Charras était occupé à incendier le corps de garde de la place de la Bourse, et ne rentra chez lui qu'à onze heures et demie. Mais cela n'avait aucune importance, et il fut décidé qu'ils se rendraient immédiatement chez Laffitte. Ils quittèrent la rue des Fossés-du-Temple à minuit et atteignirent la porte de son hôtel à vingt minutes. Ils sonnèrent et frappèrent en même temps, tant était grande leur hâte de pénétrer. D'ailleurs, dans l'innocence de leur cœur, les cinq jeunes gens s'imaginaient que Laffitte était aussi pressé d'accepter leur vie qu'eux-mêmes l'étaient de la leur offrir. Un concierge de mauvaise humeur ouvrit un portillon.

"Que veux-tu?" Il a demandé.

— Pour parler à M. Laffitte.

"Qu'en est-il de?"

"À propos de la Révolution."

"Qui es-tu?"

"Étudiants de l'École polytechnique."

"M. Laffitte s'est couché."

Et le portier ferma la porte au nez des cinq jeunes gens.

Charras eut bien envie de forcer la porte et alla même jusqu'à le proposer, mais, dissuadé par ses compagnons, il se contenta d'insulter le concierge.

La manière de leur accueil chez Laffitte ne les incita pas à payer les autres visites qu'ils avaient prévu de faire : ils acceptèrent de rendre visite le lendemain à La Fayette et Casimir Périer, mais en attendant ils reviendraient rue des Fossés-du- Temple. Ils retournèrent donc à l'hôtel Fresnoy et s'installèrent tant bien que mal sur des matelas, sur des chaises ou à même le sol. Le lendemain, à l'aube, ils se rendirent chez un professeur de mathématiques, nommé Martelet, qui préparait les examens de l'École. M. Martelet habitait au n° 16 de la rue des Fossés-du-Temple. Ils voulaient se procurer des vêtements civils, la grande route du roi n'étant pas sécuritaire en plein jour pour les élèves qui portaient l'uniforme de l'École. Les cinq amis trouvèrent tout ce dont ils avaient besoin chez M. Martelet. Puis, comme ils craignaient que, s'ils allaient trop tôt chez La Fayette, il ne se produisît la même chose que lorsqu'ils allaient trop tard chez Laffitte, ils se mirent à bâtir une barricade pour passer le temps d'attente.

Un perruquier s'affairait dans une maison en face de celle de M. Martelet, à friser et à poudrer une perruque : les jeunes gens l'invitèrent à les rejoindre ; mais, soit que les opinions politiques du perruquier différaient de celles des constructeurs de la barricade, soit qu'il fût trop absorbé par son art et pensait que son temps serait mieux employé à poudrer et friser les perruques, il refusa. Par hasard, la barricade et la perruque furent toutes deux terminées au même moment. Comme il n'y avait personne pour garder la barricade, ils prirent chez le perruquier un modèle de tête avec son piédestal, le placèrent derrière les pavés, l'habillèrent de la perruque fraîchement poudrée et frisée, enfoncèrent avec désinvolture un tricorne. au sommet et confia la protection de la barricade, au mannequin, interdisant au perruquier, sous peine de mort, d'oser apporter un quelconque changement aux dispositions stratégiques. Après quoi ils se dirigèrent vers la demeure de La Fayette. La Fayette n'était pas chez lui. Les jeunes gens laissèrent leur nom à la concierge, et s'apprêtaient à reprendre leur Odyssée en allant frapper à la porte de Casimir Périer. Mais Charras estima que deux tentatives infructueuses suffisaient et laissa ses camarades accomplir seuls leur troisième tentative, qui se révéla aussi stérile que les deux premières. Il est allé voir Carrel pour savoir où se déroulaient les combats. Mais personne ne semblait le savoir. L'idée générale était qu'il y avait des combats près de l'Hôtel de Ville et, à certains moments, on entendait sonner la grosse cloche de Notre-Dame. Comme Charras n'avait pas d'armes, il pouvait se diriger directement par le Palais-Royal et le Pont des Arts ou par le Pont Neuf ; tandis que moi, qui avais mon fusil, j'étais obligé de revenir sur mes pas par où j'étais venu, par le faubourg Saint-Germain, la place de la Révolution et la rue de Lille. Charras a suivi son chemin et moi le mien. Nous retrouverons Charras plus tard. Carrell est allé à la *Petite-Jacobinière* et je suis retourné dans les rues.

L'esprit de haine se répandait toujours : on ne se contentait plus d'effacer les fleurs de lys des enseignes, on les traînait désormais dans les caniveaux.

Je passai quelques minutes chez Hiraux (le lecteur se souviendra du fils de mon ancien maître de violon, qui tenait et tient encore le café de la Porte Saint-Honoré). J'y suis entré d'abord pour le voir, et ensuite parce qu'il semblait y avoir une grande agitation à l'intérieur de sa maison. Cela a été provoqué par une nouvelle qui s'est répandue à l'étranger et qui a exaspéré les gens. On racontait que le duc de Raguse avait offert ses services au roi pour prendre le commandement des forces armées à Paris. Si cette nouvelle parut étrange au monde entier, elle me surprit encore davantage : deux jours auparavant, n'avais-je pas entendu le duc de Raguse, à l'Académie, déplorer les ordonnances et demander à François Arago de ne pas parler ? Et, en effet, il n'avait pas songé à offrir ses services pour ce poste, jusqu'à ce que le maréchal Marmont, désespéré, reçoive le matin même, du prince de Polignac, l'ordre le nommant au poste. commandement de la première division militaire. Il avait été sur le point de refuser, mais son mauvais génie l'en avait empêché. Il y a des hommes prédestinés à faire des actes mortels ! Cette nouvelle a probablement jeté cinq cents combattants supplémentaires dans la rue.

Arrivé au pont de la Révolution, je m'arrêtai stupéfait pour me frotter les yeux, car je crus qu'ils m'avaient trompé : le drapeau tricolore flottait de Notre-Dame ! Je dois avouer que j'ai éprouvé une étrange émotion à la vue de ce drapeau que je n'avais pas revu depuis 1815 et qui me rappelait tant de nobles souvenirs de ces temps révolutionnaires et tant de souvenirs glorieux de la domination impériale. Je m'appuyais contre le parapet, les bras tendus et les yeux remplis de larmes, rivés sur ce spectacle.

Du côté de la Grève, une vive fusillade éclata, la fumée s'élevant en nuages denses. La vue de mon arme a attiré une douzaine de personnes autour de moi. Deux ou trois étaient armés de fusils, d'autres de pistolets ou d'épées.

"Veux-tu nous conduire ?" ils ont dit. "Veux-tu être notre chef ?"

"En effet, je le ferai!" J'ai répondu. "Viens."

Nous avons traversé le pont de la Révolution et nous avons pris la rue de Lille, pour éviter la caserne d'Orsay qui commandait le quai. Les tambours de la garde nationale commençaient à battre le *rappel* et, notre petite compagnie formant un noyau, j'avais autour de moi une cinquantaine d'hommes, avec deux tambours et une bannière, lorsque j'atteignis la rue du

Bac. En passant devant mes appartements, je voulus monter chercher de l'argent, car j'étais sorti le matin sans prendre la peine de regarder ce que j'avais sur moi, et je trouvai que je n'avais que quinze francs ; mais le propriétaire était venu et avait donné l'ordre au portier de ne pas m'admettre. Ma conduite, ce matin-là, avait fait scandale : j'avais moi-même, avec dix-neuf autres, désarmé trois soldats de la garde royale, et, avec neuf autres, j'avais fait trois barricades ; enfin, comme ils pensaient évidemment que j'étais si riche qu'ils pouvaient risquer de me prêter quelque chose, ils ajoutèrent aux accusations portées contre moi le meurtre du gendarme par Arago et Gauja. Ma troupe me fit la même offre que Charras avait faite la veille à ses camarades ; ils proposèrent d'enfoncer la porte, mais j'aimais mon logement, il était très confortable et je n'avais aucune envie que mon propriétaire me chasse, alors je réprimai le zèle enthousiaste de mes hommes.

Nous reprenons notre route par la rue de l'Université. A ce moment-là, j'avais avec moi près de trente hommes armés de fusils ; lorsque nous arrivâmes en haut de la rue Jacob, l'idée me vint de leur demander s'ils avaient des munitions. Ils n'avaient pas dix cartouches à eux deux ; mais cela ne les avait pas empêchés de marcher au feu avec cette assurance naïve et sublime qui caractérise le peuple parisien en période d'insurrection.

Nous entrâmes chez un armurier dont les armes avaient toutes été saisies, pour lui demander s'il pouvait nous indiquer où trouver des cartouches. Il nous dit que nous trouverions un *monsieur* au petit portail de l'Institut, rue Mazarine, qui distribuait de la poudre. Or, bien qu'il soit très improbable qu'un tel *monsieur* existe, nous nous rendîmes à l'adresse indiquée.

L'information était parfaitement exacte : nous trouvâmes la petite porte de l'Institut, et le *monsieur* qui distribuait de la poudre. Qui était ce monsieur et d'où venait-il ? Et au nom de qui a-t-il distribué cette poudre ? Je n'en sais rien et je ne m'inquiéterai certainement pas de cette question maintenant, car je ne me suis pas laissé troubler à l'époque. J'énonce simplement les faits bruts. Une file d'attente s'était formée, comme vous pouvez le supposer. Chaque homme armé d'un fusil recevait une douzaine de charges de poudre ; chaque homme possédant un pistolet en recevait six. Le *monsieur* ne gardait pas les balles ; et j'espérais me les procurer chez Joubert, passage Dauphine. Je laissai mes hommes dans la rue et me rendis seul chez Joubert, de peur d'alarmer ceux qui habitaient au bout du couloir. Joubert était parti avec Godefroy Cavaignac et Guinard. Cavaignac et Guinard s'étaient disputés ; mais, lorsqu'ils se rencontrèrent par hasard chez Joubert, le fusil à la main, ils tombèrent dans les bras l'un de l'autre et se réconcilièrent. Malgré l'absence du maître de maison, ils me donnèrent cinquante balles que j'emportai à mes hommes. Cela nous permettait à peine de tirer deux balles par canon ; mais nous avons continué notre chemin, mettant notre confiance en la Providence.

En nous rendant place de Grève, nous sommes passés par la rue Guénégaud, le Pont Neuf et le quai de l'Horloge. Il semblait qu'il n'y avait aucune opposition à notre marche, qui était accélérée par le bruit de la mousqueterie et du canon ; jusqu'à ce qu'en arrivant au quai aux Fleurs, nous nous trouvions face à face avec tout un régiment. C'était le 15e d'infanterie légère. Trente fusils et cinquante cartouches suffisaient à peine pour attaquer quinze cents hommes. Nous nous sommes arrêtés. Cependant, comme la troupe ne prenait pas une attitude agressive à notre égard, je fis arrêter mes hommes, m'avançai vers le régiment, le fusil dressé et indiquant par des signes que je souhaitais parler avec un officier. Un capitaine est venu à ma rencontre.

« Quelles sont vos affaires, monsieur ? » Il a demandé.

"Un passage pour moi et pour les hommes."

"Où vas-tu?"

"À l'Hôtel de Ville."

"Ce qu'il faut faire?"

"Eh bien, pour me battre," répondis-je.

Le capitaine se mit à rire.

« En vérité, monsieur Dumas, me dit-il, je ne vous croyais pas si fou que ça.

"Ah ! tu me connais ?" J'ai dit.

"J'étais de garde un soir à l'Odéon quand on jouait *Christine et j'ai eu l'honneur de vous voir.*"

"Alors parlons comme deux bons amis."

"C'est bien ce que je fais, il me semble."

"Pourquoi suis-je un fou ?"

" Vous êtes fou, d'abord parce que vous risquez de vous faire tuer, alors que ce n'est pas votre vocation de vous faire tuer ; ensuite, vous êtes fou de nous demander de vous laisser passer, parce que vous savez bien que nous ne le ferons pas. faites-le... D'ailleurs, voyez ce qui vous arrivera si nous accédons à votre demande, le même qui est arrivé à ces pauvres diables qu'on amène...
"

Et il me montra deux ou trois blessés, revenant appuyés sur les épaules de leurs camarades ou étendus sur des civières.

"Oh, ah ! mais toi-même ? Que fais-tu ici ?" Je lui ai demandé.

" Chose bien triste, monsieur, c'est notre devoir. Par bonheur, le régiment n'a jusqu'ici reçu aucun ordre autre que celui d'empêcher la circulation. Nous

nous bornons, comme vous le voyez, à l'exécution de cet ordre. A bientôt. comme personne ne nous tire dessus, nous ne tirerons sur personne non plus. Allez dire cela à vos hommes et laissez-les repartir tranquillement, et si, pour aller plus loin encore, vous avez assez d'influence sur eux pour les décider à rentrer chez eux. maisons, vous ferez la meilleure action possible ! »

— Je vous remercie de vos conseils, monsieur, dis-je en riant à mon tour ; "mais je doute que mes compagnons soient disposés à en suivre la dernière partie."

— Alors ce sera tant pis pour eux, monsieur !

Je me suis incliné et je me suis retourné pour m'en aller.

« À propos, dit-il, quand paraîtra *Antoine* ? N'est-ce pas le titre de la première pièce que vous comptez jouer ?

"Oui capitaine."

"Quand?"

« Quand nous aurons fait la Révolution, voyant que la censure a supprimé ma pièce et qu'il ne faut rien de moins qu'une révolution pour en permettre la représentation, c'est ce qu'on m'a dit au ministère de l'Intérieur.

L'officier secoua la tête.

— Alors j'ai bien peur, monsieur, que la pièce ne voie jamais le jour.

"Tu as peur de ça ?"

"Oui."

" Très bien, voici la première représentation ! Et si vous désirez des places, venez au n° 25 de la rue de l'Université et demandez-les-moi. "

Nous nous sommes inclinés. Le capitaine revint à sa compagnie, et je rejoignis ma troupe, à qui je racontai tout ce qui s'était passé. Notre premier soin fut de nous retirer au-delà des coups de feu, au cas où nos conseillers changeraient d'avis pour des avis moins pacifiques. Ensuite, nous avons tenu conseil ensemble.

"Sur ma parole!" " L'un de mes hommes a fait remarquer : " L'affaire est assez simple. Souhaitons-nous ou non aller là où il y a des combats ?

"Nous faisons."

"Eh bien, descendons la rue du Harlay, le quai des Orfèvres et revenons au pont Notre-Dame par la rue de la Draperie et la rue de la Cité."

Cette proposition fut adoptée à l'unanimité : nos deux tambours se remirent à battre et nous remontâmes le quai de l'Horloge pour mettre à exécution notre nouveau plan stratégique.

CHAPITRE VII

L'attaque de l'Hôtel de Ville—Déroute—Je me réfugie chez
M. Lethière—La nouvelle—Mon propriétaire devient
généreux—Général La Fayette—Taschereau—Béranger—
La liste du Gouvernement Provisoire—Erreur honnête du
Constitutionnel

Nous avons strictement respecté l'itinéraire convenu. Un quart d'heure après
notre départ du quai de l'Horloge, nous débouchions par la petite rue de
Glatigny. Nous arrivâmes à temps : ils allaient faire une charge décisive sur
l'Hôtel de Ville par le pont suspendu. Seulement, si nous voulons nous
joindre à l'attaque, il faudra nous dépêcher. Nos deux tambours battaient la
charge et nous avancions à un rythme rapide. Nous apercevions au loin une
centaine d'hommes (qui composaient à peu près toute l'armée insurgée)
marchant hardiment vers le pont, un étendard tricolore en tête, lorsque, tout
à coup, un morceau de canon fut pointé et tiré avec une telle violence.
manière à ratisser toute la longueur du pont.

Le canon était chargé de mitraille et l'effet de la décharge était terrible.
L'étalon a disparu ; huit ou dix hommes tombèrent et une douzaine à quinze
prirent la fuite. Mais les fuyards se rassemblèrent à nouveau sous les cris de
ceux qui restaient impassibles sur le pont. Du point où nous étions abrités
par le parapet, nous tirâmes sur la place de Grève et sur les canonniers au
canon, dont deux tombèrent. Ils furent aussitôt remplacés et, avec une
rapidité indescriptible, le canon fut rechargé et tiré une seconde fois. Il y avait
une effroyable confusion sur le pont ; De nombreux assaillants ont dû être
tués ou blessés, à en juger par la disparité de leurs rangs. L'un de nous a crié
:

"Au pont ! Au pont !"

Nous nous élançâmes bientôt ; mais nous n'avions pas parcouru un tiers de
la distance, lorsque le canon tonna une troisième fois, et au même moment
la troupe s'avança sur le pont, baïonnette au canon. A peine vingt
combattants survécurent à cette troisième décharge ; une quarantaine gisaient
morts ou blessés sur le pont. Non seulement nous n'avions plus aucun moyen
d'attaquer, mais encore nous ne pouvions songer à nous défendre : quatre à
cinq cents hommes nous chargeaient à la baïonnette au canon ! Par chance,
il suffisait de traverser le quai pour atteindre le réseau de petites rues enfouies
au cœur de la ville. Une quatrième décharge de canon tua encore trois ou
quatre de nos hommes et précipita notre retraite, qui, à partir de ce moment,

pourrait être plus exactement décrite comme une déroute. C'était la première fois que j'entendais siffler de la mitraille, et j'avoue que je ne croirai pas insensible celui qui me raconte avoir entendu ce bruit pour la première fois. Nous n'essayâmes même pas de nous rallier et, à l'exception d'un des tambours que je rencontrai sur le parvis de Notre-Dame, toute ma troupe avait disparu comme une fumée. Mais, cinq minutes plus tard, nous nous sommes retrouvés, une quinzaine d'entre nous, arrivés tous par des rues différentes du pont. La nouvelle qu'ils apportèrent fut désastreuse : le porte-étendard, qu'ils prétendaient s'appeler Arcole, avait été tué ; Charras, disait-on, était mortellement blessé ; enfin, le pont était littéralement jonché de morts. Je pensais en avoir fait assez pour une journée, étant donné que j'étais novice dans ma carrière militaire ; aussi, des cris autour de nous annonçaient l'approche des soldats : ils venaient démonter le drapeau tricolore de la tour et faire cesser le tintement de la grosse cloche de Notre-Dame, qui sonnait avec une admirable persistance, dominant tous les autres bruits, même ceux de Notre-Dame. celui du canon. Je regagnais le quai des Orfèvres et la même rue, la rue Guénégaud, par laquelle j'étais passé triomphalement à la tête de mes cinquante hommes seulement une heure auparavant ; Je descendis la rue Mazarine et, par la même porte par laquelle *monsieur* avait distribué de la poudre, j'entrai chez mon ami Lethière. Je fus reçu aussi cordialement que d'habitude, peut-être plus encore : M. Lethière avait de fortes opinions libérales, Mademoiselle d'Hervilly était presque républicaine. On m'a offert ce fameux rhum-arak qui vient directement de la Guadeloupe et dont j'étais démesurément friand ! Ma foi, il faisait bon, après avoir écouté le sifflement de la mitraille et vu cinquante hommes fauchés, se retrouver parmi des amis chaleureux qui en embrassaient un, lui serraient la main et lui versaient de l'arak !

Il était presque trois heures : M. Lethière déclara qu'il m'avait eu et qu'il n'entendait pas me laisser repartir ce jour-là. Je ne demandai pas mieux que d'être retenu obligatoirement, et je restai dîner. A cinq heures, le fils de Lethière arrive, apportant des nouvelles. Des combats se déroulaient ou avaient duré dans tous les quartiers de Paris. Les boulevards étaient en feu depuis la Madeleine jusqu'à la Bastille ; la moitié des arbres ont été abattus et ont servi à construire plus de quarante barricades. La mairie des Petits-Pères avait été prise par trois patriotes dont les noms étaient déjà connus : MM. Degousée, Higonnet et Laperche. Au faubourg et dans la rue de Saint-Antoine, l'enthousiasme avait été extraordinaire : on avait écrasé les soldats qui arrivaient de Vincennes sous les meubles qu'on jetait sur eux par les fenêtres. Rien n'avait manqué comme des armes : le bois des lits, des armoires, des commodes, le marbre, les chaises, les chenets, les paravents, les citernes, les bouteilles — même un piano avait été renversé ! Les troupes furent complètement décimées. L'attaque dans le quartier du Louvre avait avancé jusqu'à la place Saint-Germain-l'Auxerrois. Une colonne de vingt hommes avait marché au combat, dirigée par un violon qui jouait *Ran tan plan tire lire !* Et bien plus encore : les membres de la Chambre commençaient à s'éveiller. Ils se rencontrèrent chez Audry de Puyraveau, parlèrent beaucoup mais peu . C'était mieux que rien ! Enfin, ils décidèrent que cinq députés attendraient que le duc de Raguse lui soumette certaines propositions et traiterait avec lui s'il le fallait.

« Quatre millions, dit Casimir Périer, seraient, selon moi, bien dépensés dans cette affaire.

Les cinq députés se rendirent au quartier général de la place, où était le maréchal : c'étaient MM. Laffitte, Casimir Périer, Mauguin, Lobau et Gérard. Ils avaient été introduits chez Marmont, où ils trouvèrent François Arago, qui les avait précédés dans la même course ; mais ni l'un ni l'autre n'avaient eu le moindre succès. Pendant qu'ils attendaient chez le maréchal, un lancier, la poitrine horriblement lacérée par un coup de feu, avait été transporté dans la salle voisine de celle où se tenait la conférence. Ils ne purent d'abord dire avec quel type de projectile la blessure avait pu être faite : le chirurgien pensa qu'il devait s'agir d'un projectile utilisé pour tuer des lièvres. Mais c'était avec les caractères de l'imprimeur ! Les hommes dont les presses avaient été brisées prenaient leur revanche. Ce n'est qu'un détail, mais il indiquait comment chacun utilisait les moyens dont il disposait, à défaut d'armes appropriées.

Les nouvelles, comme on le verra, n'étaient pas mauvaises, mais elles n'avaient encore rien de décisif. Le peuple, la bourgeoisie, les jeunes gens s'étaient jetés avec passion dans l'insurrection ; ce sont les milieux financiers, les hauts placés de l'armée et de l'aristocratie qui sont restés en retrait. On avait vu M. Dumoulin, avec son chapeau à plumes, sa grande épée au côté, haranguant rue Montmartre ; et le colonel Dufys, habillé comme un homme du peuple, avec un foulard autour de la tête, avait été vu pressant les insurgés ; mais M. de Rémusat souffrait encore d'une crise de fièvre dans les bureaux *du Globe* , et M. Thiers et M. Mignet étaient à Montmorency, chez Madame de Courchamp, tandis que M. Cousin parlait du drapeau blanc comme du seul drapeau. cela pourrait sauver la France ; M. Charles Dupin, rencontrant Étienne Arago sous un des pavillons de l'Institut, s'était exclamé, les larmes aux yeux, en le voyant un fusil à la main :

" Oh ! monsieur, en êtes-vous arrivé à ce que le métier de soldat soit votre travail maintenant ? "

M. Dubois, rédacteur en chef du *Globe* , avait renoncé à sa direction ; M. Sebastiani était pour le maintien de l'ordre légal ; M. Alexandre de Girardin protesta qu'il convenait mieux à la France d'avoir les Bourbons sans les Ultras

; Carrel a condamné haut et fort la folie des citoyens qui ont attaqué les militaires ; puis enfin, lorsque le peuple, la bourgeoisie et la jeunesse des collèges versaient librement et sans compter leur sang, MM. Laffitte, Mauguin, Casimir Périer, Lobau et Gérard se sont contentés de tenter d'élaborer un acte de conciliation avec celui qui tirait à mitraille sur Paris !

Si, le lendemain, les choses ne s'arrangeaient pas plus favorablement, elles empireraient certainement. Il n'y avait en réalité que douze à treize mille hommes à Paris ; mais il y en avait cinquante mille dans un rayon de vingt-cinq à trente lieues, et les sémaphores, qui brandissaient aux yeux de tous leurs bras immenses et mystérieux, montraient que le gouvernement avait mille choses à dire aux provinces qu'il tenait particulièrement à dire. que Paris ne devrait pas savoir.

Le résultat de tout cela était qu'il était fort possible que le lendemain 29, les héros des 27 et 28 soient obligés de quitter la capitale, sinon la France même. En vue de cette éventualité, M. Lethière s'enquit de l'état de mes finances, et m'offrit de m'aider en cas de besoin (ce n'était pas la première fois qu'il me rendait un service semblable), mais j'étais bien riche, car, lorsque je fus prêt à partir pour Alger, j'avais réclamé tous mes paiements de théâtre et j'étais en possession d'environ mille écus. Mais M. Lethière, qui connaissait ma manière d'économiser, ne croyait pas à cette fortune et me soupçonnait de me vanter. Il est vrai que ma fortune était sous séquestre, à cause des ordres donnés par mon propriétaire qui m'interdisaient d'entrer dans mon appartement. Mais cette interdiction ne pouvait pas concerner également mes amis. Aussi, autant pour soulager l'esprit de l'excellent homme qui m'offrait de me prêter de l'argent que pour me mettre en possession de ma propre fortune, je chargeai le fils de M. Lethière de porter un message à mon domestique ; lui donnant la clef de l'endroit où je gardais la bourse contenant mes trois mille francs et mon passeport, deux choses également nécessaires en ce moment, je priai mon obligeant commissionnaire de faire envahir mes locaux, soit par de justes moyens, soit par de bons moyens. faute, et de me rapporter mon sac à main. Il devait aussi apporter une quarantaine de balles qu'il trouverait déposées dans une coupe sur la cheminée de ma chambre, pour remplacer celles dont j'avais profité pendant la journée. Il devait aussi avoir l'obligeance de laisser une lettre au n° 7 de la rue de l'Université, à son passage : la lettre disait à la personne à qui elle était adressée d'être bien tranquille à mon égard ; il lui disait aussi que j'étais en sécurité, et je lui promettais de ne commettre aucune folie. Cela ne m'engageait à rien, puisque cela me laissait libre de fixer mes propres limites quant à ce qui était prudent et ce qui était téméraire. Une demi-heure plus tard, Lethière revenait avec toutes les commissions exécutées. Non seulement il n'avait eu aucun ennui de la part du concierge, mais le propriétaire avait cédé, sans doute à cause de la manière dont il voyait les choses évoluer : il m'avait donné la permission de rentrer à condition que je donne mon parole d'honneur de ne pas tirer depuis les fenêtres de ses appartements. L'insurrection avait en tout cas remporté une grande victoire morale.

J'ai quitté mon bon et digne ami Lethière à neuf heures et je suis rentré chez moi en faisant d'abord la promesse requise au concierge. Il avait parcouru tout le faubourg Saint-Germain, et le résultat de son exploration, ordonnée par le propriétaire lui-même, fut que tout le quartier était en état d'insurrection. On parlait d'une grande réunion qui aurait lieu le lendemain matin, place de l'Odéon, comme centre convenable d'où l'on pourrait partir à l'assaut des diverses casernes ou corps de garde, qui jouent habituellement le même rôle au milieu d'une insurrection que font les places fortifiées lors d'une invasion.

Je reviens, mais non pour me coucher, seulement pour déposer mon fusil, ma poudre et mes balles ; Je comptais passer une bonne partie de la nuit à glaner des informations. Il me paraissait urgent d'impliquer, d'une manière ou d'une autre, ces grands chefs de l'opposition qui attendaient depuis quinze ans, et je désirais savoir si nos amis étaient occupés à ce petit chantier. Je m'habillai donc pour la circonstance et essayai de traverser les ponts. Il était expressément interdit aux sentinelles de garde aux portes des Tuileries et du Carrousel de laisser entrer quiconque sans mot d'ordre. A travers l'arcade de pierre, on apercevait la cour des Tuileries et la place du Carrousel transformées en un vaste camp sombre et morne, silencieux et presque immobile. Les soldats ressemblaient plus à des fantômes qu'à des hommes. J'ai longé le quai, et par la place de la Révolution et la rue Saint-Honoré, comme je l'avais fait le matin. Tous les magasins étaient fermés, mais il y avait des lampes à la plupart des fenêtres. Les piétons étaient rares et, comme le bruit de la circulation avait presque cessé, à cause de l'encombrement causé par les barricades, le tintement lugubre et incessant de la cloche de Notre-Dame se faisait entendre dans l'air, comme le bruit d'un vol. d'oiseaux en bronze. En descendant le quai, je me suis souvenu de Paul Fouché et de sa pièce, et j'étais curieux de savoir s'il l'avait lu au Comité et si son drame avait été reçu ou rejeté. J'ai déjà dit que je connaissais le général La Fayette. J'ai tenté ce que Charras et les étudiants de l'École polytechnique avaient échoué : je suis allé le voir. Ils m'ont dit qu'il était sorti, ce dont j'ai douté au début, et je suis entré dans la loge du portier et lui ai dit mon nom ; mais l'honnête homme répéta là ce qu'il m'avait déjà dit à travers sa petite grille. Je m'éloignais très déçu lorsque j'aperçus trois ou quatre hommes marchant dans l'obscurité, et au milieu je crus reconnaître celui du général. Je me suis avancé et c'était lui. Il s'appuyait sur le bras de M. Carbonnel ; M. de Lasteyrie, je crois, arrivait derrière, causant avec un domestique.

" Ah ! Général, " m'écriai-je ; "c'est toi!"

Il m'a reconnu.

"Bien!" il a dit. "Je suis surpris de ne pas t'avoir vu auparavant."

« Ce n'est pas facile d'accéder à vous, Général » ; et je racontai tout ce qu'avaient enduré Charras et ses amis dans leur tentative.

"C'est vrai", dit-il; "J'ai trouvé leurs noms et j'ai ordonné qu'ils soient admis s'ils revenaient."

"Général, je ne peux pas dire si les autres le feront, mais je doute que Charras le fasse."

"Pourquoi pas?"

— Parce que j'ai entendu dire qu'il a été tué du côté de la Grève.

"Tué?" il s'est excalmé. " Ah ! pauvre jeune homme ! "

"Ce n'est pas surprenant, Général ;... il y avait là un travail chaleureux !"

"Étiez-vous là?"

"Oui, en effet ! mais seulement pour peu de temps."

« Que comptez-vous faire demain ?

"J'avoue, Général, c'était précisément la question que j'allais vous poser."

Le général s'appuya sur mon bras et fit quelques pas en avant, comme pour se mettre hors de vue de ses deux compagnons.

« Je veux quitter les députés, dit-il ; "il n'y a rien à faire avec eux."

"Alors pourquoi ne pas déménager sans eux ?"

"Laissez les gens m'y conduire et je suis prêt à agir."

"Dois-je répéter ça à mes amis ?"

"Vous pouvez."

"Adieu, Général !"

Il a gardé mon bras.

"Ne te fais pas tuer..."

"Je n'essaierai pas."

"En tout cas, peu importe comment les choses tournent, parviens à me permettre de te revoir."

"Je ne peux pas vous le promettre, Général, à moins que..."

« Viens, viens, dit le général ; " *au revoir!* "

Et il rentra chez lui.

J'ai couru chez Étienne Arago, n° 10 rue de Grammont. Tous les dirigeants révolutionnaires étaient réunis chez lui. La journée avait été dure, mais, grâce à la bibliothèque de Joubert, à *la Petite-Jacobinière de Charles Teste* et à Coste, qui avait dépensé entre trois et quatre mille francs pour acheter du pain et du vin à distribuer aux combattants, l'insurrection s'était étendue à tous les quartiers de la ville. J'ai dit à Étienne que j'avais vu le général et j'ai rapporté mot pour mot ce qu'il avait dit.

"Viens, allons au *National* !" il a dit.

Et nous sommes allés au *National* .

Taschereau s'affaire à préparer un faux sublime : lui, Charles Teste et Béranger concoctent un gouvernement provisoire composé de La Fayette, de Gérard et du duc de Choiseul. Il fit encore plus : il publia une proclamation qu'il signa de leurs trois noms. Il avait d'abord choisi Laffey de Pompières comme troisième membre de leur gouvernement, mais Béranger avait fait effacer ce nom pour y substituer celui du duc de Choiseul. Ainsi, outre la préparation de la Révolution par ses chansons, Béranger y prit personnellement une part active. Nous verrons bientôt qu'il fut l'agent principal de son dénouement.

Le lendemain, la liste du Gouvernement Provisoire devait être affichée sur tous les murs de Paris, et la première proclamation de ce Gouvernement devait paraître dans le *Constitutionnel.* Inutile de dire que l'honnête *Constitutionnel* était sincère et qu'il considérait les trois tentatives calligraphiques de Taschereau comme des signatures authentiques et légales. Là-dessus, j'entrai dans mon logement l'esprit plus tranquille : comme j'étais tout bouleversé par ma journée de travail, je dormais comme une toupie à travers les tintements de Notre-Dame et les éclats intermittents des coups de feu tardifs.

CHAPITRE VIII

Invasion du Musée d'Artillerie - Armure de François Ier - L'arquebuse de Charles IX - La place de l'Odéon - Ce que faisait Charras - L'uniforme de l'École polytechnique - Millotte - La prison de Montaigu - La caserne de l' Estrapade - D'Hostel - Un bonapartiste - Maître d'équitation Chopin - Lothon - Le général aux commandes.

J'ai été réveillé le lendemain matin par mon serviteur Joseph. Il se tenait à mon chevet et m'appelait avec un volume toujours plus fort.

"Monsieur !... Monsieur !!... Monsieur !!!..."

Au troisième *Monsieur*, j'ai gémi, je me suis frotté les yeux et je me suis assis. "Eh bien," ai-je demandé, "qu'est-ce qu'il y a ?"

"Oh, vous n'entendez pas, monsieur ?" s'exclama Joseph en se tenant la tête avec ses mains.

"Comment devrais-je entendre, espèce d'idiot ? Je dormais."

— Mais il y a des combats autour de nous, monsieur !

"Vraiment?"

Il ouvrit la fenêtre.

" Écoutez ! on dirait que c'est dans la cour. "

Et en effet, les tirs ne me semblaient pas provenir de points très éloignés.

« Difficile ! » J'ai dit : "D'où ça vient ?"

"De Saint-Thomas-d'Aquin, monsieur."

"Quoi ! de l'église elle-même ?"

"Non, du Musée de l'Artillerie... Monsieur sait qu'un poste y est stationné."

" Ah ! c'est vrai, m'écriai-je, le Musée de l'Artillerie ! J'y irai. "

" Quoi ! Monsieur va y aller ? "

"Certainement."

"Oh, mon Dieu !"

" Vite, aidez-moi !... Un verre de vin de Madère ou d'Alicante !... Oh ! les misérables ! ils vont tout piller ! "

C'était en effet la pensée qui me préoccupait, et c'est ce qui me fit courir vers l'endroit où j'entendais la fusillade. Je me souvenais des trésors archéologiques que j'avais vus et manipulés tour à tour dans les études que j'avais écrites sur Henri III, Henri IV. et Louis XIII, et je les vis tous dispersés entre les mains de gens qui n'en connaissaient pas la valeur : de merveilleux et riches trésors d'art donnés au premier venu qui les échangeait contre une livre de tabac ou un paquet de cartouches. J'étais prêt en cinq minutes et je m'élançais en direction de Saint-Thomas-d'Aquin. Pour la troisième fois, les assaillants ont été repoussés. Cela s'expliquait facilement : ils attaquaient follement le Musée par les deux ouvertures pratiquées par la rue du Bac et la rue Saint-Dominique. Les tirs des soldats ratissaient les deux rues et les nettoyaient avec une facilité déplorable. J'ai regardé les maisons de la rue du Bac, qui de part et d'autre formaient l'angle de la rue Gribauval, et j'ai jugé que leur dos devait donner sur la place Saint-Thomas-d'Aquin, et que de leurs étages supérieurs on pouvait voir dominer facilement le poste du Musée de l'Artillerie. Je confiai aux combattants le plan que me suggérait la vue de la position : il fut aussitôt adopté par eux. Je frappai à la porte d'une des deux maisons, au n° 35 de la rue du Bac, et elle s'ouvrit après une longue attente ; Pourtant, elle a fini par s'ouvrir et huit à dix hommes armés sont entrés avec moi et nous nous sommes précipités à l'étage vers les étages supérieurs. Moi et trois ou quatre autres camarades atteignîmes un grenier dont le sommet était arrondi pour épouser la forme du toit au-dessus, et là je m'établis avec autant de sécurité que si j'avais été derrière le parapet d'un bastion.

Puis les tirs commencèrent, mais avec des résultats tout à fait différents. En dix minutes, le poste avait perdu cinq ou six de ses hommes. Soudain, tous les soldats ont disparu, les tirs se sont calmés. Il s'agissait, pensâmes-nous, d'une sorte d'embuscade, aussi hésitâmes-nous avant de quitter nos retranchements. Mais le portier du Musée apparut bientôt à la porte, faisant des signes de paix indubitables. Nous descendîmes donc. Les soldats avaient escaladé les murs et s'enfuir dans les cours et jardins environnants. Une partie des insurgés se pressait déjà dans les couloirs lorsque j'arrivai au Musée.

« Pour l'amour de Dieu, mes amis, m'écriai-je, respectez l'armure !

"Quoi ! Pourquoi devrions-nous le respecter ?"

"J'aime cette plaisanterie", a répondu l'un des hommes à qui je me suis adressé. "Eh bien, prendre les armes est la raison même pour laquelle nous sommes ici !" il a dit.

Il me vint alors à l'esprit que, bien entendu, cela devait être le seul objet de l'attaque, et qu'il n'y aurait aucun moyen de sauver du pillage cette magnifique collection. Je réfléchis : il ne me restait plus qu'à prendre ma part de l'armure la plus précieuse.

De deux choses l'une : soit ils garderaient les armes, soit ils les ramèneraient au Musée. Dans les deux cas, il valait mieux que je m'occupe des choses précieuses plutôt que n'importe qui d'autre. Si je les gardais, ils seraient entre les mains d'un homme qui saura les apprécier. S'ils devaient être restaurés, ils seraient entre les mains de celui qui les abandonnerait. J'ai couru vers le meilleur endroit, où se trouvait un trophée équestre de la Renaissance. Je m'emparai d'un bouclier, d'un casque et d'une épée qu'on savait avoir appartenu à François Ier, ainsi qu'une magnifique arquebuse qui avait appartenu, selon la même tradition, à Charles IX, et qui avait été utilisée par lui pour tirer sur le Huguenots. Cette tradition est devenue presque historique, à cause du quatrain que l'arquebuse porte, incrusté en lettres d'argent, sur son canon, formant une seule ligne depuis la culasse jusqu'au point de visée :

"Pour mayntenir la foy,
Je suis belle et fidèle; Aux ennemis du RoyJe suis belle et cruelle!"

Je mets le casque sur ma tête, le bouclier sur mon bras ; J'accrochai l'épée à mon côté, mis l'arquebuse sur mon épaule et me dirigeai ainsi, courbé sous leur poids, vers la rue de l'Université. J'ai failli tomber lorsque j'ai atteint la hauteur de mon quatrième étage. Si c'était bien le bouclier et le bouclier que François Ier avait portés à Marignan, et s'il restait quatorze heures en selle avec ceux-ci en plus de ses autres armures, je pourrais croire aux prouesses d'Ogier le Danois et de Roland. et les quatre fils d'Aymon.

" Oh ! monsieur, s'écria Joseph en m'apercevant, où étiez-vous, et qu'est-ce que c'est que tout ce vieux fer ?"

Je n'ai pas tenté de corriger les idées de Joseph sur mon butin ; cela n'aurait été qu'une perte de temps. Je lui ai simplement dit de m'aider à enlever le casque, ce qui a failli m'étouffer. Je les ai tous déposés sur mon lit et je me suis précipité vers cette splendide carrière. J'ai rapporté ensuite la cuirasse, la hache et le gros des armes. J'ai rendu plus tard tous mes beaux trophées au Musée de l'Artillerie, et je possède encore la lettre de l'ancien directeur, me remerciant de leur restitution et me donnant l'entrée gratuite les jours non ouverts au grand public. C'était un curieux spectacle que de voir cet immense déménagement du Musée. Chacun a choisi ce qui lui convenait le mieux, mais il est juste de dire que ces dignes camarades étaient beaucoup plus prudents dans le choix des armes qu'ils jugeaient les plus appropriées pour combattre que celles avec lesquelles ils étaient somptueusement travaillés. Soit la quasi-totalité de la collection de vieux mousquets, amorces à silex et à percussion, du temps de Louis XIV. à nos jours, disparu. Un homme a emporté un canon de rempart qui devait peser au moins cent cinquante livres ; quatre autres traînaient un morceau de canon de fer avec lequel ils comptaient attaquer le Louvre. J'ai retrouvé l'homme qui avait pris le canon du rempart, quelques heures plus tard, gisant inconscient sur le quai. Il avait bourré son fusil de deux poignées de poudre et de douze à quinze balles ; puis, d'un côté de la Seine, adossé au parapet, il avait tiré sur un régiment de cuirassiers qui marchait près du Louvre. Il avait fait de cruelles brèches dans le régiment, mais le recul du fusil l'avait projeté de dix pieds en arrière, lui déboîtant l'épaule et lui brisant la mâchoire. Avant de le retrouver, j'avais été témoin de plusieurs scènes suffisamment caractéristiques pour mériter d'être rapportées ici. L'ivresse du vin, de l'eau-de-vie ou du rhum n'est rien comparée à celle provoquée par l'odeur de la poudre, le bruit des tirs et la vue du sang. Je peux comprendre qu'un homme vole au premier coup de fusil ou de canon, mais je ne peux comprendre que quiconque ait goûté au feu parte avant qu'il ne cesse. C'était en tout cas l'effet que cela commençait à avoir sur moi.

Delanoue, que j'ai rencontré, qui cherchait partout un fusil, m'a dit qu'il allait y avoir un rassemblement de forces sur la place de l'Odéon. J'avais déjà entendu parler de ce rassemblement la veille. Malheureusement, je n'avais avec moi que mon fusil et je ne souhaitais pas m'en séparer ; J'ai donc mentionné à Delanoue le Musée de l'Artillerie comme un endroit où il pourrait trouver ce qu'il cherchait, puis je me suis lancé dans une course dans la rue de Grenelle. La place de l'Odéon était bloquée et il devait y avoir là environ cinq ou six cents hommes. Deux ou trois élèves de l'École polytechnique commandaient certaines compagnies. Dans l'un de ces uniformes, j'ai reconnu Charras, que j'avais vu la veille habillé en civil.

Il n'a donc été ni tué ni blessé. C'est l'histoire de ce qui s'est passé, qui a fait croire aux gens qu'il était mort.

Comme on le verra, il n'avait pas perdu son temps depuis la veille, et surtout depuis le matin. Après s'être séparé de Carrel et de moi, il passa par le faubourg Saint-Germain, où il avait fait de son mieux pour se procurer un fusil ; mais, le 28 juillet 1830, une arme à feu était aussi rare que le *rara avis de Juvénal.* Il avait entendu parler du *monsieur* qui distribuait de la poudre à la petite porte de l'Institut et était allé avoir une entrevue avec le digne citoyen. *Non seulement monsieur* refusa de lui donner un fusil, mais il alla encore plus loin et lui refusa toute poudre parce qu'il n'avait pas de fusil.

Charras fit ensuite cette sage observation :

"J'irai là où il y a des combats, je me mettrai au milieu des combattants, je me constituerai légataire du premier homme qui tombera mort et prendra possession de son fusil."

A la suite de cette résolution, il avait longé le quai des Orfèvres et rencontré le 15e d'infanterie légère, avec qui il avait eu une conversation ; peut-être étaient-ils exactement les mêmes avec qui j'avais parlé ; mais comme il était seul, sans arme et qu'il avait gardé les mains dans les poches, on l'avait laissé passer. Une fois franchi, Charras gagne le pont Notre-Dame et, de là, le pont suspendu. Or on sait que l'insurrection faisait furieusement rage sur ce dernier pont. Charras est arrivé une demi-heure plus tôt que moi et a attendu. Il n'eut pas à attendre longtemps, car un homme fut bientôt touché à l'œil par une balle et roula à ses pieds. Charras s'empare du fusil du mort. Un gamin des rues, qui attendait probablement la même occasion, accourut également, mais il était trop tard. Armé de son fusil, Charras n'était pourtant pas beaucoup mieux, car il n'avait ni poudre ni plomb.

— J'en ai, dit le gamin en sortant de sa poche un paquet de quinze cartouches.

— Donnez-les-moi, dit Charras.

"Non... Nous les diviserons, si vous le souhaitez."

"Très bien, nous le ferons."

« En voici donc sept ; mais laissez-moi utiliser le pistolet après vous ?

"Je suppose que oui, puisque c'était notre accord."

Charras ne tira scrupuleusement que ses sept cartouches, puis passa honorablement le fusil au gamin et se retira derrière le parapet ; d'acteur, il devient spectateur et, à ce dernier titre, il s'abrite du mieux qu'il peut. Le garçon de la rue a tiré quatre cartouches, puis est arrivée la charge dont nous avions été témoins de loin. Le garçon se précipita sur le pont avec les autres, et Charras, bien que désarmé, suivit le ruisseau. J'ai décrit précédemment l'effet des trois décharges successives. Charras se retournait sous le souffle de ce tourbillon de fer, et se cramponnait à son voisin pour ne pas tomber ; mais l'homme avait été mortellement blessé et tomba, entraînant Charras avec lui. De là était née la rumeur selon laquelle il avait été tué. Par chance cependant, il s'en sortit sain et sauf, mais, n'en étant pas trop sûr, il l'essaya en atteignant l'autre côté du quai et en se faufilant dans une petite rue à l'abri de laquelle il put, sans interruption, pour se sentir partout. Quant au gamin et à son fusil, il dut accepter l'inévitable : le garçon avait disparu comme Romulus dans la tempête, ou Curtius dans le golfe, ou Empédocle dans le volcan ! Charras commença alors à se demander à quoi pouvait servir un homme sans arme, ou qui ne savait pas où s'en procurer une. Une bande de patriotes, non armés comme lui, passant par hasard au même moment, semblait être venue exprès pour répondre à sa question.

"Eh bien, citoyen, dit l'un des hommes, viendrez-vous avec nous sonner le tocsin de Saint-Séverin ?"

"D'accord!" Charras répondit que l'endroit où il allait lui était indifférent, pourvu qu'il contribuât quelque peu à être utile à la cause. Et il les accompagna à Saint-Séverin. Les portes étaient fermées ; ils frappèrent, petits et grands, depuis la porte des mariages et des baptêmes jusqu'à la porte du dernier sacrement. Dans des cas comme celui-ci, les décisions sont prises rapidement : ils ont décidé d'enfoncer les portes, car ils n'ouvriraient pas de leur propre gré ; ils arrachèrent une poutre d'une maison en construction et une douzaine d'hommes la portèrent pour servir de bélier. A la troisième charge portée par cet énorme instrument contre la porte, les serrures et les verrous cédèrent. Le sacristain arriva et ouvrit complètement la porte, au moment où un quatrième coup allait l'enfoncer. Quand la porte fut ouverte, on fit bientôt sonner la cloche, et l'œuvre de Charras à Saint-Séverin était terminée. Il est allé rejoindre une soirée d'amis dans le Quartier Latin, avec qui il a passé la nuit à élaborer un plan.

Or, l'uniforme porté par les étudiants de l'École polytechnique avait été très méprisé avant la déclaration de l'insurrection, mais avait considérablement gagné en réputation à mesure que l'insurrection avançait. Le plan élaboré dans la nuit était d'aller au petit jour à la recherche des uniformes de l'École polytechnique. Ainsi, vers quatre heures du matin, Charras, accompagné d'un de ses amis, appelé Lebeuf, sonna à la porte du portier. La montée des sentiments s'était propagée jusqu'à l'École, et le portier et les professeurs réservèrent un accueil chaleureux aux deux rebelles, leur serrant la main et leur donnant les vêtements qu'ils demandaient.

Je me souviens d'un petit incident : Charras, ayant trouvé un manteau, n'arrivait apparemment pas à trouver un pantalon assorti ; car, avec un habit bleu, il portait un pantalon gris, qui, comme uniforme, était plutôt maigre. Les deux amis étant ainsi équipés d'uniformes et surtout de chapeaux - le chapeau joue toujours un rôle important dans les insurrections - ils se dirigèrent vers la place de l'Odéon. Ils apprirent, *en route* , qu'on distribuait des armes dans la rue de Tournon. En effet, la caserne de gendarmerie venait d'être prise, et mousquets, pistolets, sabres et épées étaient distribués d'une manière assez ordonnée.

Charras et Lebeuf se joignirent à la file, mais, arrivés au bureau, ceux de la caserne ne leur donnaient que des épées, car ils disaient que les étudiants de l'École polytechnique étaient tous officiers de droit et, à ce titre, étaient destinés à commander des détachements. ; ils devraient donc recevoir des épées et non des fusils.

Même les supplications les plus sincères de ces deux jeunes gens ne purent changer le programme : ils ne leur donnèrent que des épées et aucune autre arme. Mais un étudiant d'une stature colossale et d'une force herculéenne n'accepta pas aussi facilement que Lebeuf et Charras cette législation improvisée : il saisit le distributeur à la gorge et commença à l'étrangler en lui disant qu'il ne le lâcherait pas tant qu'il n'aurait pas un fusil. . Le distributeur parut considérer l'argument comme valable, car il s'empressa de donner un coup de fusil au joyeux lame qui pouvait mettre en action une application si sensée de cette branche de la philosophie que nous appelons logique ; et l'étudiant s'en alla armé à sa guise. C'était Millotte qui devint par la suite représentant du peuple et qui siégea à l'Assemblée législative avec Lamartine et notre ami Noël Parfait. Millotte est désormais l'un de nos exilés les plus respectés. En vertu de son uniforme, de son épée et des droits que possèdent les élèves de l'École de devenir officiers, Charras prend le commandement d'une troupe de cent cinquante hommes. Un batteur et un porte-étendard complètent cette troupe. Alors la question était où aller ? Une voix cria :

"A la prison Montaigu, place du Panthéon !"

Charras et sa troupe se mirent donc en route vers cette destination.

Les révolutions ont leurs vents mystérieux qui poussent les hommes vers un point ou un autre sans raison apparente ; ce sont des trombes marines qui jaillissent du dessous de l'océan et se dirigent vers le sud ou le nord, l'est ou l'ouest, comment et pourquoi personne ne le sait. C'est le souffle de Dieu qui les guide. A la prison de Montaigu, on trouva cent cinquante hommes sous les armes, prêts à se défendre. Un brasseur de la rue Saint-Antoine, nommé Maes, était là, un autre Santerre, avec une soixantaine d'insurgés. Il était à cheval et portait l'ancien uniforme de la garde nationale. La lutte menaçait de devenir brûlante et ils essayaient de parvenir à un accord.

" Salut ! Capitaine, s'écria Charras, viendrez-vous à moi, ou préférez-vous que je vienne à vous ? "

"Venez à moi, monsieur", répondit le capitaine.

"J'ai ta libération conditionnelle ?"

"Oui."

Charras s'approcha alors de lui, et il s'ensuivit entre eux un dialogue, fruit de leur situation particulière, qui n'aurait pas pu avoir lieu dans d'autres circonstances, dialogue dans lequel Charras essaya de prouver au capitaine qu'il serait bien plus avantageux et honorable. et patriotique qu'il se rallie aux côtés du peuple ou, à tout le moins, qu'il lui prête des armes. Le capitaine ne semblait pas comprendre aussi bien la logique de Charras que le distributeur de mousquets de la rue de Tournon avait compris celle de Millotte. Charras redoubla d'éloquence, mais n'avança pas ; mais s'il ne parvenait pas à avancer, ses hommes ne le faisaient pas : ils se rapprochaient peu à peu.

Le lecteur connaît le vrai Parisien, qui n'abandonne jamais son but mais s'y précipite par curiosité ou par passion ; il se glisse entre les mains des gendarmes, des sentinelles et des escadrons, traînant un pied après l'autre, avec un ton mielleux et un geste courtois, mi-chat, mi-renard ; alors, si vous voulez le retenir, il est bientôt loin ! Lorsque vous voulez l'arrêter, il est déjà devant vous ! Et, dès qu'il se sent hors de votre portée, sa seule réponse à vos reproches est un geste moqueur ou une remarque sarcastique.

C'est ainsi que les hommes de Charras avaient échappé aux sentinelles et s'étaient approchés insensiblement de leur commandant, et par conséquent plus près des soldats ; Ce mouvement fut si bien exécuté qu'au bout de cinq minutes, avant que Charras lui-même les eût aperçus, ils étaient à dix pas de leurs adversaires et prêts à les combattre au corps à corps. Qu'il s'agisse du mélange des forces ou des noms d'Iéna, d'Austerlitz et de Marengo que Charras leur rappelait ; si c'étaient les rubans tricolores, avec leurs tons de couleurs émouvants, qui flottaient devant ses yeux ; ou s'il éprouvait réellement à son égard une sympathie fraternelle qui décida l'officier à capituler, Charras l'ignorait ; mais il comprit qu'on arrivait à la capitulation, que sa troupe obtenait cinquante canons et la parole d'honneur du capitaine que lui et ses soldats resteraient neutres. Il est vrai que le capitaine refusait inexorablement les cartouches ; mais la Providence ne s'arrêta pas ainsi à mi-chemin : elle avait donné les fusils, elle devait aussi donner les cartouches nécessaires.

Les cinquante fusils furent répartis entre ceux des hommes de Charras qui n'avaient pas d'armes à feu, et parmi ceux d'une troupe fraîche arrivée entre-temps, qui se trouvaient dans le même cas. Cette nouvelle troupe était commandée par un autre élève de l'École polytechnique appelé d'Hostel. La division faite, la question se posa de nouveau de savoir où ils allaient aller.

"À l'Estrapade !" cria une voix.

"À l'Estrapade !" toutes les voix répétaient à l'unisson.

Alors ils se précipitèrent vers l'Estrapade.

Nos lecteurs parisiens connaîtront la position de la caserne de l'Estrapade, et qu'on y accède par une rue étroite et facilement défendable. Il y avait près de quatre cents hommes ; bien assez, dans des circonstances pareilles, pour attaquer Metz ou Valenciennes ou le Mont-Saint-Michel ; mais ils étaient tellement ravis de leurs récentes négociations place du Panthéon qu'ils décidèrent de tenter la même tactique rue de l'Estrapade. Cette fois, d'Hostel se proposa comme négociateur ; car, disait-il, il avait des complices à l'intérieur de la maison. Il s'avança un mouchoir à la main, laissant son fusil à l'un de ses hommes. On parlementa entre la rue et le premier étage ; mais c'était trop haut pour être entendu, alors d'Hostel a effacé la distance qui le séparait de ses interlocuteurs en escaladant brusquement le mur. Comment a-t-il fait ça? C'était un miracle pour ceux qui ont assisté à son ascension ! D'Hostel était extrêmement adroit et réputé à l'École pour ses exploits gymnastiques. En un instant, il parvint à une des fenêtres du premier étage, il fut soulevé par les bras et se retrouva à l'intérieur de la caserne, où il fut englouti comme les démons des théâtres anglais qui disparaissent par des trappes. Dix minutes plus tard, il réapparut, vêtu de l'habit et de la casquette de cuir de l'officier, tandis que celui-ci portait l'uniforme d'un élève de l'École polytechnique, le tricorne à la main, et saluait le peuple. La partie était gagnée ! La place résonnait de vivats et d'applaudissements. Les soldats abandonnèrent la caserne et rendirent une centaine de leurs fusils. Cette ruse, exécutée par Charras et d'Hostel, était digne de leur valoir les postes d'ambassadeurs à Londres et à Saint-Pétersbourg ! Mais, malheureusement, l'affaire ou bien n'est pas parvenue aux oreilles du gouvernement, ou bien n'a pas été appréciée par lui, aussi a-t-on envoyé à ces deux villes, M. le Prince de Talleyrand et M. le Maréchal Maison, qui se sont bornés à commettre des actes stupides.

Pleins de fierté de ce deuxième triomphe, Charras et d'Hostel atteignirent la place de l'Odéon. J'ai été frappé par la facilité avec laquelle les tambours semblent se multiplier en période de Révolution ; ils semblent suinter des murs et surgir des trottoirs : Charras et d'Hostel en avaient à eux deux une quinzaine. En même temps que nous arrivions place de l'Odéon, une pièce de canon prise au poste était tirée dans la rue des Fossés-Monsieur-le-Prince par cinq hommes, dont trois pompiers ; venait ensuite une voiture contenant trois barils de poudre de la poudrière du Jardin des Plantes ; Je pense qu'il était piloté par Liédot, devenu depuis capitaine d'artillerie. Les tonneaux furent brisés et la distribution de leur contenu commencée. Tout le monde en avait, soit dans la poche de son manteau, soit dans son mouchoir, soit dans sa casquette, soit dans sa blague à tabac. Ils fumaient au milieu de tout cela, aussi incroyable que cela puisse paraître. Comme Jean Bart aurait frémi de la tête aux pieds ! Mais ils découvrirent très vite que toute cette poudre était inutile et que la meilleure chose à faire avec elle serait d'en faire des cartouches. C'était d'autant plus réalisable qu'ils venaient de recevoir deux ou trois mille balles du passage Dauphine. Quatre hommes s'occupaient à les mouler dans le plomb des gouttières, dans une taverne située à gauche de la place en venant de la rue de l'Odéon. La seule chose qui leur manquait, c'était le papier. Pourtant, toutes les fenêtres donnant sur la place étaient grandes ouvertes et il suffisait de crier : « Il faut du papier ! et bientôt l'air fut semé de projectiles de toutes formes et de toutes sortes, mais de la même matière : le papier tombait en cahiers, en rames et en volumes. J'ai failli être renversé par un *Gradus ad Parnassum* !

Parmi la foule se trouvaient une centaine de vieux soldats qui se mirent au travail et, en moins d'une heure, fabriquèrent et distribuèrent trois mille cartouches. Il fallait avoir vu le spectacle pour se rendre compte de l'animation, de la bonne humeur et de la gaieté qui régnaient. Tout le monde

criait quelque chose, que ce soit « Vive la République ! ou "Vive la Charte !"
Un homme de la bande de Charras s'enroua en criant "Vive Napoléon II!".
Ce cri si souvent répété excita enfin Charras, qui était déjà, à cette époque,
un républicain fort, il alla trouver ce bonapartiste et lui dit :

« Écoutez, pensez-vous que nous nous battons pour Napoléon II ?

"Vous pouvez vous battre pour qui vous voulez", répondit l'homme, "mais
c'est pour cet homme que je veux me battre !"

"Vous en avez le droit, si vous le souhaitez, bien sûr... Mais si vous combattez
pour lui, vous devez vous enrôler dans une autre troupe que celle-ci."

" Oh ! ça m'ira très bien, " dit l'homme : " il y a plein de rendez-vous en ce
moment ! "

Il quitta donc les rangs de Charras et alla chercher du service dans une troupe
dirigée par un chef aux opinions moins tranchées.

A ce moment précis, par quelque étrange coïncidence, un nommé Chopin,
propriétaire des écuries du Luxembourg, arrivait au galop place de l'Odéon ;
il était vêtu d'une redingote boutonnée, portait un tricorne et montait un
cheval blanc. Il s'est arrêté au centre même de la place, une main derrière le
dos. La ressemblance avec Napoléon était si frappante et si extraordinaire
que toute la foule, dont pas un seul n'avait pris parti pour le bonapartiste
expulsé, se mit à crier d'un commun accord et simultanément : « Vive
l'Empereur ! Une bonne femme de soixante-dix ans prit la plaisanterie très
au sérieux et tomba à genoux en faisant le signe de croix et en s'écriant :

"Oh ! Jésus ! Je ne mourrai donc pas avant de l'avoir revu !..."

Si Chopin avait voulu se mettre à la tête des six à huit cents hommes présents,
il est probable qu'il aurait pu marcher directement sur Vienne.

Charras était furieux, tandis que j'oubliais complètement la situation politique
du moment et devenais uniquement un étudiant philosophique de
l'humanité. Je n'avais besoin que d'un baquet et Laïs et moi aurions pu nous
établir là pour toujours place de l'Odéon, comme Diogène s'établit au
gymnase de Corinthe.

Mais une discussion sérieuse m'a tiré de mes rêves. On voulait faire de
Charras général en chef et il n'accepta pas ce poste. Il proposa aux citoyens
Lothon, un grand et beau jeune homme, une combinaison d'Hercule et
d'Antinoüs, comme candidat approprié ; sa principale raison étant qu'il était
à pied tandis que Lothon montait à cheval ; par conséquent, il considérait
que Lothon avait bien plus de prétentions au poste de général. Et, en vérité,
aucun général en chef n'a jamais été vu sur pied. Mais Lothon s'excusa

farouchement de sa nomination à ce poste élevé. Malgré tout cela, il était sur le point d'être obligé de céder, lorsqu'un monsieur s'approcha de lui et lui murmura :

" Oh ! monsieur, si vous ne voulez pas être général en chef, laissez-moi vous remplacer... Je suis un ancien capitaine et je crois avoir droit à cet honneur. "

Jamais l'ambition ne s'est manifestée à une occasion plus opportune.

" Oh ! monsieur, " répondit Lothon, " vous me rendrez en effet un service bienvenu ! "

Puis, s'adressant à la foule, il demanda :

"Vous voulez un général en chef ?"

"Oui oui!" » se répétait de toutes parts.

"Eh bien, je vous présente ce monsieur... c'est un ancien capitaine couvert *de blessures* et qui aimerait bien être votre général en chef."

"Bravo!" crièrent une centaine de voix.

" Pardonnez-moi de vous couvrir de blessures, mon cher monsieur, " dit Lothon en se mettant à terre et en présentant son cheval au chef nouvellement élu ; "mais j'ai pensé que c'était le moyen le plus sûr de vous faire promouvoir au-dessus des rangs intermédiaires."

" Oh ! monsieur, " dit le capitaine ravi, " il n'y a pas de mal ! "

Puis il s'adressa à la foule :

"Eh bien," demanda-t-il, "sommes-nous prêts ?"

"Oui oui oui!"

"Alors en avant, marchez ! Battez les tambours !"

Et les tambours se mirent à battre, et ils descendirent tous la rue de l'Odéon en chantant *la Marseillaise*. Au passage de Bussy, par une manœuvre stratégique que je ne connaissais pas, la troupe se divisa en trois. Une partie se dirigeait vers la rue Sainte-Marguerite, une autre vers la rue Dauphine et la troisième allait tout droit : j'étais parmi ces dernières. Il fallut s'approcher du Louvre par le Pont des Arts, pour prendre le taureau par les cornes. C'est en débouchant sur le quai que j'ai trouvé l'homme au canon de rempart adossé au mur, gémissant, l'épaule et la mâchoire disloquées.

Oh! Je ne dois pas oublier de dire qu'à chaque coin de rue j'avais vu affichés sur les murs des affiches annonçant la nomination du Gouvernement Provisoire et la proclamation par MM. La Fayette, Gérard et de Choiseul appellent le peuple aux armes. Quel effet singulier cela aurait produit sur ces trois messieurs s'ils avaient été à ma place et avaient lu ce que je lis !

CHAPITRE IX

Il était dix heures trente-cinq minutes du matin à l'horloge de l'Institut. Le Louvre présentait un aspect formidable. Toutes les fenêtres des grandes galeries de tableaux étaient ouvertes, et à chaque fenêtre se trouvaient deux gardes suisses armés de fusils. Le Charles IX. Le balcon était défendu par des Suisses qui avaient fait un rempart avec des matelas. Et puis, derrière, à travers les grilles des deux jardins qui sont, je crois, nommés jardin de l'Infant et jardin de la Reine, on apercevait se tracer une double file de Suisses. Au premier plan, un régiment de cuirassiers serpentait le long du parapet, tel un grand serpent aux écailles d'acier et d'or, dont la tête était déjà entrée par la porte des Tuileries, tandis que sa queue traînait encore le long du quai de l'École. Au fond, au loin, se dressait la colonnade du Louvre, presque invisible à cause du nuage de fumée qui s'élevait du fait de l'attaque qui lui était faite depuis les ruelles entourant l'église Saint-Germain-l'Auxerrois. A droite, le drapeau tricolore flottait depuis Notre-Dame et l'Hôtel de Ville. Et les brises portaient les vibrations tremblantes du tocsin. Un soleil de feu brûlait haut dans le ciel blanc et chaud. Ils tiraient tout le long du quai, notamment depuis les fenêtres et la porte d'un petit corps de garde, situé au bord de la rivière, en face de l'endroit où la rue des Saints-Pères débouche sur le quai Malaquais. Cependant, l'attaque et la défense étaient faibles : tout le monde semblait être là parce qu'il pensait que c'était son devoir, et les gens se mutilaient pour passer le temps, jusqu'à ce qu'un chef vienne organiser ses camps.

Notre arrivée a fait diversion au moment même où l'intérêt commençait à faiblir. Nous étions environ cent vingt. Nous nous partagâmes en deux (*Égaillâmes* , comme on dit en patois vendéen), une partie remontant par le côté du Pont Neuf et l'autre longeant par le Palais Mazarin, jusqu'au petit corps de garde déjà mentionné. Je m'installai d'abord sous l'un des abris à tourniquet, mais je m'aperçus bientôt que je serais constamment dérangé par les gens qui passaient et qui passaient. Je me dirigeai donc vers la fontaine et m'installai derrière le lion de bronze le plus proche de la rue Mazarine. J'avais donc à ma droite la grande porte d'entrée du palais, qui, comme celle du Jubilé de Saint-Pierre à Rome, ne s'ouvre qu'une fois tous les cinquante ans.

J'avais à ma gauche la petite porte qui menait aux appartements des personnes qui logeaient à l'Institut . Ainsi, devant moi se trouvait le Pont des Arts, qui présentait à mes yeux un objet qui m'inspirait quelque inquiétude, car il ressemblait fort à un morceau de canon en position. Elle avait devant elle une cible magnifique : rien de moins que tout un régiment de cuirassiers présentant son flanc ! Et, derrière eux, les Suisses dans leurs habits rouges à parements de dentelle blanche, à moins de deux cents mètres. La simple pensée de la situation mettait l'eau à la bouche ; s'y attarder faisait ressortir la sueur sur le front.

J'ai décrit ailleurs mes sensations face au danger : je m'en approche d'abord à contrecœur, mais je m'en familiarise très vite. Or, mon apprentissage de la veille sur le quai Notre-Dame, et du lendemain au Musée de l'Artillerie, avait dissipé mes premières craintes. D'ailleurs, je dois dire que ma position était bonne et qu'il faudrait soit un hasard très extrême, soit un tireur très habile, pour qu'une balle me découvre derrière mon lion. J'ai donc regardé avec beaucoup de sang-froid la scène que je vais décrire.

Sur cent ou cent vingt combattants, les uniformes de deux soldats de la garde nationale étaient à peine visibles. La plupart des hommes qui composaient l'assemblée au milieu de laquelle je me trouvais appartenaient aux classes inférieures : commerçants, étudiants et jeunes de la rue. Tous étaient armés de mousquets ou de pièces de chasse, ces dernières dans la proportion de un à quinze. Les garçons des rues avaient soit des pistolets, soit des sabres, soit des épées, et l'un des plus zélés d'entre eux n'avait qu'une baïonnette. Habituellement, c'étaient les gars de la rue qui marchaient en tête et étaient les premiers de chaque rangée ; que ce soit par imprudence ou par ignorance du danger, je ne peux pas le dire. C'était probablement l'influence du sang jeune et chaud, qui, dès l'âge de dix-huit ans, palpite dans les veines de l'homme à raison de soixante-quinze à quatre-vingt-cinq battements par minute ; puis se calme peu à peu, mais, à chaque pulsation expirante, dépose au fond de chaque cœur un vice honteux ou une mauvaise pensée.

Pendant que passait le régiment de cuirassiers, la fusillade des troupes royales était douce et, quoique très active de notre côté, il faut l'avouer, elle fut sans grand effet. Ils étaient gênés par la ligne de cavaliers qui passait entre eux et nous. Mais le dernier cavalier avait à peine franchi la deuxième porte du jardin que la vraie musique commença. La chaleur était insupportable et il n'y avait pas un souffle d'air qui bougeait. La fumée des canons des gardes suisses ne se dissipa donc que très lentement ; bientôt le Louvre tout entier fut entouré d'une ceinture de fumée qui cachait à nos yeux les troupes royales aussi complètement que les nuages peints qui s'élèvent des coulisses d'un théâtre à l'épilogue d'un drame cachent l'apothéose qui se prépare à la fin du drame. fond de scène sous le regard des spectateurs. Ce n'était qu'une perte de tir que de tenter de percer ce rideau de fumée. Mais de temps à autre, un trou était pratiqué, et l'on apercevait, à travers la clairière, les parements blancs des habits rouges et les plaques dorées des casquettes en peau d'ours des gardes suisses.

C'était l'occasion qu'attendaient les vrais tireurs, et il était très rare qu'on ne voyît pas deux ou trois hommes chanceler et disparaître derrière leurs camarades. De notre côté, lors de la première attaque, nous avons eu un homme tué et deux blessés. L'homme qui a été tué a été touché au haut du front alors qu'il s'agenouillait derrière le parapet pour viser. Il bondit comme sur des ressorts, fit quelques pas en arrière, laissa tomber son fusil, se retourna deux fois en combattant l'air avec ses bras, puis tomba la face contre terre. L'un des deux blessés était un garçon de la rue. Sa blessure était dans la chair de la cuisse. Il ne s'était pas caché derrière le parapet, mais avait dansé dessus avec un pistolet de poche à la main. Il s'en alla en sautillant sur une jambe et disparut dans la rue de Seine. La blessure de l'autre homme était plus grave. Il avait reçu une boule au ventre. Il tomba en position assise, les deux mains appuyées sur la partie blessée, qui ne saignait presque pas. L'hémorragie était probablement interne. Il fut pris de soif au bout d'une dizaine de minutes et se traîna vers moi, mais, arrivé à la fontaine, il n'eut pas assez de force pour atteindre le bassin et il m'appela à son secours. Je lui ai donné un coup de main et je l'ai aidé à grimper. Il en but plus de dix gorgées en autant de minutes ; et entre les verres, il a dit :

"Oh ! les mendiants ! Je ne leur ai pas manqué !"

Et quand, de temps en temps, il me voyait mettre mon fusil sur mon épaule, il ajoutait :

"Assurez-vous de ne pas les manquer !"

Finalement, au bout d'une demi-heure, cette fusillade inutile fut interrompue. Deux ou trois hommes s'exclamèrent :

"Au Louvre ! Au Louvre !"

C'était de la folie, car il était évident qu'il n'y avait qu'une centaine d'hommes pour faire face à deux ou trois cents gardes suisses. Mais, dans des circonstances comme celles que je décris, les gens ne s'arrêtent pas pour penser aux choses les plus raisonnables à faire ; puisque le travail même dans lequel ils sont engagés est presque en soi un acte de folie, il s'agit généralement d'un exploit impossible qu'ils décident de tenter.

Un batteur battit la charge et fut le premier à se précipiter sur le pont. Tous les gamins de la rue le suivirent en criant : « Vive la Charte ! et le gros des troupes les suivit. Je dois avouer que je ne faisais pas partie du corps principal. Comme je l'ai dit, depuis mon poste légèrement surélevé, je pouvais distinguer un canon en position. Or, alors qu'il ne pouvait rien faire d'autre que disperser des mitrailles au hasard, il était resté parfaitement silencieux ; mais, aussitôt l'assaillant déboucha sur le pont, il fut démasqué : il se montra sous ses vraies couleurs... Je vis l'allumette fumante s'approcher du trou de touche, je m'effaçai derrière mon lion, et, au même instant, J'ai entendu le bruit de l'explosion et le sifflement de la mitraille qui brisait la façade de l'Institut. La pierre brisée par les projectiles tombait en une pluie parfaite autour de moi. Il s'est passé à l'identique la même chose sur le Pont des Arts que sur le pont suspendu. Tous les hommes qui étaient stationnés dans l'espace étroit se retournèrent ; trois ou quatre seulement continuèrent leur marche en avant et cinq ou six tombèrent, vingt-cinq ou trente tinrent bon et les autres prirent la fuite. Un feu de peloton succédait au canon, et les balles chantaient autour de moi ; bientôt, mon camarade blessé poussa un soupir : une seconde balle l'avait achevé. Presque immédiatement après le tir du peloton, le canon rugit de nouveau et la tempête de tir passa au-dessus de ma tête une seconde fois. A la seconde charge, on ne songea plus à avancer, et deux hommes, considérant l'eau comme plus sûre que les planches du pont, se jetèrent dans la Seine et nageèrent jusqu'au quai de l'Institut. Les autres revinrent à la vitesse de l'éclair, comme une volée d'oiseaux effrayés, et se précipitèrent dans la rue Mazarine, la rue des Petits-Augustins et cette sorte d'impasse qui longe la Monnaie.

Le quai fut désert à l'instant, et, bien que je ne sois pas vaniteux, je puis affirmer que ce troisième coup de canon fut tiré pour moi seul. J'avais formé depuis longtemps mon plan de retraite, et je le basai sur la petite porte de l'Institut qui était à ma gauche. A peine le coup de feu fut-il tiré une troisième fois, que la fumée se dissipa et laissa voir ma manœuvre, je me précipitai dehors et frappai à la porte à grands coups de crosse. Elle s'est ouverte sans m'avoir fait attendre longtemps : je rendrai autant de justice au portier, même si, en général, à l'époque de la Révolution, les portiers ne sont pas si malins. Je me suis glissé par la porte entrouverte de l'abri. Alors que le portier fermait la porte, une balle la transperça, mais sans le blesser. Une fois à l'intérieur, j'avais tout un choix d'amis : je montai voir Mme Guyet-Desfontaines. Je dois préciser qu'à première vue, mon apparence n'a pas produit l'effet escompté. Ils ne m'ont pas reconnu immédiatement ; puis, quand ils m'eurent reconnu, ils me trouvèrent assez mal habillé. Mes lecteurs se rappelleront comment je m'étais préparé pour l'occasion. J'allai chercher mon fusil, que j'avais laissé devant la porte, de peur d'effrayer Mme Guyet et sa fille. L'arme expliqua bientôt les choses. Dès qu'elle m'a reconnu, Mme Guyet est redevenue charmante, enjouée et animée, malgré la gravité de la situation : elle est, à cet égard, tout à fait incorrigible. J'étais presque mort de faim et surtout de soif ; J'ai alors fait part de mes désirs sans affectation à mes hôtes. On m'apporta une bouteille de Bordeaux que je bus presque d'un trait. Ils m'ont aussi apporté un énorme bol de chocolat, et celui-ci a également disparu. Je crois que j'ai dû manger le petit-déjeuner de tout le monde !

"Ah!" Dis-je, parodiant la remarque de Napoléon à son retour de Russie, en m'étendant dans un grand fauteuil, "c'est bien mieux ici que derrière le lion de l'Institut !"

Bien sûr, j'ai dû rendre compte de mon Iliade, qui consistait jusqu'alors en une victoire et deux retraites. Il est vrai que la dernière retraite, à l'exception de l'embarras d'avoir dix mille hommes sous mes ordres, pourrait être comparée à celle de Xénophon. Mais d'un autre côté, le premier pourrait être comparé à un Waterloo. J'ai fait mention honorable du lion, qui m'avait probablement sauvé la vie, et qui possédait, dans les circonstances, cette supériorité sur le lion d'Androclès, qu'il ne rendait pas hommage à un acte bienveillant qui lui avait été fait. Le résultat de l'accueil charmant que je reçus (dont je me souviens encore des moindres détails, après plus de vingt-deux ans), fut que la maison de Madame Guyet-Desfontaines devint pour moi ce que Capoue fut pour Hannibal deux mille ans avant. Cependant, avec un peu de courage moral, j'avais l'avantage sur le vainqueur de Trébia, Cannes et Trasimène de m'arracher à temps aux délices qui s'étalaient devant moi.

Je partis par le petit portail donnant sur la rue Mazarine et regagnai mon logement rue de l'Université. Cette fois, je fus reçu par mon portier en héros ; la situation se déclara bientôt. Au lieu de me montrer la porte, il s'agissait désormais de me dresser un Arc de triomphe ! Joseph frottait l'armure de François Ier.

" Ah ! monsieur, dit-il, comme c'est beau ! Je n'avais pas découvert toutes les petites absurdités qu'il y a là-dessus. "

Il parlait des scènes de bataille.

Je rentrai chez moi pour changer de chemise (pardonnez ce détail, on verra plus tard qu'il n'était pas sans importance dans mon récit), et aussi pour renouveler mon stock de poudre et de balles. Mais je n'avais pas eu le temps d'ôter ma veste que j'entendis dehors un grand tumulte dans la rue. Elle a été réalisée par Charras et sa troupe revenant de la caserne de la rue de Babylone. Il y avait eu un massacre effroyable : après une demi-heure de siège, ils avaient été obligés de mettre le feu à la caserne pour déloger la garde suisse. Ils portaient les habits rouges de l'ennemi vaincu à la pointe de leurs baïonnettes comme des trophées victorieux. Charras (il doit s'en souvenir assez bien aujourd'hui, car il n'est pas de ceux qui oublient) portait, à la place de la cocarde, une manche de quelque habit de garde suisse, qui était attachée au haut de son tricorne et tomba coquettement sur son épaule. Ils marchaient tous sur les Tuileries, tambours en tête.

Au même instant, les cris se multiplièrent, venant de la direction du château. Je tournai les yeux du côté d'où ils venaient et, de ma fenêtre qui donnait sur la rue du Bac, j'aperçus des milliers de lettres et de papiers flottant dans le jardin des Tuileries. On aurait dit que tous les pigeons ramiers des environs prenaient leur envol. C'était la correspondance de Napoléon, de Louis XVIII. et de Charles X dispersé au vent. Les Tuileries étaient prises. Bien que je ne sois pas Crillon, une soudaine envie d'aller me pendre me prit. Or, un homme dans cet état d'esprit ne pense pas que cela vaut la peine de changer de chemise. J'ai donc remplacé ma veste et me suis précipité en bas. Je rejoignis la queue de la colonne au moment où elle entrait aux Tuileries par la porte du bord de l'eau. Sur le pavillon central, l'étendard tricolore avait remplacé l'étendard blanc. Joubert, le patriote du passage Dauphine, l'avait planté sur le toit et s'était alors évanoui, de fatigue ou de joie, ou probablement des deux ensemble. Les portes du Carrousel avaient été forcées et les gens se précipitaient par toutes les portes, parmi eux des centaines de femmes : d'où sortaient-elles ? Personne qui a été témoin du spectacle ne l'oubliera jamais. Un élève de l'École polytechnique, nommé Baduel, était tiré en triomphe sur un canon. Comme Achille, il avait été blessé au talon, mais, dans son cas, par mitraille et non par une flèche empoisonnée. Il n'est pas non plus mort, même s'il s'y attendait. S'il avait perdu la vie à cette occasion, ce ne serait pas à cause de ses blessures, mais à cause d'une fièvre cérébrale, conséquence de la fatigue, de la chaleur et de l'épuisement qu'il avait ressenti pendant le triomphe auquel ils l'avaient contraint de se soumettre, malgré ses remontrances. , en raison du grand courage dont il avait fait preuve. Un autre étudiant, une balle dans la poitrine, gisait dans l'escalier : ils le prirent dans leurs bras, le portèrent au premier étage et le déposèrent sur le trône brodé de fleurs de lys, où étaient assis plus de dix mille personnes. eux-mêmes à tour de rôle, ou plusieurs à la fois, tout au long de la journée. Par les fenêtres qui donnaient sur le jardin, on apercevait la queue d'un régiment de lanciers qui disparaissait sous les grands arbres. Un taxi essayait de les rattraper ; le cheval galopait vite, car sans doute le cocher voulait se mettre sous la protection du régiment.

Les Tuileries étaient bondées : les gens reconnaissaient leurs amis parmi la foule, s'embrassaient et s'interrogeaient...

« Où est telle ou telle personne ?

"Il est là-bas!"

"Où?"

"Là!"

Un autre a été blessé... ou mort !

Et chacun fit un geste d'oraison funèbre, signifiant : « C'est dommage ! mais, Dieu merci, il est mort un grand jour !

Et ils allaient de la salle du trône au bureau privé du roi, de là à la chambre du roi. Le lit du roi, à propos, devait être hors du commun, même si je n'ai jamais su ce qui se passait dans cette chambre ; car, à en juger par le nombre de spectateurs qui l'entouraient et par leurs éclats de rire, quelque chose d'outrageux a dû se passer autour d'elle. Peut-être un simulacre de mariage de la Démocratie avec la Liberté ! Et de nouveau la foule repartit, chacun mêlant sa voix et ses gesticulations à celles de la multitude. Ils continuèrent leur route, suivant ceux qui marchaient devant, poussés en avant par la foule qui les suivait. Ils arrivèrent à la salle des Maréchaux. Je n'avais jamais vu ces pièces auparavant, et je ne les ai revues qu'à la chute du roi Louis-Philippe, en 1848.

Pendant les dix-huit années de règne de la Branche Jeune, je ne mis jamais les pieds aux Tuileries, sauf pour rendre visite au duc d'Orléans. Mais, bien entendu, le pavillon Marsan ne fait pas le moins du monde partie des Tuileries, et c'était bien souvent une raison pour ne pas aller aux Tuileries, si l'on était mandé au pavillon Marsan. Pardonnez la digression, mais je suis heureux de narguer ceux qui pourraient dire qu'ils m'ont vu avec le roi.

La foule était, comme je l'ai dit, arrivée à la salle des Maréchaux. Le cadre du portrait de M. de Bourmont, récemment fait maréchal, occupait déjà sa place sur un des panneaux ; mais bien que le nom eût même été imprimé sur le cadre, le portrait n'y était pas encore inséré. A la place de la toile, en guise de substitut sans doute, il y avait un grand morceau de taffetas écarlate. Celui-ci fut démoli et utilisé pour confectionner la partie rouge des faveurs tricolores que chacun portait à sa boutonnière. J'ai détaché un morceau qui avait été détourné à cet effet. Alors que je me disputais avec mes voisins à propos de cette bande de choses, j'ai entendu le bruit de plusieurs coups de feu. On tirait sur le portrait du duc de Raguse au lieu de l'original. Quatre balles avaient percé la toile, une dans la tête, deux dans la poitrine et la quatrième dans le fond du tableau. Un homme du peuple grimpa sur les épaules d'un camarade et, avec son couteau, découpa le portrait en forme de médaillon ; puis, passant sa baïonnette dans la poitrine et dans la tête, il la portait comme les licteurs romains portaient le SPQR lors de leurs triomphes. Le portrait avait été peint par Gérard. Je m'approchai de l'homme et lui offris cent francs pour son trophée.

« Oh ! citoyen, dit-il, je ne vous le laisserais pas si vous m'en offriez mille.

Alophe Pourrat s'est ensuite approché de lui et lui a proposé son arme en échange et a obtenu le portrait. Il l'a probablement encore.

En entrant dans la bibliothèque de la duchesse de Berry, j'aperçus un exemplaire de *Christine* , relié en maroquin violet et frappé des armes de la duchesse, posé sur une petite table à ouvrage. Je pensais que j'avais le droit de me l'approprier. Je l'ai ensuite donné à mon cousin Félix Deviolaine; qui l'a probablement perdu. J'étais entré par le pavillon de Flore et je suis sorti par le pavillon Marsan. Dans la cour, il y avait un quadrille de quatre hommes qui dansaient au son d'un fifre et d'un violon : c'était un premier cancan qu'on dansait. Elles étaient vêtues d'habits de cour, avec des chapeaux à plumes, et les garde-robes de Mesdames les duchesses d'Angoulême et de Berry avaient fourni les costumes de la mascarade. L'un de ces hommes portait sur les épaules un châle en cachemire valant mille écus. On pouvait parier qu'il n'avait pas une pièce de cinq francs en poche. À la fin de la danse country, le châle était en lambeaux.

Or, comment se fait-il que le Louvre, les Tuileries et le Carrousel, avec leurs cuirassiers, leurs lanciers et leurs Suisses, leur garde royale et leur artillerie, avec en outre trois ou quatre mille hommes en garnison, aient été pris par quatre ou cinq cents insurgés ? ? C'est ce qui s'est passé.

Quatre attaques furent dirigées contre le Louvre : la première par le Palais-Royal ; le second de la rue des Poulies, de la rue des Prêtres-Saint-Germain-l'Auxerrois et du quai de l'École ; le troisième par le Pont des Arts, et le quatrième par le Pont Royal. Le premier était mené par Lothon que, on s'en souvient, nous avions laissé en haut de la rue Guénégaud. Il avait été touché à la tête par une balle et était tombé inconscient place du Palais-Royal. La seconde fut dirigée par Godefroy Cavaignac, Joubert, Thomas, Bastide, Degousée, Grouvelle et les frères Lebon, etc. Ce sont eux qui prirent le Louvre, comme on le verra tout à l'heure. La troisième était celle qui avait eu lieu près du Pont des Arts : le résultat est connu. La quatrième, celle de la rue du Bac, ne traversa en réalité le pont que lorsque les Tuileries furent prises.

Nous avons raconté la seconde attaque qui s'empara du Louvre. Ce succès est dû, dans le premier cas, au courage admirable dont ont fait preuve les assaillants et, ensuite, il faut l'avouer, par hasard, à une fausse manœuvre : nous l'appellerons ainsi en considération des sentiments de ceux qui refusent de le faire. reconnaître l'intervention de la Providence dans les affaires humaines.

Une anecdote suffira pour donner une idée du courage des assaillants. Un enfant de douze ans avait grimpé, comme un ramoneur, sur un des puits de bois dressés contre la colonnade pour y déposer les détritus, et il avait planté un drapeau tricolore sur le Louvre, à la face des Suisses. Cinquante coups de feu avaient été tirés sur lui et il avait eu la chance de s'échapper sans qu'un seul ne le dérange ! Juste au moment où des cris enthousiastes saluaient l'issue heureuse de la folie de l'enfant, le duc de Raguse, qui avait concentré ses forces autour du Carrousel pour un dernier combat, apprit que les soldats stationnés sur la place Vendôme avaient commencé à entrer en guerre. communication avec les gens.

La prise de la place Vendôme signifiait l'occupation de la rue de Rivoli, la conquête de la place Louis XV, signifiait en un mot que la retraite sur Saint-Cloud et Versailles était coupée. Le Louvre était surtout gardé par deux bataillons de Suisses. Un seul aurait suffi à sa défense. Le maréchal eut alors l'idée de remplacer les troupes de la place Vendôme (qui, comme nous venons de le dire, menaçaient de défection) par l'un de ces deux bataillons suisses. Il envoya son aide de camp, M. de Guise, chez M. de Salis, qui commandait les deux bataillons. M. de Guise portait l'ordre de ramener ces deux bataillons. M. de Salis, en recevant cet ordre, ne vit aucune objection à l'exécuter. Il était d'autant plus disposé à le suivre qu'un seul bataillon suffisait pour défendre le Louvre, et que celui-là, en effet, le défendait avec succès depuis le matin. L'autre bataillon se tenait dans la cour, les armes au repos. M. de Salis eut alors l'idée très naturelle d'envoyer le duc de Raguse, non pas le bataillon de réserve stationné dans la cour, mais celui qui combattait depuis le matin du balcon de Charles IX. et les fenêtres des galeries de tableaux, côté Colonnade du Louvre. Il commanda donc le nouveau bataillon à la place du fatigué. Mais il a commis cette erreur : au lieu d'ordonner au nouveau bataillon de monter, il a d'abord ordonné au bataillon fatigué de descendre. Cette manœuvre fut exécutée au moment même du plus grand enthousiasme et des plus grands efforts des assaillants. Ils virent les Suisses se retirer, les tirs s'affaiblir puis cesser complètement ; ils crurent que leurs ennemis battaient en retraite et ils s'élancèrent. Le mouvement était si impétueux qu'avant que le deuxième bataillon ait pris la place de ceux qui se retiraient, le peuple était entré par tous les portillons et grilles, s'était répandu dans les pièces désertes du rez-de-chaussée et tirait par les fenêtres. sur le terrain.

Lorsque les Suisses virent les flammes et la fumée, ils pensèrent que les scènes horribles et sanglantes du 10 août allaient se répéter. Inquiets, surpris et pris au dépourvu, ne sachant pas si leurs camarades s'étaient retirés sur ordre supérieur ou s'ils battaient en retraite, ils reculèrent et se précipitèrent les uns sur les autres, sans même tenter de riposter au feu qui décimait leurs rangs ; ils se précipitèrent par la porte donnant sur la place du Carrousel, s'étouffèrent, s'écrasèrent les uns les autres et s'enfuirent en déroute dès qu'ils franchirent le portail. Le duc de Raguse se jeta vainement au milieu d'eux pour tenter de les rallier. La plupart ne comprenaient pas le français et ne pouvaient donc pas dire ce qu'on leur disait ; de plus, la peur s'était transformée en terreur et l'effroi en panique. Vous savez ce que peut faire l'ange de la peur quand il agite ses ailes sur la foule : les fugitifs chassaient tout devant eux, cuirassiers, lanciers, policiers, traversèrent cet espace immense, la place du Carrousel, sans s'arrêter, franchirent la porte des Tuileries. et se dispersèrent dans toutes les directions dans le jardin. Pendant ce temps, les assaillants avaient atteint le premier palier, se précipitèrent à travers la galerie de tableaux, qu'ils trouvèrent sans défenseurs, et entreprirent d'enfoncer la porte au fond des galeries qui mène du Louvre aux Tuileries.

Dès lors, la résistance n'est plus possible : les défenseurs du château s'enfuient comme ils peuvent ; le jardin et les deux terrasses étaient bondés ; le duc de Raguse fut un des derniers à se retirer et quitta la porte de l'Horloge au moment où Joubert plantait le drapeau tricolore au-dessus de sa tête et où le peuple faisait pleuvoir par les fenêtres les papiers du cabinet du roi. Le maréchal trouva un morceau de canon emporté au sommet des jardins d'Hippomène et d'Atalante ; et, sur son ordre, on la remit en batterie, et une dernière volée en fut tirée vers les Tuileries, qui avaient cessé d'être la demeure des rois et étaient devenues le prix du peuple ; une de ses balles, cadeau posthume de la Monarchie, coupa en deux un des charmants petits piliers cannelés du premier étage. Ce dernier coup de canon ne fit de mal qu'au chef-d'œuvre de Philibert Delorme, mais semblait saluer le drapeau tricolore qui flottait au-dessus du pavillon de l'Horloge.

La Révolution de 1830 était accomplie. Accompli (nous le répéterons, l'imprimerons, le graverons s'il le faut sur le fer et le laiton, sur le bronze et l'acier), accompli, non seulement par les prudents acteurs de la comédie de ces quinze dernières années, qui se cachaient pour ainsi dire derrière le des ailes, tandis que le peuple jouait le drame sanglant des Trois Jours ; pas seulement de Casimir Périer, Laffitte, Benjamin Constant, Sébastiani, Guizot, Mauguin, de Choiseul, Odilon Barrot et des trois Dupin. Non! ces acteurs n'étaient même pas derrière les coulisses ; cela aurait été trop près de la scène pour eux ! Ils restaient chez eux, soigneusement gardés, hermétiquement fermés. Avec eux, il n'était jamais question de résistance autre qu'une résistance légalement organisée, et, lors de la prise du Louvre et des Tuileries, ils continuaient à discuter dans leurs salons des termes d'une protestation que beaucoup d'entre eux considéraient encore un pas en avant trop risqué. Les gens qui ont accompli la Révolution de 1830 sont ceux que j'ai vu à l'œuvre et qui m'ont vu là au milieu d'eux ; ceux qui entraient au Louvre et aux Tuileries par les portes et les fenêtres brisées l'étaient, hélas ! (On me pardonnera cette exclamation lugubre, puisque la plupart d'entre eux sont aujourd'hui soit morts, soit prisonniers, soit exilés), Godefroy Cavaignac, Baude, Degousée, Higonnet, Grouvelle, Coste, Guinard, Charras, Étienne Arago, Lothon, Millotte, d'Hostel , Chalas, Gauja, Baduel, Bixio, Goudchaux, Bastide, les trois frères Lebon (Olympiade, Charles et Napoléon : le premier fut tué et les deux autres blessés lors de l'attentat du Louvre), Joubert, Charles Teste, Taschereau, Béranger et d'autres dont je demande pardon si je les ai oubliés ou si je ne les ai pas nommés. Je demande également pardon à certains de ceux que je nomme et qui préféreraient peut-être ne pas être mentionnés. Ceux qui accomplirent la Révolution de 1830 furent les jeunes fougueux du prolétariat héroïque qui, il est vrai, alluma les incendies, mais les éteignit avec leur propre sang ; ces hommes du peuple qui se dispersent une fois l'ouvrage achevé, et qui meurent de faim après avoir monté la garde aux portes du Trésor, qui se dressent sur la pointe des pieds, pieds nus, dans les rues, pour surveiller les parasites conviviaux du pouvoir admis au pouvoir. le soin des charges, les prunes des bonnes positions et le partage de tous les grands honneurs, au détriment de leurs frères moins fortunés.

Les hommes qui firent la Révolution de 1830 furent ceux-là mêmes qui, deux ans plus tard, furent tués à Saint-Méry pour la même cause. Mais cette fois, on leur a donné un changement de nom, précisément parce qu'eux-mêmes n'avaient pas changé leurs principes, et qu'au lieu d'être appelés « héros », on les a qualifiés de « rebelles ». Seuls les renégats qui changent d'opinion en fonction de l'époque peuvent éviter le qualificatif de rebelle, lorsque différentes puissances se succèdent.

LIVRE III

CHAPITRE I

Je pars à la recherche d'Oudard. — La maison au coin de la rue de Rohan. — Oudard est avec Laffitte. — Degousée. — Le général Pajol et M. Dupin. — Les officiers du 53e régiment. — Intérieur du salon de Laffitte. — Panique. — Une députation arrive. offrir à La Fayette le commandement de Paris - Il accepte - Étienne Arago et la cocarde tricolore - Histoire de l'Hôtel de Ville de huit heures du matin à trois heures et demie de l'après-midi

---

Maintenant, voudriez-vous savoir ce qui se passait chez M. Laffitte, dans ce même salon où, deux jours plus tard, devait être créé un roi de France, ou plutôt un roi des Français, au moment même où que les Tuileries étaient prises ? Je peux vous le dire : et c'est pourquoi. En quittant les Tuileries, j'avais été saisi d'une ardente envie de savoir si Oudard était encore, au soir du 29 juillet, du même avis que le 28 au matin, à l'égard du duc d'Orléans. dévotion à Sa Majesté Charles X. Je me rends donc au n° 216 de la rue Saint-Honoré. Place de l'Odéon, j'avais failli être renversé par un *Gradus ad Parnassum* ; et, alors que j'approchais du n° 216, je fus aussi presque renversé par un cadavre. On jetait les Suisses par les fenêtres du coin de la rue de Rohan. Cela se passait chez un chapelier dont la devanture était criblée de balles. Un poste de Suisses avait été placé par elle comme avant-garde et ils avaient oublié de les relever, mais les gardes avaient gardé leur poste avec un vrai courage suisse, et on ne pouvait pas en faire de plus grands éloges. La maison avait été prise d'assaut, une douzaine d'hommes avaient été tués et les cadavres étaient jetés par les fenêtres, comme je l'ai dit, sans même qu'un cri d'avertissement ne soit lancé aux passants en dessous. Je montai les escaliers jusqu'aux bureaux du Palais-Royal. Or, mon fusil, qui avait causé tant de consternation la veille, fut reçu avec acclamation. J'ai trouvé le garçon de bureau occupé à mettre un peu d'ordre dans notre établissement. Cette partie du palais ayant été envahie, ils avaient tiré par les fenêtres, ce qui ne s'était pas fait sans jeter quelque désordre dans les journaux. Mais aucun signe d'Oudard ! Je m'enquis de lui auprès du garçon de bureau et j'appris confidentiellement que je le retrouverais selon toute probabilité chez Laffitte. J'ai déjà dit comment j'avais fait la connaissance du fameux banquier par le service qu'il m'avait rendu. Je me dirigeai donc vers son manoir, où j'étais sûr de ne pas être entièrement considéré comme un intrus. Il me fallut plus d'une heure pour me rendre du Palais-Royal à l'Hôtel Laffitte, tant les rues étaient bondées et tant de connaissances se rencontraient en chemin.

A la porte, je rencontrai Oudard.

"Ah ! par Jupiter !" J'ai dit en riant : "tu es juste l'homme que je recherche !"

"Moi ! que me veux-tu ?"

"Pour savoir si votre opinion sur la situation actuelle est inchangée."

"Je n'exprimerai aucune opinion avant demain", répondit-il.

Et, faisant un signe d'adieu, il disparut aussi vite qu'il put. Où allait-il ? Je ne le sus que trois jours plus tard : il se rendit à Neuilly pour porter ce court ultimatum au duc d'Orléans :

"Choisissez entre une couronne et un passeport !"

L'ultimatum fut rédigé par M. Laffitte.

Je m'étais flatté d'un vain espoir de croire pouvoir entrer dans la maison de Laffitte : les cours, les jardins, les antichambres, les salons étaient bondés ; il y avait même des spectateurs curieux sur les toits des maisons d'en face qui dominaient la cour de l'Hôtel. Mais il faut reconnaître que les hommes rassemblés là-bas n'étaient pas tous enthousiastes et reconnaissants de la situation. Certaines histoires de ce qui se passait à l'intérieur filtraient jusqu'à la foule à l'extérieur, contre laquelle ils se plaignaient bruyamment en écoutant. Une histoire donnera une idée de la prudence prudente des députés réunis chez Laffitte.

Lorsque Degousée eut, ce matin-là, vu l'Hôtel de Ville tomber aux mains du peuple, il y laissa Baude installé et se précipita chez le général Pajol pour lui offrir le commandement de la garde nationale. Mais le général Pajol répondit qu'il ne pouvait prendre une mesure aussi décisive sans l'autorisation des députés.

"Alors, où diable y a-t-il des députés ?" demanda Degousée.

— Cherchez-les chez M. de Choiseul, répondit le général Pajol.

Alors Degousée s'y rendit. M. de Choiseul était à bout de nerfs : il venait d'apprendre qu'il avait été nommé la nuit précédente membre du Gouvernement provisoire et que, dans la nuit, il avait signé une proclamation séditieuse. M. Dupin, père, était avec le duc, ayant sans doute une consultation sur cette partie inattendue de la législation française. L'idée proposée par Degousée de réorganiser un corps qui ne pouvait manquer de devenir un pouvoir conservateur ravit énormément M. Dupin. Il prit un stylo et écrivit ces mots :

« Les députés réunis à Paris autorisent le général Pajol à prendre le commandement de la *milice parisienne.* »

« *La milice parisienne !* » répéta Degousée. "Pourquoi les appelles-tu par ce nom ?"

« Parce que la garde nationale a été légalement dissoute par ordonnance du roi Charles X », répondit M. Dupin.

" Allons, allons, continua Degousée, ne chicanons pas sur les termes. Signez vite et dites-moi gentiment où je trouverai vos *députés réunis à Paris.* "

— Chez M. Laffitte, répondit M. Dupin.

Et il a signé l'autorisation sans faire d'autres difficultés.

Les députés étaient en effet réunis avec Laffitte. Et Degousée, plus heureux que moi, grâce sans doute au papier qu'il portait, avait pu atteindre la salle où se délibéraient. Les députés regardèrent les trois lignes précitées et, voyant la signature de M. Dupin, signèrent à leur tour ; mais à peine l'avaient-ils fait qu'ils furent saisis d'effroi : Degousée, qui ne laissait jamais pousser l'herbe sous ses pieds, et qui d'ailleurs brûlait d'être à l'assaut du Louvre, était déjà arrivé à la porte de la rue lorsqu'un L'adjoint l'a rattrapé.

« Monsieur, dit-il, me permettez-vous de consulter encore une fois ce papier ?

"Certainement", répondit Degousée sans méfiance.

Le député s'écarta et arracha les signatures, puis rendit le papier plié à Degousée, qui le prit, ne découvrant les signatures manquantes soustraites par l'habile prestidigitateur, que lorsqu'il arriva devant la porte du général Pajol.

Mes lecteurs se souviennent de la fable du *Lièvre et des Grenouilles de La Fontaine* ? Le brave homme prévoyait tout, même ce qu'on croyait presque impossible, à savoir que M. Dupin trouverait un plus lâche que lui ! C'était l'histoire qui circulait parmi les groupes de gens qui se tenaient dehors.

Mais empressons-nous d'ajouter que La Fayette n'était pas encore arrivé à l'hôtel Laffitte lorsqu'eut lieu l'incident que nous venons de raconter. Il arriva au moment où un homme du peuple, le fusil à la main et le visage noirci de poudre, accourut annoncer la prise du Louvre. Un sergent du 53e régiment de ligne avait si bien fait usage de ses pieds et de ses mains qu'il était entré dans le salon, où il annonçait que ce régiment était sur le point de fraterniser avec le peuple. Les officiers demandèrent seulement qu'on leur envoyât quelqu'un de haut rang, afin que leur passage à la cause révolutionnaire ne ressemble pas à une défection ordinaire. Ils envoyèrent le colonel Heymès, en civil, et M. Jean-Baptiste Laffitte, avec plusieurs membres de la garde nationale, qu'ils avaient recrutés au fur et à mesure de leur passage sur le boulevard. Le régiment arrivait au moment où j'arrivais : cinq officiers entrèrent dans la salle du conseil et moi avec eux. M. Laffitte était près de la fenêtre du jardin, qui était ouverte, quoique les stores extérieurs fussent fermés ; il était assis dans un grand fauteuil, la jambe appuyée sur un repose-pieds. Il s'était foulé le pied la veille. Derrière lui était Béranger, appuyé sur le dossier de sa chaise, et, d'un côté, le général La Fayette, s'informant de sa santé ; dans le creux d'une seconde fenêtre, Georges La Fayette causait avec M. Laroche, neveu de M. Laffitte. Trente ou quarante députés, conversant par groupes, remplissaient le reste du salon. Soudain, un bruit effrayant de tir se fit entendre et le cri retentit :

"La Garde Royale marche vers l'Hôtel !"

J'ai vu bien des spectacles, depuis celui de *Paul et Virginie*, à l'Opéra-Comique, le premier que j'ai jamais vu et admiré, jusqu'à *la Barrière de Clichy*, au Cirque, un des derniers que j'ai pu réaliser, mais je n'ai jamais vu. quel dépaysement comme ça ! On aurait pu imaginer que chaque député s'était retrouvé sur une trappe et avait disparu au coup de sifflet. En un tour de main, il ne restait absolument plus personne dans le salon, si ce n'est Laffitte, qui restait toujours assis, sans aucune trace d'émotion apparente sur son visage ; Béranger, qui est resté fidèle à sa position ; M. Laroche, venu aux côtés de son oncle; La Fayette, qui releva sa noble et vénérable tête et fit un pas vers la porte, ce qui signifiait affronter le danger ; Georges La Fayette, qui se précipita vers son père ; et les cinq officiers qui formaient une garde du corps autour de M. Laffitte. Tous les autres avaient disparu par les portes privées ou avaient sauté par les fenêtres. M. Méchin s'était distingué en étant parmi ces derniers. J'avais l'intention de profiter de la situation pour présenter mes compliments au maître de la maison, mais le général La Fayette m'arrêta en chemin.

"Qu'est-ce qu'il y a ?" il m'a demandé.

"Je n'en ai aucune idée, Général," répondis-je; " mais je peux affirmer avec assurance que ni les Suisses ni la Garde Royale ne sont ici... Je les ai vus quitter les Tuileries, et, au train où ils allaient, ils devaient, à cette heure, être plus près de Saint-Cloud que les Hôtel Laffitte."

" Peu importe ! essayez de découvrir de quoi il s'agit. "

J'avançais vers la porte lorsqu'un officier entra et apporta la solution à l'énigme.

Les soldats du 6e régiment de ligne avaient rencontré ceux du 53e et avaient suivi l'exemple de ce dernier en se rangeant du côté de la cause populaire ; en signe de joie, ils avaient tiré en l'air avec leurs fusils. Cette explication donnée, nous partîmes à la recherche des députés disparus que nous trouvâmes enfin ici, là et partout. Deux seulement n'ont pas répondu à l'appel. Cependant, à force de chasser davantage, ils furent découverts cachés dans une étable. Si vous le désirez, je suis tout à fait prêt à donner leurs noms. Une députation fut introduite quelques minutes plus tard ; Garnier-Pagès en faisait partie, si je me souviens bien. Cette députation avait pris pour authentiques les pancartes et la proclamation de Taschereau, et était venue supplier les généraux La Fayette et Gérard d'entrer en fonction. Le général Gérard, qui venait d'arriver, éluda la proposition. Le rêve de Gérard était de devenir ministre de Charles X auprès de M. de Mortemart, et non membre d'un gouvernement provisoire et révolutionnaire. La réponse de La Fayette à la députation fut à peu près la même que celle qu'il m'avait donnée la veille.

« Mes amis, si vous pensez que je peux être utile à la cause de la liberté, utilisez-moi » ; et il se remit entre les mains de la députation.

Le cri de « Vive La Fayette ! » ont résonné dans les salons de l'Hôtel Laffitte et ont été repris dans la rue. La Fayette se tourna vers les députés.

« Vous voyez, messieurs, dit-il, on me propose le commandement de Paris et je crois que je dois l'accepter.

Ce n'était pas le moment de contester, et l'adhésion fut unanime. Tous ceux qui étaient présents, y compris même M. Bertin de Vaux, s'approchèrent de La Fayette pour le féliciter, mais je ne pus saisir les mots. J'étais déjà dans l'antichambre, dans la cour et dans la rue en criant :

« Faites place au général La Fayette, qui va à l'Hôtel de Ville !

L'unanimité des cris de « Vive La Fayette ! prouve que le héros de 1789 n'a pas perdu un atome de sa popularité en 1830.

Quelle chose magnifique que la Liberté ! une déesse immortelle et infaillible ! La Convention eut son temps, le Directoire, le Consulat, l'Empire et la Restauration passèrent aussi, et les têtes et les couronnes tombèrent avec eux ; mais celui que la Liberté avait consacré roi du peuple en 1789 se retrouva roi du peuple en 1830.

La Fayette sortit, s'appuyant sur Carbonnel, accompagné d'un député dont je ne connaissais le nom que lorsque je m'informai : c'était Audry de Puyraveau. Tout le monde, hommes, femmes et enfants, formait une procession à la suite de l'illustre vieillard, que nous honorions et glorifiions parce que nous savions qu'il incarnait en sa personne le principe majeur de la Révolution. Et pourtant, bien qu'il fût si avancé dans ses vues, il était alors bien loin de celles des plus jeunes !

A la porte des bureaux de la *Nationale* , rue Neuve-Saint-Marc, La Fayette aperçoit Étienne Arago, coiffé d'une cocarde tricolore. « Monsieur Poque, dit-il en s'adressant à l'une des personnes qui l'accompagnaient, allez prier ce jeune homme d'enlever sa cocarde.

Arago vint à La Fayette.

« Je demande pardon, Général, dit-il, mais je ne crois pas avoir compris.

"Mon jeune ami, je te prie d'enlever cette cocarde."

"Pourquoi, Général ?"

"Parce que c'est un peu prématuré.... Plus tard, plus tard, nous verrons."

"Général, répondit Étienne, je porte depuis hier un drapeau tricolore à ma boutonnière et à mon chapeau depuis ce matin. Ils sont là et ils resteront là !"

« Un homme obstiné ! murmura le général en s'en allant.

Ils lui suggérèrent d'avoir un cheval des écuries de pension de Pellier, mais il refusa. Il fallut donc près d'une heure et demie pour aller de la rue d'Artois à l'Hôtel de Ville. Il y arriva vers trois heures et demie.

Mais il me faut raconter l'histoire de l'Hôtel de Ville depuis huit heures du matin, où il fut définitivement pris par le peuple, jusqu'au moment où le général La Fayette vint l'occuper à trois heures et demie. Vers sept heures du matin, la population s'aperçoit que l'Hôtel a été évacué par les troupes. La nouvelle a été immédiatement portée aux bureaux *nationaux* . Il était important qu'on en prenne possession, c'est pourquoi Baude et Étienne Arago s'y rendirent. A neuf heures, ils étaient installés à l'intérieur. À partir de ce moment précis, aussi visionnaire soit-il, le gouvernement provisoire est installé au pouvoir. Il s'était levé un homme qui n'a pas reculé devant la terrible responsabilité qui a fait reculer tant de gens. Cet homme, c'était Baude. Il s'est constitué secrétaire d'un gouvernement inexistant. Il publia d'innombrables ordonnances, proclamations et décrets qu'il signa

« BAUDE, *Secrétaire du Gouvernement Provisoire.* »

Nous avons dit qu'il était entré à l'Hôtel de Ville à neuf heures. À onze heures, le coffre-fort municipal fut examiné et trouva cinq millions de francs. A onze heures, les maîtres boulangers furent convoqués et déclarèrent sous leur propre responsabilité que Paris était approvisionné pour un mois. D'ailleurs, à onze heures, des commissions furent constituées dans tous les douze arrondissements de Paris, avec instruction de se mettre en communication avec l'Hôtel de Ville. Cinq ou six patriotes dévoués se rallièrent à Baude et suffirent à son équipe de travail. Étienne Arago en faisait partie. Rapports, ordres, décrets et proclamations étaient placés entre le canon et la baguette du fusil d'Arago et portés aux bureaux *nationaux* . Il passa par la rue de la Vannerie, le marché des *Innocents* et la rue Montmartre. Depuis dix heures du matin, aucun obstacle ne l'avait gêné dans sa course. Conformément à l'ordre du maréchal Marmont, toutes les troupes s'étaient concentrées autour des Tuileries.

Tandis qu'Étienne emportait le proclamateur annonçant la chute des Bourbons, signé « BAUDE, *secrétaire du Gouvernement provisoire* », il rencontra un ancien comédien nommé Charlet, au marché des Innocents, qui marchait devant une foule immense de gens. des gens qui remplissaient toute la place. Les deux principaux personnages de cette foule, ceux qui paraissaient la conduire ou être conduits par elle, étaient un homme habillé en capitaine et un autre en uniforme de général. L'homme en uniforme de capitaine était Évariste Dumoulin, rédacteur en chef du *Constitutionnel* , auquel j'ai fait allusion à propos de Madame Valmonzey et *de Christine*. L'homme en uniforme de général était le général Dubourg. Personne ne savait qui était le général Dubourg, ni d'où il était originaire, ni s'il était allé dans un magasin de friperie et s'il avait emprunté, loué ou acheté son uniforme de général. Mais les épaulettes manquaient, et c'était un accessoire trop important pour être négligé. Charlet, l'acteur, alla chercher une paire d'épaulettes dans les magasins de l'Opéra-Comique et les apporta au général. Et ainsi complet, il partit en tête de son cortège.

« Qu'est-ce que c'est que toute cette foule ? demanda Étienne à Charlet.

"C'est le cortège du général Dubourg qui part pour l'Hôtel de Ville."

« Qui est le général Dubourg ?

"Le général Dubourg est le général Dubourg", dit Charlet.

Et il n'y avait effectivement aucune autre explication à proposer.

Le général Dubourg s'était présenté la veille devant Higonnet et Degousée à la mairie des Petits-Pères.

« Messieurs, demanda-t-il, avez-vous besoin d'un général ?

"Un général?" répéta Degousée. "À l'époque révolutionnaire, il suffit d'un tailleur pour fabriquer n'importe quoi ou n'importe qui - et, avec suffisamment de tailleurs, les généraux ne manqueront pas."

Le général nota mentalement cette expression, mais, au lieu de s'adresser à un tailleur, il fit ce qui était plus économique et plus expéditif. Il est allé chez une brocante ! Mais il convenait alors qu'un général de fortune ait un uniforme de fortune .

Eh bien, le général et son uniforme réunis se sont rendus à l'Hôtel de Ville. Or, il est de bon ton que les processions marchent à un rythme lent, et celle-ci ne s'écarte pas de l'usage habituel. Étienne eut le temps d'aller déposer sa dépêche aux bureaux du *National* et, en se pressant légèrement, il put regagner l'Hôtel de Ville avant que le général Dubourg ait effectué son entrée.

« Baude, dit-il, tu sais ce qui s'en vient ?

"Non."

"Un général!"

"Quel général ?"

"Général Dubourg.... Connaissez-vous cette personne ?"

"Pas d'Adam ou d'Ève ! Est-il en uniforme ?"

"Oui."

"Un uniforme, ça fera du bien ! Vive le général Dubourg ! Nous le mettrons dans une arrière-boutique et le montrerons quand l'occasion s'en présentera."

Le général Dubourg entra aux cris de « Vive le général Dubourg ! »

Ils l'ont emmené dans la pièce du fond indiquée par Baude, et quand il y était...

« Que souhaitez-vous, Général ? lui ont-ils demandé.

— Un peu de pain et un pot de chambre, répondit le général. "Je meurs de faim et d'envie de faire de l'eau !"

Ils lui ont donné ce qu'il voulait. Pendant qu'il dévorait son morceau de pain, Baude lui apporta deux proclamations à signer. Il en signa un sans difficulté, mais refusa de signer l'autre. Baude le prit et le signa d'un haussement d'épaules : « BAUDE, *secrétaire du Gouvernement Provisoire.* »

Pauvre gouvernement provisoire ! Il eût été curieux de voir quelle aurait été sa conduite si Charles X était revenu à Paris.

Arago était en route, porteur de ces deux proclamations, lorsqu'il rencontra près de Saint-Eustache une nouvelle troupe, procédant à l'attaque du Louvre. Il ne pouvait s'empêcher d'y adhérer.

"Bah!" dit-il, les proclamations attendront ; passons d'abord aux affaires les plus urgentes. Et il est allé au Louvre.

Lorsque le Louvre fut pris, il porta ses proclamations au *National* et y annonça la victoire du peuple. C'est ici que le général La Fayette l'avait aperçu avec une cocarde tricolore et s'inquiétait de son audace.

Lorsqu'Étienne apprit que le général se rendait à l'Hôtel de Ville, il fit pour lui la même chose qu'il avait fait pour le général Dubourg : il courut à l'Hôtel pour annoncer à Baude l'arrivée du général La Fayette. Pour être juste envers le général Dubourg, il faut dire qu'il n'a même pas tenté de contester la position du nouvel arrivant, bien qu'il soit arrivé plus tard que lui. Il s'avança pour le recevoir sur les marches et, s'inclinant respectueusement, lui dit :

" *À tout seigneur, tout honneur !* "

Depuis cinq heures, il était maître de Paris ; et, pour deux de ces cinq, son nom était sur toutes les lèvres. Il devait réapparaître une seconde fois pour être traqué hors de l'Hôtel de Ville, et une troisième lorsqu'il faillit être assassiné. A son arrivée, il fit venir la tente tricolore et un tapissier.

Quand celui-ci arriva : « Monsieur, lui dit le général, je veux un drapeau.

"Quelle couleur?" » demanda l'homme.

"Noir!" répondit le général ; " Le noir sera la couleur de la France jusqu'à ce qu'elle ait recouvré sa liberté ! "

Et dix minutes après, un drapeau noir flottait sur l'Hôtel de Ville.

CHAPITRE II

Le général La Fayette à l'Hôtel de Ville — Charras et ses
hommes — « Les Pruneaux de Monsieur » — La
Commission municipale — Son premier acte — La banque
de Casimir Périer — Le général Gérard — Le duc de
Choiseul — Ce qui s'est passé à Saint-Cloud — Les trois
négociateurs—Il est trop tard—M. d'Argout avec Laffitte

Dès que le général La Fayette fut installé à l'Hôtel de Ville, celui-ci devint aussitôt aussi rempli de monde qu'il avait été déserté avant son arrivée. Au milieu de tous les cris de joie, des clameurs d'enthousiasme et des cris de triomphe, le pauvre général ne savait qui écouter. Hommes du peuple, étudiants, élèves de l'École polytechnique, tous sont venus avec leur histoire particulière. Le général répondit :

"Très bien très bien!" et il serra la main du messager, qui dévala l'escalier, ravi, en criant :

"Le général La Fayette m'a serré la main ! Vive le général La Fayette !"

Charras arriva, en son temps, avec ses cent ou cent cinquante hommes.

"Me voici, Général", dit-il.

"Ah ! Toi, mon jeune ami !" dit La Fayette. "Je vous en prie"; et il l'embrassa.

"Oui, Général, je suis là, mais je ne suis pas seul."

"Qui es-tu avec toi?"

"Mes cent cinquante hommes."

"Et qu'ont-ils fait ?"

"Ils ont agi en héros, Général ! Ils ont pris la prison Montaigu, la caserne de l'Estrapade et celle de la rue de Babylone."

"Bravo!"

"Oui, vous pouvez bien le dire ! Mais maintenant qu'ils n'ont plus rien à prendre, que dois-je en faire ?"

"Eh bien, dis-leur de rentrer tranquillement chez eux."

Charras rit.

"Des maisons ? Vous ne voulez pas vraiment dire ça, Général !"

"Oui, vraiment ; ils doivent être fatigués après les tâches qu'ils ont accomplies."

"Mais, général, les trois quarts de ces braves gens n'ont pas de maison où aller, et l'autre quart, s'ils rentraient chez eux, ne trouveraient ni un morceau de pain ni un sou pour en acheter."

— Ah ! diable ! ça change le cas, dit le général. — Alors, qu'ils aient cent sous par tête.

Charras soumit la proposition du général à ses hommes.

"Oh !... Viens maintenant !" ils ont dit : « pense-t-il que nous nous battons pour l'argent ?

Baude ordonna une distribution de pain et de viande et, lorsqu'elle fut faite, Charras campa avec sa troupe sur la place de l'Hôtel de Ville.

La tasse de chocolat et la bouteille de vin de Bordeaux de Mme Guyet-Desfontaines appartenaient désormais au passé, et j'éprouvais un désir aussi pressant de manger un morceau de pain que l'avait ressenti le général Dubourg en arrivant à l'Hôtel de Ville. Je suis allé chez un marchand de vin au coin de la place de Grève et du quai Pelletier et j'ai demandé à dîner. Sa maison était criblée de balles et il était devenu propriétaire d'une belle sélection de mitraille. Il avait l'intention de les placer au-dessus de sa porte, comme futur signe, avec les mots suivants inscrits au-dessus d'eux :

AUX PRUNES DE MONSIEUR

Vous savez que le comte d'Artois, comme tous les frères cadets des rois de France, s'appelait Monsieur avant de devenir Charles X. J'approuvais l'heureuse notion du marchand de vin, et je le flattais si intelligemment que je lui ai arraché une bouteille de vin, un morceau de pain et une saucisse.

J'étais bien décidé à ne pas perdre de vue l'Hôtel de Ville et à prendre note de tout ce qui s'y passait. J'ai trouvé que Révolutions avait un côté extrêmement amusant. Veuillez m'excuser, c'était la première fois que je voyais. Maintenant que j'en ai vu un troisième, je ne les trouve plus aussi drôles.

Mais comme nous avons bien des incidents à raconter dans ces humbles Mémoires que cette archi-prudente Histoire laisse sous silence et que nous n'avons donc pas de temps à perdre, disons, d'une part, ce qui se passait à Saint-Cloud et , de l'autre, ce qui se tramait chez M. Laffitte, pendant que je buvais ma bouteille de vin et mangeais mon pain et mes saucisses à l'enseigne des *Pruneaux de Monsieur*, et pendant que le général La Fayette s'installait dans son fauteuil dictatorial. à l'Hôtel de Ville, embrassant Charras et envoyant ses hommes se coucher, car il pensait qu'ils avaient cruellement besoin de se reposer.

Commençons par l'Hôtel Laffitte. La Fayette avait à peine quitté le salon pour s'attaquer à la dictature de Paris, qu'on commença à craindre de laisser seul à la tête des affaires le héros de la bataille de la Fédération vingt-quatre heures sur vingt-quatre, et qu'on se mit à l'œuvre pour trouver une solution efficace. méthode pour contrebalancer son pouvoir. Ils nomment le général Gérard *directeur des opérations actives* (fonction inconnue qu'ils avaient inventée pour l'occasion) ; et il devait être appuyé par une commission municipale composée de MM. Casimir Périer, Laffitte, Odier, Lobau, Audry de Puyraveau et Mauguin. Mais faire partie d'une commission municipale était une démarche beaucoup trop hardie pour M. Odier ; et il a refusé. M. de Schônen fut nommé à sa place. L'entorse du pied de M. Laffitte servit de prétexte pour établir la Commission chez lui. Ainsi, tout était organisé pour combattre l'emprise révolutionnaire du général La Fayette. C'est ainsi que la bourgeoisie commença son travail réactionnaire le jour même où l'enthousiasme et le triomphe populaires étaient à leur apogée.

Renouez-vous avec les amis, réjouissez-vous, approchez-vous avec des cris de joie, embrassez-vous, hommes des faubourgs, jeunes gens des collèges, étudiants, poètes et artistes ! Levez les mains au ciel, remerciez Dieu et criez hosannah ! Vos morts ne sont pas encore enterrés, vos blessures ne sont pas encore guéries ; vos lèvres sont encore noires de poudre, vos coeurs battent encore joyeusement à l'idée de la liberté, et déjà des hommes intrigants, des financiers et ceux en uniforme qui allaient se cacher en tremblant et en priant pendant que vous combattiez, s'approchent sans vergogne pour arracher la victoire et la liberté. de vos mains, pour arracher les paumes de l'un et couper les ailes de l'autre ; pour ravir vos deux chastes déesses. Pendant que vous fusillez un homme place du Louvre pour avoir volé un vase en vermeil, pendant que vous fusillez un homme sous le pont d'Arcole pour avoir volé de l'argenterie, vous êtes insulté et calomnié là-bas dans cette grosse amende hôtel particulier, que vous rachèterez un jour par une souscription nationale (vous, enfants à la mémoire courte, au cœur d'or !), et le rendrez à son propriétaire lorsqu'il sera ruiné et qu'il ne lui restera plus que quatre cent mille francs de rente ! *Audit et intelligence!* Écoute et apprend ! Voici le premier acte de cette Commission municipale qui venait d'être auto-élue :—

> "Les députés présents à Paris ont dû se réunir pour remédier
> aux graves dangers qui menacent la sécurité des personnes
> et des biens. Une Commission municipale a été constituée
> pour veiller aux intérêts de tous en l'absence d'organisation
> régulière.".

Royalistes, méfiez-vous ! il y a un édit du bon roi Saint-Louis donnant le pouvoir de percer la langue des blasphémateurs avec un fer rouge ! Cette Commission devait avoir un secrétaire à l'Hôtel de Ville et O Dilon Barrot fut nommé. Il se trouve qu'au moment même où la Commission signait ce décret injurieux, on venait lui annoncer que la moitié des combattants mouraient de faim sur les places publiques et demandaient du pain. Ils se tournèrent d'un commun accord vers M. Casimir Périer, celui qui avait offert la veille quatre millions au duc de Raguse.

"Eh bien, messieurs," répondit-il, "je suis vraiment désolé pour les pauvres diables, mais il est quatre heures passées et ma caisse est fermée."

Et c'était un homme qui avait été ministre et gouvernait le peuple français, un homme dont les fils avaient été ambassadeurs et représentants de la nation française !

A cinq heures, le général Gérard daignait se montrer à la foule. Il portait encore la cocarde blanche à son chapeau, et elle suscita de tels commentaires que le général fut obligé de l'enlever ; mais aucune persuasion ne pouvait lui faire revêtir la cocarde tricolore à la place.

Le duc de Choiseul entra dans l'hôtel Laffitte au moment où le général Gérard en sortait ; le pauvre duc, dont le teint en temps ordinaire était tout jaune, paraissait maintenant vert. Il en avait assez pour le faire ainsi ! Depuis le matin, il participait au Gouvernement provisoire, signant des proclamations et promulguant des décrets ! Pendant que les combats se déroulaient dans les rues, il n'avait pas osé s'aventurer dehors ; il avait trop peur d'être compromis et encore plus peur d'être tué. Quand la fusillade fut arrêtée, M. de Choiseul avait entrouvert ses volets, et il s'aperçut que tout le monde était dans les rues et que la ville était en liesse : il avait descendu pas à pas son escalier tapissé, avait risqué un pied devant son Hôtel et s'était finalement risqué à aller jusqu'à chez M. Laffitte. Que voulait-il faire là-bas ? Par jupiter! ce n'est pas une question difficile à répondre : il venait protester contre l'abominable faussaire qui avait abusé de son nom et qui l'avait si peu respecté qu'il l'avait lié à celui de M. Motié de La Fayette ! C'est vrai, M. de Choiseul ; quoique descendant d'une bonne famille auvergnate, M. Motié de La Fayette ne descendait pas de Raymond III, comte de Langres, et d'Alix de Dreux, petite-fille de Louis le Gros ; mais je ne sais pas s'il pouvait compter parmi ses ancêtres quelqu'un accusé d'avoir empoisonné un dauphin de France, à l'instigation de l'Autriche. Ce fait aurait dû être pris en considération et aurait dû rendre le duc plus indulgent envers le pauvre monsieur et sa famille.

Maintenant que nous avons vu ce qui se passait à l'hôtel Laffitte, voyons ce qui se passait à Saint-Cloud. Ils étaient furieux contre le duc de Raguse ; et ils n'avaient pas seulement dit qu'il n'avait pas bien défendu Paris, mais qu'il les avait trahis. Un sort malheureux poursuivait cet homme, accusé de toutes parts, même par ce à quoi il s'était voué ! Le dauphin fut substitué pour prendre le commandement à sa place. Tout le monde savait quel grand général était le dauphin ! N'a-t-il pas conquis l'Espagne et chassé cet heureux et téméraire Napoléon ? Ses réparties aussi n'étaient-elles pas tournées avec le plus grand bonheur ? Il vint au bois de Boulogne recevoir les troupes et s'approcha d'un capitaine en lui demandant :

"Combien d'hommes avez-vous perdu, Capitaine ? Combien d'hommes avez-vous perdu ?"

Le dauphin avait l'habitude de répéter ses phrases deux fois.

"Beaucoup, Monseigneur !" » répondit tristement l'officier.

« Mais il vous en reste encore beaucoup – il vous en reste encore beaucoup ? » dit Son Altesse avec le tact qui lui était naturel !

Les troupes poursuivent leur retraite et atteignent Saint-Cloud déprimées par la fatigue, brisées par la chaleur et mourant de faim. Ils n'étaient pas attendus et rien n'était préparé pour eux. Le duc de Bordeaux dîna, et M. de Damas fit envoyer aux soldats les plats qui sortaient de la table du prince. L'enfant prit les plats et les remit lui-même aux serviteurs qui l'accompagnaient. L'heure prédite par Barras était venue, mais le pauvre enfant royal n'avait appris aucun autre métier que celui de prince, métier mauvais de nos jours : demandez à Sa Majesté Napoléon II. et Son Altesse le duc de Bordeaux, ou Monseigneur le comte de Paris.

Cependant la négociation du docteur Thibaut avait produit ses effets et, tandis que le général Gérard s'en tenait à sa cocarde blanche à cinq heures et demie de l'après-midi du 29 juillet, M. de Mortemart arrivait à Saint-Cloud à sept heures du soir. Charles X ne lui fit pas un bon accueil ; il ne l'aimait pas, et en effet M. de Mortemart était un de ces royalistes douteux, atteints de républicanisme, comme les La Fayette, les Lameth et les Broglie. M. de Mortemart essaya d'obliger le roi à faire des concessions ; mais le roi avait répondu avec détermination que vingt-quatre heures plus tard, il devait mentir...

"Je ne ferai aucune concession, monsieur ! J'ai été témoin des événements de 1789 et je ne les ai pas oubliés. Je ne veux pas monter en charrette, comme mon frère ; je choisis de monter à cheval." [1]

Malheureusement pour cette belle résolution, les affaires de Paris changèrent de visage le lendemain matin. Ce fut alors Charles X qui pressa M. de Mortemart d'accepter le ministère, et M. de Mortemart qui, à son tour, le déclina. Il vit que l'heure était passée pour qu'un ministère mixte soit efficace, et fit d'une fièvre intermittente, prise sur les bords du Danube, l'excuse de son refus. Mais Charles X en était arrivé au point où les rois ne cherchent plus à cacher leurs craintes, mais poussent ouvertement des cris de détresse.

" Ah ! monsieur le duc, s'écria le vieux monarque, vous refusez donc de sauver ma vie et celle de mes ministres ? Ce n'est pas le rôle d'un sujet fidèle, monsieur ! "

Le duc s'inclina.

« Sire, dit-il, si c'est ce que vous exigez de moi, j'accepterai !

"Bien, je vous remercie", répondit le roi.

Puis, dans un murmure...

"Mais reste à savoir si le peuple sera satisfait de vous..."

Les mesures violentes imposées au vieux roi lui furent si amères que, même devant l'homme qui avait voulu se sacrifier pour lui, il ne put retenir sa colère.

Trois personnages politiques attendaient dans une salle voisine ; ainsi, dans notre langage poli, on parle de pairs, de députés, de sénateurs, de magistrats et de conseillers qui prêtent serment d'allégeance aux monarchies, et qui les défendent si bien, qu'en quarante ans , ils en ont laissé quatre leur filer entre les doigts ! Ces personnages politiques étaient M. de Vitrolles, que le docteur Thibaut était allé chercher le soir du 27 juillet pour lui présenter la Coalition, Mortemart et Gérard ; M. de Sémonville, l'homme aux drapeaux apocryphes, dont M. de Talleyrand disait, en le voyant tomber : « Quel intérêt peut-il y prendre ? M. d'Argout qui, en 1848, devint si ardent républicain qu'il renvoya de ses fonctions mon cher et intime ami Lassagne, qui avait obtenu auprès de lui un petit poste à trois à quatre mille francs d'appointements, parce qu'il le reconnaissait comme ayant fut secrétaire du roi Louis-Philippe.

« Ô sainte discrétion ! comme disait Brutus.

Pendant qu'ils attendaient, M. de Polignac entra. Le prince devina bientôt ce que les trois négociateurs avaient décidé ; deux d'entre eux étaient ses amis personnels. Ils étaient venus demander sa détrônation. Il y avait de la grandeur chez le prince de Polignac ; un homme d'esprit plus modeste aurait tenté de les empêcher d'accéder au roi ; mais il les introduisit aussitôt dans le cabinet de Charles X. Peut-être comptait-il aussi sur l'aversion bien connue du roi pour M. d'Argout. Le roi venait d'accepter le ministère de Mortemart. Il reçut ces messieurs qui lui confièrent leur mission. Charles X ne les laissa même pas aller jusqu'au bout, mais, avec un geste à la fois plein d'amertume et de noblesse, il dit :

"Messieurs, allez chez les Parisiens et dites-leur que le roi révoque les ordonnances."

Ces messieurs exprimaient leur joie par des murmures de satisfaction. Mais le roi continua en disant :

« Permettez-moi en même temps de vous dire que je crois que cette révocation est fatale aux intérêts de la Monarchie et de la France !

Les intérêts de la Monarchie et de la France ! Pourquoi diable Charles X en parlait-il à de tels hommes ? De quoi se préoccupaient-ils au-delà de leurs propres intérêts privés ? Ils partirent en calèche au grand galop. En chemin, ils rencontrèrent tout Paris en armes sortant des maisons dans les rues et des faubourgs. M. de Sémonville criait à cette foule d'hommes armés nus et aux chemises tachées de sang :

" Mes amis, le roi a révoqué les ordonnances ; les ministres ont été chassés. "

Il croyait parler la langue du peuple, mais en réalité il ne prononçait que le jargon de la plus basse canaille. M. de Vitrolles se serrait volontiers la main partout. Si les hommes qui lui ont serré la main avaient connu son nom, ils l'auraient étranglé !

Lorsque les négociateurs atteignirent les quais, ils furent obligés d'abandonner leurs voitures, car les barricades commençaient et, avec eux, pas de favoritisme : la locomotion était la même pour tous. Lorsqu'ils atteignirent l'Hôtel de Ville et montèrent les marches, ils rencontrèrent Marrast et, reconnaissant les trois négociateurs, il s'arrêta pour les regarder. M. de Sémonville ne connaissait pas Marrast, mais, voyant un jeune homme élégamment vêtu, au milieu de cette foule déguenillée, il s'adressa à lui.

« Jeune homme, dit-il, pouvons-nous parler au général La Fayette ?

Il n'osait pas dire *monsieur* et ne voulait pas l'appeler *citoyen* .

Marrast le dirigeait ; et ces messieurs furent introduits au milieu de la commission municipale. Ils allaient commencer à déclarer leur mission sans qu'il ait été jugé nécessaire d'en informer le général La Fayette qu'ils étaient venus chercher. Il eût peut-être convenu à certains membres de la Commission municipale de La Fayette de ne pas y être ; mais M. de Schônen et Audry de Puyraveau, les plus enthousiastes et les plus impliqués de la Commission, l'envoyèrent chercher. Ils proclamèrent le ministère de Mortemart et Gérard.

— Mais, messieurs, interrompit Mauguin, deux ministres ne forment pas un gouvernement.

« Le roi, dit M. de Sémonville, consent volontiers à l'adjonction de M. Casimir Périer.

Et il se tourna avec un gracieux sourire vers le banquier, qui devint terriblement pâle.

Au même instant, Casimir Périer reçoit une lettre qu'il lit. Tous les regards étaient fixés sur lui... Il fit un geste de refus. Il y eut un bref moment de silence et d'hésitation, chacun essayant d'éviter d'être le premier à répondre, sentant l'importance de sa réponse. Alors M. de Schônen se leva, rompit le silence, et prononça d'un ton ferme ces terribles paroles :

"Il est trop tard... Le trône de Charles X a sombré dans le sang...!"

Dix-huit ans plus tard, ces mêmes paroles, répétées dans la Tribune par M. de Lamartine et adressées à leur tour aux envoyés du roi Louis-Philippe, devaient renverser le trône occupé par la Branche Jeune, comme elles avaient fait celui de la Branche Jeune. Aîné.

Les négociateurs voulaient faire avancer les choses.

"Viens viens!" dit Audry de Puyraveau, n'en parlons plus, messieurs, ou j'appelle le peuple, et nous verrons bientôt quels sont ses désirs !

Les députés se retirèrent ; mais M. Casimir Périer sortit par une autre porte et les rejoignit dans l'escalier.

« Allez trouver M. Laffitte, leur dit-il en passant ; "Peut-être pourrait-on faire quelque chose de ce côté-là."

Et il a disparu. Souhaitait-il transférer les négociations au duc d'Orléans, ou ne voulait-il pas se détacher entièrement du roi Charles X ?

M. de Sémonville secoua la tête et se retira.

Aller trouver M. Laffitte, qui n'était qu'un financier, bah ! La Fayette pourrait peut-être être tolérée. C'était un révolutionnaire certes, mais de bonne famille, qui, enfant, portait de la poudre et des talons rouges, et avait baisé la main de la reine à l'Œil-de-bœuf.

C'est dans la terrible matinée du 6 octobre que cette dernière grâce lui fut accordée. M. Laffitte n'était qu'un membre méritant du prolétariat, dont la noblesse de caractère et les bonnes œuvres l'avaient rendu puissant ; ils ne pouvaient pas négocier les intérêts d'un descendant de Saint-Louis avec un pareil parvenu ! MM. de Vitrolles et d'Argout n'étaient pas aussi fiers que M. de Sémonville. Casmir Périer leur a remis un passeport pour leur permettre d'entrer sans difficulté dans l'hôtel de Laffitte. M. d'Argout, qui n'était qu'impopulaire, gardait son nom, mais M. de Vitrolles, qui était exécré, se faisait appeler M. Arnoult. A la porte, le courage de M. de Vitrolles lui manqua : il poussa M. d'Argout à l'intérieur du salon et resta en arrière dans une sorte de vestibule. M. Laffitte attendait Oudard, parti depuis cinq heures, mais qui n'était pas encore revenu. Au bruit d'une porte qui s'ouvrait, il leva les yeux. Ce n'était pas Oudard, mais M. d'Argout. A son entrée, ses manières, réelles ou affectées, se caractérisaient par l'assurance d'un homme qui croit apporter des nouvelles conciliantes pour tous les intérêts concernés.

" Eh bien ! mon cher collègue, dit-il, je viens vous annoncer une excellente nouvelle. "

« Humph ! » Laffitte répondit avec cet air demi-dédaigneux qui lui est propre, avec quelques-unes de ces facultés mentales qu'il semblait avoir empruntées à son ami Béranger. "Humph, qu'est-ce que c'est ?"

« Les ordonnances sont retirées, dit M. d'Argout.

"Ah!" dit Laffitte avec indifférence.

"Et nous avons de nouveaux ministres."

"Ah!" » remarqua encore le banquier, sans même demander leurs noms.

"C'est comme ça que tu reçois de telles nouvelles ?" » dit M. d'Argout avec une certaine apparence de déception.

"Sûrement."

"Mais pourquoi es-tu si cool avec ça ?"

"Parce que cela n'a plus d'importance maintenant."

« Aucune importance ! Maintenant ! répéta M. d'Argout.

"Oui", dit Laffitte; "Tu es vingt-quatre heures trop tard, mon bon ami."

"Mais il me semble que l'intérêt reste le même."

"Très probablement. Seule la situation a changé au cours des dernières vingt-quatre heures !"

La porte du salon s'ouvrit à nouveau à ce moment. Mais il ne s'agissait pas cette fois d'un négociateur, mais d'un homme du peuple. Il portait sa blouse de travail ; sa barbe était longue et sa tête enveloppée dans un mouchoir taché de sang ; il tenait un fusil à la main.

— Pardon, monsieur Laffitte, dit-il en frappant son fusil sur le parquet, il y a un bruit qu'on négocie par votre intermédiaire avec Charles X.

— Oui, dit Laffitte, et vous ne voulez pas de négociations, c'est bien ça, mon ami ?

"Nous ne voulons plus de Bourbons ni de Jésuites !" » fut le cri lancé dans les antichambres.

Ce cri a été repris même dans la rue.

"Vous voyez et entendez par vous-même ?" dit M. Laffitte.

"Alors tu n'écouteras rien ?"

« Votre entreprise est-elle officielle ?

M. d'Argout hésita.

"Je dois avouer", répondit-il, "que ce n'est pas le cas".

"Alors vous verrez bien que je ne peux pas vous répondre, puisque toute réponse que je ferais ne mènerait à rien !"

— Mais si je revenais avec une autorisation officielle, insista M. d'Argout, soucieux de sonder la situation de toutes parts.

"Ah!" dit M. Laffitte, nous traverserons ce pont quand nous y arriverons !

M. d'Argout secoua la tête et se retira.

"Bien?" lui demanda M. de Vitrolles.

« Tout est perdu, mon cher baron ! répondit le futur directeur de la Banque avec un soupir.

— Mais si un dernier effort était fait pour forcer M. de Mortemart sur Paris ?

"Eh bien, dans les cas désespérés, tous les moyens valent la peine d'être essayés."

— Alors, à Saint-Cloud !

"À Saint-Cloud !"

— Ce diable d'Oudard met longtemps à m'apporter la réponse du duc, murmura Laffitte avec impatience.

"Peut-être," répondit Béranger, "le duc tarde un peu à le lui donner..."

---

[1] Voir *l'Histoire de dix ans* , de Louis Blanc.

CHAPITRE III

Alexandre de la Borde.—Odilon Barrot.—Le colonel Dumoulin.—Hippolyte Bonnelier.—Mon bureau.—Une note de la main d'Oudard.—Le duc de Chartres est arrêté à Montrouge.—Le danger qu'il a couru et comment il a été sauvé.—Je me propose d'aller chercher à Soissons. de la poudre à canon. Je me procure ma commission du général Gérard. La Fayette me rédige une proclamation. Le barde peintre. M. Thiers à nouveau au premier plan

Les incidents qui précèdent se passaient tous au moment où je terminais mon repas à l'auberge des *Pruneaux de Monsieur*. J'ai traversé toutes les foules campées sur la place de l'Hôtel de Ville, reposant si tranquillement et si gaiement, dans l'ignorance que le cyclope politique s'était remis au travail et était occupé à refaire une nouvelle chaîne de l'ancienne chaîne brisée - un éloquent métaphore dont M. Odilon Barrot aurait pu se servir en parlant au Tribunal, s'il restait un Tribunal.

Alexandre de la Borde entrait dans la grande salle de l'Hôtel de Ville en même temps que moi. Certains hommes du genre à crier sans cesse quelque chose s'écriaient :

" *Vive le préfet de la Seine !* "

Odilon Barrot, dont je viens de noter le nom en référence à l'éloquence parlementaire, écrivait à une table, vêtu de l'uniforme de garde national. Il releva la tête, surpris que l'ancien préfet de la Seine, M. de Chabrol de Volvic, puisse susciter tant d'enthousiasme. Il reconnut Alexandre de la Borde et fit un geste d'étonnement.

«Eh bien, oui, c'est moi», dit l'auteur de *l'Itinéraire en Espagne* avec cette naïveté lumineuse, presque enfantine, qui était un des principaux caractères de sa personnalité ; "on vient de me nommer préfet de la Seine."

"Toi?"

"Oui moi."

"Qui a fait ça ?"

"Comment le saurais-je ?... Un monsieur avec un chapeau à plumes, un grand sabre et une longue écharpe."

Ce « *monsieur* », c'était le colonel Dumoulin, qui reparaissait à chaque révolution avec exactement le même chapeau à plumes, le même sabre et la même écharpe, jusqu'à ce qu'on commençait à croire qu'il était la cause de tous les malheurs.

Odilon Barrot haussa les épaules.

« Toi, dit-il, tu appartiens avec nous à la Commune de Paris... »

Et il ajouta à voix basse :

"Et encore!"

Seul celui qui, comme moi, était penché sur le dossier de son fauteuil, aurait pu saisir ces deux derniers mots.

Je voyais de ma position un autre secrétaire, qui venait de venir prendre place en face, en puissance rivale. C'était M. Hippolyte Bonnelier, secrétaire de La Fayette ; il était en effet le pendant d'Odilon Barrot, secrétaire de la Commission municipale. Je n'oublierai jamais la particularité de la tenue de M. Hippolyte Bonnelier. Il portait sa corne à poudre accrochée autour de lui sur un ruban rouge. Il avait accroché à sa ceinture un petit poignard de quatre pouces de long. A-t-il chargé son poignard avec la corne à poudre ou a-t-il rempli son flacon à poudre avec son poignard ? C'était un problème que je n'ai jamais pu résoudre.

« J'ai abattu dix-huit arbres le long des boulevards ! dit-il à Étienne Arago.

"Avec ton poignard ?" » demanda Étienne en riant.

— Non, répondit Bonnelier en riant à son tour ; "Je voulais dire que je les ai marqués avec mon poignard et que les gens les ont abattus."

Et, en attendant, il était secrétaire de La Fayette. C'est par lui que j'appris ce qui s'était passé entre MM. de Vitrolles, Sémonville et Argout et la Commission Municipale.

La situation devenait de plus en plus intéressante. J'étais sûr qu'Oudard était allé à Neuilly ; et je crus que la réponse serait bientôt donnée, alors je me résolus à passer la nuit à l'Hôtel de Ville. Je me mis sous la protection de Bonnelier et il me conduisit dans une sorte de bureau particulier où se trouvaient un bureau en acajou et des fauteuils recouverts de velours vert. Sur la cheminée se trouvaient des candélabres à cinq branches, mais sans bougies. Je dois dire que M. de Chabrol était un grand et pratique économiste, puisqu'il avait cinq millions dans son coffre-fort et aucune bougie dans ses chandeliers.

Je commençai mes opérations en mettant la clé du cabinet dans ma poche, puis je descendis acheter cinq bougies, je remontai, pris un crayon et du papier sur le bureau de Bonnelier et le priai, si des nouvelles arrivaient de Neuilly, de les communiquer à moi, ce qu'il a promis de faire. Je retournai dans ma chambre, allumai mes bougies, dont j'allumai deux, et commençai à noter tout ce que j'avais vu pendant la journée. Je n'avais pas écrit plus de quatre lignes que je sentis mes yeux se fermer malgré moi. Comme je n'avais aucune raison de lutter pour résister au sommeil et que je tombais de fatigue , je disposai deux fauteuils comme un lit de camp et m'endormis, malgré l'horrible tumulte qui régnait tout autour, sous et au-dessus de moi. Je me suis réveillé en plein jour. Hormis deux ou trois alarmes et quelques coups de feu, la nuit avait été parfaitement calme. J'ai regardé dans un verre et j'ai vu la nécessité pour moi de rentrer chez moi. Je n'avais pas changé de linge depuis trois jours, ni rasé depuis deux ; mon visage était couvert de taches de rousseur et la moitié des boutons de mon gilet avaient été arrachés par le poids des balles qui l'avaient tiré sur le côté ; enfin, une de mes guêtres et une de mes chaussures étaient couvertes du sang du pauvre garçon que j'avais aidé à transporter jusqu'à la fontaine de l'Institut. Je quittai mon cabinet et trouvai Bonnelier à son poste. Il m'a fait signe qu'il voulait me montrer quelque chose. Je suis allé vers lui et il m'a glissé un papier dans les mains.

« Prenez une copie de cela, si vous le souhaitez, » dit-il ; "mais quoi que vous fassiez, ne perdez pas mon exemplaire !"

"Qu'est-ce que c'est?"

"Neuilly, 3h15... Oudard, messager... Rubrique Laffitte."

"Bien!"

J'ai pris un stylo et j'ai copié la note suivante, mot pour mot. A elle seule, cette note serait une curiosité, mais, mise en juxtaposition avec la lettre qui sera donnée plus tard, elle s'élève à la dignité d'un document historique, comme ces meubles reconnus authentiques et provenant d'un vieux magasin de curiosités. à un musée. Voici la note : -

> " Le duc d'Orléans est à Neuilly avec toute sa famille. Les troupes royales sont près de lui à Puteaux. Il suffit d'un ordre émanant de la Cour pour l'éloigner de la nation qui peut trouver en lui une puissante sécurité pour sa sécurité future. Il est proposé de l'approcher au nom d'autorités constituées, convenablement accompagnés, et de lui offrir la couronne s'il éprouve des scrupules de délicatesse de sentiment à l'égard de ses liens familiaux, il sera informé que sa résidence à Paris est indispensable. à la tranquillité de la capitale de la France et qu'il faut le mettre en sécurité. On peut compter sur la certitude absolue de cette mesure, et il

ne fait d'ailleurs aucun doute que le duc d'Orléans ne perdra pas de temps à s'y associer. cœur et âme avec les vœux de la nation. »

La note originale était de la main d'Oudard.

Étrange coïncidence ! pendant que le père fondait un trône, le fils courait le danger de mourir.

Nous allons maintenant voir ce qui s'est passé.

Bohain et Nestor Roqueplan attendaient Étienne Arago pour déjeuner chez Gobillard, place de la Bourse. Alors qu'Arago quittait le *National* pour se rendre au café, il rencontra Bohain, un domestique qui cherchait son maître.

" Ah ! monsieur, dit le digne garçon en apercevant Étienne, savez-vous où est mon maître ? "

"Il devrait être chez Gobillard", répondit Étienne. "Pourquoi tu le veux?"

"Je suis envoyé par son beau-frère, M. Lhuillier, pour lui dire que le duc de Chartres a été arrêté à Montrouge."

"Qui l'a fait arrêter ?"

— M. Lhuillier, c'est le maire du village. Il veut savoir ce qu'il fera du prince.

« Humph ! » dit un homme assis sur le trottoir, un fusil entre les jambes, en grignotant un morceau de pain ; " Que doit-il en faire ? Nous lui dirons quoi en faire !... " Puis, se levant : " Tiens, les amis ! " s'écria-t-il très fort, le duc de Chartres a été arrêté à Montrouge. Ceux qui voudraient goûter à la chair princière viennent avec moi !

"Qu'as-tu dit, mon brave garçon ?" s'écria Étienne en posant une main sur l'épaule de l'homme.

" J'ai dit qu'ils ont tué mon frère et que j'irai moi-même tuer le duc de Chartres aujourd'hui même ! "

Il n'y avait pas de temps à perdre. Étienne entra en trombe dans le café.

"Regarde ici!" dit-il à Bohain, ton serviteur a fait un beau gâchis !

"Qu'a t-il fait?"

— Il est allé répandre la nouvelle que le duc de Chartres était prisonnier entre les mains de votre beau-frère, et une vingtaine de coquins sont partis pour tuer le prince.

"Le diable!" Nestor et Bohain s'écrièrent dans un souffle ; "cela ne doit pas être autorisé."

"Que devons-nous faire?"

" Prenez sur vous de les conduire, mettez-vous à leur tête ; retenez-les le plus longtemps possible, et l'un de nous ira avertir le général La Fayette du danger où se trouve le prince... Un homme sera envoyé en toute hâte chez M. Lhuillier, et le duc de Chartres sera mis en liberté avant que vous et vos hommes arriviez à Montrouge.

"Bien!" dit Étienne ; "mais ne perdez pas de temps !"

Puis, se jetant à la tête d'un groupe de trente hommes...

« À Montrouge ! s'écria Étienne Arago ; "à Montrouge, mes amis !"

Chacun reprit le cri : « A Montrouge ! et ils se dirigèrent vers la barrière du Maine, tandis que Nestor Roqueplan — autant que je me souvienne c'était Nestor — courait vers la place de Grève.

Le Vaudeville se trouvait sur la route de la barrière du Maine ; ils traversèrent les jardins du Palais-Royal, puis traversèrent la place et se faufilèrent le long de la rue de Chartres. Un machiniste se tenait à la porte du théâtre, Arago lui fit signe des yeux de s'approcher de lui ; l'homme a compris et l'a fait. Arago feignit de recevoir une certaine confiance de la part de l'homme.

« Bien ! mes amis, dit-il ; voilà une nouvelle affaire. Vous ne savez pas ce que je viens d'entendre ! Il dit qu'il y a une conspiration royaliste pour venir incendier le Vaudeville, et, comme vous le savez, l'insurrection est partie du Vaudeville : n'avions-nous pas tu ferais mieux de commencer par fouiller le théâtre ? »

Aucune objection n'a été soulevée. D'ailleurs, beaucoup de ces honnêtes gens n'étaient pas du tout mécontents à l'idée de voir l'intérieur d'un théâtre ; seul celui qui avait proposé le voyage à Montrouge, qui était tonnelier du quartier du Roule, essaya de soulever des objections ; mais personne ne l'a écouté. On s'arrêta donc au Vaudeville, et Arago, lanterne à la main, conduisit ses hommes depuis la fosse la plus basse jusqu'aux galeries ; il ne leur épargna pas un seul post, ni une trappe, ni une scène secondaire. Une heure entière a été perdue pour cette visite. Ils poursuivent ensuite leur route vers la barrière du Maine.

Entre-temps, le général La Fayette avait été prévenu et avait envoyé à Montrouge M. Comte, l'un des plus brillants élèves de l'École polytechnique, qui a écrit depuis un ouvrage capital sur la philosophie positive. M. Comte était porteur d'une lettre rédigée dans les termes suivants :

« Dans un pays libre, chacun doit pouvoir circuler où il veut
; permettez à M. le duc de Chartres de retourner à Joigny, à
la tête de ses hussards, et d'attendre les ordres du
gouvernement. LA FAYETTE

"HÔTEL DE VILLE, 30 *juillet* 1830"

Quand j'appris le danger que courait le duc de Chartres, je voulus aussitôt rentrer chez moi et faire seller mon cheval pour galoper à Montrouge ; mais on me fit remarquer qu'avant d'arriver à la rue de l'Université , M. Comte serait à Montrouge et qu'il valait bien mieux attendre des nouvelles à l'Hôtel de Ville, alors j'attendis. Les heures, je dois l'avouer, s'écoulaient très lentement, de huit heures du matin à deux heures de l'après-midi. A deux heures, Étienne revient, couvert de sueur et de poussière. Le duc de Chartres était sauvé. Grâce au retard du Vaudeville et à un second incident que nous raconterons plus tard, le messager arriva à temps.

Le duc de Chartres avait avec lui le général Baudrand et M. de Boismilon. M. Lhuillier fit monter l'aide de camp et le secrétaire dans la voiture du prince, et leur demanda de partir attendre le duc de Chartres à la Crois-de-Berny, tandis que lui-même se chargerait de conduire le prince au château. même endroit sain et sauf. Pendant que le général Baudrand et M. de Boismilon sortaient en calèche par la grande porte et prenaient la grande route, M. le duc de Chartres et M. Lhuillier sortaient par une porte de derrière et sortaient en fiacre par un tout-terrain. route, rejoignant la route de Joigny, à un quart de lieue au-dessous de l'endroit où M. Baudrand et M. de Boismilon attendaient le prince.

Une circonstance en particulier avait contribué à accélérer la fuite et les bonnes intentions d'Arago à l'égard du prince. Lorsqu'ils atteignirent la barrière du Maine, les hommes furent arrêtés ; aucune troupe armée ne devait être autorisée à quitter Paris. Leur premier réflexe fut de forcer l'obstacle, mais ils consentirent à discuter avec les sentinelles de service et finirent par fraterniser avec elles. Certains hommes entrèrent même dans le poste de garde lui-même, tandis que les autres s'asseyaient dans les fossés creusés entre les arbres pour récupérer l'eau de pluie. Arago leur commanda du pain et quelques bouteilles de vin et je me chargeai lui-même d'aller chercher des renseignements. Une heure plus tard, il arrivait à Montrouge. M. le duc de Chartres venait de partir. Il prend une copie de la lettre du général La Fayette justifiant la libération du prince et la rapporte à ses hommes. Ils prirent la nouvelle de très mauvaise humeur, et Étienne ne parvint à les calmer qu'en leur promettant qu'il les reconduirait à l'Hôtel de Ville et leur donnerait de la poudre à cœur joie. Étienne était donc revenu dans ce double but, rapporter la nouvelle de la fuite du duc de Chartres au général La Fayette, et donner à ses hommes la poudre promise. Mais il eut quelques difficultés à tenir sa promesse ; il y avait eu un tel gaspillage de poudre que personne ne savait où s'en procurer.

«Je vous donne ma parole d'honneur, dit à Étienne La Fayette, qui ne pouvait croire à un tel manque de munitions, que si Charles X revenait à Paris, nous n'aurions pas quatre mille coups à tirer. !"

J'ai entendu cette réponse et je ne l'ai pas laissée tomber par terre.

Quand Arago fut parti, je remontai à La Fayette.

« Général, lui dis-je, ne vous ai-je pas entendu tout à l'heure dire à Arago que vous manquiez de poudre ?

« C'est tout à fait vrai, dit le général ; "mais peut-être avais-je tort de le mentionner."

"Voulez-vous me laisser aller en chercher ?"

"Toi?"

"Moi, moi-même, certainement."

"D'où?"

"Partout où il y en aura, soit à Soissons, soit à la Fère."

"Ils ne vous en donneront pas."

"Alors je le prendrai."

"Quoi ! toi ? Tu le prendras ?"

"Oui."

"De force?"

"Pourquoi pas ? Le Louvre a été pris de force, sûrement !"

"Vous êtes certainement fou, mon ami", répondit le général.

"Non, je le jure ; je suis assez sain d'esprit !"

"Viens, viens, rentre chez toi ; tu es fatigué, tu ne parles presque plus. On me dit que tu as passé la nuit ici."

"Général, donnez-moi l'ordre d'aller chercher de la poudre."

"Rien de la sorte."

"Voulez-vous vraiment dire que vous ne souhaitez pas que j'y aille ?"

"Je ne souhaite pas qu'on vous tire dessus."

" Merci ; mais ayez la bonté de me donner un laissez-passer gratuit chez le général Gérard. "

oui, je le ferai volontiers. Monsieur Bonnelier, faites un passeport pour M. Dumas.

" Bonnelier est occupé, général ; je le ferai moi-même, et vous pourrez le signer tout de suite... Vous avez bien raison, il faut que je rentre chez moi, car je suis tout à fait épuisé ! "

Je m'approchai d'une table et dressai le passeport suivant :

> "30 *juillet* 1830, 1 heure
>
> "Permettre à M. Alexandre Dumas d'accéder au général Gérard."

J'ai présenté le papier dans une main et une plume dans l'autre au général La Fayette, et il l'a signé.

J'avais reçu ma commande.

"Merci, général," dis-je.

Et comme le passeport était dans mes écrits, j'ai ajouté après les deux mots « Général Gérard » la phrase : « À qui nous recommandons la proposition qu'il vient de nous communiquer ».

Muni de ce laissez-passer, je me rendis aussitôt à l'hôtel de Laffitte et j'eus accès au général. Il m'avait vu chez M. Collard quand j'étais enfant, et m'avait reconnu lorsque je lui donnais mon nom.

" Ah ! c'est donc vous, monsieur Dumas ! " il a dit. "Eh bien, quelle est cette proposition ?"

"Ça y est, général... M. de La Fayette m'a dit il y a quelques minutes, à mon audition, à l'Hôtel de Ville, qu'il manquait de poudre, et que, dans le cas où Charles X reviendrait à Paris , il ne resterait probablement plus quatre mille cartouches."

"C'est un fait et, comme vous le reconnaîtrez, suffisamment inquiétant."

— Eh bien, j'ai proposé au général La Fayette d'aller chercher de la poudre.

"D'où?"

"Soissons".

"Comment vas-tu t'en procurer ?"

"Comment ? Pourquoi, il n'y a pas deux manières de prendre les choses, sûrement ? Je le demanderai poliment, bien sûr."

"De qui?"

"Le commandant, bien sûr."

"Et supposons qu'il refuse ?"

"Je le prendrai sans sa permission."

"J'attendais ça... Encore une fois, dis-moi comment tu vas le prendre ?"

"Oh ! c'est mon affaire !"

— Est-ce la proposition que m'a recommandée le général La Fayette ?

"Vous le constatez, la phrase est assez claire : 'Au général Gérard, à qui nous recommandons la proposition qu'il vient de nous communiquer.'"

"N'a-t-il pas trouvé votre suggestion folle ?"

"Je dois dire, pour être tout à fait honnête, que nous n'en avons eu qu'une petite discussion."

"Ne vous a-t-il pas dit qu'il y avait vingt chances sur une que vous soyez fusillé dans une telle entreprise ?"

"J'imagine qu'il a exprimé une telle opinion."

"Malgré cela, il m'a quand même recommandé votre proposition."

J'ai réussi à le convaincre.

— Pourquoi n'a-t-il pas lui-même donné l'ordre que vous venez me demander ?

— Parce qu'il a soutenu, général, que les ordres à donner aux autorités militaires sont votre affaire et non la sienne.

Le général Gérard se mordit les lèvres.

"Hum!" il s'est excalmé.

"Eh bien, général ?"

"Eh bien, je dis que c'est impossible !"

"Pourquoi?"

"Je ne peux pas me compromettre jusqu'à émettre un tel ordre."

Je l'ai regardé droit en face.

"Pourquoi pas, général ?" J'ai dit. "Je suis assez disposé à me compromettre jusqu'à le réaliser !"

Le général frémit et me regarda en retour.

"Non non!" il a dit : "Je ne peux pas... m'adresser au gouvernement provisoire."

" Ah ! oui, votre gouvernement provisoire ! ce sera chose facile si je peux le trouver, mais je l'ai cherché partout. J'ai demandé à toutes sortes de gens de me le montrer, et quand je suis allé là où on m'a indiqué, je n'ai trouvé qu'une grande salle vide avec une table au milieu, sur laquelle se trouvaient des bouteilles vides de vin et de bière, et dans un coin un bureau et une sorte de livre de minutes dessus.... Croyez en moi, général, puisque je crois à la réalité et non aux ombres, et signez l'ordre que je veux.

"Tu le veux vraiment?" il a dit.

"En effet, général."

"Et vous êtes prêt à assumer vous-même la responsabilité de tout préjudice qui pourrait en résulter ?"

"Voudriez-vous que je vous donne une répudiation de toute responsabilité à l'égard de ma personne avant mon départ ?"

"Vous pouvez rédiger la commande vous-même."

"A condition, général, que vous le recopiez intégralement de votre propre écriture après... il aura plus de poids s'il est autographe."

"Très bien."

J'ai pris un morceau de papier et j'ai rédigé ce brouillon d'ordre :

> « Il est demandé aux autorités militaires de la ville de Soissons de remettre immédiatement à M. Alexandre Dumas toute la poudre qui se trouvera soit à la poudrière, soit dans la ville.
>
> "PARIS, 30 *juillet* 1830"

J'ai présenté le papier au général Gérard qui l'a pris, l'a lu et relu. Puis, comme s'il avait oublié que je lui avais demandé une commande d'autographes, il prit un stylo et, disant : « Puisque vous le désirez vraiment... », il signa ma commande.

Je l'ai laissé faire, car une idée m'est venue en tête.

"Merci, général."

"Es-tu vraiment satisfait ?"

"Très bien satisfait."

"Alors tu n'es pas difficile à satisfaire."

Et il revint au salon. Je tenais toujours la plume et, au-dessus de son nom, j'écrivais « Ministre de la Guerre ».

La première interpolation avait si bien réussi que je me suis aventuré sur une seconde. Grâce à ma seconde interpolation, l'ordre se lisait comme suit : -

> « Il est demandé aux autorités militaires de la ville de Soissons de remettre instantanément à M. Alexandre Dumas toute la poudre qui se trouve soit à la poudrière, soit dans la ville.

> Ministre de la Guerre,
> GÉRARD

> "PARIS, 30 *juillet* 1830"

Mais mes lecteurs ne doivent pas croire que c'est tout. J'avais un arrêté pour les autorités militaires signé *Gérard* ; mais je voulais aussi une invitation semblable aux autorités civiles signée *La Fayette*. J'accordais une grande importance à la réputation militaire du général Gérard, mais je comptais encore plus sur la popularité du général La Fayette ; d'ailleurs, l'une des signatures compléterait l'autre.

De retour à l'Hôtel de Ville, j'envoyai demander à voir La Fayette, et il vint vers moi.

"Eh bien, me dit-il, tu n'es pas encore couché ?"

"Non, général, je pars juste."

"À quel endroit ?"

"Soissons".

"Sans ordre?"

"J'en ai une du général Gérard."

"Est-ce que Gérard vous a donné un ordre ?"

"Avec enthousiasme, général."

"Oh ! oh ! j'aimerais beaucoup le regarder."

"C'est ici"; et il l'a lu.

"'Ministre de la Guerre'?" dit-il après l'avoir lu.

"Il pensait que cela aiderait mon objectif."

"Alors il a bien fait."

"Ne veux-tu pas aussi me donner quelque chose ?"

"Qu'est-ce que vous voulez?"

« Une invitation aux autorités civiles à seconder le mouvement révolutionnaire que je vais essayer de proclamer dans la ville. Vous savez bien que je ne pourrais espérer réussir que grâce à l'instrument de quelque surprise populaire.

" Certes... Il ne sera pas dit que, puisque vous risquez votre vie dans cette entreprise, moi, de mon côté, je ne risque rien. "

Et il prit une plume et écrivit la proclamation suivante, entièrement de sa belle écriture :

Aux citoyens de la ville de Soissons

« CITOYENS, — Vous connaissez les événements qui se sont déroulés à Paris pendant les trois jours toujours mémorables qui viennent de s'écouler. Les Bourbons sont chassés : le Louvre est pris, et le peuple est maître de la capitale. Mais les vainqueurs de trois jours pourront être privés de la victoire qu'ils ont si chèrement achetée, faute de munitions. Ils s'adressent donc à vous dans la personne d'un de nos combattants, M. Alexandre Dumas, qui vient faire un fraternel. faites appel à votre patriotisme et à votre dévouement. Toute la poudre que vous pourrez envoyer à vos frères de Paris sera considérée comme une offrande à votre pays.

« Pour le Gouvernement Provisoire, le Commandant Général de la Garde Nationale,

LA FAYETTE

"HÔTEL DE VILLE DE PARIS, 30 *juillet* 1830"

On voit que, dans l'ensemble, cette proclamation ne contenait pas grand-chose sinon un appel au patriotisme et au dévouement. Or, ce n'était pas tout à fait ce que je voulais ; mais c'était là, et je devais en tirer le meilleur parti. J'embrassai le général La Fayette, et je descendis les marches de l'Hôtel de Ville aussi vite que je pus. Il était maintenant trois heures de l'après-midi ; les portes de Soissons, étant une ville forte, étaient fermées à onze heures du soir. Il me fallait donc arriver à Soissons avant onze heures, et j'avais vingt-quatre lieues à faire. J'ai aperçu sur la place un jeune peintre nommé Bard, un de mes amis. C'était un beau jeune homme de dix-huit ans, au visage calme et impassible comme une statue de marbre du XVe siècle. Il ressemblait au Saint Georges de Donatello. Je fus pris du désir d'avoir un compagnon de voyage, ne serait-ce que pour m'enterrer convenablement, au cas où les prophéties des deux généraux La Fayette et Gérard se réaliseraient. Je suis allé vers lui.

"Ah ! Barde, mon vieux," dis-je, "qu'est-ce que tu fais ?"

"JE?" dit-il... "Je regarde... C'est un drôle de jeu, n'est-ce pas ?"

"C'est quelque chose de plus que cela, dis-je, c'est magnifique ! Qu'as-tu fait dans tout cela ?"

"Rien... Je n'ai pas d'armes, mais une vieille hallebarde qui repose dans mon atelier."

« Alors, voudriez-vous rattraper le temps perdu d'un seul coup ?

"Il n'y a rien que je voudrais mieux."

"Alors viens avec moi."

"Où?"

"Pour te faire tirer dessus."

"Je devrais l'adorer."

" Hourra ! Courez dans mon appartement chercher mes pistolets à double canon ; faites seller mon cheval et venez me rejoindre au Bourget. "

J'ai oublié de dire que, sur les premiers bénéfices de *Christine* , j'avais acheté un cheval de ce même Chopin qui, le 29 au matin, avait été pris pour l'empereur sur la place de l'Odéon.

"Qu'est-ce que Le Bourget ?" » demanda Bard.

"Le Bourget est le premier relais sur la route de Soissons."

"Alors pourquoi prendre ton cheval, s'il y a un poste de relais ?"

" Ah ! au cas où le maître de poste aurait dû envoyer tous ses chevaux, ils auraient pu être saisis. C'est pour cela que je ne peux pas prendre ma voiture, à cause des barricades et parce que tous les maîtres de poste n'ont pas de voiture de poste dans leurs hangars malgré la loi qui les oblige légalement à les avoir. Alors, voyez-vous, mon cher, si nous trouvons une voiture, nous la prendrons, si nous ne trouvons qu'un cheval, nous roulerons côte à côte à toute vitesse ; ; si nous ne trouvons ni l'un ni l'autre, nous aurons toujours mon cheval, et tu monteras derrière moi, et nous représenterons la plus belle moitié des quatre fils d'Aymon.

"Je comprends."

"Alors va chercher mon cheval et les pistolets, et celui qui arrive le premier au Bourget attend l'autre."

"Je volerai jusqu'au bout !" s'écria Bard en s'élançant vers le quai Pelletier.

— Et moi aussi, répondis-je en descendant la rue de la Vannerie qui débouchait directement sur la rue Saint-Martin, ma voie la plus directe pour arriver à La Villette.

Un mot sur ce qui se passait pendant que Bart courait le long du quai Pelletier et que je dévalais la rue Saint-Martin.

Étienne Arago revient au bureau *national* après avoir dispersé ses hommes.

"Connaissez-vous les nouvelles?" lui demanda Stapfer.

"Quoi de neuf?"

"Thiers est retrouvé."

« Ourson ! Où est-il alors ?

"Il est là-haut et a commencé à chercher un sujet sur lequel écrire un leader."

"Eh bien, je vais lui en prendre un."

"Vous savez que personne n'est autorisé à entrer dans son bureau lorsqu'il travaille ?"

"C'est nul ! Ne sommes-nous pas allés dans le bureau du roi ?"

"Eh bien, entrez. Vous pouvez lui donner cette raison comme excuse, et il sera en effet difficile de plaire s'il n'en est pas satisfait."

Arago entra.

Thiers se retourna pour voir qui avait l'impertinence de défier ses ordres.

Il reconnut Arago, qui avait joué un rôle très important dans le drame qui se jouait. Le visage renfrogné du célèbre écrivain politique s'adoucit lorsqu'il vit de qui il s'agissait.

"Oh ! c'est toi !" il a dit.

"Oui... Je t'ai traqué pour te donner un sujet d'article."

"Qu'est-ce que c'est?"

Arago raconta toute l'aventure de Montrouge et comment M. le duc de Chartres avait réussi à s'enfuir à temps.

Thiers écoutait avec la plus grande attention.

"Cher, cher," dit-il quand Arago eut fini. "Qui sait sinon que vous avez probablement sauvé la vie d'un fils de France..."

Arago se tenait la bouche grande ouverte et les yeux démesurément grands ouverts.

Et c'est ainsi que soufflait le vent le 30 juillet 1830, à 15h15 ! Le vent changea les plans de Thiers et, au lieu d'écrire son article, il se leva et courut chez Laffitte.

Nous verrons, à mon retour de Soissons, ce qu'il y fit.

CHAPITRE IV

Bon courage, Polignac ! — André Marchais — Maître de
poste au Bourget — J'étale le drapeau tricolore sur ma
voiture — Bard me rejoint — M. Cunin-Gridaine – Le
vieux Levasseur – Lutte avec lui – Je lui fais sauter la
cervelle ! – Deux vieilles connaissances – La terreur de
Jean-Louis – Notre halte à Villers-Cotterets – Hutin –
Souper avec Paillet

Arrivé à Villette, je ne pouvais plus mettre une jambe avant l'autre. Mais, par chance, j'ai aperçu un piège.

« Chauffeur, dis-je, dix francs si vous m'emmenez au Bourget !

"Quinze?"

"Dix!"

"Quinze!"

"Absurdité!"

"Eh bien, alors, lancez-vous, gouverneur."

J'ai sauté dedans et nous sommes partis. Le cheval était lent, mais le conducteur était un bon patriote. Lorsqu'il comprit combien j'étais pressé et le but de mon voyage, il dit :

" Oh ! ce n'est donc pas étonnant que mon cheval ne trotte pas plus vite, car je l'ai baptisé Polignac ; c'est un vaurien oisif avec lequel on ne peut rien faire... Mais ne vous inquiétez pas, nous y arriverons très bien.

Et il saisit son fouet par le bout du fouet, frappa le cheval avec le manche au lieu de la lanière, et cria : « Allez, va-t'en, Polignac ! A force de crier, de jurer et de fouetter, nous arrivâmes au Bourget en une heure. Le malheureux cheval était à bout de souffle, et je pensais que, comme son illustre homonyme, il était à bout de souffle. Je payai les dix francs convenus, et j'y ajoutai noblement deux francs de pourboire, puis j'entrai dans la cour du relais de poste. Le maître de poste était en train d'atteler un cheval à un piège. Je m'approchai de lui, lui donnai mon nom, lui montrai l'ordre du général Gérard et la proclamation du général La Fayette, et lui demandai de me fournir les moyens nécessaires pour remplir ma mission.

« Monsieur Dumas, dit-il, je mettais mon cheval pour aller à Paris chercher des renseignements ; mais je n'aurai plus besoin d'y aller puisque vous apportez d'excellentes nouvelles. Je mettrai donc des chevaux de poste en la trappe et vous conduirai jusqu'au Mesnil ; si vous n'y trouvez pas de moyen de transport, vous pourrez garder ma trappe, et à votre retour vous la replacerez dans la remise.

Personne n'aurait pu parler plus juste. Au milieu de notre conversation, je m'entendis appeler par mon nom, et comme il était trop tôt pour que Bard soit arrivé, je me retournai pour voir de qui il s'agissait. C'était André Marchais, un de nos patriotes les plus chaleureux et les plus désintéressés ; il avait posté de Bruxelles, où la nouvelle de l'insurrection n'était arrivée que la veille. Il fut malheureux lorsqu'il apprit que tout était fini. Un homme égoïste ! Il espérait être tué ou blessé pour la bonne cause.

Nous nous sommes embrassés chaleureusement. J'appris ensuite qu'en arrivant à Paris, il trouva un écrit qui l'attendait, signé du duc de Raguse, commun avec celui envoyé au général La Fayette, à Laffitte et à Audry de Puyraveau. Pendant que nous nous saluions, les chevaux étaient mis dans ma voiture et chez Marchais, puis Marchais partit pour Paris.

"Je suis maintenant à votre service", dit le maître de poste, qui parut surpris que je ne sois pas très pressé.

"Pardon," répondis-je. "J'attends un compagnon qui vient de Paris avec mon cheval et mes pistolets... J'ai l'intention, si vous me le permettez, de laisser ici mon cheval en échange de votre piège."

"Laissez ce que vous voulez", fut sa réponse.

Nous avons regardé la route aussi loin que nous pouvions voir, mais rien n'était encore en vue.

« Nous aurons le temps, dis-je au maître de poste, d'arborer un drapeau tricolore.

"Pourquoi?" Il a demandé.

"Mettez votre piège... Cela indiquera nos opinions et empêchera que nous soyons arrêtés pour fugitifs."

"Oh ! oh !" dit-il en riant, "au contraire, ils sont plus susceptibles de t'arrêter, parce que... tu ressembles à quelque chose de tout à fait différent."

"Qu'à cela ne tienne, je serai ravi de naviguer sous les trois couleurs."

" Ah ! pour autant, c'est assez simple ! "

Il traversa la rue, entra chez un drapier, acheta un demi-mètre chacun de mérinos blanc, bleu et rouge, demanda aux gens de coudre les trois demi-mètres ensemble et les cloua sur un manche à balai. Le drapeau fut prêt en dix minutes et coûta douze francs, manche à balai compris. Nous l'avons attaché avec deux cordons au capot du piège. Tandis que nous accomplissions cette tâche, nous aperçûmes Bard, qui arrivait sur mon cheval au grand galop. Je lui ai fait signe de se dépêcher encore si c'était possible, mais il ne pouvait pas aller plus vite. Il nous rejoint enfin.

"Ah!" dit-il, "Je suis heureux de voir que vous avez une voiture, car j'ai terriblement mal à la selle !"

Puis, en se mettant à terre, il dit : « Voilà votre cheval et vos pistolets.

"Tu n'as pas pensé à apporter une chemise aussi ?"

"Sur ma parole, je ne l'ai pas fait ! Je ne pense pas que vous ayez mentionné quoi que ce soit à propos d'une chemise."

"Non, c'est ma faute... Donnez le cheval au garçon d'écurie, prenez les pistolets, soyez prudent et montez ; il est déjà cinq heures !"

— Cinq heures moins le quart, dit le maître de poste en regardant sa montre.

« Pensez-vous que nous arriverons à Soissons avant onze heures ce soir ?

"Ce sera un travail difficile, mais là, tant de miracles se sont produits ces trois derniers jours qu'il ne vous serait pas impossible d'accomplir celui-ci."

Et il donna l'ordre au postillon de monter à cheval.

"Êtes-vous sur?" Il a demandé.

"Oui."

"Alors c'est parti, galopez jusqu'au bout, vous comprenez ?"

— Je comprends, gouverneur, dit le postillon.

Et il partit à un rythme effréné.

"Vous savez que les pistolets ne sont pas chargés", a déclaré Bard.

" Très bien ! nous les chargerons à Villers-Cotterets. "

Vers six heures moins le quart, nous étions au Mesnil : nous avions parcouru près de quatre lieues en une heure.

Heureusement, il y avait des chevaux frais au poste. Notre postillon ici a demandé à un autre facteur de prendre la relève, et, pour que nous puissions aller encore plus vite, ils ont mis cette fois trois chevaux au lieu de deux. Je voulais payer l'étape que nous venions de faire, mais le maître de poste avait donné ses ordres et le postillon refusa de prendre l'argent. Je lui ai donné dix francs pour lui ; il nous recommanda au nouveau postier et nous partîmes à toute vitesse. Heureusement le piège était bien aguerri, et en une heure nous étions à Dammartin. Notre drapeau tricolore a produit la sensation souhaitée. Les gens sortaient tout au long de notre parcours et faisaient les plus vifs signes d'enthousiasme ; et, au moment où nous atteignîmes notre relais à Dammartin, la moitié de la ville s'était rassemblée autour de nous.

"C'est capital !" s'écria Barde ; mais pour rendre les choses plus vivantes encore, il faudrait crier quelque chose.

"Tu as raison, mon ami, crie ; et pendant que tu cries, je vais faire une petite sieste."

"Que dois-je crier ?"

"Eh bien, *Vive la République !* bien sûr !"

Nous sommes sortis de Dammartin au milieu des cris de « *Vive la République !* »

Entre Dammartin et Nanteuil, nous vîmes un car de poste qui, lorsqu'il aperçut notre drapeau tricolore, s'arrêta et ses occupants descendirent.

"Quoi de neuf?" nous a demandé un homme d'une cinquantaine d'années.

« Le Louvre est pris et les Bourbons ont fui ; il y a un Gouvernement Provisoire composé de La Fayette, Gérard, etc. *Vive la République !* »

Le monsieur de cinquante ans se gratta l'oreille et remonta dans sa voiture. C'était M. Cunin-Gridaine. Nous reprenâmes notre route, et vers huit heures moins vingt nous étions à Nanteuil. Il ne nous restait plus que trois heures et vingt minutes et il nous restait encore douze lieues à parcourir. Il est peu probable que nous puissions y parvenir, mais mon principe est toujours de ne pas désespérer tant qu'il reste un vestige d'espoir ; encore!... A Nanteuil, nous changeâmes encore de chevaux, et le drapeau tricolore fit son effet habituel. On ne savait rien des agissements de Paris, aussi apportâmes-nous les premières nouvelles vraiment précises. On nous a donné un vieux postillon, auquel j'ai crié :

— Quatre lieues à l'heure et trois francs de pourboire.

"Très bien, très bien", dit le vieil homme. "Je connais mon métier. J'ai conduit *le général.* "

Le général était mon père ; car, voyez-vous, j'étais ici dans mon pays natal.

"Très bien ; si vous avez conduit mon père, vous savez qu'il aimait la conduite rapide. Je tiens de lui."

"Bien, je connais mon métier."

« C'est parti, alors. »

"Étaient hors!"

"Oh!" dit le postillon que je quittais, je vous plains, monsieur Dumas. Vous avez un mauvais client à gérer.

"Je vais le faire partir, n'ayez crainte."

"Je l'espère. *Bon voyage !* Allez, vas-y, Levasseur ; mets un peu de mercure dans tes bottes !"

Et le postillon s'en alla.

« Levasseur, lui criai-je, je t'ai dit trois francs pour toi si nous arrivions à Lévignan à huit heures et demie.

"Si nous n'y arrivons pas à huit heures et demie, nous y arriverons à neuf heures. Je connais mon affaire."

« Vous comprenez, répétai-je, je serai à Lévignan vers huit heures et demie.

"Bah ! seuls les rois disent que *je le ferai.* "

"Il n'y a plus de roi... Viens, viens. Plus vite, plus vite !"

"Grâchons d'abord la montée, et ensuite nous verrons cela."

Nous gravissons donc la montée, puis le vieux Levasseur met ses chevaux au trot.

"Oh! Levasseur, ça ne va pas du tout", dis-je.

"Alors comment veux-tu que j'y aille ?"

"Plus rapide."

"Plus vite ? C'est interdit."

"Interdit par qui ?"

"Selon les règles, diable, prends-le ! Je connais mes affaires, tu paries !" "Regarde ici, Levasseur..."

"Qu'est-ce que c'est?"

"Laisse-moi descendre."

"Ooh ooh!"

La voiture s'arrêta ; Je suis sorti et j'ai coupé une branche d'orme au bord de la route.

« Écoutez, » dit-il, regardant avec beaucoup d'inquiétude, « vous n'êtes pas en train de couper cet interrupteur pour fouetter mes chevaux, j'espère ?

— Soyez tranquille sur ce point, Levasseur, lui dis-je en remontant dans la voiture. "Continue!"

"C'est très bien de dire continuez ; mais avez-vous coupé ce bâton pour battre mes chevaux, c'est ce que je veux savoir ?"

"Très bien, nous verrons cela."

"Oh ! on verra ça, d'accord ? Je n'ai pas peur de toi parce que tu as un fusil."

« Écoute, Levasseur, tu connais ton métier de postillon, n'est-ce pas ?

"Plutôt."

"Eh bien, moi aussi, je connais le mien en tant que voyageur... Votre idée, semble-t-il, est d'aller le plus lentement possible, tandis que la mienne est d'aller aussi vite que possible. Nous verrons lequel d'entre nous est le plus rapide." plus forte."

"Nous verrons ce que tu voudras, je m'en fiche."

J'ai sorti ma montre. "Vous avez deux minutes pour vous décider."

"Ce qu'il faut faire?"

"Pour mettre vos chevaux au galop."

"Et si je ne le fais pas ?"

"Sinon, je le ferai moi-même."

"C'est ce que tu veux dire?"

"Certainement!"

"Eh bien, j'aimerais voir le plaisir."

"Vous devez, Levasseur, me croire sur parole."

Il commença à entonner la plainte de saint Roch. Pendant que tout cela se passait, nous allions au petit trot.

« Écoute, Levasseur, dis-je à la fin du premier couplet, je te préviens, une minute s'est déjà écoulée.

Levasseur commença à entonner la seconde à pleine voix ; mais au moment où il allait commencer la troisième, je donnai à ses chevaux un coup de bâton sur leurs quartiers. Ils firent un bond en avant et partirent au grand trot.

"Maintenant, maintenant, qu'est-ce que tu fais ?" demanda le postillon.

Au lieu de répondre, je redoublai de coups et je lançai les chevaux au galop.

"Oh ! maudis-le, maudis-le, c'est ça que tu veux dire ? Laisse-moi descendre une seconde et tu verras, en effet ! Ah ! tu devras t'arranger avec moi. Woh ! wo ! Bon Dieu, veux-tu arrêter ça ?"

" Quoi ! arrête, Levasseur ? " J'ai crié, continuant à battre de toutes les forces de mes bras, "quand je te dis que je connais mon métier mieux que toi le tien !"

"Encore une fois, l'aurez-vous fait ?... Non ?... Woh ! Woh ! Woh !"

C'était en vain qu'il criait « Wo ! ou retenu ses chevaux; ils se cabraient, mais galopaient quand même. Malheureusement, ma branche d'orme s'est cassée et j'ai été désarmé. Mais les chevaux étaient si bien lancés qu'il ne parvint pas à les remonter de cent mètres.

" Ah ! Mon Dieu ! C'est foutu ! " il cria. "Quand j'aurai arrêté mes chevaux, vous en répondrez, je peux vous le dire !"

"Maintenant, qu'as-tu l'intention de faire, Levasseur ?" Ai-je demandé en riant.

"Pour les dételer et vous laisser, vous et votre piège, au milieu du chemin... Nous verrons s'il est permis de mettre les pauvres bêtes dans un tel état."

Et peu à peu il calma ses chevaux.

"Donnez-moi un de mes pistolets", dis-je à Bard.

"Pourquoi?"

"Passe-le, vite."

"Tu ne vas pas lui faire sauter la cervelle ?"

"Je suis en effet!"

"Ils ne sont pas chargés."

"Je vais les charger."

Bard me regarda avec terreur.

J'ai mis un capuchon à percussion sur chaque mamelon et j'ai enfoncé une boule au centre de chaque canon. Je venais de terminer l'opération lorsque la voiture s'arrêta, et le postillon descendit en jurant de détacher les traces, comme il l'avait menacé, en levant lourdement ses jambes l'une après l'autre dans leurs grosses bottes. Je l'attendais, le pistolet à la main.

« Écoute, Levasseur, lui dis-je, si tu touches à ces traces, je te briserai la tête.

Il leva les yeux et aperçut les deux bouches du pistolet.

"Truc!" il a dit, "vous n'osez pas tuer les gens de cette façon!" Et il a mis la main sur les traces.

"Levasseur, prends garde à ce que tu fais ! Tu veux sortir les chevaux ?"

"Les chevaux sont à moi et, lorsqu'ils sont surmenés, je les détele."

"Avez-vous une femme et des enfants ?"

Il leva de nouveau les yeux ; la question lui parut inhabituelle.

"Oui, j'ai une femme et quatre enfants, un garçon et trois filles."

"Eh bien, Levasseur, laissez-moi vous prévenir que si vous ne laissez pas les traces seules, la République sera obligée d'accorder une pension à votre famille."

Il se mit à rire et à saisir les traces à deux mains. J'ai appuyé sur la gâchette, le bouchon a explosé et la boule a frappé mon homme au milieu du visage. Il crut avoir été tué et tomba à la renverse, le visage entre les mains, à moitié évanoui. Avant qu'il se soit remis du choc et de l'étonnement, j'avais ôté ses bottes, comme le Poucet ôtait celles de l'Ogre, je les avais mises sur mes jambes, j'avais sauté à califourchon sur le cheval de selle, et nous partions au grand galop. Bard faillit tomber par terre en riant. Quand nous eûmes parcouru trois ou quatre cents mètres, je me retournai, tout en continuant à fouetter les chevaux, et je vis que le vieux Levasseur s'était redressé et commençait à reprendre ses esprits. Une petite colline que nous gravissions le cacha bientôt à ma vue. Il me restait encore près d'une lieue et demie à faire, mais je rattrapai le temps perdu et je le fis en dix-sept minutes. J'atteignis le poste de Lévignan avec un grand coup de fouet, et, lorsque je relevai les chevaux, deux personnes parurent sur le seuil. L'un était le maître de poste, M. Labbé, lui-même ; l'autre mon vieil ami Cartier, le marchand de bois. Tous deux m'ont reconnu en même temps.

"Pourquoi, toi, mon garçon !" dit Labbé. "Les choses se sont mal passées pour toi, alors si tu es devenu postillon ?"

Cartier m'a donné ses mains.

"Pourquoi diable êtes-vous venu dans un tel équipage?"

Je racontai l'histoire du vieux Levasseur, puis tout ce qui s'était passé à Paris.

Il était maintenant huit heures et demie ; Je n'avais que deux heures et demie pour atteindre Soissons, et il me restait encore neuf longues lieues à parcourir. La probabilité de réussir devenait de moins en moins grande, mais je ne voulus pas céder. Je demandai des chevaux à M. Labbé ; il me les apporta aussitôt, et au bout de cinq minutes ils furent attelés.

" Mon Dieu, dit Cartier à Labbé, je veux les accompagner. Je suis curieux de savoir comment cela va finir. " Et il est entré avec nous.

« Souviens-toi de moi au postillon », dis-je à M. Labbé.

Et il hocha la tête.

« Jean-Louis », dit-il au postillon.

"Oui, gouverneur."

"Tu connais le vieux Levasseur ?"

"Par Jupiter, je devrais le penser!"

"Vous voyez ce monsieur?" me montrant du doigt.

"Oui, je le vois."

"Eh bien, il vient de tuer le vieux Levasseur."

"Comment?" dit le postillon en me regardant bouche bée.

"D'un coup de pistolet."

"Pourquoi?"

"Parce qu'il n'irait pas au grand galop... Alors prends garde, Jean-Louis."

"Est-ce vrai?" » demanda l'homme en pâlissant.

"Vous pouvez le constater par vous-même, puisque monsieur est entré lui-même et qu'il utilise le fouet et porte les bottes du défunt."

Jean-Louis jeta un regard effrayé sur le fouet et les bottes, puis il partit au grand galop, sans dire un mot.

"Oh! mes pauvres chevaux," nous criait Labbé, "ils vont passer un mauvais moment."

Nous arrivâmes à Villers-Cotterêts en moins d'une heure, et là une véritable ovation m'attendait. A peine avais-je donné mon nom à la première personne que je rencontrais que je connaissais, que la nouvelle de mon arrivée par courrier dans une trappe surmontée d'un drapeau tricolore parcourut la ville aussi rapidement que si elle avait été envoyée par des fils télégraphiques. . À mesure que la nouvelle se répandait, les maisons rendaient les vivants avec autant d'unanimité que les tombes déchargeraient les morts au son du dernier Trump. Tous ces êtres vivants coururent au relais de poste et y arrivèrent aussitôt que moi. Il a fallu leur donner de nombreuses explications pour leur faire comprendre mon costume, mon fusil, mon coup de soleil, le piège, le drapeau tricolore et pourquoi Bard et Cartier étaient avec moi. Tout le monde dans ce pays bien-aimé m'aimait assez pour avoir le droit de me poser ces questions. Je leur ai répondu à tous, et quand les explications ont été données, ils ont crié à l'unisson :

"N'allez pas à Soissons ! Soissons est une ville royaliste !"

Mais il est à peine besoin de dire que je n'étais pas venu jusqu'à Villers-Cotterêts sans avoir l'intention de me rendre à Soissons.

« Non seulement je compte aller à Soissons, répondis-je, mais je ferai tout ce qui est en mon pouvoir pour y arriver avant onze heures, même si je dois donner vingt francs de pourboire aux postillons.

« Si vous leur en offrez quarante, vous n'y arriverez pas à temps », dit une voix que je connaissais ; "mais vous y arriverez vers minuit, et on vous laissera entrer."

La voix appartenait à un de mes amis qui habitait Soissons, celui qui, quinze ans auparavant, étant enfant comme moi, était venu, une heure avant moi, faire une suggestion au général Lallemand alors qu'il était prisonnier, semblable à celui que je je lui ai posé une heure plus tard.

" Ah ! c'est toi, Hutin ? " M'écriai-je. "Que dois-je faire pour entrer ?"

"Vous entrerez parce que je vous accompagnerai et j'insisterai... Je suis de Soissons et je connais le portier."

"Bravo ! A quelle heure aurons-nous ?"

— Toute la nuit ; mais il vaudrait mieux arriver avant une heure.

"Bien ! alors nous aurons le temps de souper ?"

"Où vas-tu le prendre ?"

Dix voix crièrent :

"Avec moi ! Avec moi ! Avec nous !" et ils commencèrent à me traîner par devant, par derrière, par les pans de mon habit et le cordon de ma corne à poudre et la courroie de mon fusil et les bouts de ma cravate.

"Excusez-moi", dit une autre voix, "mais il a déjà été fiancé."

"Ah ! Paillet !..."

C'était mon ancien commis en chef. Je me tournai vers mes nombreux hôtes.

"C'est bien vrai. J'ai promis à Paillet lors de sa dernière visite à Paris de venir dîner avec lui."

" Tant mieux, dit Paillet, puisque la salle à manger est grande et que ceux qui voudront venir souper avec nous trouveront de la place... Venez, ceux qui sont ses amis peuvent me suivre ! "

Une vingtaine de jeunes gens nous suivirent : mes vieux camarades Saunier, Fontaine, Arpin, Labarre, Rajade et bien d'autres encore. Nous longeâmes la rue de Soissons et nous arrêtâmes chez Paillet. En un instant presque, grâce au vieux Cartier, qui habitait presque en face, un excellent souper fut improvisé. Cartier père, Paillet, Hutin et Bard se mirent à table. Les autres étaient assis autour, et je dus raconter pendant que je mangeais l'histoire de ces trois jours merveilleux qui firent époque, dont aucun détail n'avait pénétré jusqu'à Villers-Cotterets. Les exclamations d'admiration furent nombreuses. Je suis ensuite passé à l'histoire de ma propre mission. Et ici, l'enthousiasme s'est refroidi. Quand j'annonçai que je comptais prendre seul, à moi seul, toute la poudre d'une ville militaire de huit mille habitants et huit cents soldats, mes pauvres amis se regardèrent et dirent, comme avait fait le général La Fayette :

"Pourquoi ! tu dois être fou !"

Mais plus grave encore que cette opinion unanime des habitants de Villers-Cotterêts, Hutin, originaire de Soissons, partageait leur opinion.

" Cependant, ajouta-t-il, comme j'ai dit que je tenterais la chose avec vous, je le ferai ; seulement il y a cent contre un que demain avant cette heure nous serons fusillés. "

Je me tournai vers Bard.

" Que vous ai-je dit en vous proposant de m'accompagner, Seigneur Raphaël ? " J'ai dit.

"Tu m'as dit : 'Veux-tu venir te faire tirer dessus avec moi ?'"

"Et ta réponse ?"

"J'ai répondu que je ne devrais être que trop heureux."

"Et maintenant?"

"Je suis toujours du même avis."

"Bénis-moi ! mon cher, tu peux voir, tu peux entendre. Réfléchis dans le temps."

"J'ai réfléchi."

"Et tu comptes venir ?"

"Certainement."

Je me tournai de nouveau vers Hutin,

"Alors tu viens ?"

"Bien sur que je le suis."

"Alors tout va bien", et j'ai levé mon verre.

" Mes amis ! demain soir, rendez-vous ici ! Cartier, un dîner pour vingt, à condition qu'on le mange, que nous soyons morts ou vivants. Voici deux cents francs pour le dîner ! "

"Vous le paierez demain."

"Et si je me fais tirer dessus ?"

"Alors je paierai moi-même."

« Hourra pour le vieux Cartier !

Et j'ai avalé le contenu de mon verre. Ils ont tous repris le refrain « Vive Cartier ! et comme nous avions fini de souper, qu'il était onze heures et que les chevaux étaient dans la trappe, nous nous levâmes pour partir.

" Ah ! confondre, un instant, " dis-je en réfléchissant ; "Nous aurons peut-être affaire demain à des adversaires plus rudes que le vieux Levasseur, donc chargeons bien nos pistolets cette fois. Quels messieurs parmi vous ont des balles du bon calibre ?"

Mes pistolets prenaient du calibre vingt-quatre, et ce serait bien une chance de trouver des balles de ce calibre.

"Attends un peu," dit Cartier, "je peux y arriver. As-tu des balles dans ta poche ?"

"Oui, mais seulement en taille vingt."

"Donnez-m'en quatre, ou plutôt huit ; il vaut mieux les recharger..."

Je lui ai donné huit balles. Cinq minutes plus tard, il me les rapporta, allongés en balle, pour qu'ils rentrent dans les pistolets. Ils furent nettoyés, chargés et amorcés avec le plus grand soin ; comme si on se préparait à un duel. Puis, pour la dernière fois, nous burions au succès de l'entreprise ; nous nous embrassâmes plusieurs fois et tombâmes dans le piège, Hutin, Bard et moi ; le postillon monta à cheval, et nous partîmes au grand galop sur la route de Soissons, au milieu des cris d'adieu et des acclamations d'encouragement de mes chers bons amis. Deux heures après notre départ de Villers-Cotterêts, la porte de Soissons s'ouvrit à la voix et au nom de Hutin, et le portier nous fit entrer dans la ville, sans se douter qu'il donnait accès à la Révolution.

CHAPITRE V

Arrivée à Soissons. Préparatifs stratégiques. Reconnaissance autour de la poudrière. Hutin et Bard plantent le drapeau tricolore sur la cathédrale. J'escalade le mur de la poudrière. Le capitaine Mollard. Le sergent Ragon. Le lieutenant-colonel d'Orcourt. Parle avec eux. promets-moi la neutralité

Après vingt-deux ans, nous hésitons presque à écrire le récit qui suit, qui nous semble désormais incroyable ; mais nous renvoyons ceux qui douteraient de cette histoire au *Moniteur* du 9 août, contenant le rapport officiel que le général La Fayette a inséré, afin que ceux qui seraient intéressés puissent protester ou nier selon l'occasion. Personne n'a protesté, personne n'a nié.

A minuit, nous frappions bruyamment à la porte de la maison de la mère de Hutin, qui nous accueillit avec des cris de joie, pas plus méfiants que la portière, du contenu de la trappe *à la Congrève* qu'elle fit monter chez elle. cour stable.

Le lendemain, c'était jour de marché, et il s'agissait ensuite de concocter un immense drapeau tricolore pour remplacer le drapeau blanc qui flottait au-dessus de la cathédrale. Madame Hutin, ne comprenant pas bien ce que nous faisions ni les conséquences que cela pouvait entraîner, mit à notre disposition les rideaux rouges de la salle à manger et les bleus du salon. Un drap pris dans l'armoire à linge complétait la Norme Nationale. La question du personnel ne nous a pas inquiétés ; nous devrions utiliser celui appartenant au drapeau blanc. Les mâts de drapeau ne déclarent pas leurs opinions. Tout le monde dans la maison, Madame Hutin, sa cuisinière, Hutin, Bard et moi, se mit à coudre, et à trois heures du matin, aux premières heures de l'aube, le dernier point était posé.

C'est ainsi que nous proposions de répartir la tâche : je devais commencer par m'emparer de la poudrière, tandis que Bard et Hutin, sous prétexte de monter au sommet de la tour pour voir le soleil se lever, devaient accéder à la cathédrale, tirer baissez le drapeau blanc et remplacez-le par le drapeau tricolore. Si le sacristain résistait, nous comptions le jeter du haut du beffroi. Hutin avait armé Bard d'une carabine et s'était muni d'un fusil à double canon. Dès que le drapeau serait hissé, le sacristain enfermé dans la tour et la clé dans la poche de Hutin, celui-ci devait m'envoyer Bard au magasin, qui était situé parmi les ruines de l'église Saint-Jean. Bard pourrait m'être plus utile à la poudrière, car elle était tenue par trois vieux soldats dont le long service avait été récompensé par une position qui était presque une sinécure, et dont les blessures, masquées pour deux d'entre eux par le Le ruban de la

Légion d'honneur, reçu sous l'Empire, ne laissait aucune question sur leur valeur. Il s'agissait du lieutenant-colonel d'Orcourt, du capitaine Mollard et du sergent Ragon. Il était donc fort probable que j'aurais besoin de renfort.

Pendant que Bard allait me rejoindre, Hutin, porteur de la proclamation du général La Fayette, devait se rendre immédiatement chez le docteur Missa. Le Dr Missa était le chef du parti d'opposition libéral et avait répété à maintes reprises qu'il n'attendait qu'une occasion appropriée pour aller de l'avant. L'occasion qui se présentait était excellente et nous espérions qu'il ne la laisserait pas passer. Hutin croyait pouvoir compter également sur deux de ses amis, l'un nommé Moreau et l'autre Quinette. Quinette, fils d'un conventionnel, était le même qui devint plus tard député sous Louis-Philippe et ambassadeur à Bruxelles sous la République. Nous verrons comment chacun d'eux répondit à l'appel lancé au nom de la Révolution.

En sortant du magasin, je devais me rendre chez le commandant de la ville, M. de Linières, et, l'ordre du général Gérard en main, obtenir de lui l'ordre d'enlever la poudre soit de gré, soit de force. On m'avait prévenu que M. de Linières était plus que royaliste ! C'était un ultra-royaliste.

Aux premières nouvelles de l'insurrection de Paris, il avait déclaré que, quelle que soit la tournure des choses dans la capitale, il s'enterrerait sous les ruines de Soissons et que le drapeau blanc flotterait sur la plus haute pierre des ruines. Il était donc à peu près sûr de quel côté il fallait s'attendre à une opposition sérieuse. Mais je ne m'en souciais pas beaucoup ; chaque événement de la journée devait saisir sa chance.

A trois heures dix du matin, nous quittions la maison de Mme Hutin. C'était une femme merveilleusement courageuse et qui encourageait son fils plutôt que de le retenir. Nous nous séparâmes au bout de la rue, Hutin et Bard pour aller à la cathédrale, et moi à la poudrière. Comme il eût été dangereux d'entrer dans l'enceinte des ruines de Saint-Jean par la porte principale, facile à défendre, nous étions convenus qu'il valait mieux que je saute par-dessus le mur. Bard devait cependant se présenter à la porte principale, que je devais lui ouvrir lorsque j'entendrais trois coups espacés d'un intervalle de temps égal entre chacun. J'étais au pied du mur en moins de cinq minutes ; il était facile à gravir car il était bas, avec de nombreuses fissures entre ses pierres pour former des marches naturelles.

Cependant, j'ai attendu, ne souhaitant pas commencer mon excursion, de voir le drapeau tricolore flotter au-dessus de la cathédrale à la place du blanc. Néanmoins, pour m'orienter, je me soulevai doucement par les poignets jusqu'au niveau du haut du mur, de manière à pouvoir voir au-delà. Deux hommes armés de pelles étaient occupés chacun à creuser tranquillement, retournant le carré d'un petit jardin. Je les reconnus au motif de leurs pantalons et à leurs moustaches : c'étaient deux des soldats qui habitaient les chambres devant la poudrière. La poudre se trouvait dans l'un ou l'autre des deux premiers hangars, probablement dans les deux. La porte de chêne, solide comme une poterne, renforcée par des traverses et cloutée, se dressait entre les deux hangars. C'était fermé. Après avoir exploré le champ de bataille d'un coup d'œil, je me laissai tomber jusqu'au pied du mur et tournai mon regard en direction de la cathédrale. Très vite, je vis apparaître les têtes de trois hommes au-dessus de la galerie, puis le drapeau blanc s'agiter d'une manière inhabituelle, qui ne pouvait être attribuée au vent, dont l'absence était évidente ; enfin, le drapeau blanc fut abaissé et disparut, et l'étendard tricolore fut hissé à sa place. Hutin et Bard avaient accompli leur part de l'affaire ; il était maintenant temps pour moi de commencer le mien. Cela ne m'a pas pris très longtemps. J'ai examiné mon arme pour voir si les amorçages étaient en place, je l'ai jetée sur mes épaules et, à l'aide de mes mains et de mes pieds, j'ai rapidement atteint le sommet du mur. Les deux soldats avaient changé de position et s'appuyaient sur leurs pelles, regardant avec une surprise marquée le sommet de la tour où flottait triomphalement le drapeau tricolore. J'ai bondi dans les locaux du magazine. Au bruit que je fis en touchant le sol, ils se retournèrent tous deux simultanément. La seconde apparition leur parut évidemment plus extraordinaire que la première. J'avais eu le temps de passer mon fusil dans ma main gauche et d'armer les deux détentes. Je m'avançai vers eux, ils me regardaient toujours, immobiles d'étonnement. Je me suis arrêté à moins de dix mètres d'eux.

« Messieurs, lui dis-je, je vous demande pardon pour la manière dont je suis introduit dans vos locaux, mais comme vous ne me connaissez pas, vous m'auriez refusé l'entrée par la porte, ce qui aurait occasionné toutes sortes de retards, et Je suis pressé."

— Mais, monsieur, demanda le capitaine Mollard, qui êtes-vous ?

« Je suis M. Alexandre Dumas, fils du général Alexandre Dumas, dont vous aurez connu le nom si vous avez servi sous la République ; et je suis venu au nom du général Gérard demander aux autorités militaires de la ville de Soissons toutes les poudre qu'on peut trouver en ville. Voici mon ordre : l'un de vous, messieurs, viendra-t-il le voir ?

Mon arme dans la main gauche, je leur ai tendu ma droite. Le capitaine s'approcha, prit la commande et la lut. Ce faisant, le sergent Ragon fit quelques pas vers la maison.

« Pardon, monsieur, lui dis-je, mais comme je ne connais pas le but de votre entrée chez vous, je vous prierai de rester où vous êtes.

Le sergent s'arrêta net. Le capitaine Mollard m'a rendu ma commande.

"C'est bon, monsieur. Que voulez-vous de plus ?"

"Je veux une chose assez simple, monsieur... Vous voyez ce drapeau tricolore ?"

Il hocha la tête pour reconnaître qu'il l'avait parfaitement bien vu.

"Son remplacement du drapeau blanc", continuai-je, "vous prouvera que j'ai des amis dans la ville... La ville va s'élever."

"Et alors, monsieur ?"

" Alors, monsieur, on m'a dit que je trouverais de braves patriotes dans les trois gardiens du magazine, qui, au lieu de s'opposer aux ordres du général Gérard, m'assisteraient dans mon entreprise. Je me présente donc à vous en toute confiance pour demander à votre co -opération dans cette entreprise."

« Vous devez savoir, monsieur, dit le capitaine, que notre coopération est hors de question.

"Eh bien, promets-moi que tu seras neutre."

« De quoi s'agit-il ? » » demanda un troisième interlocuteur, qui apparut sur le pas de la porte avec un foulard de soie noué autour de la tête, vêtu uniquement d'une chemise et d'un pantalon de coton.

" Colonel, " dit le sergent en se rapprochant de son officier supérieur, " c'est un messager du général Gérard. Il paraît que la Révolution à Paris est accomplie, et que le général Gérard est maintenant ministre de la Guerre. "

J'arrêtai l'orateur, qui continuait sa marche vers la maison.

« Monsieur, lui dis-je, au lieu d'aller chez le colonel, demandez-lui de venir chez nous. Je serai très heureux de lui faire mes adresses et de lui montrer l'ordre du général Gérard.

— Est-ce de la main du général, monsieur ? demanda le colonel.

"C'est signé par lui-même, monsieur."

"Je vous préviens, je viens d'être membre de l'état-major du général et je connais donc sa signature."

"Je suis très heureux de l'entendre, colonel, car cela facilitera, je l'espère, mes négociations avec vous."

Le colonel s'approcha de moi, et je lui tendis le papier, profitant du moment qui m'était ainsi donné, pendant que les autres soldats se rassemblaient autour de lui, pour se mettre entre eux et la porte de la maison. J'étais, il est vrai, seul, mais les trois hommes à qui j'avais affaire n'étaient pas armés.

"Eh bien, colonel ?" J'ai demandé dans une minute ou deux.

"Je ne peux rien dire, monsieur, puisque l'ordre est bien signé par le général Gérard."

« Au contraire, colonel, dis-je en riant, cela me semble une raison pour que vous disiez quelque chose.

Il échangea quelques mots avec le capitaine et le sergent.

"Qu'est-ce que vous demandiez à ces messieurs quand je suis sorti ?"

"Votre neutralité, colonel. Je n'ai pas la prétention de recourir à l'intimidation ni de vous presser contre votre conscience. Si vos opinions vous inclinent vers le mouvement en cours, tendez-moi franchement la main et donnez-moi votre parole de ne pas vous opposer à ma mission ; si Au contraire, vous voulez vous y opposer, décidez-vous tout de suite et faites ce qu'il vous plaira pour vous débarrasser de moi, car je veux faire tout ce que je peux pour me débarrasser de vous.

« Monsieur, dit le colonel lorsqu'il eut repris l'entretien avec ses deux camarades, nous sommes de vieux soldats et avons trop souvent affronté le feu pour avoir peur ; nous acceptons le rôle que vous nous offrez, car malheureusement, ou plutôt, peut-être, heureusement, ce que vous dites à propos de notre patriotisme est vrai, et si vous posiez la main sur nos cœurs, vous ressentiriez l'effet que produit sur nous la vue du drapeau tricolore que nous désirons depuis quinze ans. .... Quel est, monsieur, le contrat que nous allons conclure avec vous ?

" Entrer dans votre maison et ne pas en sortir à moins que vous n'appreniez que j'ai été tué ou jusqu'à ce que je vienne moi-même vous délivrer de votre promesse. "

"Je promets sur mon honneur de soldat, pour moi et pour mes camarades !"

Je me suis approché de lui et lui ai tendu la main. Trois mains furent tendues au lieu d'une ; trois mains pressèrent la mienne avec cordialité.

"Voyons, ce n'est pas tout", dit le colonel. "Quand on entreprend une tâche comme la vôtre, il faut qu'elle réussisse."

"Veux-tu donc m'aider avec tes conseils ?"

Il a souri.

"Où vas-tu maintenant?"

"Au commandant du fort, M. de Linières."

"Est-ce-que tu le connais?"

"Pas le moindre."

"Hum!"

"Bien?"

"Soyez sur vos gardes !"

« Pourtant, si j'ai la commande ?

"Bien?"

"Alors je peux compter sur toi ?"

"Oh ! naturellement... La neutralité a cessé et nous sommes devenus vos alliés."

À ce moment-là, trois coups frappés à intervalles égaux furent frappés à la porte.

"Qu'est-ce que c'est?" demanda le colonel.

— Un de mes amis, colonel, qui est venu me prêter assistance si j'en avais besoin. J'ai crié à haute voix—

"Attends une minute, Bard, je viendrai l'ouvrir. Je suis entre amis."

Alors, me tournant vers les soldats, je leur dis :

"Maintenant, messieurs, voulez-vous rentrer chez vous ?"

"Certainement", ont-ils répondu.

"Je peux me fier à ta parole ?"

"Notre parole, une fois donnée, n'est jamais retirée."

Ils sont entrés et j'ai ouvert la porte à Bard.

CHAPITRE VI

Comment les choses s'étaient passées avec le sacristain. Le canon de quatre pouces. Bard comme tireur. Le commandant du fort. Le lieutenant Tinga. M. de Lenferna-M. Bonvilliers.—Madame de Linières.—La révolte des nègres.—Les conditions dans lesquelles le commandant du fort a signé l'ordre.—M. Moreau-M. Quinette—Le maire de Soissons—Bard et les prunes vertes

Bard était parfaitement cool ; quiconque le voyait avec son fusil sur l'épaule l'aurait pris pour un sportif qui mettait la main à la pâte en tirant au but.

"Eh bien," m'a-t-il demandé, "comment ça s'est passé ici?"

"Magnifiquement, mon cher garçon ! Tout est réglé."

"Bien ! alors tu as la poudre ?"

"Oh ! pas encore. Attends, comme tu es pressé ! Et ton drapeau ?"

Il montra la tour.

"Vous voyez par vous-même", a-t-il déclaré. "Est-ce que ça ne fait pas un joli tableau dans le paysage ?"

"Oui. Comment tout cela s'est-il passé ?"

" Oh ! tout s'est passé assez bien. Le sacristain a soulevé quelques difficultés tout d'abord, mais il a fini par céder aux raisons que lui avait exposées M. Hutin. "

"Qu'est-ce que c'était ?"

"Je ne sais pas trop, je regardais le paysage... Votre vallée de l'Aisne est vraiment magnifique, vous savez, surtout du côté de Vauxbuin."

— Vous n'avez donc rien entendu de ce que Hutin a dit à votre sacristain ?

"Je pense qu'il lui a dit qu'il serait tué s'il ne restait pas silencieux."

"Où est-il maintenant?"

"Qui ? M. Hutin ?"

"Oui."

"Il devrait être là où il a promis d'être, chez le médecin."

"C'est capital ! Arrêtez-vous ici."

"Bien ! Que dois-je faire ?"

"Attendez un moment."

Les yeux de Bard me suivirent alors que je faisais un mouvement expressif dans une certaine direction.

" Ah ! ce joli petit canon là-bas ! " il s'est excalmé.

Et je me dirigeai vers un joli petit canon de quatre pouces — je pense même qu'il était peut-être de plus petit calibre — sous ce qui en était, je crois, une maquette, placé sous l'abri d'une sorte de hangar.

"N'est-ce pas un jouet charmant ?"

"Charmant!"

"Alors viens m'aider, mon cher."

"Comment?"

"Pour le mettre en place. En cas de siège, je dois vous laisser de l'artillerie."

Nous nous attelâmes donc au canon, et je le plaçai à environ trente mètres de la porte. Puis je glissai la moitié du contenu de ma corne à poudre dans le fusil et l'ouadai avec mon mouchoir de poche ; sur cette première ouate, j'ai glissé une vingtaine de balles ; puis j'ai enfoncé le mouchoir de Bard dessus et le canon a été chargé. Une fois chargé, je l'ai posé et apprêté.

"Là!" dis-je en haletant ; "Maintenant, écoute ce que tu dois faire."

"J'attends vos instructions."

"Combien de cigarettes peut-on fumer d'un bout à l'autre ?"

"Oh ! autant que j'ai du tabac pour en faire ou de l'argent pour les acheter !"

"Eh bien, mon ami, fume sans arrêt, afin d'avoir toujours une cigarette allumée sous la main : s'ils essaient d'entrer sans votre permission et forcent la porte, demandez-leur trois fois de se retirer et si, à la troisième demande, ils s'obstinent encore à entrer, placez-vous là où le recul du canon ne peut pas vous casser les jambes et passez ensuite votre cigarette allumée en diagonale sur l'amorçage, et vous verrez comment fonctionnera la machine !

"D'accord!" dit Bard sans soulever la moindre objection.

Je crois que si, pendant qu'il était sur la galerie de la tour, je lui avais dit : « Bard, saute par-dessus ! il l'aurait fait.

"Et vois ici!" J'ai dit : "Maintenant, vous avez à la fois un fusil et un canon, mes pistolets sont pour vous un luxe superflu, alors laissez-moi les avoir."

« Oh ! c'est vrai, dit-il, les voici » ; et il les sortit de sa poche et me les rendit.

Je les ai de nouveau examinés et je les ai trouvés en bonne forme. Je les glissai dans les deux poches arrière de ma veste et me tournai pour me diriger vers la maison du commandant du fort. Une sentinelle se tenait dehors dans la rue, et je lui demandai où était le bureau de M. de Linières. Il l'a souligné ; c'était au premier étage, ou entresol. J'ai monté l'escalier et j'ai laissé mon arme devant la porte du bureau. Le commandant était seul avec un officier que je ne connaissais pas. Il venait de se lever en apprenant la nouvelle que le drapeau tricolore flottait haut au-dessus de la cathédrale. Il ignorait probablement encore mon arrivée ; car, au moment où j'entrais, il interrogeait l'officier sur les détails de cet événement extraordinaire.

« Pardon, monsieur le vicomte, lui dis-je, mais si vous ne demandez que des détails complets, je peux vous les fournir, et j'ajouterai que personne ne pourrait vous les donner aussi bien.

"Eh bien, mais d'abord, qui êtes-vous, monsieur ?" » demanda le commandant en me regardant avec étonnement.

J'ai déjà décrit ma tenue : ma cravate était en rubans, ma chemise était portée depuis quatre jours, ma veste était dépourvue de la moitié de ses boutons. Il n'y avait donc rien de bien surprenant dans la question posée par le commandant du fort. J'ai indiqué mon nom, mon prénom et ma profession. Je lui ai brièvement peint la situation de Paris, ainsi que l'objet de ma mission, et je lui ai remis l'ordre du général Gérard. Le commandant du fort, ou lieutenant du roi, comme on l'appelait indifféremment alors, le lut attentivement et, me le rendant, dit :

"Monsieur, sachez que je ne reconnais pas le moins du monde la souveraineté du Gouvernement Provisoire. De plus, la signature du général Gérard ne présente aucune sorte d'authenticité : elle n'est pas légale et le document n'est même pas scellé."

" Monsieur, lui répondis-je, je suis sûr d'une chose : je puis triomphalement vous convaincre de sa légalité et de son authenticité. Je vous donne ma parole d'honneur que la signature est bien celle du général Gérard. "

Un sourire à moitié ironique apparut sur les lèvres du commandant.

« Je vous crois, monsieur, dit-il ; mais je puis vous annoncer une nouvelle qui rendra inutile toute discussion ultérieure : il n'y a pas actuellement plus de deux cents cartouches de poudre dans le magasin.

Mais le sourire de M. de Linières m'avait quelque peu irrité.

« Monsieur, répondis-je avec la même politesse, comme vous ne savez pas exactement le nombre de cartouches qu'il y a dans le magasin, j'irai me renseigner auprès des trois soldats qui sont là mes prisonniers en liberté conditionnelle.

"Quoi ! vos prisonniers en liberté conditionnelle ?"

"Oui, Monsieur le Vicomte : le lieutenant-colonel d'Orcourt, le capitaine Mollard et le sergent Ragon sont mes prisonniers en liberté conditionnelle... Je vais donc, comme j'ai eu l'honneur de vous le dire tout à l'heure, me renseigner par moi-même. quelle quantité de poudre il y a dans le chargeur, puis je reviendrai vous informer."

Je m'inclinai et sortis en regardant le shako de la sentinelle, qui portait le numéro 53. J'ai eu de la chance ; car, on le remarquera, la garnison de Soissons était composée du dépôt du 53e, et le 53e, on s'en souvient, s'était tourné du côté du peuple au moment même où le Louvre était pris. J'ai rencontré un officier dans la rue.

"Etes-vous M. Dumas ?" il a dit.

"Oui, monsieur."

"Est-ce vous qui avez placé le drapeau tricolore sur la cathédrale ?"

"Oui, monsieur."

"Alors avancez et ne craignez rien de nous : les militaires se distribuaient hier des cartouches tricolores."

"Alors je peux compter sur eux ?"

"Vous pouvez compter sur leur maintien dans leurs casernes."

"Votre nom?"

"Lieutenant Tuya."

"Merci!" Et j'ai inscrit son nom dans mon portefeuille.

"A quoi ça sert ?" il m'a demandé.

"Qui sait?" J'ai répondu. "Quand je reviendrai à l'Hôtel de Ville, je trouverai peut-être une deuxième épaulette en train de mendier... Vous ne m'en voudriez pas de vous l'avoir envoyée ?"

Il se mit à rire, secoua la tête et s'enfuit rapidement. Au même instant, je vis l'officier que j'avais trouvé enfermé avec le commandant du fort aller plus vite encore. Il n'y avait pas de temps à perdre; sans aucun doute, il partait avec des ordres. J'ai accéléré mon rythme en conséquence et j'étais au magazine en un clin d'œil. J'ai frappé à la porte et j'ai appelé mon nom.

"Est-ce que tu?" » demanda Bard.

"Oui."

"Bien ! Je vais t'ouvrir."

"Ne vous inquiétez pas. Demandez aux officiers quelle quantité de poudre, pour l'artillerie, il y a dans le magasin."

"D'accord!"

J'ai attendu et, par le trou de la serrure, j'ai vu Bard se précipiter vers la maison. Il disparut, puis réapparut au bout de quelques minutes.

"Deux cents livres !" m'a-t-il crié.

"Prodigieux ! C'est toujours ainsi... Maintenant, jette-moi par-dessus la clé de la porte, ou glisse-la dessous, pour que je puisse entrer sans te déranger."

"Te voilà."

"Bien ! Quoi que vous fassiez, ne quittez pas votre poste."

"Rendez-vous l'esprit tranquille!"

Et sur cette assurance, je retournai sur mes pas jusqu'à la maison du lieutenant du roi. J'ai trouvé la même sentinelle à la porte de la rue, mais il y en avait maintenant une deuxième à la porte du bureau. Je m'attendais à le voir me barrer le passage, mais je me suis trompé. Comme la première fois, je déposai mon fusil devant la porte, puis j'entrai. La compagnie s'était augmentée de deux autres personnes, et, outre le commandant du fort et l'officier inconnu, il y avait maintenant dans ce petit bureau, tandis que j'y rentrais, M. le marquis de Lenferna, lieutenant de police, et M. Bonvilliers, lieutenant-colonel du génie. Ces messieurs étaient tous vêtus de leurs uniformes respectifs et, par conséquent, avaient des sabres et des épées au côté. Je suis entré et j'ai fermé la porte derrière moi. A peine avais-je rencontré ces quatre officiers que je regrettais d'avoir laissé mon fusil dehors, car je comprenais que des sujets graves allaient être discutés entre nous. Je tâtai les revers de mon gilet pour constater que mes pistolets étaient toujours dans mes poches. Ils étaient là sains et saufs.

« Monsieur, me dit le commandant d'un ton goguenard, j'ai fait venir M. le marquis de Lenferna et M. Bonvilliers, en votre absence, qui sont mes collègues du commandement militaire de cette ville, afin que vous puisse leur exposer ici l'objet de votre mission, comme vous l'avez fait pour moi.

J'ai vu que je devais prendre le même ton de conversation que celui employé par M. de Linières, alors j'ai répondu :

"Eh bien, monsieur, le but de ma mission est assez simple : il s'agit simplement de prendre la poudre que j'ai trouvée dans le magasin et de la transporter à Paris où il en manque... Et, à ce propos, même poudre, permettez-moi de vous informer, commandant, que vous avez été mal informé : il y a deux cents livres de poudre dans le magasin, et non deux cents cartouches.

— La question n'est pas de savoir si deux cents livres ou deux cents cartouches, monsieur : la question est que vous venez prendre de la poudre dans une ville militaire renfermant une garnison de huit cents hommes.

« Monsieur, en effet, répondis-je, pose la question sur son vrai pied : je viens prendre de la poudre dans une ville de garnison contenant huit cents hommes, et voici mon ordre pour le faire.

Je présentai l'ordre du général Gérard au lieutenant du roi, qui, sans doute parce qu'il le savait déjà, le prit du bout des doigts et le remit à son voisin, qui le rendit à M. de Linières après l'avoir eu. lisez-le, avec une légère inclinaison de la tête.

"Vous êtes probablement soutenu par une force armée pour exécuter l'ordre, au cas où nous refuserions de s'y conformer ?"

"Non, monsieur; mais j'ai la ferme intention de prendre cette poudre, puisque j'ai juré au général La Fayette que je la prendrais ou que je serais tué. C'est pourquoi j'ai demandé votre permission pour l'ouverture des portes du magasin, et je maintenant renouvelle ma demande.

"Et vous pensez ça tout seul, monsieur Dumas... Je crois que vous m'avez dit que vous vous appeliez Dumas ?"

"Oui, monsieur, c'est mon nom."

"—Vous pouvez m'obliger à signer une telle autorisation ? Vous avez probablement remarqué que nous sommes quatre ?"

J'avais remarqué encore plus : le ton moqueur du commandant et le fait que, d'après la formulation de ses phrases, la situation devenait de plus en plus chaude ; Je reculai donc progressivement jusqu'à être maître de la porte et, ce faisant, je plaçai mes mains dans les poches de mon manteau et préparai silencieusement les doubles serrures de mes pistolets. Je les ai alors soudainement sortis de mes poches et j'ai pointé les muselières vers le groupe devant moi.

"C'est vrai, vous êtes quatre, messieurs,... mais nous sommes cinq !" Et j'ai fait un pas en avant et j'ai dit : « Messieurs, je vous donne ma parole d'honneur que si l'ordre n'est pas signé dans les cinq secondes, je vous ferai sauter la cervelle à tous les quatre et je commencerai par vous. , Monsieur le Lieutenant de Roi, honneur à qui l'honneur est dû !

J'étais devenu extrêmement pâle, mais malgré ma pâleur, mon visage exprimait une détermination inébranlable. Le pistolet à double canon que je tenais dans la main droite n'était qu'à un pied et demi du visage de M. de Linières.

« Attention, monsieur ! Je lui ai dit : « Je vais compter les secondes » ; et après une pause, j'ai commencé : "Un, deux, trois !..."

A ce moment, une porte latérale s'ouvrit et une femme fit irruption dans la pièce dans un paroxysme de terreur.

"Oh ! mon amour, cédez ! cédez !" elle a pleuré; "c'est une seconde révolte des nègres !..

Et, disant cela, elle me regardait avec des yeux terrifiés.

« Monsieur, commença le commandant du fort, par respect pour ma femme... »

"Monsieur, répondis-je, j'ai le plus profond respect pour Madame, mais j'ai aussi une mère et une sœur et j'espère donc que vous aurez la bonté de renvoyer Madame afin que nous puissions débattre de cette affaire entre hommes. seul."

"Mon amour!" Madame de Linières continuait à implorer : « Cédez ! cédez ! Je vous en supplie ! Souvenez-vous de mon père et de ma mère, tous deux massacrés à Saint-Domingue !

Je n'avais pas encore compris ce qu'elle voulait dire par ses mots : « C'est une seconde révolte des nègres !

Elle m'avait pris pour un nègre, à cause de mes cheveux crépus et de mon teint, brûlés par trois jours d'exposition au soleil et à cause de mon accent légèrement créole - si toutefois j'avais un accent, à cause de l'enrouement qui m'avait saisi. moi. Elle était hors d'elle de terreur, et sa frayeur se comprenait facilement ; car j'appris plus tard qu'elle était la fille de M. et de Madame de Saint-Janvier, qui avaient été impitoyablement tués sous ses yeux dans une révolte. La situation était désormais trop tendue pour se prolonger encore davantage.

" Mais, monsieur, " s'écria le commandant désespéré, " comment puis-je céder devant un seul homme ? "

"Voulez-vous, monsieur, que je signe un papier attestant que vous m'avez donné l'ordre avec un pistolet sur la tempe ?"

"Oui, oui! monsieur", cria madame de Linières.

Puis, se tournant vers son mari, dont elle serrait les genoux, elle répéta : « Mon amour ! mon amour ! donne-lui l'ordre ! donne-le-lui, je t'en supplie !

« Ou préférez-vous, continuai-je, que j'aille retrouver deux ou trois amis pour que nos nombres soient égaux des deux côtés ?

"En effet oui, monsieur, je préférerais de loin cette solution."

" Soyez sur vos gardes, monsieur le vicomte ! J'y vais, comptant sur votre parole d'honneur ; j'y vais, parce que je vous ai à ma merci et que je pourrais faire sauter la cervelle à chacun de vous... Je vous le promets. ce serait bientôt fait... Te retrouverai-je à mon retour là où tu es et tel que tu es ?

"Oui, oui! monsieur", s'écria madame de Linières.

Je m'inclinai courtoisement mais sans rien céder.

"C'est la parole d'honneur de votre mari que j'exige, madame."

"Eh bien, monsieur," dit le lieutenant du roi, "je vous donne ma parole."

"Je présume que cela inclut également ces messieurs ?"

Les officiers s'inclinèrent affirmativement. J'ai désarmé mes pistolets et les ai remis dans mes poches. Puis, m'adressant à madame de Linières :

« Rassurez-vous, madame, lui dis-je ; "C'est fini. Dans cinq minutes, messieurs, je serai de retour ici."

Je suis sorti en récupérant mon arme que j'ai trouvée dans le coin devant la porte. J'avais dépassé mes ressources, car je ne savais où chercher Hutin ; et Bard gardait un point important. Mais le hasard m'a servi ; car, en sortant dans la rue, j'aperçus Hutin et un de ses amis, qui, fidèles à leur rendez-vous, attendaient à dix mètres de la maison : cet ami était un jeune homme nommé Moreau, chaleureux patriote de Soissons. Ils portaient tous deux des fusils à double canon. Je leur ai fait signe de venir dans la cour. Ils sont arrivés sans vraiment savoir ce qu'on attendait d'eux. Je suis allé à l'étage; la libération conditionnelle avait été strictement maintenue et aucun des messieurs n'avait quitté sa place. Je suis allé à la fenêtre et je l'ai ouverte.

« Messieurs, dis-je à Hutin et à Moreau, ayez la bonté d'informer Monsieur le Commandeur que vous êtes prêts à tirer sur lui et sur les autres personnes que je vous désignerai, s'il ne signe pas sur-le-champ une autorisation de prise. la poudre."

Pour répondre, Hutin et Moreau armèrent leurs armes. Madame de Linières « suivait tous mes mouvements et ceux de son mari avec des yeux hagards.

— Cela suffit, monsieur, dit le lieutenant du roi ; « Je suis prêt à signer » ; et, prenant un morceau de papier sur son bureau, il écrivit :

> "J'autorise M. Alexandre Dumas à emporter toute la poudre appartenant à l'artillerie qui se trouve dans la poudrière Saint-Jean.—Lieutenant du Roi et Commandant du Fort,
>
> VICOMTE DE LINIÈRES"
>
> SOISSONS, 31 *juillet* 1830"

Je pris le papier que le comte me tendait, m'inclinai devant Mme de Linières, lui présentai mes excuses pour la frayeur inévitable que je lui avais causée et sortis. [1]

Nous rencontrâmes dans la rue M. Quinette, le deuxième ami dont Hutin m'avait parlé. Il était venu nous rejoindre. Il était un peu tard, comme on le verra, d'autant plus qu'il allait bientôt nous quitter. Son conseil était qu'il fallait faire les choses légalement et que, pour cela, je devais être assisté par le maire. Je n'avais aucune objection à cette proposition, étant en possession de mon ordre, j'allai donc trouver le maire. J'ai oublié le nom de ce digne magistrat : je me souviens seulement qu'il n'a fait aucune difficulté pour m'accompagner. Ainsi, cinq minutes plus tard, accompagné du maire, de Hutin, de Moreau et de Quinette, j'ouvris avec précaution le portail du cloître Saint-Jean, après avoir prévenu Bard que c'était moi qui l'ouvrais.

"Entrez, entrez!" il a répondu.

J'entrai et vis le canon en position, mais, à mon grand étonnement, Bard avait disparu. Il était à vingt mètres de son canon, perché dans un prunier en train de manger des prunes vertes !

***

[1] Je crois devoir prendre la précaution, à la fin de ce récit que j'ai prise au début, à savoir, de renvoyer mon lecteur au *Moniteur* du 9 août 1830, au cas où il croirait que j'ai fait une romance. Voir les notes à la fin de ce volume.

CHAPITRE VII

Le maire de Soissons.—La poudre des accises—M.
Jousselin.—La hachette du magasinier—M. Quinette—
J'enfonce la porte de la poudrière.—Sortie triomphale de
Soissons.—M. Mennesson tente de me faire arrêter. Les
gardes du duc d'Orléans. M. Boyer. — Retour à Paris. — «
Ces diables de républicains !

Or, grâce aux excellents conseils de M. Quinette, personne n'aurait pu agir
plus légalement que nous, puisque nous procédions (comme Bilboquet) *avec
l'autorisation du maire.* Le lieutenant-colonel d'Orcourt s'empressa donc de
nous ouvrir la poudrière d'artillerie. C'était le hangar à droite de la porte
lorsque nous sommes entrés. En fait, nous n'y trouvâmes guère deux cents
livres de poudre. Je m'apprêtais à l'enlever, lorsque le maire en fit la
réclamation pour la défense de la ville. L'affirmation était assez juste,
seulement, comme j'avais décidé de transporter de la poudre à Paris, quelle
qu'en soit la quantité, il me paraissait probable que j'aurais à revivre les mêmes
scènes avec le maire qu'avec le commandant du fort. , lorsque le lieutenant-
colonel d'Orcourt s'approcha de moi et me dit à voix basse :

" Il n'y a certes qu'environ deux cents livres de poudre dans le magasin
d'artillerie, mais dans le hangar d'en face il y en a trois mille livres appartenant
à la ville. "

J'ai ouvert grand les yeux.

"Dites-le encore", dis-je.

« Là, trois mille livres de poudre » ; et il montra le hangar.

"Alors ouvrons-le et prenons la poudre."

"Oui, mais je n'ai pas la clé."

"Où est-il?"

— M. Jousselin, c'est le magasinier qui l'a.

"Où vit-il?"

"Un de ces messieurs vous le montrera."

"Très bien!"

Je me tournai vers le maire.

" Monsieur, je ne peux pour l'instant dire ni oui ni non à votre demande : si je trouve encore de la poudre, je vous laisserai les deux cents livres ; si je n'en trouve pas, je vous la prendrai. Maintenant, ne nous laissez pas perdez encore du temps, mais chacun prend sa part. Mon cher monsieur Moreau, vous allez chercher un chariot et des chevaux chez les charretiers de la ville ; dès que la poudre sera dans le chariot, nous partirons... Est-ce clair ?

"Oui."

« Va-t'en, alors. »

Et M. Moreau partit au plus vite.

"Bard, mon ami, tu vois que la situation s'est compliquée, alors prends position près du canon, rallume ta cigarette et éloigne-toi des prunes vertes."

"Rassurez-vous là-dessus ! J'en ai à peine mangé trois et ils m'ont horriblement irrité les dents !... Je n'en croirais pas un quatrième, non, même pas pour M. Jousselin et toute sa poudre !"

" Toi, Hutin, va chez M. Missa, pour connaître ses intentions, et s'il n'a rien fait, récupérez de lui la proclamation du général La Fayette ; elle nous serait utile dans nos relations avec les autorités civiles, qui pourraient éventuellement refuser de le faire. croire au bien-fondé des ordres du général Gérard."

"Je vais m'enfuir tout de suite !"

"Vous, monsieur Quinette, avez la bonté de me conduire chez M. Jousselin."

"C'est loin."

" Bah ! qu'importe ? Si nous travaillons d'accord, tout s'arrangera ! Dans une demi-heure ou trois quarts d'heure au plus, nous serons tous de retour ici ! "

Bard reprit son poste, Hutin partit remplir sa commission et M. Quinette et moi remplir la nôtre. Nous arrivâmes devant la porte de M. Jousselin.

« Nous y sommes, dit M. Quinette, mais vous comprendrez mon sentiment : j'appartiens à la ville et je dois m'y arrêter après votre départ, alors j'aimerais mieux que vous alliez seul chez M. Jousselin.

"Si c'est tout, ça ne me dérange pas !"

Sur ce, j'entrai chez M. Jousselin. Je dois avouer que, pour le moment, ni mon aspect ni ma tenue n'étaient faits pour inspirer confiance aux autres. J'avais perdu mon chapeau de paille quelque part, mon visage était hâlé et ruisselant de sueur ; ma voix, à un moment, sonnait fort comme une trompette, à d'autres, elle était aiguë presque imperceptible ; ma veste, bombée par les pistolets, perdait peu à peu les quelques boutons qui l'ornaient et, enfin, mes guêtres et mes chaussures étaient encore souillées d'un sang que la poussière de la route n'avait pas effacé. Il n'était donc pas étonnant que, lorsque M. Jousselin me vit ainsi équipé et avec mon fusil à double canon sur l'épaule, il reculât dans son fauteuil aussi loin qu'il put.

"Qu'est-ce que tu fais avec moi ?" Il a demandé.

J'expliquai le but de ma visite aussi succinctement que possible, car j'étais pressé par le temps ; de plus, si j'avais voulu utiliser de longues phrases, je n'aurais pas pu le faire, car je pouvais à peine parler en raison d'un enrouement. M. Jousselin a soulevé plusieurs objections, que j'ai dissipé au fur et à mesure qu'il les a formulées ; mais j'ai vu que nous pourrions continuer sans fin.

" Monsieur, lui dis-je, arrêtons-nous. Voulez-vous ou ne me donnerez-vous pas pour mille francs la poudre de votre chargeur que j'ai ici avec moi ? "

— Monsieur, c'est impossible ; il y a douze mille francs de poudre.

"Alors voulez-vous prendre mes mille francs en compte et accepter une traite pour le reste sur le Gouvernement Provisoire ?"

"Monsieur, il nous est interdit de vendre à crédit."

"Alors vous me donnerez gratuitement la poudre d'accise ? C'est de la poudre du gouvernement, ce qui revient à dire qu'elle m'appartient, puisque je détiens un ordre du gouvernement pour la prendre et que vous n'en détenez aucun pour la garder."

"Monsieur, je voudrais que vous en preniez note..

"Oui ou non?"

"Monsieur, vous êtes libre de le prendre, mais je veux que vous sachiez que vous en serez responsable devant le gouvernement."

"Oh, monsieur, pourquoi ne me l'avez-vous pas dit au début et avons donc mis fin à notre discussion depuis longtemps !"

Je me suis approché de la cheminée et j'ai saisi une hache qui se trouvait là pour couper du bois de chauffage et que j'avais à l'œil.

— Mais, monsieur, s'écria le régisseur stupéfait, qu'allez-vous faire maintenant ?

"Je vous emprunte cette hache pour forcer la porte de la poudrière... Vous la trouverez bien à Saint-Jean, monsieur Jousselin."

Et je l'ai quitté.

« Mais, monsieur, me cria-t-il, vous commettez un vol !

— Oui, vol et effraction, monsieur Jousselin !

"Je vous préviens, j'écrirai à ce sujet au ministre des Finances !"

« Écrivez au diable, si vous voulez, monsieur Jousselin !

Pendant que nous parlions, nous étions arrivés à la porte de la rue. M. Jousselin a continué à crier et les gens ont commencé à se rassembler en foule. J'ai commencé à revenir par où j'étais venu.

" Oh ! donnez-nous un peu de paix, monsieur ! " Dis-je en saisissant la hache par le manche.

"Meurtre ! assassin !" » a-t-il crié à pleine voix, et, me fermant la porte au nez, il l'a verrouillée à l'intérieur.

Je n'eus pas le temps de m'amuser à forcer sa porte.

"Vite vite!" Dis-je à M. Quinette ; " L'ennemi est en retraite ; continuons ! "

J'ai couru la hache à la main jusqu'à l'église Saint-Jean. Je n'avais pas fait cent mètres que j'entendis de nouveau la voix de M. Jousselin, dont les malédictions me parvenaient à travers cette distance. Il était à sa fenêtre, tâchant d'exciter la population contre moi. M. Quinette avait prudemment disparu.

Je ne le revis qu'en 1851, à Bruxelles. Si, à Soissons, je l'ai trouvé parti trop tôt, il s'est rattrapé ensuite à Bruxelles, où il me semble qu'il est resté trop longtemps ; car, après le 2 décembre, il attendait qu'on lui envoyât sa destitution comme ambassadeur auprès de la République....

Je ne me suis inquiété ni du commerçant ni de l'attitude hostile de la population, mais j'ai continué mon chemin vers le magazine. Bard était cette fois à son poste.

"Eh bien, me demanda le lieutenant-colonel d'Orcourt, avez-vous un congé de M. Jousselin ?"

"Non," répondis-je, "mais j'ai la clé de la poudrière !"

Je sortis la hache, et à ce moment Hutin arriva.

"Eh bien," dis-je, "qu'a fait votre Dr Missa ?"

"Pensez-y!" Hutin répondit ; "Ce grand patriote n'a pas osé mettre le nez devant sa porte ! J'ai tout fait pour qu'il me rende la proclamation du général La Fayette !"

« J'espère que vous l'avez apporté !

"Plutôt ! Regardez ici ! Le voici !"

"Donnez-le-moi... Bien ! Passons maintenant aux affaires !"

"Et qu'as-tu fait ?"

" J'ai acquis cette hachette dans la cheminée de M. Jousselin... Nous allons enfoncer la porte de la poudrière, la charger sur un chariot que Moreau est allé chercher et puis nous partirons. "

« Pouvez-vous compter sur Moreau ?

" Comme je le ferais sur moi-même !... A propos, qu'est devenue Quinette ?
"

"Il a disparu... disparu... s'est envolé ! Mais nous ne nous occuperons pas de lui. Mettez-vous au travail !"

Ce n'était pas une tâche si facile à accomplir. La serrure que nous avons dû faire sauter était fixée dans le mur lui-même et le mur était construit en moellons de silex, de sorte que chaque coup mal dirigé qui tombait sur le mur au lieu de la serrure ou des boiseries produisait des millions d'étincelles. Le lieutenant-colonel d'Orcourt était un homme vaillant, mais, au troisième coup qui fit jaillir une pluie d'étincelles, il secoua la tête et se tourna vers ses compagnons.

« Ne nous arrêtons plus ici, dit-il ; "ça ne sert à rien... ces messieurs doivent être fous pour entreprendre une telle tâche"; et il partit aussi loin que le permettaient les murs de l'enceinte, les autres le suivant.

Après cinq minutes de travail, je dus passer la hache à Hutin qui, à son tour, se mit à travailler sur la porte. Et comme les choses n'allaient pas aussi vite que je le souhaiterais, j'ai soulevé le plus gros morceau de pierre que j'ai pu trouver, et, prenant une attitude comme Ajax, j'ai crié à Hutin de faire attention ; puis je lançai la pierre et, à ce dernier effort, déjà secouée, elle vola en éclats. Nous étions enfin en contact avec les trois mille livres de poudre ! J'avais si hâte qu'il nous échappât encore, que je m'assis sur un tonneau, à la manière de Jean Bart, et priai Hutin d'aller presser Moreau et ses charrettes. Hutin s'y rendit. Il était d'un caractère actif, tout nerveux ; un sportif infatigable, un bon tireur et un homme de peu de mots ; mais, pour bien l'apprécier, il faut le voir travailler, quel que soit le travail. Il revint avec le chariot un quart d'heure plus tard, mais sans Moreau.

Qu'était-il devenu ?

Il avait rassemblé une vingtaine de jeunes gens et tout un corps de pompiers, et tous attendaient pour m'escorter jusqu'à Villers-Cotterêts. D'ailleurs

Moreau m'envoya monter son cheval lors de ma sortie. Nous avons donc chargé le chariot de poudre et j'ai payé le prix convenu (quatre cents francs, je crois). Nous étions alors libres de prendre notre voiture et nos chevaux de poste ; le charretier devait suivre la voiture, et se débrouiller comme il pouvait pour la ramener : il recevrait quatre cents francs pour sa peine.

Après avoir récupéré la poudre, nous nous arrêtâmes chez Mme Hutin ; car il était quatre heures de l'après-midi et aucun de nous n'avait rompu son jeûne, à l'exception de Bard, qui avait mangé trois prunes. Il mourait d'envie d'emporter le canon de quatre pouces et j'avais également hâte de lui en faire cadeau ; mais les dignes gardiens du magazine me supplièrent si instamment de le leur laisser, que je n'eus pas le cœur de le leur voler. Un bon dîner nous attendait chez Hutin ; mais, malgré notre faim, nous le mangeâmes en toute hâte pendant qu'on attelait les chevaux de poste au casier. Finalement, à cinq heures, nous partîmes ; Hutin, Moreau et Bard derrière le chariot de la trappe et moi sur le cheval de Moreau, marchant à côté des roues, une main sur mon étui, prêts à faire sauter le chariot, moi et la moitié de la ville, si quelqu'un tentait d'arrêter notre s'en aller. Mais personne n'a émis d'objection : nous avons même entendu des cris patriotiques derrière nous tandis que nous avancions. Nous ne pouvions nous empêcher d'être reconnaissants envers le peuple de s'exprimer ainsi, car en 1830 personne ne savait exactement quel cri il fallait pousser. L'endroit le plus dangereux que nous devions franchir était la porte de la ville ; car dès que nous aurions atteint la porte, la herse pourrait être lancée devant nous, et ils nous attaqueraient depuis les deux postes de garde. Mais nous passâmes sans dommage ces Thermopyles et nous trouvâmes hors des murs et en rase campagne. Nos hommes nous attendaient à cinquante mètres de la porte : alors, et seulement alors, je l'avoue, j'osai respirer librement.

" Par Jupiter ! mon ami, dis-je à Hutin, retourne en ville et envoie-nous vingt bouteilles de vin pour boire à la santé du général La Fayette... Nous les avons bien méritées ! "

Un quart d'heure plus tard, nous levions nos verres et buvions à la santé du général, toast que les habitants de la ville reçurent avec acclamation, beaucoup étant montés sur les murs pour assister à notre départ. Après avoir vidé les vingt bouteilles, nous reprenons notre route. A Verte-Feuille, à mi-chemin entre Soissons et Villers-Cotterets, je confiai le cheval de Moreau au maître de poste : je n'aurais pas pu rester en selle dix minutes de plus, car je tombais de fatigue. Pendant qu'on mettait quatre chevaux de poste dans le chariot (car je commençais à m'apercevoir que nous n'arriverions jamais à destination avec les chevaux de Soissons), je m'allongeai au bord d'un fossé et tombai dans un sommeil si profond qu'ils eurent le plus grande difficulté au monde de me réveiller au moment du démarrage. Moreau monta alors à cheval, car il voulait nous accompagner jusqu'à Villers-Cotterets. Je pris place dans le piège et à peine y étais-je que je me rendormis. Je dormais probablement depuis une heure lorsque je me sentis secoué vigoureusement. J'ai ouvert les yeux et j'ai vu que c'était Hutin.

"Oh ! réveille-toi !" il a dit.

"Pourquoi?" Ai-je demandé en bâillant. J'étais profondément endormi.

— Eh bien, parce qu'il paraît que votre ancien avocat, M. Mennesson, a mis la ville en révolution, en leur disant que vous exécutez les ordres du duc d'Orléans, et qu'ils ne veulent pas nous laisser passer. ".

"J'exécute des ordres pour le duc d'Orléans ? Mon Dieu ! cet homme doit être fou ou ivre !"

"Il est peut-être fou, mais, en attendant, il a l'intention de régler l'affaire avec vous."

« Faites-le sortir ! et au moyen de qui ?

"Par l'intermédiaire des forestiers, en premier lieu."

" Les forestiers ? Laissez-moi réfléchir. Comment s'en sortir avec les forestiers qui appartiennent au duc d'Orléans, si je fais les affaires du duc ? "

"Oh ! je ne comprends pas du tout, je te préviens seulement. Maintenant tu sais, allons-y."

J'ai réussi à me sortir du sommeil. Nous étions au pied de la montagne de Dampleux et un de mes amis de Villers-Cotterêts était sorti en courant pour nous avertir du complot qui se tramait contre nous. J'appelai Moreau, qui formait à lui seul toute la cavalerie que nous pouvions rassembler.

« Moreau, lui dis-je, faites-moi la faveur d'achever votre cheval en le mettant au galop et d'aller vérifier soit chez Cartier, soit chez Paillet, ce qu'il y a de vrai dans les nouvelles qu'ils viennent de nous apporter. Si vous rencontrez M. Mennesson, menacez-le que j'ai deux balles dans mon fusil et que s'il ne veut pas en prendre connaissance, il doit se tenir hors de portée.

Moreau partit au galop : je me plaçai, moi et Hutin, avec six ou huit hommes qui me parurent à la hauteur de toute situation, dans la camionnette, laissant Bard et vingt-cinq à trente autres pour escorter le chariot ; puis nous avons continué notre voyage. Au bout de dix minutes, nous vîmes Moreau qui revenait. Il y avait vraiment un attroupement de monde devant la porte de M. Mennesson et il leur parlait ; mais, quand Moreau s'approcha de lui et lui murmura à l'oreille, il disparut. Il restait encore les gardes, qui, disait-on, étaient commandées par un vieil officier nommé M. Boyer. Cette résistance des gardes sous M. Boyer m'étonna d'autant plus que les gardes, comme je l'ai dit, étaient attachées à la maison d'Orléans, de connivence avec laquelle j'étais accusé de soulever des troubles dans la province ; aussi M. Boyer, ancien officier mais privé de son poste par la Restauration, devait tout au duc d'Orléans. Bien! nous arrivâmes à la porte de Paillet, où nous étions attendus, comme à notre première entrée dans la ville ; Le souper était prêt et nous le mangeâmes rapidement. Tous nos hommes étaient en train de souper dans l'arrière-cour de Cartier. Nous nous attendions à être attaqués à tout moment et nous mangions tous avec nos fusils entre les jambes. Le souper cependant se passa sans encombre. Pendant que nous étions à table, les chevaux de la trappe et du chariot furent changés et, vers dix heures du soir, nous reprenâmes notre route ; cette fois, nous étions escortés par toute la garde nationale de Villers-Cotterêts.

Nous nous séparâmes de notre escorte de Soissons avec de nombreuses accolades et poignées de main ; ils avaient parcouru six lieues en moins de quatre heures. Lorsque nous atteignîmes le sommet de la colline de Vauciennes, et tandis que tout mon être baignait dans un doux sommeil, aussi profond que celui dont Saverny reprochait tristement à son bourreau de l'avoir réveillé, je fus une seconde fois secoué par Hutin.

"Réveille-toi réveille-toi!" il a dit.

"Qu'est-ce que c'est?"

— M. Boyer vous demande ; il veut vous combattre.

"Très bien ! Où est-il ?"

« Me voici ! » dit une voix.

Je me frottai les yeux et vis un homme âgé de trente-cinq à quarante ans, sur un cheval moussé de sueur et d'écume. Je suis descendu du piège.

"Pardon, monsieur," demandai-je, "mais je comprends que vous souhaitiez me parler."

« Monsieur, commença le cavalier tout excité, vous m'avez insulté !

"JE?"

"Oui, vous, monsieur ! Et vous me donnerez, je l'espère, satisfaction !"

"Pourquoi?"

"Pour avoir dit que j'étais soit en colère, soit ivre !"

" Arrêtez-vous une minute, s'il vous plaît ; je l'ai dit de quelqu'un, c'est vrai, mais de qui donc l'ai-je dit ? "

"Que diable!" s'écria Hutin. — Vous l'avez dit de M. Mennesson !

" Vous voyez, monsieur, je ne l'ai pas dit tout bas à M. Hutin... Aviez-vous d'autres raisons de me chercher querelle ? "

"Aucun, monsieur."

"Dans ce cas, ça ne valait pas la peine de me réveiller."

"Monsieur, je pensais—"

"Tu le penses toujours ?"

"Non, comme on me l'a dit, ce n'était pas vrai."

"Eh bien?"

"Je vous souhaite un bon voyage, monsieur."

"Merci!"

M. Boyer fit demi-tour et revint au galop vers Villers-Cotterêts. Nous nous sommes souvent revus depuis et avons ri de ce malentendu.

Mais j'avais autre chose à faire que de rire à ce moment-là. Je laissai Bard garder la poudre et remontai dans la voiture ; Je chargeai Hutin de payer les relais des chevaux, me rendormis et ne me réveillai que lorsque nous arrivâmes dans la cour du relais de poste du Bourget. Il était alors près de trois heures du matin. Je ne pouvais pas voir le général La Fayette avant huit ou neuf heures. Nous avons donc accepté l'offre du maître de poste d'une tasse de café et d'un lit. Mais comme je n'étais pas sûr de moi et que j'avais peur de dormir vingt-quatre heures, j'ai supplié qu'on me réveille à sept heures, promesse qui a été faite et tenue religieusement. A neuf heures du matin, nous entrions à l'Hôtel de Ville. Je trouvai le général à son poste dans son uniforme bleu habituel, avec gilet et cravate blancs, mais il était un peu plus ébouriffé, son gilet un peu plus ouvert et sa cravate plus sale que lorsque je l'ai quitté. Pauvre général ! il n'a pas eu la même chance que moi, qui était encore capable de parler, alors qu'il ne pouvait pas prononcer un mot. Il m'a tendu les bras et m'a embrassé : c'était tout ce qu'il pouvait faire. Heureusement, dans les matières subsidiaires, Carbonnel pouvait le remplacer, ainsi, lorsqu'une députation d'une commune arrivait, tandis que le général saluait le maire et ses collaborateurs, Carbonnel s'occupait de la réception des conseillers municipaux ordinaires. Mais le général fit un effort particulier pour moi : non seulement il me tendit les bras et m'embrassa, mais il essaya de me féliciter de mon succès et de m'exprimer sa satisfaction de me revoir sain et sauf ; cependant, malheureusement pour mon *amour-propre* , sa voix s'est effondrée et le son est resté à mi-chemin dans sa gorge. La même chose s'est produite, si l'on en croit Virgile, trois mille ans auparavant, à Turnus. Bonnelier, qui pouvait encore parler, me prit par le bras et s'écria en levant les yeux au ciel :

" Oh ! mon ami ! quel mauvais moment vos diables de républicains nous ont fait hier ! Heureusement cependant, tout est fini maintenant ! "

C'était de l'hébreu pour moi, mais la phrase : *Heureusement, tout est fini maintenant !* cela m'a beaucoup troublé, moi qui étais moi-même républicain ; il était clair qu'une bataille avait dû être perdue. Et en effet, les événements s'étaient déroulés avec violence pendant les quarante-quatre heures de mon absence ! Voyons ce qui s'est passé et ramenons les choses à leur stade actuel.

CHAPITRE VIII

Première proclamation orléaniste — MM. Thiers et Scheffer vont à Neuilly.—Le soir à Saint-Cloud.—Charles X révoque les ordonnances.—Députation républicaine à l'Hôtel de Ville.—M. de Sussy — Audry de Puyraveau — Proclamation républicaine — Réponse de La Fayette au duc de Mortemart — Charras et Mauguin

Je crois avoir terminé un de mes chapitres précédents en disant : « Cette histoire a changé les plans de M. Thiers, qui, au lieu d'écrire son article, s'est levé et s'est enfui chez Laffitte !

M. Thiers était orléaniste, comme M. Mignet : un dîner chez M. de Talleyrand, où *Dorothée* avait été charmante, avait égaré ces deux hommes publics ; Carrel, seul, s'en était séparé et restait républicain. [1] Ainsi, le 30 au matin, M. Thiers et M. Mignet avaient publié une proclamation rédigée dans les termes suivants :

> « Depuis que Charles X a versé le sang du peuple, il ne peut plus rentrer dans Paris. Mais une République nous exposerait à des divisions effroyables et nous brouillerait avec l'Europe. Le duc d'Orléans est un prince dévoué à la révolution. cause. Le duc d'Orléans n'a jamais combattu contre nous. Le duc d'Orléans était à Jemmapes. Le duc d'Orléans est un roi citoyen. Le duc d'Orléans a porté l'étendard tricolore et lui seul le peut. soutenons-le toujours : nous ne voulons pas d'autres couleurs. Le duc d'Orléans ne se proclame pas, mais attend notre dévouement, donnons-le et il acceptera la Charte comme nous l'avons toujours voulu et souhaité. sa couronne des Français eux-mêmes!"

Cette proclamation était évidemment la réponse à la note écrite des mains d'Oudard envoyée de Neuilly à Paris à trois heures et quart du matin. Malheureusement, la proclamation avait été huée place de la Bourse et arrachée des murs sur lesquels elle était collée. L'esprit révolutionnaire était toujours présent dans les rues. Thiers était retourné aux bureaux *nationaux* lorsqu'il avait vu l'effet produit par sa proclamation. La nouvelle de l'évasion du duc de Chartres lui sert de prétexte pour se rendre à Neuilly : toutes les portes s'ouvrent à un messager qui vient annoncer à un père et à une mère la sécurité de leur enfant. En arrivant à Laffitte, il apprend que des négociations sont en cours avec Neuilly. Le duc d'Orléans était en correspondance directe avec M. Laffitte par Oudard et Tallencourt. Selon toute vraisemblance, la duchesse elle-même ne savait pas jusqu'où les négociations étaient poussées. Madame Adélaïde connaissait sans doute mieux les secrets de son frère que la femme de ceux de son mari : le duc d'Orléans croyait beaucoup à l'intelligence presque masculine de sa sœur. Laffitte ne présidait plus son salon ; mais Bérard en était le chef. Quelle était la raison de l'absence de Laffitte ? La réponse donnée aux enquêteurs a été qu'il souffrait trop de son entorse. Le fait est que Laffitte, poussé par Béranger, était occupé à faire un roi. M. Thiers se plaignait très haut d'être oublié. Béranger lui rit au nez, avec ce sourire particulier à l'auteur de *Dieu des bonnes gens*.

"Pourquoi diable les absents ne devraient-ils pas être oubliés ?" lui dit-il.

En effet, M. Thiers était absent depuis quatre heures du salon de Laffitte ; quatre heures pendant une Révolution équivalent à quatre ans ! En quatre heures, un monde peut disparaître ou être complètement changé.

M. Thiers alla trouver M. Sébastiani et obtint de lui un programme. Chacun voulait apporter sa petite brique à la construction du nouveau royaume. Scheffer, le peintre, artiste d'une immense distinction et homme de grande importance, ami du duc d'Orléans et presque fonctionnaire de sa maison, se disposait à partir pour Neuilly comme ambassade de la commission municipale. M. Thiers s'attacha à Scheffer et l'accompagna. Mais la route de Neuilly fut coupée par un régiment de la Garde.

"Le diable!" s'écria Thiers, s'ils nous arrêtaient et découvraient le programme !...

"Donnez-le-moi", dit Scheffer.

Il le prit des mains de Thiers, le réduisit le plus petit possible, le glissa au creux de sa main gauche par l'ouverture de son gant, et ils arrivèrent à Neuilly sans accident. Mais le duc d'Orléans s'était trouvé trop près des troupes royales à Neuilly et s'était retiré au Raincy, après avoir dicté la fameuse note à Oudard ; c'est donc avec Raincy que Laffitte correspondit le 30. Les deux émissaires ne trouvèrent que la duchesse et Madame Adélaïde à Neuilly. Les renseignements de Louis Blanc à ce sujet sont très complets et il a raconté la scène avec la plus grande précision ; nous renvoyons donc à son récit ceux de nos lecteurs qui désirent en connaître tous les détails. Nous nous bornerons à dire que la reine [2] repoussa avec indignation l'offre du trône, mais que Madame Adélaïde, moins méprisante et moins indignée, ne repoussa rien, promettant presque tout au nom de son frère. M. de Montesquieu fut aussitôt envoyé au Raincy.

Le mouvement que la race d'Orléans attendait, depuis qu'elle vivait au plus près de la royauté, était enfin arrivé. L'objet de cette ambition, éveillée dans l'esprit du duc dès 1790, et nourrie avec le plus grand soin pendant les quinze années du règne de Louis XVIII. et Charles X, pouvait maintenant être atteint ; il n'y avait plus qu'à tendre le bras et à donner le mot. Mais, à cette heure décisive, le courage faillit manquer au duc d'Orléans. Il avait décidé de partir derrière M. de Montesquieu, il l'envoya annoncer son arrivée et partit effectivement ; mais il revint après avoir parcouru seulement un quart de lieue. Ce qui fit de Louis-Philippe le roi des Français, ce n'était nullement son ambition, qui s'était effondrée sur la route du Raincy ; c'est la crainte de perdre un revenu de six millions de francs qui le décide réellement à devenir roi des Français.

Cependant, au moment où le duc d'Orléans revenait au Raincy au galop de ses chevaux, la Chambre s'ouvrait et M. Laffitte était nommé avec enthousiasme son président : c'était le premier signe flatteur du pouvoir venu : M. Laffitte. Laffitte, pour ainsi dire, posa les premières pierres du royaume de Juillet.

Pendant que M. Thiers revenait de Neuilly et racontait à ceux qui étaient disposés à écouter l'accueil charmant que lui faisaient les princesses ; tandis que le duc d'Orléans faillit perdre sa destinée, en tournant le dos au pouvoir qu'il avait tant convoité ; tandis que M. Laffitte poursuivait son rêve de dix ans et servait cette ambition faiblissante qui, en se réalisant, faisait exploser sa fortune et sa popularité et les éteignait, au lieu de les ranimer toutes deux, disons en peu de mots ce que faisaient les royalistes en ce moment. d'un côté et les Républicains de l'autre.

Quand Charles X avait cédé aux désirs de M. de Vitrolles, de M. de Sémonville et de M. d'Argout ; lorsqu'il se laissa arracher la promesse que MM. de Mortemart, Gérard et Casimir Périer devraient être les trois principaux membres d'un nouveau ministère ; lorsqu'il eut décidé M. de Mortemart à être le chef de ce nouveau cabinet, il crut avoir fait tout ce qu'il fallait, et se mit à jouer au whist avec M. de Duras, M. de Luxembourg et madame la duchesse de Berry. Pendant que Charles X jouait, M. Mortemart attendait que le roi lui donne des ordres pour Paris ; le dauphin, craignant que le roi ne donnât ces ordres, après avoir formellement défendu aux sentinelles du bois de Boulogne de laisser passer quiconque par Saint-Cloud pour se rendre à Paris, regardait machinalement une carte géographique. Une fois le jeu terminé, le roi annonça qu'il allait se coucher. Alors M. de Mortemart, qui ne comprenait pas pourquoi le roi avait eu hâte qu'il acceptât la charge, puis, puisqu'il l'avait acceptée, devienne inerte après cela, s'approcha et demanda :

"Votre Majesté m'ordonne-t-elle d'y aller ?"

Le roi, qui venait de manger des amandes grillées, répondit en mâchant un cure-dent :

"Pas encore, monsieur le duc, pas encore... J'attends des nouvelles de Paris."

Et il est allé dans sa chambre.

M. de Mortemart se sentait prêt à quitter Saint-Cloud, mais un dernier sentiment de dévouement envers la fortune royale, qui était près de sombrer, le retenait au palais. Il retourna donc dans les appartements qui lui avaient été attribués, mais ne se coucha pas.

Nous avons vu comment MM. de Vitrolles, de Sémonville et Argout avaient été reçus tant par la Commission municipale que par M. Laffitte. MM. de Vitrolles et d'Argout revinrent à Saint-Cloud pour raconter le résultat de leur mission ; ils perdirent de vue M. de Sémonville en chemin. La conscience de M. de Sémonville était tout à fait satisfaite de sa première visite à Saint-Cloud et il pensait désormais avoir le droit de faire quelque chose pour assurer sa place de grand arbitre. Il est donc resté à Paris. De l'avis de MM. de Vitrolles et d'Argout, il n'y avait pas un instant à perdre, mais, même en n'en perdant pas un instant, on n'aurait probablement rien pu faire de plus pour sauver la monarchie. On trouva M. de Mortemart debout et désespéré.

Toute la nuit, tandis que le roi jouait tranquillement au whist et que le dauphin consultait machinalement ses cartes géographiques, il était resté sur le balcon, regardant vers la capitale, éclatant d'impatience et tremblant à chaque bruit venant du côté de Paris, comme un le fils filial pourrait trembler à chaque fissure des fondations paternelles qui sont sur le point de s'effondrer. Il se rapportait à MM. de Vitrolles et d'Argout les diverses alarmes et angoisses de déception qu'il avait éprouvées. Ses auditeurs voulaient le ramener avec eux à Paris.

"Que dois-je faire là-bas?" répondit M. de Mortemart. "Je n'ai aucun caractère officiel. Puis-je aller dire comme un simple aventurier : 'Les ordonnances sont révoquées et je suis Ministre' ? Qui me croirait ? Un ordre, ou une signature ou un moyen de reconnaissance et je vous rejoindrais aussitôt. ".

Il avait été décidé alors de rédiger de nouvelles ordonnances et de révoquer celles du 25, et que, lorsqu'elles seraient rédigées, le roi les signerait. Ils furent effectivement rédigés sur-le-champ, mais le problème survint lorsque la signature du roi fut nécessaire. L'étiquette était rigide : seuls ceux des hauts quartiers qui avaient le droit d'entrée avaient le privilège d'avoir un accès direct aux appartements privés du roi et aucun de ces trois messieurs ne possédait ce droit. Les sauveteurs leur ont donc refusé l'entrée. Ils essayèrent de convaincre le valet de chambre. Lui aussi refusait de les laisser passer.

Pourquoi pas? Le valet de chambre n'a-t-il pas refusé l'entrée de M. de La Fayette dans le cabinet de Louis XVI, le 6 octobre 1789, alors qu'il venait sauver la vie de Louis XVI. et sa famille du massacre universel en cours — parce qu'il n'avait pas le droit d'entrée ?

Hélas! Le roi Charles X n'avait pas même une Madame Élisabeth près de lui pour crier au stupide valet de chambre :

"Non, monsieur, il n'a pas le droit d'entrée, mais le roi le lui accorde."

Non, ils ont dû recourir à des menaces et dire à l'homme qu'ils devaient le tenir pour responsable des malheurs qui accompagneraient son refus. Le valet de chambre fut effrayé et céda sous le poids d'une telle responsabilité. Le roi dormait : il fallut le réveiller et lui dire que Paris était en révolution et se préparait à créer une République ; qu'elle était en armes et menaçante, mais qu'elle pouvait encore être vaincue ; demain Paris serait inexorable : il fallait user de tous ces arguments pour que le roi se décide. La lutte dura de minuit jusqu'à deux heures du matin et, quelques minutes après deux, le roi signa.

"Ah!" murmura-t-il en posant la plume, le roi Jean ou François Ier n'auraient cédé que sur le champ de bataille !

M. de Mortemart entendit cela à part et fut pour revenir jeter les ordonnances sur le lit du monarque ingrat, mais MM. d'Argout et de Vitrolles l'emmenèrent.

"Oh!" murmura-t-il, s'il ne s'agissait pas de sauver la tête d'un roi !...

Ils montèrent en carrosse et partirent, mais furent arrêtés lorsqu'ils atteignirent le bois de Boulogne. Le dauphin, comme nous l'avons dit, avait donné aux sentinelles l'ordre strict de ne laisser passer à Paris personne venant de Saint-Cloud. Il avait prévu ce qui allait arriver. M. de Mortemart fut obligé de contourner à pied le bois de Boulogne, de faire un détour de trois lieues et d'entrer dans Paris par une brèche dans un mur fait pour la contrebande. En entrant dans Paris, il voit les proclamations orléanistes affichées sur ses murs. Les Républicains les avaient également vus. Pierre Leroux fut parmi les premiers à en atteindre une qui venait tout juste d'être collée au mur ; il la démonta et l'emporta à Joubert, passage Dauphine.

« Si cela est vrai, s'écrièrent-ils à l'unanimité, il faut tout recommencer, attiser les foyers et fabriquer de nouvelles balles.

Des messagers furent immédiatement envoyés pour rallier les républicains dispersés et, en moins d'une heure, une réunion eut lieu chez Lointier. Je n'ai pas pris part à cette réunion. Je courais alors de l'Hôtel de Ville chez Laffitte, à la recherche de ce mystérieux Gouvernement Provisoire dont tout le monde avait entendu parler mais que personne n'avait vu. Je venais de quitter l'Hôtel de Ville lorsqu'une députation républicaine arriva ; lui aussi avait rédigé une proclamation. M. Hubert, ancien avocat et l'un des hommes les plus honorables que j'ai jamais rencontrés, décédé récemment, laissant toute sa fortune aux hôpitaux et aux institutions philanthropiques et aux citoyens persécutés pour leurs opinions démocratiques, était chargé de présenter l'adresse suivante : au général La Fayette :

> « Le peuple a reconquis hier ses droits sacrés au prix de l'effusion de son sang ; le plus précieux de ces droits est celui du libre choix de son gouvernement ; il faut retenir toute proclamation désignant un chef devant une forme " Le mode de gouvernement a été déterminé. Il existe déjà une représentation provisoire nommée par la nation, qu'elle soit maintenue jusqu'à ce que la volonté de la majorité du peuple français soit connue. "

On verra que tout le monde croyait à la vérité de la trilogie mythique et invisible composée de La Fayette, Gérard et Choiseul. Les membres de cette députation étaient Charles Teste, Trélat, Hingray, Bastide, Guinard et Poubelle. Hubert, le chef, marchait en avant, portant le billet qu'ils allaient lire, à la pointe de sa baïonnette. La députation fut aussitôt admise : personne ne fut fait attendre dans les antichambres par le général La Fayette. Il y a eu une discussion animée ; La Fayette ne savait rien de tous les complots orléanistes et protestait avec la candeur de l'ignorance. Les Républicains, de leur côté, l'affirmèrent avec une vigueur instinctive.

« Général, dit Hubert, nous vous adjurons par les impacts de balles au plafond au-dessus de votre tête de prendre la dictature !

On en était là, et le général était peut-être sur le point de céder, lorsqu'on lui apprit que M. de Sussy désirait lui parler. Les républicains étaient là inquiets, sombres, pleins de doutes, les regards tournés comme s'ils interrogeaient le général et le sommaient de répéter à haute voix la communication qu'on lui murmurait. Le général savait bien qu'il ne fallait pas se prémunir contre une telle crise ; de plus, son esprit droit et son cœur loyal détestaient toute dissimulation.

« Faites entrer M. de Sussy, dit-il à haute voix.

— Mais, général, M. de Sussy désire vous parler en particulier.

« Faites entrer M. de Sussy, répéta le général ; "Je suis au milieu d'amis."

M. de Sussy entra et fut obligé de révéler l'affaire qui l'avait amené là. Sa nouvelle tombait à point nommé : il venait annoncer au général La Fayette la révocation des ordonnances, la nomination de la coalition Mortemart, Gérard et Casimir Périer, l'arrivée de M. de Mortemart à Paris et, enfin, le refus de la Chambre, qui favorisait le duc d'Orléans, pour recevoir à trois heures du matin les nouvelles ordonnances signées par Charles X, juste au moment où le duc d'Orléans dictait la fameuse note qui avait mis MM. Thiers et Mignet dans une telle agitation.

Les choses ainsi mises au jour, les mains de chacun furent exposées à la fois sur la même table : la main jouée par Charles X en faisant le ministère Mortemart, Gérard et Casimir Périer ; la main de M. Laffitte en proposant le duc d'Orléans au suffrage de la nation ; et, enfin, la main des Républicains, poussant La Fayette à accepter la dictature.

Si l'affaire avait été faite exprès et à une heure convenue, elle n'aurait pas pu mieux réussir.

Il y eut donc des troubles qui furent presque fatals à M. de Sussy, par le choc des intérêts puissants dans cette salle. Bastide l'avait saisi par le collet et allait le jeter par la fenêtre, lorsque Trélat le retint. J'aurai l'occasion de parler de Bastide plus d'une fois, et je pourrai parler de son honnêteté et de son courage, d'hier et d'aujourd'hui. Comme toute excitation extrême, celle-ci fut suivie d'une réaction. Dans ce cas, la réaction aboutit à laisser partir tranquillement M. de Sussy, sous l'escorte du général Lobau, qui avait ouvert la porte et entra en courant au vacarme infernal qu'il entendait venir du cabinet de La Fayette.

Les républicains se retrouvèrent seuls avec le général. Ils renouvelèrent leurs supplications jusqu'à ce que quelqu'un vienne les avertir que M. de Sussy s'était infiltré dans la Commission municipale et lui soumettait les nouvelles propositions de Charles X, auxquelles la Commission paraissait tout sauf hostile. Ce n'était pas le moment de discuter avec La Fayette sur les théories relatives du gouvernement constitutionnel en France et du gouvernement républicain aux États-Unis, alors que les questions de vie ou de mort étaient débattues par la Commission municipale. Il faut qu'ils se rendent à cette Commission : cela a été fait, mais la porte était fermée. Ils frappèrent, mais personne ne répondit. Quelques coups de crosse de fusil et la porte cédèrent la place à la violence, exposant M. de Sussy exposant ses raisons aux membres de la commission municipale, qui parurent les écouter avec la plus grande faveur. Cette apparition de six ou huit hommes armés, connus pour leur force de caractère, jeta la terreur au milieu de l'assemblée ; les membres se levèrent et se dispersèrent, essayant de donner l'impression qu'il ne se passait rien d'important. Pendant ce temps, Hubert sentit qu'on lui glissait un papier dans la main ; il se retourna et reconnut M. Audry de Puyraveau, le seul vrai patriote de la Commission.

« Prenez cette proclamation », dit-il avec enthousiasme ; il y a une heure, la Commission municipale était sur le point de la signer, mais l'arrivée de M. de Sussy ajourna toutes les questions ; grimpez sur un poteau et lisez la proclamation, répandez-la, imposez-la au peuple... Ils le feront. signez-le si vous leur faites peur."

Bel et bien! Ce style d'action convenait parfaitement à la politique des vainqueurs du Louvre. Tous dévalèrent les marches de l'Hôtel de Ville ; Hubert grimpa sur un poteau, appela les gens autour de lui et, entouré de ses compagnons, lut la proclamation suivante comme si elle émanait de la Commission municipale. Portez-y une attention particulière, car c'est le seul manifeste républicain sérieux qui ait été rédigé en 1830. Portez-y une attention particulière, car il montrera jusqu'où étaient parvenus les esprits les plus avancés à cette époque. Faites bien attention, car cela vous apprendra quels étaient les désirs des hommes qui étaient persécutés depuis dix-huit ans parce qu'ils étaient censés vouloir renverser la société. Quand vous aurez lu cette proclamation (il conviendrait de la comparer avec celles de MM. Thiers et Mignet), rappelez-vous les Droits de l'Homme de 1789, et vous verrez que les Républicains de 1830 étaient derrière cette Déclaration.

> "La France est un pays libre. Elle a besoin d'une Constitution. Elle n'a accordé au Gouvernement Provisoire que le droit de la consulter. En attendant, jusqu'à ce qu'elle ait exprimé sa volonté par de nouvelles élections, qu'elle respecte les principes suivants : Il n'y aura plus de royautés, mais un gouvernement contrôlé uniquement par des représentants élus par la nation. - Le pouvoir exécutif sera confié à un président provisoire. - Le concours médiat et immédiat de tous les citoyens à l'élection des députés. - Liberté religieuse. - Plus d'État. religion. — Une garantie de l'usage des forces de terre et de mer contre tous renvois arbitraires. — L'établissement de gardes nationales dans tous les districts de France, leur confiant la défense de la Constitution. Ces principes, pour lesquels nous avons récemment risqué notre vie, nous le maintiendrons, s'il le faut, par la voie d'une insurrection légitime. »

Pendant qu'Hubert lisait cette proclamation place de l'Hôtel de Ville, M. de Sussy entra dans le cabinet de La Fayette et, malgré toutes les instances et faisant valoir les prétentions de parenté qui liaient les La Fayette à Mortemart, il ne put que extrayez la lettre suivante du général :

> " MONSIEUR LE DUC, J'ai reçu la lettre dont vous m'avez honoré, avec les sentiments habituels que votre caractère personnel m'a toujours inspiré. M. de Sussy vous rendra

compte de la visite qu'il a bien voulu me rendre. . J'ai exaucé vos vœux en lisant les contenus que vous m'avez adressés aux nombreuses personnes qui m'entouraient ; j'ai invité M. de Sussy à procéder à une petite réunion de la Commission puis siégeant à l'Hôtel de Ville ; papiers au général Gérard qu'il m'a confiés ; mais les devoirs qui me retiennent ici me rendent impossible de venir vous voir, je serai heureux de vous recevoir ; inutile quant à l'objet de notre correspondance, puisque mes collègues ont été informés de vos communications.

De ce côté-là en tout cas, M. de Mortemart voyait qu'il n'y avait aucun espoir à avoir. Pendant ce temps, Saint-Quentin, se révoltant en même temps que Paris, avait envoyé une députation au général La Fayette pour demander deux étudiants de l'École polytechnique pour commander sa garde nationale. La députation ajoutait qu'il ne leur faudrait risquer qu'une seule tentative sur La Fère et que, sans doute, ils pourraient chasser le 4e régiment d'artillerie en garnison dans cette ville sous le commandement du colonel Husson. Les étudiants de l'École se trouvaient souvent aux alentours de l'Hôtel de Ville et étaient tous si courageux qu'il n'était pas nécessaire d'en choisir un spécialement. Le général La Fayette envoya Odilon Barrot pour les deux premiers qu'il rencontrerait. Il a ramené Charras et Lothon. Charras avait encore ses cent cinquante à deux cents hommes campés dans un coin de l'Hôtel de Ville, qui formaient un corps à part. Les deux jeunes gens furent présentés en présence du général La Fayette, qui leur expliqua ce qu'on voulait et leur donna l'occasion d'aller demander l'autorisation nécessaire au Gouvernement Provisoire. Charras et Lothon se mirent alors à la recherche de ce fameux Gouvernement Provisoire que j'avais vainement traqué, et sans doute furent-ils mis sur la même piste que moi, car ils atteignirent la même grande salle ornée de la même grande table couverte du mêmes bouteilles de vin et de bière (vides, bien sûr) et occupées par le même chauffeur de plume qui écrivait toujours avec une assiduité farouche... Ce que personne n'a jamais pu découvrir. Mais on ne voyait absolument rien d'un quelconque gouvernement provisoire. Odilon Barrot lui-même partit à sa recherche, mais celle-ci resta aussi inconnue que le passage vers le pôle Nord. Ils firent rejoindre Mauguin, mais il ne put le découvrir non plus. Le plus curieux de tout, c'est que ceux qui avaient le plus grand savoir dans les affaires croyaient à l'existence de ce fantastique gouvernement provisoire. Lassés de leurs recherches infructueuses, les deux étudiants, toujours accompagnés d'Odilon Barrot et Mauguin, revinrent vers la salle et ses grandes tables, ses bouteilles vides et son commis. Ils se regardèrent en face.

"Je ne peux pas aller enlever un régiment sans au moins une lettre à montrer aux officiers", dit Charras.

"Je vais vous en écrire un", répondit vaillamment Mauguin.

" Je vous remercie de tout mon cœur, dit Charras, mais, aux yeux des soldats, malgré votre courage et vos mérites, vous ne serez que l'avocat Mauguin... J'aimerais mieux une lettre du général La Fayette. "

" Très bien, répondit Mauguin, je vais aller rédiger ta lettre et tu lui feras signer pour toi. "

"Très bien."

Mauguin prit la plume des mains du scribe solitaire, qui, interrompu un moment dans son interminable gribouillage, se releva et alla examiner, l'une après l'autre, les trente bouteilles qui jonchaient la table. Son exploration a été vaine ! Il aurait tout aussi bien pu chercher le gouvernement provisoire. Pendant ce temps, Mauguin écrivait, tandis que Charras lisait par-dessus son épaule en secouant la tête.

"Ce qui est faux?" demanda Odilon Barrot.

"Oh!" dit Charras assez bas pour ne pas être entendu de Mauguin, ce n'est pas comme ça qu'on écrit aux militaires... mon cher, mon cher !

Mauguin était lui-même arrivé à la même conclusion, car il jeta brusquement sa plume et s'écria :

« Diable, prends-moi, je ne sais pas quoi leur dire !

" Oh ! arrêtez tout ", dit Odilon Barrot, " que ces messieurs écrivent leur propre lettre, et contentons-nous de la faire signer, ils la comprendront mieux que nous. "

Et la plume est passée à Charras.

En un instant, la proclamation fut rédigée. Charras écrivait la dernière ligne lorsque le général Lobau entra ; Lui aussi cherchait sans doute le gouvernement provisoire.

"Tiens!" s'écria Charras, cela convient parfaitement à notre livre ! Nous avons ici un vrai général sous notre coupe, et il signera notre proclamation.

Ils s'adressèrent au général Lobau, lui expliquèrent la situation et lui lurèrent la lettre, mais le général détourna la tête.

"Oh ! mon Dieu, non ! Je ne suis pas assez idiot pour signer ça." Et il est parti.

"Hein ?" dit Charras.

"Je ne suis pas surpris", a déclaré Mauguin. "Il y a peu de temps, ils ont refusé de signer un ordre d'aller chercher de la poudre à Soissons."

"C'était ma commande."

"Alors, il recule ?"

"Cela ne fait aucun doute."

"Mais, mon Dieu, dans une révolution, celui qui fait cela est un traître... J'irai le faire abattre", s'écrie Charras.

Odilon Barrot et Mauguin se levèrent d'un bond.

"Faites-lui tirer dessus ! A quoi penses-tu ?" ... Faites tirer sur le général Lobau, membre du gouvernement provisoire ! À qui demanderez-vous de faire le travail ? »

"Oh ! ne vous inquiétez pas à ce sujet !" dit Charras.

Et, entraînant Mauguin vers la fenêtre, il dit en désignant ses cent cinquante hommes : « Voyez-vous ces braves gens là-bas autour d'un étendard tricolore ? Eh bien, ils ont pris sous moi la caserne de Babylone ; ils reconnaissent et obéissez-moi seulement, et si le Père éternel lui-même trahissait la cause de la liberté – ce qu'il est tout à fait incapable de faire – et que je leur disais d'aller le fusiller, ils le feraient !

Mauguin baissa la tête. Il était terrifié par ce que de tels hommes pouvaient faire. C'étaient ces hommes, ces Républicains, comme il les appelait, qui avaient fait tant de mal au pauvre Hippolyte Bonnelier.

Une heure plus tard, Charras et Lothon partent pour La Fère munis d'une lettre signée de Mauguin et d'une proclamation de La Fayette. Il différait peu du mien, qui, comme nous l'avons vu, m'avait été de peu d'utilité, puisqu'il avait été entre les mains de M. Missa [3] pendant tout le temps de mon séjour à Soissons.

---

[1] On m'a dit que je m'étais trompé dans cette information. Mais j'en appelle à M. Thiers lui-même et à ses *Souvenirs de 1829*. M. Thiers n'aura pas oublié la réponse que lui fit, au bal masqué, un domino qui donnait le bras à M. de Blancmesnil, réponse qui l'obligeait à quitter le ballon instantanément. Peut-être, avec la permission du domino, pourrai-je raconter la scène plus tard.

[2] Note du traducteur. — Dumas veut probablement dire la duchesse.

[3] Voir notes en fin de volume.

CHAPITRE IX

Mon premier soin, après mon accueil chaleureux par le général La Fayette, fut, on le comprendra bien, d'aller prendre un bain et de me changer tous les vêtements. Le bain n'était pas difficile à obtenir, car la piscine Deligny se trouvait presque en face de ma chambre. Quand je suis entré, je dois dire que j'ai effrayé tout le monde, jusqu'au vieux Jean. J'ai remis mon fusil, mes pistolets, ma poudre et mes balles au garçon de page, avec le reste de mes trois mille francs. Après quoi, pendant que quelqu'un allait trouver Joseph pour lui dire de m'apporter du linge et des vêtements frais, je me lançai dans le plongeon le plus délicieux de ma vie. Une heure plus tard, j'étais tout à fait en état de me présenter même devant le gouvernement provisoire, si quelqu'un avait pu me dire où il était assis. J'ai renvoyé chez moi ma tenue de combat récemment portée et je me suis dirigé vers l'Hôtel Laffitte. J'avais hâte d'avoir des nouvelles. J'eus les plus grandes difficultés à accéder au célèbre banquier. Personne ne me reconnaîtrait maintenant ; J'étais trop bien habillé. Des discussions se déroulaient au Salon sur la nature des conversations bruyantes. M. Sébastiani serait revenu du Prince Talleyrand apportant d'importantes nouvelles. Quelle était cette nouvelle ? Tout à coup la porte s'ouvrit et M. Sébastiani, d'un visage radieux, lança la substance des mots suivants aux trois à quatre cents personnes qui se pressaient dans la salle à manger, les antichambres et les couloirs.

" Messieurs, vous pouvez annoncer à tout le monde qu'à partir d'aujourd'hui le nom du roi de France sera Philippe VII. "

Même si je m'attendais à quelque chose de pareil, le choc fut violent. Roi pour roi, j'aimais presque autant le roi Charles X que le roi Philippe VII. Béranger passait par là à ce moment-là, et je savais qu'il devait avoir beaucoup à faire dans cette nomination. Je me jetai à son cou, en partie pour l'embrasser, en partie pour le provoquer à une querelle, et, riant et grondant tous deux ensemble, je dis :

" Ah ! par Jupiter ! vous venez de nous servir un beau tour, mon père. "

J'ai appelé Béranger « père », et il a eu la gentillesse de m'appeler son « fils ».

" Qu'ai-je fait, mon fils ? " il a répondu.

"Qu'as-tu fait ? Eh bien, tu as fait un roi."

Son visage reprit son expression habituelle de doux sérieux.

"Faites bien attention à ce que je vais vous dire, mon enfant", reprit-il. "Je n'ai pas exactement fait de roi... Non..."

"Alors qu'as-tu fait ?"

"Ce que font les petits Savoyards dans la tempête... J'ai mis une planche en travers du ruisseau."

Combien de fois ai-je réfléchi depuis à cette triste et philosophique illustration ! Cela a modifié certaines de mes idées ; elle dirigea mes études historiques en 1831 et 1832 ; et, en 1833, cela m'a inspiré l'épilogue de *Gaule et France*. Béranger s'éloigna. Je suis resté en méditation. Que se serait-il passé, si j'avais pu prévoir que le plus prosaïque des trônes sur terre serait élevé par un poète en 1830, et renversé par un autre poète en 1848 ? Quel étrange décor pour ces dix-huit années de règne Béranger et Lamartine ! Je n'étais distrait de mes rêveries que par les murmures qui se répandaient autour de moi. Une scène violente se déroulait à proximité.

Un ancien secrétaire d'Ouvrard, nommé Poisson, venait d'ouvrir la porte du salon de M. Laffitte, et déclarait, avec des jurons à faire trembler la maison, qu'il n'aurait pas de roi. Et cette opinion était également partagée par tous ceux qui étaient présents.

Non, je le répète, cette élection n'a pas été populaire d'abord, et, de l'hôtel Laffitte au Palais-Royal, où je me suis ensuite rendu suite à la fuite de la nouvelle, j'ai entendu plus d'imprécations que d'applaudissements. Je suis allé au n° 216 pour plus de détails. Le duc d'Orléans était au Palais-Royal. Mais si Oudard était à l'intérieur, il restait invisible. Il y avait cependant des porteurs et des commis, tous extrêmement visibles et bien informés, car on parlait de tout en leur présence, étant considérés comme sans importance ; ils sont très bavards lorsqu'ils daignent renoncer à l'importance qu'ils s'attribuent. Et je dois ajouter qu'outre les porteurs et les commis, il y avait deux ou trois personnes qui étaient elles aussi parfaitement au courant de la nouvelle.

Maintenant, je garantirai l'exactitude de ce qui s'est passé et je défie quiconque de contester ce fait. Le duc d'Orléans revint au Palais-Royal le 30 à onze heures. Suivons curieusement ses déplacements durant les trois jours. La nouvelle des ordonnances et le bruit des tirs parvinrent au duc à Neuilly, où il passait ses étés. D'après les quelques mots que nous avons déjà prononcés, par le silence et le retard avec lesquels les suggestions de Laffitte furent reçues pour la première fois, on pouvait voir que Son Altesse était extrêmement inquiète. Tant que le royaume restait devant ses yeux, comme un fantôme immobile à l'horizon, le duc s'en approchait obliquement, timidement et par des voies tortueuses ; mais il n'en visait pas moins. Mais lorsque ce fantôme prit forme et se rapprocha de lui, il s'alarma. Le fantôme ne pouvait plus se qualifier de royaume, mais d'usurpation ; elle ne portait plus la couronne de Saint Louis, mais le bonnet rouge de Danton et Cellot-d'Herbois. Le duc d'Orléans était courageux, mais pas jusqu'à l'audace. Nous répétons — et nous considérons cela comme une vertu chez lui — qu'il avait peur. Les 28 et 29, il resta caché dans une des petites cabanes de son parc de Neuilly, qui portait le nom de Laiterie. Le 29 au matin, on lui apporta une balle tombée dans le parc. Et le même jour, après avoir reçu de Laffitte le message « Une couronne ou un passeport », son inquiétude augmenta à tel point que, ne se croyant pas bien caché dans la cabane, il partit avec Oudard pour le Raincy. Il portait un manteau marron, un pantalon bleu et un chapeau gris dans lequel fleurissait une cocarde tricolore que lui avait confectionnée Madame Adélaïde. Avant de partir, il a laissé un mot, daté de 3 h 15 du matin, pour faire croire qu'il était à Neuilly. Le 30, comme nous l'avons dit, après la visite de MM. Thiers et Scheffer, on lui envoya M. de Montesquieu. Nous avons raconté comment il quitta le Raincy et y revint. Pendant toute la journée du 30, il resta au Raincy sans donner aucun signe de son existence. Mais à chaque instant les messages s'accumulaient, et l'un d'eux ayant annoncé qu'une députation de la Chambre était venue lui offrir la couronne, il se décida alors à regagner Neuilly, qu'il atteignit vers neuf heures du soir. Madame Adélaïde avait pris possession d'une copie de la déclaration de la Chambre, peut-être même de la déclaration elle-même. Elle a été lue à haute voix dans le parc, aux flambeaux, en présence de toute la famille. Il ne pouvait plus se retenir, mais devait choisir entre le trône, c'est-à-dire l'ambition éternelle de sa race, ou l'exil, qui était la terreur perpétuelle de sa vie. Il embrassa sa femme et ses enfants et partit pour Paris accompagné seulement de trois personnes : M. Berthois, M. Heymes et Oudard. Il était dix heures du soir lorsqu'ils descendirent la voiture à la barrière ; ils entrent dans Paris, franchissent les barricades et atteignent le 216 de la rue Saint-Honoré. Le duc rentra au Palais-Royal par l'entrée latérale utilisée par les employés, et non par la cour d'honneur et l'escalier d'honneur. Il monta au bureau d'Oudard, qui se trouvait, on s'en souvient, à côté de mon ancien bureau. Là, épuisé de fatigue, courant de sueur et grelottant convulsivement, il jeta son habit, son gilet et sa chemise, jusqu'à sa veste de flanelle, changea de vêtements, fit chercher un matelas et se jeta dessus. Il savait l'arrivée de M. de Mortemart à Paris, et dans quel but honorable le duc était venu ; il le fit chercher pour le prier de venir immédiatement au Palais-Royal. Un quart d'heure après, M. de Mortemart était annoncé. Le duc d'Orléans se souleva sur un coude.

" Oh ! venez ici, venez ici, monsieur le duc ! " s'écria-t-il d'une voix courte et fiévreuse en l'apercevant ; "Je m'empresse de vous dire, afin que vous puissiez transmettre mes paroles au roi Charles, combien je suis profondément affligé de tout ce qui s'est passé."

M. de Mortemart s'inclina.

" Vous retournez à Saint-Cloud, n'est-ce pas ? Vous irez voir le roi ? "

"Oui, Monseigneur."

"Eh bien," continua le duc avec agitation, "dites au roi qu'ils m'ont amené à Paris de force. J'étais hier au Raincy, lorsqu'une foule d'hommes a envahi le château de Neuilly... Ils ont demandé à me voir. au nom de la réunion de la Chambre, mais j'étais absent. On a menacé la duchesse en lui disant qu'elle serait emmenée à Paris prisonnière avec ses enfants jusqu'à ce que je réapparaisse, et elle a eu peur... c'est sûrement facile. concevable chez une femme ?... Elle m'a écrit une note m'exhortant à revenir... vous savez combien j'aime ma femme et mes enfants ;... cette considération m'a pesé avant toutes les autres, et je suis revenu. m'attendant à Neuilly, m'a saisi et m'a amené ici... c'est ainsi que je me trouve."

Juste à ce moment, des cris de « Vive le duc d'Orléans ! » retentit dans la rue et pénétra jusque dans la cour du Palais-Royal. M. de Mortemart frémit.

« Vous entendez, Monseigneur ? il a dit.

"Oui, oui, j'entends... mais je ne compte pour rien dans ces cris, et vous pouvez dire au roi que je préférerais mourir plutôt que d'accepter la couronne."

— Auriez-vous des objections, Monseigneur, à assurer par écrit le roi de ces honorables intentions ?

"Pas du tout, monsieur, pas du tout... Oudard, apportez-moi une plume, du papier et de l'encre."

Pendant qu'Oudard les cherchait, le duc arracha une feuille blanche d'une sorte de registre qui se trouvait à sa portée : c'était un registre relatif aux Chevaliers de l'Ordre. Puis, selon son habitude, pour économiser du papier, il fit le brouillon de sa lettre sur la feuille qu'il arrachait du registre. C'est sans doute grâce à cette économie de sa part que nous avons pu remettre au public une copie de cette lettre très importante, extrêmement curieuse et authentique. Lorsque le duc d'Orléans eut écrit sa lettre, il froissa le brouillon entre ses mains, le jeta derrière lui et le roula dans un coin près de la cheminée, où il fut récupéré le lendemain. Par qui, je ne saurais le dire. Je peux seulement déclarer que j'ai copié moi-même la lettre que vous vous apprêtez à lire à partir de ce très brouillon . Quant au sort de la dernière lettre, M. de Mortemart la plia, la mit dans sa cravate blanche, et s'en alla la porter au roi. C'est cette lettre que Charles X relut avec beaucoup d'amertume, lorsqu'il apprit que Louis-Philippe avait accepté la couronne. Voici le brouillon avec son autographe et ses ratures ; nous n'avons pas modifié une seule lettre de l'original, mais nous l'avons laissée exactement telle que Son Altesse Royale l'a écrite.

> " M. de... racontera à Votre Majesté comment ils m'ont amené ici de force. Je ne sais jusqu'où ces gens peuvent aller en employant la force contre moi ; mais (*si cela devait arriver*) si dans cet état effrayant de En cas de désordre, il arriverait qu'on m'impose un titre auquel je n'ai jamais aspiré, Votre Majesté peut être (*convaincue*) très bien assurée que je ne recevrai aucune sorte de pouvoir que temporairement et dans le seul intérêt de Notre Maison.
>
> "Je le jure formellement à Votre Majesté.
>
> "Ma famille partage mes sentiments sur cette affaire.
>
> "(Votre fidèle sujet)."
>
> PALAIS-ROYAL,
>
> 31 *juillet 1830.*

Nous allons maintenant inviter nos lecteurs, ceux en particulier ceux qui aiment se faire une impression exacte du caractère des hommes choisis pour diriger l'humanité ; nous les inviterons, disons-nous, à comparer cette copie de la lettre avec la note envoyée de Neuilly dans la nuit du 29 juillet.

Louis-Philippe en tant que particulier, Louis-Philippe en tant qu'homme politique et Louis-Philippe en tant que roi, sont tous fidèlement représentés de sa propre main dans cette note et ce brouillon de lettre. Mais la date du 31 juillet nous laisse perplexes, surtout après vingt-deux ans. Est-ce une erreur de la part du duc, ou le billet n'a-t-il été signé qu'après minuit ? — cela rendrait la date du 31 exacte ; ou, encore une fois, comme cela est tout à fait possible, a-t-il été signé seulement le 31 au soir ? Notre propre opinion est qu'il a été signé le 31 au matin, entre une heure et deux heures, après minuit. Et nous basons notre opinion sur le fait qu'à une heure du matin M. Laffitte n'était pas encore informé de l'arrivée du duc d'Orléans. D'ailleurs, les salons de l'illustre banquier, désertés peu à peu par ceux que le silence et l'absence du duc d'Orléans rendaient inquiets, allaient en s'amenuisant d'une manière loin d'être rassurante. A deux heures du matin, en effet, il ne restait plus dans le salon que Laffitte et Benjamin Constant. Béranger venait de se retirer, épuisé de fatigue.

"Bien!" Laffitte dit avec son imperturbabilité habituelle : « Que penses-tu de la situation, Constant ?

"JE?" répondit en riant l'auteur d' *Adolphe* . — Eh bien, mon cher Laffitte, il y a cent chances sur une que demain à cette heure nous soyons pendus.

Laffitte fit un geste.

" Ah ! je comprends bien cela. Vous n'êtes pas follement amoureux de la pendaison ; cela gâterait votre jolie figure rose et vos cheveux bien coiffés et votre cravate parfaitement ajustée ; tandis que moi, avec ma longue figure jaune, j'ai l'air d'avoir déjà été pendu, et la corde n'ajouterait pas grand-chose à ma physionomie.

Sur ce compliment, les deux hommes se séparèrent à deux heures et demie du matin. Ce ne fut qu'à cinq heures qu'on réveilla M. Laffitte pour l'avertir de l'arrivée du duc d'Orléans à Paris.

"Oh!" dit-il, Benjamin Constant a nettement tort, et nous ne serons pas pendus.

Or, à huit heures du matin, la députation de la Chambre, qui s'était présentée la veille à Neuilly, se présentait au Palais-Royal, dirigée par le général Sébastiani. C'est ce même général qui, le 29 juillet, disait : « Attention, messieurs, n'allez pas trop loin... nous ne faisons que négocier, et notre rôle est celui de médiateurs, nous ne sommes même pas des députés ! » — le même qui , le 30, dit : « La seule chose nationale en France, c'est le drapeau blanc ! » — encore le 31 : « Allez, monsieur Thiers, et tâchez de persuader le duc d'Orléans d'accepter la couronne ! et encore, le 1er août : « Messieurs, dites au monde entier que le nom du roi de France est désormais Philippe VII ! En un mot, celui qui dira plus tard : « L'ordre règne à Varsovie !

N'oublions pas non plus que c'est ce même général Sébastiani qui, lors de ma première visite à Paris, me reçut avec quatre secrétaires, chacun posté aux quatre coins de sa chambre prêt à lui offrir du tabac dans une tabatière en or.

Un personnage régulier à étudier en période de révolution, et dont je voudrais conserver le souvenir à la postérité ! Pourquoi de tels hommes n'ont-ils pas le pouvoir d'imprimer leurs images (comme celle du Christ) sur les mouchoirs avec lesquels ils épongent leurs fronts ambitieux ?

Le duc d'Orléans parut cette fois ; il ne promet rien de précis, mais il s'engage à donner sa réponse dans une heure. Lui aussi, comme Brutus, avait un Oracle Delphique à consulter. Son Oracle particulier habitait à l'angle de la rue de Rivoli et de la rue Saint Florentin.

Louis Blanc raconte comment, le 29 juillet 1830, à midi cinq minutes, une fenêtre s'ouvrit timidement au coin de la rue Saint Florentin, mais, timidement en s'ouvrant, une voix aiguë et cassée cria :

"Monsieur Keiser, Monsieur Keiser, que faites-vous ?"

"Je regarde dans la rue, prince."

"Monsieur Keiser, vous serez la cause de l'effraction de ma maison."

— Aucune chance, prince : les troupes battent en retraite et le peuple s'affaire à les poursuivre.

"Oh ! vraiment, monsieur Keiser ?"

Alors celui que l'on appelle le prince se leva, boitait vers l'horloge, et d'un ton rassuré et presque solennel, il dit :

« Monsieur Keiser, notez dans votre agenda que le 29 juillet, à midi cinq minutes, la branche aînée de la maison de Bourbon a cessé de régner sur la France.

Ce vieillard boiteux qui, par une parole prophétique, avait annoncé la chute de Charles, était Charles Maurice de Talleyrand Périgord, prince de Bénévent, autrefois évêque d'Autun, qui fut le premier à suggérer la vente des bénéfices du clergé en 1789 ; qui a dit la messe sur l'autel du patriotisme le 14 juillet 1790, jour de la fête de la Fédération ; qui fut envoyé, en 1792, à Londres par Louis XVI. assister l'ambassadeur M. de Chauvelin ; qui fut ministre des Affaires étrangères en 1796, sous le Directoire ; créé Grand-Chambellan à l'avènement de l'Empereur en 1804 ; créé prince de Bénévent en 1806 ; et reçut le titre de vice-grand électeur, avec un salaire de cinq cent mille francs, en 1807 ; qui fut nommé membre du gouvernement provisoire en 1814; et ministre des Affaires étrangères et envoyé extraordinaire à Vienne, par Louis XVIII. dans la même année; qui fut nommé ambassadeur à Londres par Louis-Philippe en 1830 ; et qui, finalement, mourut, plus ou moins chrétien, le 18 mai 1838.

Or, j'ai souvent entendu des hommes les plus au courant de la politique contemporaine et de la corruption de l'époque se demander comment M. de Talleyrand avait pu se faire pardonner par Louis XVIII. pour avoir été membre de l'Assemblée Constituante, Évêque juré, Ministre officiant au Champs de Mars, Ministre du Directoire, plénipotentiaire de Bonaparte, Grand-Chambellan de l'Empereur, etc.

Je vais vous dire une chose que l'histoire future ignorerait autrement, et qui ne sortira probablement pas avant la publication des véritables Mémoires du Prince.

M. de Talleyrand fut prévenu huit ou dix jours à l'avance de l'intention du Premier Consul d'arrêter et de fusiller le duc d'Enghien. Il appela un courrier sur lequel il savait pouvoir compter et envoya par lui une lettre au duc, lui disant de la coudre au col de son habit, de partir à toute vitesse et de remettre la lettre seulement au duc d'Angleterre. Enghien lui-même. La lettre exhortait le prince à quitter Ettenheim immédiatement et l'avertissait du danger qui le menaçait. Le courrier partit dans la nuit du 7 au 8 août 1804. On sait que l'ordre d'arrêter le prince ne fut donné que le 10. Le courrier partit comme nous l'avons décrit, mais, descendant au galop la colline de Saverne, son cheval tomba et cassa la jambe de son cavalier. Malheureusement, il ne pouvait confier sa mission au premier venu et n'osait prendre une telle responsabilité. Il écrivit donc pour demander à M. de Talleyrand ce qu'il devait faire. Lorsque M. de Talleyrand reçut la lettre, il était déjà trop tard pour faire quelque démarche ; l'ordre d'arrestation avait déjà été lancé. Mais le prince Condé et Louis XVIII. et Charles X connaissait l'histoire, et de là la grâce accordée à un républicain et à un bonapartiste pour les méfaits de l'ancien évêque d'Autun. Or c'était Talleyrand que sa future majesté du Palais-Royal voulait consulter avant d'oser ramasser la couronne qui avait roulé de la tête de Charles X dans le sang des barricades. C'est le général Sébastiani que le duc d'Orléans chargea d'interroger l'oracle. Ledit oracle était extrêmement vexé de ce que tout s'était fait jusque-là sans lui, de ce que M. Laffitte l'avait considéré comme peu de chose, et il daignait seulement répondre par ces mots : « Qu'il accepte.

Après cette réponse, le prince accepta au bout de l'heure promise, et la proclamation suivante fut apposée sur tous les murs de la capitale annonçant cette acceptation aux Parisiens :

"HABITANTS DE PARIS,

« Les députés de France, en ce moment réunis à Paris, ont exprimé le désir que je vienne dans la capitale pour remplir les fonctions de lieutenant général du royaume. *Je n'ai pas un instant hésité à venir partager votre dangers* , en me plaçant au centre de la population héroïque, et je mettrai tous mes efforts à vous préserver de la guerre civile et de l'anarchie. En revenant à la Ville de Paris, j'ai porté avec fierté ces glorieuses couleurs que vous avez retrouvées et que vous avez retrouvées. Je le porte depuis longtemps. Les Chambres vont se réunir ; *elles conféreront sur les meilleurs moyens de faire régner la loi et de maintenir l'ordre. Une* Charte sera désormais un fait.

"LP D'ORLÉANS"

Il y avait trois points notables dans cette proclamation :

Le duc déclare tout d'abord qu'il *n'a pas hésité un seul instant à venir partager les dangers* du peuple parisien. Mensonge, puisqu'au contraire il se cachait tant à Neuilly qu'au Raincy pendant le temps du danger, et n'atteignit Paris que lorsque le danger fut passé, dans la nuit du 30. Ensuite, il annonce que les Chambres allaient se réunir pour *conférer sur les meilleurs moyens de faire régner la loi et de maintenir l'ordre* ; quelle déclaration était une calomnie contre le peuple ; car si jamais les gens ont respecté la loi et maintenu l'ordre, c'est bien le peuple de juillet 1830. Enfin, M. le duc d'Orléans a dit qu'une *Charte* serait désormais un fait réel. Il aurait dû dire que, dès le lendemain, non pas *une* Charte mais *la* Charte, changement imperceptible à l'œil et presque à l'oreille, qui entraînait cependant la grave conséquence que la France, au lieu d'avoir une nouvelle Charte , c'était simplement avoir la Charte de Louis XVIII., et cela signifiait que le roi des barricades, en s'appropriant cette ancienne charte, non seulement ne prenait pas la peine d'en rédiger une autre, mais, avec une nouvelle forme de gouvernement, seulement a promis de donner au peuple la même liberté que celle promise par le gouvernement déchu. C'était en effet un début audacieux pour une carrière royale. Mensonge, calomnie et chicane : Louis XI. lui-même n'aurait pas pu aller plus loin.

J'ai dit qu'à la fin de ce chapitre, je donnerais quelque idée de l'avarice du duc d'Orléans. Ce n'est peut-être pas exactement le lieu des fragments que nous allons présenter à nos lecteurs ; mais ceux qui croient interrompre le cours du récit peuvent porter leur imagination ailleurs.

Expliquons tout d'abord comment ces fragments d'informations sont tombés entre nos mains. Pour y parvenir d'un seul coup, il faut sauter une période de dix-huit ans ; et, au lieu du jeune homme qui prit une part active à tout ce que nous venons de lire, substituez l'homme mûr qui se tenait à l'écart et regardait tristement se dérouler les événements de ce long règne ; il faut supposer que le lieutenant-général, dont nous venons d'entendre la proclamation, est un roi, vieilli lui aussi, impopulaire et chassé à son tour ; il faut s'imaginer avoir quitté le dimanche matin d'août 1830 pour trois heures de l'après-midi du 24 février 1848. Puis, le roi parti et les Tuileries prises et la République proclamée, je reviens seul, triste et anxieux, plus d'un républicain plus que jamais, mais d'opinion que la République était mal constituée, mal mûrie et mal promulguée ; Je reviens, le cœur déprimé par le spectacle d'une épouse cruellement repoussée, de deux enfants séparés de leur mère, de deux princes mis en fuite, l'un traqué à travers les colonnes rostrales de la place de la Concorde, l'autre le long des escaliers circulaires du Palais. des députés ; Je revins en me demandant si tout ce que j'avais vu et entendu pouvait être vrai, ou si je n'étais pas plutôt sous l'emprise d'un étrange cauchemar, d'une vision mystérieuse ; Je suis revenu et, métaphoriquement parlant, je me suis senti pour voir si je pouvais vraiment être en vie – car il nous est parfois aussi facile de douter de notre propre existence que de douter des événements étrangement étranges que nous voyons se dérouler sous nos yeux ; – je suis revenu. , dis-je, par les Tuileries, avec ses fenêtres toutes ouvertes et ses portes enfoncées, comme ce fameux 29 juillet que j'ai peut-être trop longuement décrit ; mais comment pourrais-je m'en empêcher ? Certains souvenirs occupent une telle place dans nos vies que nous nous sentons obligés de les imprimer dans la vie des autres. J'avais l'idée de visiter le château dans lequel j'étais entré une fois auparavant et de commencer de la même manière, par les appartements du roi Louis-Philippe, le 24 février 1848, comme je l'avais fait par les appartements ayant appartenu au roi Charles. et le 29 juillet 1830.

Le récit de ce que j'ai vu sera donné ailleurs. Je n'ai qu'une chose à raconter, et la voici. En parcourant le cabinet du roi, où gisaient par terre toutes sortes de papiers, tous souillés de boue, au milieu de ces papiers oubliés, inutiles, condamnés au feu et à l'oubli, j'ai aperçu quelques pages couvertes de caractères qui faisaient je tremble. C'était l'écriture du roi ; cet écrit même qui, vingt-cinq ans auparavant, était souvent passé sous mes yeux. Un patriote de 1848, aussi déguenillé qu'un ancien patriote de 1830, montait la garde devant le bureau brisé du roi.

« Camarade, dis-je à l'homme, puis-je avoir quelques-uns de ces papiers qui jonchent le sol ?

"Vous pouvez les prendre", répondit-il; "Ils sont probablement abandonnés parce qu'ils n'ont aucune valeur."

Alors je les ai pris.

A la première Révolution, j'étais entré en possession d'un exemplaire de *Christine* portant les armes de la duchesse de Berry. A la seconde, j'ai récupéré de vieux papiers jaunes qui gisaient par terre, qu'on m'a permis de prendre parce que la sentinelle les trouvait sans valeur. On remarquera que je ne suis pas de ceux qui s'enrichissent grâce aux révolutions. Il est vrai que je ne fais pas partie de la catégorie de ceux qui en sont submergés. Je navigue au-dessus d'eux, comme les oiseaux et les nuages ; puis, quand les révolutions sont finies, je dirige ma fuite, non du côté où sont la puissance et la fortune, mais du côté de la justice et de la fidélité, quand même il me faudrait suivre la justice dans l'exil et la loyauté par la proscription.

Mais voici une copie des journaux : eux-mêmes parleront mieux que n'importe quelle note ou commentaire.

LES PETITS DÉJEUNERS ENFANTS

Le P. C.

Les jeunes princes et leurs {Six portions, à 90 c. 5h40

tuteurs {Sept pains, à 20 c. 1,40

Princesses Louise et Marie {Une soupe, à 13h50

et Madame de Mallet. {Deux portions 1,80

{Deux pains 0,40

Princesse Clémentine et {Une soupe, à 1h50

Madame Angelet {Une portion, à 0,90

{Deux pains 0,40

LES PETITS DÉJEUNERS DES ENFANTS--(*suite*)

Le P. C.

Duc de Nemours et M. {Charcuterie 1,50

Larnac, qui les conduit à {Entremet 1.50

le collège {Deux portions 0,80

{Deux pains 0,40

———

[Sucre supplémentaire payé séparément]

Total par jour, sans café payé séparément 18,50

Supplément, 10 ch. par portion 1,10

———

19h60

25 ch. Soupe et entremet 1.20

11 S., 13 pains, 4 portions

———

20h80

Nouveau tarif des dépenses--Établissement d'entretien ménager

Pour ma table, idem sauf la suppression des deux fixes
prix repas de 6 fr. et 12 fr. (18 fr. au total), les deux mois
règlements de 1000 fr. et 150 fr. et une quittance à l'entrepreneur,
du paiement de 1010 fr. par an pour le porteur d'eau.

POUR LA TABLE DE MES ENFANTS, Y COMPRIS LEURS PROFESSEURS

Petit-déjeuner --(Un tarif spécial maintenu également pendant mon absence
comme présence).
Le P. C.

Soucoupes de fruits ou de friandises 1.0
Soupe 1,80
Poulet ou viande froide 1,80
Entremet de légumes, etc 1,80
Chaque pain 0,20
Petits pains français à la Reine 0,10
Tasse de café simple 0,50
   Identifiant. avec de la crème 0,75
Thé et pain et beurre 1,50

———

Dîner et dîner , facturés à la moitié du mien lorsqu'ils sont servis à
en même temps, mais au même tarif que le mien lorsque je suis absent et
quand il est omis. Le demi-tarif est donc le suivant :

Le P. C.

Soupe 2,50

Entrées 4,50

Rôti ou flanc 6.0

Entremets 2,50

Assiette de dessert 1,50

Pain, café, thé, etc., comme au petit-déjeuner

Table sucrières Rien

Identifiant. dans les chambres 2.0

Supplément de 2 francs par personne et par jour en cas d'absence ou omission des repas supérieurs, pour ceux nourris dans le garde-manger et la cuisine.

Un autre tarif pour les dépenses des ménages

Pour la table des Princes, pareil.

POUR LES ENFANTS

Petits déjeuners

Au lieu de

Fr.C. Fr.C.

Portions 0,90 1,0

Soupes 1,25 1,80

Poulet et charcuterie 1,25 do.

Entremet ou légume, etc. 1,25 do.

Rouleaux français 0,10

Pain, par personne 0,20

Tasse de café simple 0,50

Identifiant. avec de la crème 0,75

Thé, complet 1,50

Moins par jour

Repas réguliers 18,0

Par mois 37,80 60/61

Enfants 48,0

————————

Par jour 103-80

Identifiant. 104+46

————————

Supplément 66c.

————————

Dîner ou Souper

Fr.C.

Des soupes. 2,50

Entrées. 4,50

Rôti ou flanc 6.0

Entremets. 2,50

Plats de dessert 1,50

[Pain, café et thé comme avant]

Sauf quand il n'y a que la table des Enfants à servir, en

auquel cas elle est tarifée au même tarif que la table des Princes.

Supplément par jour

Petit-déjeuner enfant (sans café) 20,80

Dîner 43,0

Souper 38.90

Porteur d'eau 2,76 60/61

————

Supplément par jour 105,46

————

De plus, en cas d'omission de ces deux tableaux,

l'entrepreneur reçoit 2 fr. par jour et par tête les deux, pour chaque

personne entretenue en cuisine et au bureau.

Grâce à ce nouveau tarif, il est libéré de l'obligation

payer le porteur d'eau; mais il ne reçoit pas les 12 fr fixes.

par dîner et 6 fr. par petit-déjeuner pour la table des Princes, ni le

1150 fr. par mois pour le bois, le charbon et le lavage.

Après ce tarif, le petit-déjeuner des enfants...

Le P. C. Fr. C.

17h30+ 3h50

Le P. C. 20h80

Moins 18{ 12 Leur dîner 42,0 } Pas de café

{ 6 Leur souper 38.90} inclus

Et prix par jour

de 13.800 fr. par an, Total 98,20

37,80 Anciennement 48,20

———— ————

55,80 Différence en supplément 50,20

Extra 56,46 Plus porteur d'eau 2,76

_______ _______

Bonus 0,66 Extra par jour 52,96

____

- 235 -

COMPTES

13 800 {365 Supplément petit-déjeuner

_______ tarif

{37,80 60/61

Portions, 1 fr. chaque:

2 850 Soupes, viandes froides et

2 950 entremets

300 Chaque 1,80 3,50

_______ 1,010 _______________________

365 Soit 56,46 par jour supplémentaire

____

2800 {_________

{2,76 52/61

2 450

260,52

_______ 98.20

2,76

565.61 _______

_______ 100,96

____

CHAPITRE X

Le duc d'Orléans se rend à l'Hôtel de Ville. M. Laffitte dans sa chaise à porteurs. Le roi *sans culotte* . Manifestation tardive du Gouvernement Provisoire. Odilon Barrot dort sur une borne. Un autre Balthasar Gérard. Le duc d'Orléans est reçu par La Fayette. Une voix superbe. Nouvelle apparition du général Dubourg. —Le balcon de l'Hôtel de Ville—La route de Joigny

Nous n'avons pas encore terminé le récit des événements qui se sont produits pendant mon absence. Qu'il me soit donc permis de les rappeler : chaque minute, détail inconnu, nous donne la clé d'un soulèvement et contribue à expliquer le 5 juin, le 14 avril ou le 12 mai. Et puis il est bon de savoir qu'il y a eu des hommes qui n'ont jamais accepté ce gouvernement, mais qui lui ont résisté pendant dix-huit ans et ont finalement réussi à le renverser. Ces hommes doivent recevoir la justice qui leur est due : malgré les calomnies, les insultes et les procès auxquels ils ont été et sont encore soumis, leurs contemporains doivent en effet connaître leur valeur, leur courage, leur dévouement, leur persévérance. et la fidélité. C'est vrai, peut-être que leurs contemporains ne me croiront pas. Pas grave! Je l'aurai dit ; d'autres me croiront. La vérité est une de ces étoiles qui peuvent rester enfouies au fond du ciel pendant des mois, des années, voire des siècles, mais qui finissent invariablement par être découvertes un jour ou l'autre. Et j'aimerais mieux être le fou qui consacre sa vie à la découverte de ces étoiles, que le sage qui salue et adore tour à tour tous ces soleils que nous avons vu se lever, qu'on disait fixes et immobiles, mais qui se révélèrent n'être que des météores éphémères, d'un certain éclat, plus ou moins trompeurs, mais toujours fatals dans leurs influences !

Le duc d'Orléans, comme nous l'avons vu, avait déjà fait un bon chemin : il avait conquis la Chambre des pairs (nous n'avons même pas fait allusion à sa conquête : à part la présence de Chateaubriand et de Fitz-James, cela ne valait pas la peine de l'enregistrer, et, comme on le sait, Chateaubriand et Fitz-James démissionnèrent) ; — il avait conquis la Chambre des députés ; au moins quatre-vingt-onze signatures l'attestent.

Il ne lui restait plus qu'à conquérir l'Hôtel de Ville. Oh! mais c'était une tout autre affaire ! L'Hôtel de Ville n'était pas le palais gâté par les orgies du Directoire ou les proscriptions de 1815 ; ce n'était pas une usine où se forgeaient l'ambition et la cupidité, sous le couvert du dévouement aux diverses puissances qui se succédèrent pendant un demi-siècle. Non en effet; l'Hôtel de Ville était le refuge de cette grande déesse populaire qu'on appelle la Révolution, à chaque nouvelle insurrection. Et l'esprit de Révolution y régnait à nouveau. Le pouvoir était revenu au duc d'Orléans ; mais, avant que ce pouvoir pût être établi, il fallait que le duc vienne à la Révolution. Son représentant était un vieil homme au cœur sincère et à l'âme pure, mais affaibli par l'âge. Quarante ans auparavant, alors qu'il était en pleine jeunesse, il avait été trouvé disparate au moment de la Révolution : trouveraient-ils ce qu'ils avaient vainement cherché à trente ans, maintenant qu'il en a soixante-dix ?

Oui, peut-être, s'il avait été seul et libre d'exercer ses propres convictions ; car, depuis son ancien dévouement à la cause de la royauté, il avait beaucoup réfléchi et souffert ; il avait connu l'emprisonnement et l'exil ; son nom avait été prononcé dans toutes les conspirations républicaines, à Béfort et à Saumur ; et nous décrirons plus tard dans quelles circonstances singulières il échappa à la proscription avec Dermoncourt et à l'exécution avec Berton. Mais il n'était plus agent libre. Un parti, les orléanistes, l'avait contourné ; c'était en fait tout un siège, intelligemment conçu par Laffitte et exécuté par Carbonnel.

De là est né ce mot prégnant de Bonnelier : « Vos diables de républicains nous ont donné bien du mal ! ("Vos diables républicains nous ont fait du mal sans fin!")

En effet, ce n'est que difficilement que les républicains parvinrent à accéder au bon vieux général. On pouvait facilement les connaître, puisque leur nombre, à l'époque dont je parle, était petit, et à peine l'un ou l'autre de ces hommes était-il venu le voir, que quelqu'un entrait et, sous divers prétextes, ou bien coupait le feu. conversation courte ou agir comme un espion.

C'était l'homme avec lequel le duc d'Orléans avait affaire, et c'était une tâche facile pour le prince, qui, quand il le voulait, savait se montrer le plus séduisant et le plus fascinant. Pourtant, le futur roi souhaitait être accompagné d'une députation de la Chambre. La Chambre eût plutôt envoyé deux députations qu'une seule, et, si le duc en avait exprimé le désir, elle aurait fermé en masse la marche du cortège.

M. Laffitte conduisit la députation au Palais-Royal à l'heure dite. Ils ont commencé; mais la situation était encore plus grave qu'on ne le paraissait ; il est vrai que, sous prétexte de missions diverses, ils avaient renvoyé de Paris les républicains les plus zélés ; mais il en restait encore un bon nombre, et ceux-ci proclamèrent haut et fort que le monarque nouvellement élu n'arriverait pas à l'Hôtel de Ville. Le duc d'Orléans était à cheval, inquiet sans doute au fond du cœur, mais apparemment calme en apparence. C'était l'une des plus belles qualités du prince : craintif et indécis alors qu'il ne pouvait ni comprendre ni voir le danger ; lorsqu'il fut face à face, il l'affronta avec courage. Il n'aurait pas pu dire avec César : « Le danger et moi sommes deux lions nés en même temps, moi étant l'aîné ! mais il aurait pu dire qu'il était le plus jeune. M. Laffitte le suivait dans une chaise à porteurs portée par des Savoyards ; son pied lui causait d'horribles souffrances ; il était chaussé de pantoufles. Hormis les bandages qui l'enveloppaient, une jambe était nue. Ainsi, après avoir offert la couronne au prince, comme président de la Chambre, il se pencha vers lui et lui dit tout bas à l'oreille :

"Deux pantoufles et un seul bas. Cette fois, en tout cas, si *la Quotidienne* nous voyait, elle dirait que nous créons un roi *sans culotte.* "

Tout s'est bien passé du Palais-Royal au quai. Ils étaient encore dans le quartier bourgeois, et ils étaient venus faire un roi à leur image, comme Dieu a fait l'homme à son image. La bourgeoisie voyait dans le roi son propre reflet, et regardait avec complaisance sa propre image, jusqu'au moment où elle découvrit combien il était laid, et alors elle brisa le verre. La bourgeoisie a donc salué son élection. Mais lorsque nous atteignîmes le quai, le pont Neuf et la place du Châtelet, non seulement les acclamations cessèrent complètement, mais les visages de la foule devinrent sombres et des tremblements de colère se firent sentir dans l'air. Les esprits des morts protestaient sûrement contre ce nouveau type de Bourbon. A l'Hôtel de Ville même, il y avait une grande agitation. Enfin le fameux Gouvernement provisoire, jusqu'alors invisible, se matérialise : Mauguin, de Schônen, Audry de Puyraveau, Lobau, sont tous anti-orléanistes : Lobau surtout, qui avait refusé de signer un ordre la veille, est furieux.

"Je ne veux pas plus de celui-là que des autres !" il s'est excalmé; "c'est toujours un Bourbon !"

M. Barthe, l'ancien Carbonaro, était présent. La question de la rédaction d'une proclamation républicaine se posa ; il se proposa de s'en charger, prit la plume et se mit à écrire. Tandis qu'il écrivait, le général Lobau s'exaspéra de plus en plus et s'approcha de M. de Schônen.

« Nous risquons notre tête, lui dit-il ; " mais qu'importe ! Voici deux pistolets, un pour vous, un pour moi... c'est tout ce qui reste à deux hommes qui n'ont pas peur de la mort ! "

Ces démarches n'étaient pas vraiment rassurantes. On pouvait compter sur Odilon Barrot ; c'est lui qui avait prononcé la veille à la commission municipale ces paroles fameuses qu'on attribue à La Fayette, comme celles de Harel et de Montrond étaient attribuées à M. de Talleyrand : « Le duc d'Orléans est la plus belle République. Odilon Barrot fut chargé de se rendre au Palais-Royal pour donner l'ordre contraire. Odilon Barrot, comme la plupart des gens, dormait peu depuis trois jours et était épuisé de fatigue ; il descendit et trouva une foule si dense et une chaleur si intolérable qu'il appela un cheval. Quelqu'un s'est empressé de lui en chercher un. En attendant, il s'appuya contre une borne et s'endormit. Il leur fallut une heure pour le retrouver , et, au moment où ils y parvenaient et qu'il était monté à cheval, la tête du cortège parut sur la place de Grève.

Or, j'ai beaucoup vu Odilon Barrot à l'Hôtel de Ville et je l'ai observé très attentivement, et je déclare que personne ne peut être plus calmement courageux que lui.

Ainsi le duc d'Orléans était arrivé ; il était arrivé place de Grève et entrait donc au centre même du parti révolutionnaire. La poitrine de son cheval séparait la foule devant lui comme la proue d'un navire sépare les vagues. Un silence glacial régnait autour de lui tandis qu'il passait. Il était d'une pâleur mortelle. Un jeune homme, plus pâle encore, l'attendait sur les marches de l'Hôtel de Ville, les bras croisés, cachant un pistolet dans la poitrine. Il avait conçu la terrible résolution de tirer à bout portant sur le prince.

« Ah ! vous jouez donc le rôle de Guillaume le Taciturne, dit-il ; "tu finiras comme lui !"

Un de ses amis se tenait à ses côtés.

Au moment où le duc d'Orléans descendait de cheval et commençait à gravir les marches de l'Hôtel de Ville, ce prétendu Balthasar Gérard fit un pas en avant, mais son compagnon l'arrêta.

« Ne vous compromettez pas inutilement, lui dit-il, votre pistolet est déchargé.

"Qui l'a déchargé ?"

"Je l'ai fait."

Il a emmené son ami.

Ce n'était pas la vérité : le pistolet était bien chargé, mais le mensonge empêcha probablement le duc d'Orléans d'être abattu sur les marches de l'Hôtel de Ville.

Quelle récompense a reçu celui qui a sauvé la vie du futur roi des Français ? Je vais vous le dire : il a été tué à Saint-Méry et est mort en se maudissant !

Le duc d'Orléans monta d'un pas ferme les marches de l'Hôtel de Ville ; il passa près de la Mort, sans savoir que celle-ci, qui avait si près de le toucher, avait replié ses ailes. La voûte sombre de l'ancien palais municipal, comme l'immense gorge d'une gargouille de pierre, engloutissait le prince et son cortège. Le général La Fayette l'attendait en haut de l'escalier de l'Hôtel de Ville. La situation était si grave que les hommes eux-mêmes paraissaient minuscules. Et en effet, qu'est-ce que cela signifiait : que le prince de la branche cadette des Bourbons rendait visite au héros de 1789 ? Cela signifiait qu'une monarchie démocratique devait se séparer à jamais d'une monarchie aristocratique ; c'était l' accomplissement de quinze années de conspiration ; et la consécration de la révolte par le pape de la liberté.

Nous devrions peut-être nous arrêter ici à ce grand moment, car tous les autres détails paraîtront dérisoires à côté.

Le duc d'Orléans, La Fayette et plusieurs de ses amis constituaient le centre d'intérêt d'une vaste foule d'hommes aux opinions très diverses. Certains applaudissaient, d'autres protestaient. Quatre ou cinq étudiants de l'École Polytechnique étaient là tête nue, mais épée nue également. Quelques ouvriers passaient par là, à travers les espaces plus clairs, criant avec des visages hâlés, baissés, quelques-uns tachés de sang, et on les repoussait doucement pour que le prince ne fût pas offensé par un pareil spectacle. C'était bien le remords qu'on repoussait, avec le respect qui lui est dû.

Il s'agissait de la lecture de la proclamation de la Chambre. M. Laffitte avait parlé si longuement, comme tout le monde, qu'il ne pouvait plus parler. Il tenait sa proclamation à la main, et Dieu seul sait quel effet aurait produit une proclamation lue sur le ton grotesque de l'enrouement !

" Donnez-le-moi, donnez-le-moi, mon cher ami, " cria M. Viennet en saisissant la proclamation des mains du célèbre banquier, " J'ai une voix magnifique ! "

Et c'est en effet avec un ton superbe qu'il lut la proclamation de la Chambre. Quand le lecteur parvint aux mots : « Comité pour juger les délinquances de la presse », celui qui devait faire les lois de septembre se pencha vers La Fayette et, haussant les épaules, lui demanda :

"Est-ce qu'il y aura d'autres délits de presse, maintenant ?"

La lecture terminée, il posa la main sur son cœur, geste très apprécié par tous les rois nouvellement couronnés, et qui cependant produit toujours le même effet heureux.

« En tant que Français, dit-il, je déplore le mal fait au pays et le sang qui a été versé ; en tant que prince, je suis heureux de contribuer au bien-être de la nation.

Soudain, un homme s'avança au milieu du cercle. C'était le général Dubourg, l'homme au drapeau noir, le fantôme du 29 juillet. Il avait disparu, et maintenant réapparaissait pour disparaître encore une fois.

« Prenez garde, monsieur, dit-il au duc d'Orléans ; "Vous connaissez nos droits, les droits sacrés du peuple ; si vous les oubliez, nous vous les rappellerons !"

Le duc recula, non à cause de cette menace, mais pour saisir le bras de La Fayette, et s'appuyant dessus, il répondit :

" Monsieur, ce que vous venez de dire prouve que vous ne me connaissez pas. Je suis un honnête homme, et quand j'ai un devoir à remplir, je ne me laisse pas gagner par les supplications, ni intimider par les menaces. "

Néanmoins la scène avait produit une impression vive, impression qu'il fallait combattre.

La Fayette conduisit le duc d'Orléans sur le balcon de l'Hôtel de Ville. Et pour la deuxième fois, il a misé sa popularité sur un coup de dés. La première fois, c'était le 6 octobre 1789, lorsqu'il baisa la main de la reine sur le balcon du palais de Versailles. La seconde fois, c'était le 31 juillet 1830, lorsqu'il apparut au balcon de l'Hôtel de Ville, tenant le duc d'Orléans par le bras.

On aurait pu croire un instant que cet effet dramatique était tombé à plat ; la place était remplie de têtes, aux yeux brillants, aux bouches béantes, toutes muettes. Georges La Fayette a remis un drapeau tricolore à son père. Les plis flottaient autour du général et du duc et effleuraient leurs visages ; les deux semblaient aux gens non pas resplendissants d'une lumière émanant d'eux-mêmes, mais éclairés par une gloire céleste, et le peuple éclata en applaudissements.

La partie était gagnée.

Oh! acteurs politiques, comme vous êtes forts quand il faut élever un homme nouveau ! Quelle faiblesse lorsqu'il s'agit de soutenir un pouvoir vieillissant !

Le retour du duc d'Orléans au Palais-Royal fut un triomphe. Il n'avait plus rien à désirer : il avait la triple reconnaissance de la Chambre des pairs, de la Chambre des députés et de l'Hôtel de Ville. Il fut l'élu de M. de Lémonville, de M. Laffitte et de La Fayette.

Cette même nuit, une des voitures appelées *Carolines* alla chercher de Neuilly au Palais-Royal la femme, la sœur et les enfants du lieutenant général du royaume. Le duc de Chartres manquait seul à cette réunion. Il avait, comme on le sait, été renvoyé à Joigny. Sur la route de Joigny, sa voiture avait croisé une autre voiture. Il contenait Madame la duchesse d'Angoulême, revenant de sa station d'eau, où elle avait été informée par télégraphe des graves troubles qui agitaient Paris. Les deux voitures s'arrêtèrent, le prince et la princesse s'étant reconnus.

— Quelles sont les dernières nouvelles, monsieur de Chartres ? demanda la duchesse d'Angoulême.

"Mauvais ! madame, très mauvais !" répondit le prince ; "le Louvre est pris !"

En effet, c'était une mauvaise nouvelle pour toi, pour tes frères, pour ton père et pour toute la famille. Et c'est toi, pauvre prince, qui aux yeux de la postérité aura raison !

LIVRE IV

CHAPITRE I

La manière d'écrire l'histoire de M. Thiers - Les
Républicains au Palais-Royal - *Le premier ministère de*
Louis-Philippe - La ruse de Casimir Périer - Mon plus
beau drame - Lothon et Charras - Un coup d'épée - Le
maître de poste du Bourget encore une fois - La Fère —
Lieutenant-colonel Duriveau—Lothon et le général La
Fayette.

Pendant que le duc d'Orléans faisait son entrée triomphale et heureuse au Palais-Royal, six ou huit jeunes gens étaient rassemblés au-dessus des bureaux du *National* dans l'ensemble des pièces que partageaient Paulin et Gauja. Ils se regardaient en silence, un silence d'autant plus menaçant qu'ils étaient encore armés comme au jour de la bataille. Ces jeunes gens étaient Thomas, Bastide, Chevalon, Grouvelle, Bonvilliers, Godefroy Cavaignac, Étienne Arago, Guinard et peut-être quelques autres dont les noms m'ont échappé. Selon la mesure de leur impatience, ils étaient soit assis, soit debout. Thomas était assis dans l'embrasure d'une fenêtre, son fusil entre les jambes. C'était à cette époque un bel et beau garçon, débordant de loyauté, de courage et d'ingénuité, la tête froide et le cœur chaleureux. Les voilà donc tous en train de raconter l'épisode de l'Odyssée de l'Hôtel de Ville, et M. Thiers entra pendant qu'ils discutaient de la situation.

Le matin, un article avait paru dans le *National* sur l'arrestation du duc de Chartres à Montrouge. Cet article met le tout sous un jour parfaitement nouveau. Le duc de Chartres était venu à Paris pour mettre son épée à la disposition du gouvernement provisoire, et M. Lhuillier lui avait offert l'hospitalité. Le duc avait quitté Montrouge enthousiasmé par les événements de Paris et avait promis de revenir avec son propre régiment.

Quelques jours plus tard, M. Lhuillier était décoré en reconnaissance de cet article. C'est en réalité M. Thiers qui l'a écrit. L'apparition du futur ministre au milieu de cette poignée de républicains n'était donc pas de très bon augure. Il avait complètement dévoilé sa tactique depuis la veille matin et était désormais orléaniste. Dans ce nouveau personnage, il était inquiet de la rencontre qui se déroulait au-dessus de sa tête et décida de prendre le taureau par les cornes ; il monta donc au premier étage et entra, comme nous l'avons vu, à l'improviste. Un murmure significatif accueillit son arrivée, mais M. Thiers y fit face avec audace.

« Messieurs, dit-il, le lieutenant-général désire avoir une entrevue avec vous.

"Dans quel but?" demanda Cavaignac.

"Qu'avons-nous et lui en commun ?" demanda Bastide.

"Écoutez cependant, messieurs", dit Thomas.

M. Thiers crut alors avoir trouvé un partisan, s'avança vers Thomas et lui posa la main sur l'épaule.

"Ici, nous avons un colonel de premier ordre", a-t-il déclaré.

"Oh ! en effet !" répondit Thomas en secouant doucement son épaule ; "Alors tu me prends pour un transfuge ?"

M. Thiers retira sa main.

« Continuez », dit Thomas ; "nous vous écouterons."

M. Thiers explique ensuite l'objet de l'entretien.

Le duc d'Orléans voulait accroître son influence politique future en prenant conseil avec ces braves jeunes gens dont l'insurrection héroïque avait amené la révolution de Juillet. D'après la déclaration de M. Thiers, il devrait les attendre ce soir-là entre huit et neuf heures au Palais-Royal. Les Républicains secouaient la tête. Mettre le pied à l'intérieur du Palais-Royal leur paraissait équivaloir à conclure un pacte avec le nouveau pouvoir, ce qui était contraire à la fois à leur conscience et à leurs inclinations. Mais Thomas vint encore une fois au secours du négociateur.

« Écoutez, dit-il en se levant, prouvons-leur que nous allons bien.

Et, posant son fusil au coin de la cheminée, il dit :

" Ce soir, à neuf heures, monsieur... vous pourrez dire au lieutenant général du royaume que nous comparaîtrons en réponse à son invitation. "

Alors M. Thiers s'en alla.

Il n'y avait pas eu d'invitation du lieutenant général du royaume ; ce monsieur n'avait pas le moindre désir de voir MM. Thomas, Bastide, Chevalon, Grouvelle, Bonvilliers, Cavaignac, Arago et Guinard. M. Thiers avait inventé cette idée tout à fait de sa tête, espérant qu'une entrevue pourrait concilier leurs opinions. On aura observé, d'après ce qu'il avait dit à Thomas, que par opinions il entendait ambitions.

Les Républicains furent ponctuels à leur engagement ce soir-là. La duchesse d'Orléans, Madame Adélaïde et les jeunes princes et princesses venaient d'arriver, lorsque le duc d'Orléans fut informé qu'une députation l'attendait dans la grande salle du Conseil. Les députations s'étaient succédées toute la journée, et les salons n'étaient toujours pas vides.

Une autre députation ne surprit donc pas le prince ; bien qu'il ait été surpris par le personnel de celui-ci.

M. Thiers était là. En accompagnant Son Altesse du salon jusqu'à la chambre où l'attendaient ces messieurs, il s'efforça de le mettre en possession de la situation, prenant sur lui la moitié de la responsabilité, et attribuant le reste aux républicains. Cela avait occupé près d'un quart d'heure, pendant lequel la députation dut attendre, et elle commença à trouver l'attente un peu longue. Alors la porte s'ouvrit brusquement, et le duc entra avec un sourire aux lèvres ; mais il n'eut pas le temps de monter jusqu'à ses yeux ; sa bouche souriait, mais son expression était interrogatrice.

« Messieurs, dit le prince, ne doutez pas de mon plaisir à recevoir cette visite de votre part... seulement... »

Bastide devina la vérité et regarda M. Thiers.

" Vous ne comprenez pas pourquoi nous sommes venus ? Demandez à M. Thiers de vous donner la véritable explication, et je suis sûr qu'il se fera un plaisir de la faire, ne serait-ce que pour sauver l'honneur et la dignité de la cause que nous représentons. "

M. Thiers fit je ne sais quelle explication équivoque, très embarrassée, que le duc d'Orléans coupa court en disant :

" Cela suffit, monsieur, cela suffit. Je vous remercie de m'avoir procuré la visite de nos valeureux défenseurs. "

Puis, se tournant vers eux, il attendit que l'un d'eux commence. Bonvilliers parla le premier.

« Prince, dit-il, demain tu seras roi.

Le duc d'Orléans fit un mouvement.

— Demain, monsieur ? il a dit.

"Eh bien, si ce n'est pas demain, ce sera soit dans trois jours, soit dans une semaine... le jour lui-même importe peu."

"Roi!" répéta après lui le duc d'Orléans ; "Qui vous a dit ça, monsieur ?"

« Les démarches que font vos partisans ; la coercition qu'ils exercent sur les affaires, n'osant pas l'exercer ouvertement sur les hommes ; les pancartes dont ils ont couvert les murs ; l'argent qu'ils distribuent dans les rues. »

«Je ne sais pas ce que font mes partisans », répondit le duc ; "Mais je sais que je n'ai jamais aspiré à la couronne, et même maintenant, même si beaucoup me pressent de l'accepter, je ne la désire pas."

« Néanmoins, Monseigneur, supposons qu'ils vous pressent à tel point que vous ne puissiez refuser, pouvons-nous, dans ce cas, vous demander votre avis sur les traités de 1815 ? Faites particulièrement attention au fait qu'il ce n'est pas seulement une révolution libérale qui vient d'avoir lieu, mais une révolution nationale ; c'est la vue du drapeau tricolore qui a soulevé le peuple ; nous avons tiré sur la dernière mine de Waterloo, et il sera plus facile de conduire ; les gens d'outre-Rhin qu'à Saint-Cloud." [1]

« Messieurs, répondit le duc, je suis un Français trop loyal et un patriote pour être partisan des traités de 1815 ; mais je crois que la France est fatiguée de la guerre ; la rupture des traités signifie une guerre européenne... Croyez-moi. , il est très important d'être très prudent à l'égard des puissances étrangères, et il y a certains sentiments qui ne doivent pas être exprimés trop ouvertement.

" Passons donc à l'aristocratie. "

"Très bien."

Le duc se mordit les lèvres comme un homme habitué à interroger et qui est obligé à son tour de se soumettre à un contre-interrogatoire.

" L'aristocratie, vous serez bien obligé d'en convenir, continua Bonvilliers, n'a plus d'emprise sur la société. Le Code, en abolissant le droit d'aristocratie, des trusts et des successions et en partageant les héritages à perpétuité, a étouffé l'aristocratie dans l'embryon, et la noblesse héréditaire a fait son temps. Peut-être, messieurs, vous trompez-vous sur cette question d'hérédité, qui est, à mon avis, la seule source d'indépendance qui sous-tend les institutions politiques... Un homme sûr de En entrant dans l'héritage de son père, il ne faut pas craindre d'avoir sa propre opinion, tandis que l'homme à élire adoptera toutes les opinions qui lui seront imposées. Mais c'est une question qui mérite d'être examinée, et si la noblesse héréditaire s'effondre réellement, *Ce n'est pas moi qui le reconstruirai à mes frais.* »

« Prince, répondit alors Bastide, je crois à l'intérêt de la couronne qui vous est offerte ; il conviendrait de convoquer les assemblées primaires.

"Les Assemblées Primaires ?" dit le duc en frissonnant. "Maintenant, en effet, je sais que je discute avec des républicains."

Les jeunes gens s'inclinèrent ; ils étaient venus moins dans un esprit d'alliés que d'inimitié : ils acceptèrent la qualification au lieu de la rejeter. Leur intention était de définir le plus clairement possible la situation entre eux et le pouvoir en place.

« Franchement, messieurs, dit le duc, croyez-vous qu'une République soit possible dans un pays comme le nôtre ?

"Nous pensons qu'il n'existe aucun pays où le bien ne puisse remplacer le mal."

Le duc secoua la tête.

"Je pensais que 1793 avait donné à la France une leçon dont elle aurait pu profiter."

« Monsieur, dit Cavaignac, vous savez aussi bien que nous que 1793 a été une Révolution et non une République. D'ailleurs, » continua-t-il d'un ton fort et avec une parole claire qui ne permettait pas une seule syllabe de ce qu'il disait. dit perdu, "autant que je me souvienne, les événements qui se sont produits entre 1789 et 1793 ont obtenu votre entière adhésion... Vous étiez de la Société des Jacobins ?"

Il n'avait pas la possibilité de reculer ; le voile sur le passé fut rudement déchiré et le futur roi de France apparut entre Robespierre et Collot-d'Herbois.

« Oui, c'est vrai, dit le duc, j'étais de la société des Jacobins ; mais, heureusement, je n'étais pas membre de la Convention.

— Mais votre père et le mien l'étaient, monsieur, dit Cavaignac, et tous deux ont voté pour la mort du roi.

- C'est justement pour cela, monsieur Cavaignac, répondit le duc, que je n'hésite pas à dire ce que j'ai dit... Je pense qu'il faut permettre au fils de Philippe-Égalité d'exprimer son opinion sur la question. régicides. D'ailleurs, mon père a été grossièrement calomnié ; c'était un des hommes les plus dignes de respect que j'aie jamais connus !

" Monseigneur, répondit Bonvilliers, qui comprit que s'il n'interrompait pas la conversation, elle dégénérerait en simples personnalités, nous avons encore une autre crainte... "

"Qu'y a-t-il, messieurs ?" demanda le prince. "Oh ! dis-le pendant que tu y es."

"Eh bien, nous avons peur (et nous avons des raisons de l'être), nous avons peur, dis-je, de voir les royalistes et les prêtres bloquer les voies d'accès au nouveau régime."

" Oh ! quant à ces gens-là, s'écria le prince avec un geste presque menaçant, rassurez-vous ; ils ont porté trop de coups durs à notre Maison pour que je les oublie ! La moitié des calomnies que j'ai subies. mentionné venait d'eux ;

une barrière éternelle nous sépare... C'était une bonne chose pour la Branche Ancienne !"

Les républicains se regardèrent avec étonnement du sentiment fort, presque haineux, avec lequel le prince prononça ces mots : « C'était une bonne chose pour la branche aînée !

« Eh bien, messieurs, continua le prince, ai-je peut-être avancé une vérité qui vous était inconnue, en proclamant ainsi ouvertement la différence de principes et d'intérêts qui a toujours divisé la branche cadette de la branche aînée, la maison d'Orléans de la branche aînée. Maison régnante ? Oh ! notre haine ne date pas d'hier, messieurs ; elle remonte jusqu'à Philippe, le frère de Louis XIV. C'est comme le cas de mon grand-père le Régent ; les prêtres et les royalistes ; pour un jour, messieurs, quand vous aurez étudié plus profondément les questions historiques et creusé jusqu'aux racines de l'arbre que vous voulez abattre, vous comprendrez ce qu'était le Régent et les services qu'il a rendus à la France en décentralisant. Versailles, et en faisant circuler l'argent dans tout le pays, jusqu'aux artères extrêmes de la vie sociale, comme il l'a fait par son système de finances. Ah ! je ne demande qu'une chose : si Dieu m'appelle à régner sur la France, comme vous l'avez dit. tout à l'heure, j'espère qu'Il m'accordera une part du génie du Régent !

Il s'étendit ensuite longuement sur les améliorations auxquelles le projet politique du Régent avait conduit dans les relations diplomatiques de la France avec l'Europe ; à propos de l'Angleterre, il prononça quelques mots montrant qu'il devait attendre d'elle le même soutien que celui que son grand-père avait reçu.

« Pardonnez-moi, monsieur, dit Cavaignac, mais je pense qu'un roi de France doit trouver son véritable appui dans son propre pays.

Le duc d'Orléans ne se déroba pas à une explication, mais, avec sa facilité d'élocution coutumière, pour lui rendre justice, il révéla le système qui acquit depuis une grande célébrité sous le nom de *Juste milieu.*

Cavaignac, à qui il s'adressait plus particulièrement puisqu'il avait soulevé la question, écoutait avec la plus grande impasibilité les longues propositions politiques du prince. Puis, quand il eut fini, il dit :

"Eh bien, ne nous inquiétons pas ; avec un tel système, vous ne régnerez pas plus de quatre ans !"

Le duc eut un sourire dubitatif. Les Républicains, qui avaient désormais appris tout ce qu'ils voulaient savoir, s'inclinèrent pour manifester leur volonté de se retirer. Et le prince, s'en apercevant, rendit leur arc ; mais, ne voulant pas leur laisser le dernier mot, il dit :

"Eh bien, messieurs, vous en viendrez à ma façon de penser... Voyez si ce n'est pas le cas !"

"Jamais!" Cavaignac prononça brusquement.

"Jamais n'est un mot trop positif, et nous avons un vieux proverbe français qui affirme qu'il ne faut pas le dire : Fontaine...."

Mais avant qu'il ait pu finir sa phrase, la députation était déjà arrivée à la porte. Le duc regarda leur retraite avec une expression sombre. Ce fut le premier nuage qui obscurcit son soleil, et il contenait tous les constituants des tempêtes qui devaient le renverser.

Maintenant que nous avons vu face à face hommes et principes, mes lecteurs pourront, je l'espère, mieux suivre les événements des 5 et 6 juin, des 13 et 14 avril, du 12 mai et du 24 février.

Dix minutes après le retrait des Républicains, ils firent savoir au lieutenant général du Royaume de la démission des membres de la Commission municipale. Derrière cette démission, le duc d'Orléans découvre la présence d'un ministère complet et tout fait. Il était composé des personnes suivantes : Dupont (de l'Eure), ministre de la Justice ; le baron Louis, des Finances ; le général Gérard, de Guerre ; Casimir Périer, ministre de l'Intérieur ; de Rigny, de Marine ; Bignon, pour les Affaires étrangères ; Guizot, pour l'Instruction publique. Mais, avant même que cette liste parvienne au Palais-Royal, l'un des ministres nouvellement nommés avait déjà remis sa démission : il s'agissait de Casimir Périer. En jetant un coup d'œil du côté de Versailles, il avait vu que Charles X, qui venait de quitter Saint-Cloud, n'était pas encore arrivé à Rambouillet. C'était un acte très audacieux que de montrer ses couleurs à un nouveau gouvernement alors que l'ancien régime était encore proche du nouveau. L'ambition l'avait amené à accepter son poste, mais la peur l'avait poussé à le refuser. M. Casimir Périer se précipita à Bonnelier et le pria de rayer son nom de la liste. Mais c'était trop tard; la liste avait disparu, et Bonnelier ne pouvait rien faire d'autre que suggérer un erratum dans le *Moniteur*, ce que Périer accepta comme mieux que rien. Le nom de M. de Broglie fut inséré à la place rendue vacante par la démission de Casimir Périer.

N'était-il pas étrange que des hommes qui devaient occuper de hautes positions dans le futur règne n'osaient pas risquer leur nom, alors que tant d'autres qui ne gagneraient rien au grand changement avaient été prêts à risquer leur tête pour cette cause ? Certes, ceux qui avaient risqué leur tête l'avaient fait pour la France et non pour Louis-Philippe.

Le lendemain matin, lorsque j'allai chez le nouveau lieutenant-général, il causait avec Vatout et Casimir Delavigne, qu'il laissa me rejoindre . Connaissant déjà mon expédition à Soissons, il me tendit la main et dit :

« Monsieur Dumas, vous venez de jouer votre plus beau drame !

A ce moment, le général La Fayette subit à l'Hôtel de Ville l'un des plus terribles assauts qui aient été dirigés jusqu'alors contre lui.

Permettez-moi maintenant de raconter ce qu'étaient devenus Charras et Lothon : je suis quelque peu fier, comme on le comprendra, de m'attarder plus longuement sur les hommes dont les noms ne devaient pas fondre dans la fumée du champ de bataille. Nous les vîmes sortir de l'Hôtel de Ville, porteurs d'un ordre de Mauguin et d'une proclamation de La Fayette. Nous avons oublié de raconter comment Lothon, que nous avions laissé le 29, étendu sur le trottoir du Palais-Royal, se trouvait par hasard à l'Hôtel de Ville avec Charras le 30. Lothon (hélas ! il est mort maintenant !) était un de ces rares hommes dont le cœur était aussi bon que la tête, que la poudre enivre, que le bruit excite, et qui aiment probablement le danger pour lui-même plus que pour l'honneur qu'il procure. peut apporter. Après que Lothon fut resté étendu sur le trottoir pendant près d'une heure, il fut considéré comme mort ; une balle lui avait transpercé le front et sept autres avaient criblé son chapeau tombé à côté de lui. Le chapeau aurait pu être pris comme cible. Tandis qu'on l'emportait pour être enterré avec d'autres au Louvre, il bougea légèrement la tête ; et cette protestation, si faible soit-elle, contre le fait d'être traité comme cela était évidemment l'intention de ses porteurs, s'est avérée incontestable. Un soldat de la garde nationale l'accueillit, pansa ses blessures, le mit au lit, puis le laissa partir à la recherche de nouvelles, ne supposant jamais qu'un homme qui avait eu la tête brisée par une balle puisse songer à se relever. revenons au feu, si par hasard il y avait encore des combats dans un coin de Paris. Cependant, c'était la première idée de Lothon. A peine avait-il repris connaissance qu'il se rhabilla, reboucla son épée (cette épée qu'il avait saisie dans les propriétés du théâtre de l'Odéon, comme en témoignent son manche en croix et son fourreau, qui avaient perdu leur cuir). fin), et malgré les cris poussés par la femme de son hôte, il partit en trébuchant comme un homme ivre. Charras le retrouva le soir en rentrant chez lui. Lothon ne se souvenait pas de la moitié de ce qu'il avait fait, ni de quoi que ce soit de l'endroit où il avait été. Mais le lendemain, il se sentit suffisamment bien pour rejoindre Charras à l'Hôtel de Ville. Nous avons vu comment ils furent envoyés chercher le 4e régiment d'artillerie, en garnison à la Fère. Depuis trois jours, Charras était sans le sou. Lorsque l'insurrection éclata, il possédait quinze francs et une lettre de change de cent écus, envoyée par son père, banquier parisien ; mais depuis le 26, toutes les banques étaient fermées, et si son effet n'avait pas été accepté par Laffitte, il n'aurait certainement pas obtenu du plus hardi courtier de Paris cinquante francs sur ses cent écus. Quinze francs sont partis les 26 et 27 ; le 28, il recevait de la nourriture là où il le pouvait ; le 29, il dîne à l'Hôtel de Ville avec le reste de Paris ; enfin, le 30 au matin, Lionel de l'Aubespin, petit-fils de La Fayette, partagea sa bourse avec Charras. Quand lui et Lothon partirent pour la Fère, ils se trouvèrent possesseurs de vingt francs ! Ils ne pouvaient pas se permettre de prendre leur poste avec une si petite somme ; les deux héros demandèrent donc une lettre au nouveau directeur des postes, M. Chardel, nommé la veille par Baude et Arago. En vertu de cette lettre, M. Chardel leur donna l'ordre aux différents maîtres de poste du chemin de mettre des chevaux à leur service, et il leur donna lui-même les deux meilleurs épis de son écurie. Charras et Lothon partirent au galop aussi vite que le permettaient les barricades ; deux ou trois coups de feu furent tirés sur eux parce qu'ils étaient pris pour des officiers de la garde royale tentant de s'enfuir ; mais ils arrivèrent au Bourget et s'arrêtèrent aux écuries de livrée du même maître de poste qui m'avait donné des chevaux et une voiture une heure auparavant.

Les routes de Soissons et de la Fère partent toutes deux ensemble et ne se divisent qu'à la Gonesse et à un endroit appelé la *Patte-d'oie* ; ici la bifurcation à droite mène à Dammartin, Villers-Cotterets et Soissons, et l'autre à Senlis, Compiègne, Noyon et la Fère. Le digne patriote auprès duquel les deux jeunes gens demandaient des chevaux de selle s'aperçut aussitôt qu'eux (Lothon surtout) ne pourraient pas parcourir la moitié de cette distance à toute vitesse ; il sortit un deuxième piège, qu'il monta à cheval, et il les y envoya en leur souhaitant bonne chance. Ce souhait, comme celui de « Bonne chasse ! leur a sans doute apporté du malheur. Lothon fut le premier à tomber dans le piège et, pour faire place à Charras, il dut lever son épée. La nuit commença à tomber, et Charras, ne s'apercevant pas de l'épée dont la pointe, comme nous l'avons dit, dépassait au bout du fourreau, sentit soudain le froid glacial de l'acier lui passer sous l'aisselle et essaya de se jeter en avant. ; mais Lothon le prit par les épaules, croyant qu'il avait perdu pied, et essaya de l'attirer davantage vers lui. Charras criait en vain : « Vous me tuez, dis-je ! mais Lothon n'entendait rien à cause du bandeau autour de sa tête, qui lui bouchait l'oreille et continuait à le rapprocher de la pointe de l'épée. Heureusement, Charras put faire un violent effort, s'arracha des mains de son compagnon et tomba dans les bras du maître de poste, qui, voyant que quelque chose d'extraordinaire se passait à l'intérieur du piège, seconda les efforts de Charras en le tirant en arrière. Ils rentrèrent dans la maison et Charras ôta son habit, son gilet et sa chemise. L'acier avait pénétré environ un pouce et demi sous l'aisselle et le sang coulait librement. Ils grattèrent de l'amadou et bouchèrent la plaie avec un mouchoir mouillé, et, grâce à cet appareil maintenu en place par le bras du blessé, l'hémorragie fut arrêtée. Lothon était dans un état de désespoir, mais, comme son désespoir n'aboutissait à rien, Charras l'encourageait à y renoncer. Comme ils remontaient dans la voiture, le maître de poste leur demanda :

"Avez-vous d'autres armes que vos épées ?"

"Sur ma parole, nous ne l'avons pas fait!" ils ont répondu.

Alors le maître de poste se dirigea vers une armoire et en sortit deux pistolets qu'il chargea et enfonça dans les pans de l'habit de Charras. Je voudrais citer le nom de cet excellent garçon, mais qui sait si son patriotisme de 1830 ne lui attirera pas des ennuis en 1853 ? Les deux blessés s'endormirent en ordonnant aux postillons de mettre les chevaux entre les brancards. Généralement, les postillons se révélaient de vrais patriotes, et, bien que Charras ne pût leur donner de gros pourboires sur ses vingt francs, ils s'en acquittaient consciencieusement, en conduisant vite et en changeant promptement de chevaux. D'ailleurs, le maître de poste du Bourget avait conseillé aux deux jeunes gens d'envoyer devant eux un second postillon ; puisque l'ordre de M. Chardel ne proscrivait aucune limite, cela ne leur coûtait pas plus cher. Tout se passe bien jusqu'à Ribécourt. Ici, ils ont réveillé Charras.

"Quel est le problème?" demanda le dormeur en se frottant les yeux.

« Le maître de poste ne nous donnera aucun cheval », dit le chef de postillon, qui avait été obligé de s'arrêter là à cause de ce refus.

" Quoi ! le maître de poste ne nous donnera pas de chevaux ! "

"Non ; il dit qu'il ne sait rien du gouvernement provisoire."

Charras, qui le cherchait depuis longtemps et en vain, faillit dire qu'il n'en savait rien non plus ; mais ce n'était pas le moment de plaisanter ; le temps passait vite. Il laissa Lothon encore endormi, qui ne l'avait pas entendu lorsqu'il criait : « Vous me tuez ! et n'avait donc pas le droit d'entendre autre chose. Sautant hors du piège, il courut vers le maître de poste, furieux d'être réveillé à deux heures du matin, et se présenta sur le pas de sa porte avec l'intention évidente de contester ce point.

"Alors tu n'as pas l'intention de me donner des chevaux ?" demanda Charras.

"Il en est ainsi."

"Malgré l'ordre du Directeur des Postes ?"

"Je ne connais pas cet homme Chardel !"

"Ah ! Alors tu ne connais pas Chardel ?"

"Non."

Charras tira la proclamation de sa poche.

"Connaissez-vous cette signature ?"

"La Fayette ? Pas plus que l'autre !"

"Non?"

"Non!"

Charras sortit ensuite ses pistolets de sa poche, les armant en même temps qu'il les plaçait contre la poitrine du maître de poste...

" Ah !... Très bien, vous les reconnaissez ? " il a dit.

"Mais, monsieur, s'écria l'homme, que vas-tu faire ?"

"Tu vas le faire ? Par Jupiter ! Te tuer, si tu ne me donnes pas de chevaux !"

"Mais, monsieur, que diable ! les hommes ne tuent pas les gens comme ça... ils expliquent les choses."

"Oui, quand ils ont le temps, ce que je n'ai pas."

Les postillons, rangés derrière le maître de poste, souriaient dans l'ombre, se frottaient les mains et faisaient signe à Charras de s'y tenir. Ils n'avaient pas besoin de s'inquiéter à ce sujet.

— Eh bien, monsieur, si vous prenez une telle attitude, je dois vous donner des chevaux ; mais soyez bien sûr que ce n'est que parce que vous m'y obligez de force.

"Qu'est-ce que ça m'importe tant que tu me les donnes !"

"Des chevaux pour ces messieurs !" dit le maître de poste en rentrant dans sa chambre et en cédant le champ de bataille à Charras.

"Et des bons, regardez-vous, postillons."

" Oh ! ne vous inquiétez pas, jeune monsieur ; nous y veillerons, " répondit le postillon. "Remontez dans votre voiture et continuez votre sieste... Vous allez à Noyon ?"

"À la Fère."

"C'est tout pareil."

Charras retourna à la voiture, et sa fatigue était si grande qu'il se rendormit avant que les chevaux fussent attelés. Il est probable que le postillon tint parole, car lorsque Charras se réveilla, ils avaient dépassé Noyon et le jour commençait à paraître. Agacé d'assister seul à l'aube, il poussa Lothon jusqu'à ce qu'il se réveille lui aussi. Le ciel était superbe, « et le jour joyeux » [2], pour citer Shakespeare, se tenait « sur la pointe des pieds sur les sommets brumeux des montagnes », prêt à descendre dans la plaine comme un nuage lumineux ; les feuilles des arbres murmuraient ensemble ; le maïs doré se balançait avec grâce ; et du milieu des épis à maturation rapide l'alouette, fille du jour, s'envolait de son aile rapide, faisant résonner l'air de son chant clair et joyeux.

Les paysans ouvraient leurs portes pour respirer la brise matinale et se préparaient à aller au travail ou au marché, aux champs ou à la ville.

"Diable!" s'écria Charras. « Regardez cette campagne : elle n'a pas la moindre apparence d'être en état de révolution.

"Non, en effet, ce n'est pas le cas !" répondit Lothon.

" Pensez-vous que ces gens connaissent Chardel, Mauguin et La Fayette ? "

"Je préfère ne pas dire."

"Hum!" dit Charras, qui tomba dans une réflexion qui n'était pas tout à fait rose.

Lothon profita des réflexions de Charras pour reprendre son sommeil. Ils atteignirent Chauny. La ville était aussi paisible que les villages, les rues étaient aussi calmes que les champs ! De même qu'un plongeur peut sentir la température de l'eau se refroidir à mesure qu'il plonge profondément, de même, à mesure qu'il s'avançait dans les provinces, il sentait une frigidité toujours croissante remplacer la fébrilité de Paris. Charras a vécu exactement la même expérience qu'à moi : il est arrivé aux portes de la Fère déterminé à mener à bien son projet, mais plein de doutes sur l'issue des choses.

Il réveilla Lothon, qui dormait encore, alors qu'ils se rapprochaient de la ville. Bientôt, ils se trouveront confrontés au 4e Régiment d'artillerie, et la situation est suffisamment grave pour qu'ils y fassent face avec une attention pleinement éveillée. La porte était ouverte, et les deux jeunes gens se dirigèrent directement vers le poste de garde qui surplombait la porte. Lothon, avec son bandeau noir sur l'œil et son chapeau placé sur une oreille à cause de sa blessure, paraissait dix ans plus âgé qu'il ne l'était réellement ; de plus, son épée du temps de François Ier le vieillit encore de trois siècles. Charras, sorti de l'École polytechnique quatre mois auparavant, s'était laissé pousser la moustache depuis (ce qui n'aurait pas été permis à l'École) ; avec son manteau emprunté trop long et trop grand pour lui, son épée de policier pendait autour de lui par une bandoulière au lieu d'un véritable ceinturon, son pantalon tout couvert du sang d'un soldat suisse qui, grièvement blessé, avait jeté se jeter dans les bras de Charras pour éviter d'être expédié complètement ; Charras ressemblait bien plus à un bandit qu'à un honnête homme. Mais en effet, aux yeux exercés, aucun d'eux ne ressemblait à un élève de l'École polytechnique. Cependant tout se passa bien tant qu'ils restèrent dans la voiture. On avait baissé le capuchon, et les soldats de garde apercevaient la cocarde tricolore de Lothon et le bouquet de rubans tricolores que Charras avait échangé contre les manches des Suisses, décoration très bien à Paris, mais trop farfelue pour la province. . Les couleurs magiques produisirent leur effet habituel : la sentinelle présenta les armes, et l'intendant qui répondit à l'appel s'adressa à Lothon comme étant *mon officier*.

"Bien!" dit Charras à Lothon, pour l'instant les choses ne semblent pas aller mal.

"Oui," dit Lothon, "mais c'est avec le colonel que nous aurons affaire..."

" Ah ! par Jupiter ! alors nous verrons bien ", dit Charras.

"Tu vas essayer d'être très éloquent, j'espère ?"

" Plutôt ! Vive Marengo, Austerlitz, Iéna, la Grande Armée et le diable et ses cornes ! Je ne peux m'empêcher de le toucher, à moins que son cœur ne soit ceinturé de trois couches d'acier, comme dit Horace. "

"Et supposez que ce soit le cas ?"

"Dans ce cas... Ah ! Je ne sais pas ! Mais alors... Oh, arrête tout, mec, tu m'inquiètes avec tous tes 'si' !"

"Peu importe. Répondez simplement à cette question : supposons qu'il ne soit pas touché ?"

"Eh bien ! Ne devrions-nous pas encore nous appuyer sur les crucifix à ressort du maître de poste du Bourget ? Nous jouerons avec eux. Sur ma parole et mon honneur, on croirait que vous ne connaissez pas l'air !"

"Bien sur que oui!"

« Si oui, pourquoi chipotez-vous ?

"Je voulais savoir si tu avais vraiment décidé de quelque chose."

"Oh ! dis-je, quelle connerie !"

Ce dialogue, comme on le comprend facilement, se faisait à voix basse, pendant que le quartier-maître, qui devait conduire les jeunes gens chez le colonel, préparait sa toilette militaire. Il revint et monta dans la voiture, qui partit au grand trot jusqu'à arriver chez le colonel. A la porte, Charras, en homme consciencieux, remit un des pistolets à Lothon.

"Bien!" dit Lothon, "merci... Donne-moi aussi l'autre maintenant."

"Pourquoi?"

"Pour voir s'ils sont en bon état et s'ils n'ont pas perdu leurs amorçages... Enfin, viens, donne-le-moi."

"C'est ici."

"Maintenant, sortez... Vous voyez que le quartier-maître vous attend."

Charras sauta de la voiture, et ils montèrent au premier étage. A la porte, Charras se tourna vers Lothon.

"Et le pistolet ?"

Lothon l'avait fourré dans sa poche.

"Tout va bien là où c'est : continuez."

"Qu'est-ce que tu veux dire par 'tout va bien là où c'est'?"

"C'est pas grave : continue."

Il poussa Charras dans l'antichambre. Lothon, par hasard, plus prudent alors que son camarade, l'avait désarmé. Mais ils avaient choisi un endroit malheureux pour se quereller, surtout pour une querelle de cette nature. Les deux jeunes gens continuèrent à converser muettes avec leurs yeux, et se retrouvèrent quelques secondes plus tard dans le salon du colonel. Le colonel Husson était un homme d'une quarantaine d'années, aux traits fortement marqués, à l'expression résolue et fière, un vrai type de soldat. Il discutait avec un des majors de son régiment. Il reçut nos deux messagers avec politesse mais avec réserve.

« Que pouvons-nous faire pour vous, messieurs ? » demanda-t-il après l'échange préliminaire de compliments.

Charras raconta en quelques mots l'histoire des trois jours : la prise du Louvre, la fuite du roi et la nomination du Gouvernement provisoire, toute l'histoire de la Révolution en un mot.

Les deux officiers écoutaient le récit de plus en plus froidement à mesure qu'il arrivait à la fin.

Charras jugea que c'était le moment de sortir les deux papiers de sa poche. Il les remit tous deux au colonel. Celle-là était sous enveloppe et cachetée : c'était la lettre de Mauguin ; l'autre était simplement pliée en quatre : c'était la proclamation de La Fayette. Par hasard, le colonel commença par ouvrir d'abord l'enveloppe scellée contenant la lettre de Mauguin. Il lut les premières lignes, puis regarda la signature.

"Magin... Maguin.... Qui est cette personne ?"

— Mauguin, répondit Charras, eh bien, M. Mauguin, membre du gouvernement provisoire !

« Mauguin ? répéta le colonel en regardant le major.

"Oui, un avocat", a répondu ce dernier.

"Un avocat!" dit le colonel d'un ton qui fit frémir Charras.

"Ah!" dit-il dans un murmure à Lothon, "Je crois que nous sommes finis !"

"J'en suis moi-même sûr !" dit Lothon.

"Alors maintenant, nos pistolets !"

"Attends un peu... il est encore temps."

Le colonel lisait la deuxième dépêche, et le nom du général La Fayette semblait corriger la mauvaise impression que faisait le nom de Mauguin. S'ils avaient possédé une troisième lettre signée par un deuxième général, ils auraient été sauvés. Mais malheureusement, ils n'avaient pas de troisième lettre.

"Eh bien, messieurs ?" demanda le colonel après avoir lu la seconde lettre.

— Eh bien, colonel, répondit clairement Charras, le Gouvernement provisoire a cru nous envoyer chez les patriotes ; il paraît qu'il s'est trompé, c'est tout.

« Savez-vous, messieurs, à quoi vous expose votre erreur ?

"Pourquoi oui!" dit Charras ; "se faire tirer dessus."

« Je suis obligé de vous quitter, messieurs ; donnez-moi votre parole d'honneur que vous n'essayerez pas de quitter cette salle.

"Notre libération conditionnelle ?... Allons !... Faites-nous fusiller, si vous le voulez, — vous devez répondre de la responsabilité de l'exécution devant le gouvernement provisoire, — mais nous ne vous accorderons pas notre libération conditionnelle."

"En tout cas, abandonnez vos épées, alors."

"Non non Non!"

Le colonel se mordit les lèvres, dit quelque chose à voix basse au major et se prépara à sortir. Charras fit un mouvement en arrière pour toucher Lothon, puis dit à voix basse :

"Le pistolet, pour l'amour de Dieu, donnez-moi le pistolet ! Vous voyez que ce coquin veut nous faire tirer dessus !"

"Bah!" fut la réponse de Lothon : « *à la guerre comme à la guerre* » .

"Tu as l'air de prendre les choses très facilement, espèce d'âne ; tu es à moitié mort comme ça, et tu ne prendras pas grand-chose pour l'achever... Mais, à part le trou que tu as été assez imbécile pour me faire, je suis sain d'esprit. ça suffit, et je n'ai aucune envie d'être tué comme un poulet ! »

"Oh ! rassurez-vous !... Ils n'abattent pas les gens comme ça sans prévenir, vous pariez !"

Cependant le colonel s'en alla, et les deux messagers restèrent auprès du major. Le major semblait être une meilleure espèce que le colonel ; il était évidemment resté, sur ordre de son chef, pour faire parler les jeunes gens et vérifier si tout ce qu'ils disaient était bien la vérité. Leur histoire étant exacte, ils ne risquaient pas de se contredire. D'ailleurs, Lothon laissait à Charras toute la conversation ; car, comme il se prélassait sur une sorte de canapé, il s'endormit au bout de cinq minutes. Au milieu de l'interrogatoire, un policier est apparu sur les lieux.

« Camarade, dit-il en s'adressant à Charras, je viens de la part du colonel à qui vous ne voudriez pas donner votre parole... Mes instructions sont de ne pas vous perdre de vue ;... mais comme je ne le suis pas un policier, pourquoi là !..."

Il déboucla son épée et la jeta dans un fauteuil.

"Tu peux faire ce que tu veux!"

" Monsieur, dit Charras, notre intention n'est pas de quitter la Fère, et pour preuve voyez... "

Et il montra à l'officier Lothon profondément endormi.

Le colonel revint au bout d'une heure. Il paraissait très excité et très indécis. Soudain il s'arrêta devant Charras.

« Je parie que tu as faim ? il a dit.

Charras haussa simplement les épaules et répondit :

"C'est une question singulière à me poser, sûrement ?"

"Ah!" dit le colonel, il ne faut laisser personne mourir de faim, pas même les prisonniers.

"Oui, il vaut mieux les engraisser avant de les abattre, n'est-ce pas ?" dit Charras.

« Qui parle de vous tirer dessus ? Venez, s'écria le colonel en ouvrant une porte, petit déjeuner.

Une table fut apportée, entièrement dressée comme sur scène. Le colonel, sortant de son habitude, déjeunait dans son salon au lieu de sa salle à manger, ou plutôt il ne déjeunait pas, car il ne se mettait pas à table. Charras réveilla Lothon, qui était de mauvaise humeur d'avoir été réveillé, d'autant plus qu'il ne savait pas dans quel but il avait été réveillé. Lorsqu'il sut que c'était pour le petit-déjeuner, il s'adoucit. Ils venaient de finir les côtelettes lorsque la porte s'ouvrit rapidement et qu'un homme d'une cinquantaine d'années en uniforme apparut.

« Pardon, colonel, dit-il, mais je suis le lieutenant-colonel Duriveau du génie et commandant en second à l'École polytechnique sous l'Empire... On m'a dit que vous gardiez prisonniers deux de mes vieux garçons. , et je suis venu voir s'il en est ainsi.

Puis, s'adressant à Charras et à Lothon, il dit :

"Bonjour, messieurs; je vous souhaite la bienvenue."

"Accueillir?" répéta le colonel.

"Oui, oui, c'est ce que j'ai dit... Et à vous, colonel, je dis que vous n'avez pas le droit de détenir ces messieurs. On me dit qu'ils ont été envoyés en mission par le Gouvernement Provisoire... Ce sont des officiers avec un drapeau de trêve, et c'est la coutume universelle de ne pas arrêter ceux qui sont chargés de missions de cette nature.

En disant cela, il serra la main de Charras avec une telle bonté qu'il lui fit crier, car cela rouvrit sa blessure.

"Quel est le problème?" demanda le lieutenant-colonel Duriveau.

"Rien, rien du tout, juste que j'ai une blessure sous le bras."

"En effet, et il semblerait que votre ami en ait une dans la tête aussi... Il faut panser toutes ces blessures avant toute chose, colonel."

- J'y ai pensé, monsieur, répondit le colonel, et je ne sais pas pourquoi le chirurgien-major n'est pas encore venu.

A ce moment-là, il entra.

« Tiens, monsieur, lui dit le colonel, ce sont les jeunes gens dont j'ai parlé... Voyez s'ils ont besoin de vos services.

Charras voulut refuser, mais le lieutenant-colonel Duriveau lui fit signe de le permettre et emmena le colonel et le major dans une pièce voisine. Le chirurgien-major pansa d'abord la tête de Lothon ; la balle avait pénétré jusqu'à l'os, qu'elle avait tordu et laissé à nu. Il a dû être ensorcelé pour sortir de son lit après avoir reçu une telle blessure. Le chirurgien voulait saigner le blessé, mais il s'y opposa catégoriquement.

"Je peux à tout moment avoir besoin d'utiliser mes deux bras", dit-il, "alors laissez-les intacts... Ma tête est déjà assez malade sans autre blessure!"

Puis vint Charras.

" Bon Dieu, monsieur, " dit le chirurgien-major, " vous avez eu de la chance ! Encore quelques centimètres à gauche et vous auriez eu l'artère sectionnée. "

— Et dire, dit Charras en désignant Lothon, que c'est cette brute qui l'a fait pour moi avec son épée François !

"Viens," dit Lothon, "voilà, en criant pour ton artère bénie qui n'est même pas égratignée !... Je ne te savais pas si douce que ça !"

Charras se mit à rire lorsque le lieutenant-colonel Duriveau entra.

« Tout va bien », murmura-t-il à Charras. "Je ne te quitterai pas une minute jusqu'à ce que tu sois hors de la ville."

Il y avait justement une réunion d'officiers qui avaient décidé que, avec ou sans la participation du colonel, ils se rangeraient du côté du gouvernement provisoire. Le colonel revint au bout d'une demi-heure.

« Messieurs, dit-il, vous devez me donner votre parole d'honneur de quitter la Fère sur-le-champ, et alors vous serez libres.

— Je ne vous donnerai rien de pareil, dit Charras.

"Tu ne vas pas!"

"Non."

— Vous vous engagerez en tout cas à ne causer aucun trouble dans mon régiment ?

"Je ne le ferai pas... J'aime bien vos suggestions, en effet ! Nous venons au nom du Gouvernement constitué, et c'est nous qui possédons l'autorité, vous qui êtes des rebelles ; nous pourrions vous faire du mal en nous faisant arrêter, et vous nous demandez notre parole d'honneur de quitter la Fère et de ne pas essayer d'influencer votre régiment... Venez maintenant, ou tirez-nous, ou libérez-nous !

"Eh bien," dit le colonel, "va au diable avec toi!" et il leur tendit la main en riant.

Ils lui pressèrent tous deux la main et sortirent accompagnés du lieutenant-colonel Duriveau qui, selon sa promesse, se tenait près d'eux comme une ombre.

On peut comprendre que la ville était en effervescence. L'officier chargé de les surveiller quitta la maison avec eux, et, après avoir serré la main à la porte, partit en courant rejoindre ses camarades. La voiture était revenue au relais de poste, où ils se dirigèrent. A chaque étape du chemin, les jeunes gens recevaient des témoignages manifestes de sympathie. Arrivés au poste, ils furent rejoints par le major.

« Messieurs, leur dit-il, le colonel vous demande par faveur de vous en aller ; il vous donne sa parole d'honneur que lui et son régiment prêteront allégeance au gouvernement provisoire... Mais, au moins, vous pourriez lui attribuer le mérite de cette adhésion.

" Oh ! si c'est tout, " s'écrièrent ensemble Charras et Lothon, " bien sûr, commençons ! "

« Un instant, dit le lieutenant-colonel Duriveau, comment ça va pour l'argent ?

Charras vida ses poches ; il lui restait à peine cinq francs sur les vingt francs d'Aubespin.

"Combien voudriez-vous?" dit le lieutenant-colonel en sortant de ses poches de pantalon plusieurs sacs de pièces de cinq francs.

— Cent francs, dit Charras.

"Est-ce que ça suffira ?"

"Bien sûr ! nous n'en étions qu'à vingt."

"Alors nous dirons cent."

Et il tendit un rouleau à Charras, qui le cassa en deux comme s'il eût été un bâton de chocolat, et en donna à peu près la moitié à Lothon.

"Maintenant, place à la calèche et aux chevaux !" crièrent les deux jeunes hommes.

"Oh ! l'étape de poste entre ici et Chauny, c'est mon affaire. Je vais vous conduire", dit un boucher à l'air robuste et au visage jovial, qui s'était posté devant la poste avec sa petite charrette à ressorts, à l'intérieur duquel cinq ou six bottes de paille composaient les sièges, et il retroussait ses manches ; "et je suppose", a-t-il ajouté, "vous n'aurez jamais été conduit aussi vite."

"Très bien, merci, camarade !" » dit Charras, lui et Lothon s'asseyant à côté de lui.

" Tiens ! postillon, suis-nous en voiture ! " ils ont crié. « Adieu, colonel !

"Adieu, mes gars!"

"C'est parti !" s'écria le boucher en faisant claquer son fouet, et *vive la Charte ! Vive la Fayette ! Vive le Gouvernement Provisoire !* A bas Charles X, le dauphin, Polignac et toute la bande ! Houp !...

Et comme le boucher l'avait promis, la charrette s'éloigna aussi vite qu'une trombe. A Chauny, ils se séparèrent du boucher et remontèrent en voiture. Le lendemain, à dix heures du matin, une heure après moi, Charras et Lothon arrivèrent à l'Hôtel de Ville au moment même où le général La Fayette, toujours galant, baisa la main de mademoiselle Mante, qui, accompagnée de M. Samson et un troisième membre étaient venus mettre la Comédie-Française sous la protection de la nation. Cette députation fit attendre les deux jeunes gens pendant une demi-heure, pendant laquelle ils prirent connaissance de ce qui s'était passé depuis leur départ : comment le duc d'Orléans fut nommé lieutenant-général, et comment Louis-Philippe allait être nommé lieutenant-général. roi.

— Ah ! les choses en sont ainsi, s'écria Lothon à Charras ; bien, vous entendrez ce que j'ai à dire au vieux La Fayette !

C'était maintenant au tour de Charras de tenter de calmer Lothon. Mais Lothon ne voulait pas se calmer : sa blessure, la chaleur, l'excitation, le peu de vin qu'il avait bu, son refus de se faire saigner, tout concourait à le plonger dans le délire. La fièvre cérébrale s'était installée. Il entra dans la chambre où se trouvait La Fayette, bousculant tous ceux qui tentaient de l'en empêcher ; car, ainsi que je l'ai dit, La Fayette était très soigneusement gardée. Charras suivit Lothon. Puis, croisant les bras sur sa poitrine, son chapeau criblé de trous par les sept balles lancées à terre, le front bandé du bandeau noir, les yeux brillants de fièvre, les joues violettes de colère, le jeune homme demanda des comptes au vieillard, dans des termes qui auraient dû être sténographiés pour être bien reproduits, sur la liberté achetée au prix de beaucoup de sang versé, que le peuple lui avait confiée et qu'il avait permise. lui-même pour être volé par les chicanes et l'ambition des courtisans. Il était si beau, si grand, si éloquent, si plein d'un sentiment poétique indicible, jusqu'à la frénésie, que personne n'osait l'interrompre.

« Général, dit Charras à La Fayette, pardonnez-lui... Vous voyez qu'il délire.

"Oui, oui", dit La Fayette.

Puis à Lothon...

"Mon ami, mon jeune ami, là, là... calme-toi !"

Puis, se retournant...

"N'y a-t-il pas de médecin disponible pour saigner ce jeune homme ?" Il a demandé.

Lothon entendit la suggestion.

"Pour me saigner ?" il s'est excalmé. " Oh ! non, non ! Puisque nous avons de nouveau perdu la liberté, mon sang ne coulera pas par la lance d'un médecin... mais par les baïonnettes de la Garde Royale, sous les balles des Suisses... Laissez-moi le du sang dans mes veines, général ; tant que les Bourbons resteront en France, branches aînées et jeunes, j'en aurai besoin !

Il sortit précipitamment de la chambre, laissant La Fayette pensif et troublé. Peut-être les paroles qui venaient de tomber à l'oreille du général correspondaient-elles à la voix de sa conscience ; peut-être s'était-il déjà fait le même reproche que Lothon venait de faire.

"J'aimerais être seul", dit-il.

Et, avant que la porte se fût fermée, on le vit enfouir entre ses mains cette belle et noble tête, cette tête sur laquelle les enfants de la République venaient d'invoquer les anathèmes de la postérité.

———

[1] Comme aucune des conversations ci-dessus n'a encore été entièrement rapportée, je fais appel à l'histoire et aux souvenirs des personnes qui étaient présentes à l'entretien. Quant aux paroles prononcées par Godefroy Cavaignac et à la réponse du roi, je peux certifier leur authenticité, telles que je les ai écrites à l'époque, d'après la dictée même de Godefroy, et il était bien incapable de mentir.

[2] *Roméo et Juliette*.

CHAPITRE II

Lettre de Charles X au duc d'Orléans. — Un tour de prestidigitation. — Retour du duc de Chartres au Palais-Royal. — Bourbons et Valois. — Abdication de Charles X. — Préparatifs de l'expédition de Rambouillet. — Une idée d'Harel. Les machinistes de l'Odéon - Dix-neuf personnes dans un fiacre - Distribution d'armes au Palais-Royal - Colonel Jacqueminot

Cependant le duc d'Orléans cachait sa grave préoccupation d'esprit sous son air affable, ce matin-là, lorsqu'il s'approcha de moi et me dit que j'avais fait mon meilleur drame. Il venait de recevoir la réponse à la lettre qu'il avait adressée à Charles X par le duc de Mortemart.

Mes lecteurs se souviendront de cette lettre dans laquelle il dit au vieux roi qu'il *avait été amené à Paris de force ; qu'il ne savait pas ce qu'ils voulaient qu'il fasse, mais que s'il acceptait le pouvoir, ce ne serait que dans le meilleur intérêt de* LA CHAMBRE. Seulement, il n'a pas précisé *de quelle maison il s'agissait*. Voulait-il dire dans l'intérêt de la *maison d'Orléans* ou de la *maison de Bourbon* ? Relisez la phrase et vous verrez qu'il réserve son choix.

Charles X répondit à cette lettre par une déclaration ainsi rédigée :

> " Le roi, désireux de mettre un terme aux troubles qui existent dans la capitale et dans une autre partie de la France, *s'appuyant notamment sur l'attachement sincère de son cousin le duc d'Orléans* , le nomme lieutenant général du royaume. Le roi , ayant jugé bon de retirer les ordonnances du 25 juillet, approuve la réunion des Chambres le 3 août, et il espère qu'elles pourront rétablir la tranquillité en France. Le roi attendra à Rambouillet le retour du chargé de mission. portez cette déclaration à Paris. Si quelque atteinte est portée à la vie du roi et de sa famille, ou à sa liberté, il se défendra jusqu'au bout.
>
> « Fait à Rambouillet, le 1er août 1830.
>
> " *(Signé)* CHARLES"

Le courrier partit de Rambouillet à six heures du matin et arriva à Paris à huit heures et demie. Le duc d'Orléans reçut la dépêche à neuf heures moins le quart. M. Dupin était déjà avec lui. On sait combien tôt M. Dupin pouvait être le jour ou l'avant-premier jour après que les révolutions eussent eu lieu ; d'ailleurs, grâce à la *Caricature* , les impressions des chaussures de ce célèbre avocat, imprimées le long de la route de Neuilly, à l'aller comme au retour, et *vice versa* , acquitrent une célébrité qui devint ensuite proverbiale. M. Dupin était donc chez le duc d'Orléans lorsqu'il reçut la lettre de Charles X. Le duc d'Orléans la lut et la lui remit. M. Dupin, rappelons-le, était le chef du Conseil privé du prince. M. Dupin lut à son tour la proclamation et conseilla de rompre ouvertement et même brutalement avec l'ancienne branche.

"Diable!" dit le prince, une lettre telle que vous me suggérez d'écrire sera tout sauf facile à rédiger !

"Dois-je le rédiger, Votre Altesse ?" demanda M. Dupin.

"Oui, certainement. Essayez... nous verrons."

M. Dupin a écrit une lettre aussi rude que lui. Le duc d'Orléans le lut, l'approuva, le recopia, le signa, le mit sous enveloppe et allait le sceller, quand tout à coup il dit :

" Bon Dieu ! J'allais envoyer une lettre aussi importante sans la montrer à la duchesse... Attendez un instant, monsieur Dupin, je reviendrai bientôt. "

La lettre a dû être brutale, car M. Dupin l'a lui-même avoué ; il était de nature rude et le plan de l'éducation n'avait pas effacé cette rudesse. Il continue à discuter avec le roi Louis-Philippe de la même manière que lorsqu'il était prince d'Orléans. Un jour, au cours d'une discussion politique, il s'oublia jusqu'à dire au roi :

« Écoutez, monsieur, nous ne serons jamais d'accord !

— Je pensais la même chose, monsieur Dupin, répondit Louis-Philippe, seulement je n'osais vous le dire.

Je connais peu de paroles plus insolemment aristocratiques que celle-ci. Le roi Louis-Philippe était diaboliquement spirituel. Pour preuve, il revint avec la même enveloppe et une lettre qui était en apparence la même.

"Pauvre duchesse !" dit-il, cela la rendait très triste ; mais, par Jupiter, on n'y peut rien !

Puis il glissa la lettre dans l'enveloppe, approcha la cire d'une bougie, scella la dépêche de son sceau et la remit à un messager. Mais la lettre qu'il envoya à Charles X n'était nullement celle que M. Dupin avait rédigée : c'était une de ses compositions, dans laquelle il renouvelait ses assurances de dévouement et de respect envers le vieux roi. Ce petit tour de passe-passe était à peine terminé que les cris du peuple rassemblé dans la cour du Palais-Royal l'appelèrent au balcon. Louis-Philippe fut obligé de se montrer sur ce balcon vingt fois par jour pendant une semaine. Très vite, cela ne suffit plus à satisfaire la foule, car à l'instant où il apparaît, la foule entonne la *Marseillaise* ; puis il dut lui-même s'y joindre, d'une voix qui, comme je l'ai dit, était aussi désaccordée que celle du roi Louis XV. Bientôt, cela ne leur suffisit plus ; lorsque le lieutenant général se fut montré et se joignit au chant de la *Marseillaise* , il dut descendre dans la cour serrer la main des haillons et des porteurs et leur tapoter le dos. Je l'ai vu descendre deux ou trois fois en une heure et revenir avec sa perruque de travers, s'épongant le front, se lavant les mains et maudissant vigoureusement le rôle qu'il était obligé de jouer.

Ah ! Monseigneur, ne saviez-vous pas que pour devenir roi, après avoir été prince, il vous faudrait fréquemment vous éponger le front et vous laver les mains ?

Le duc de Chartres arriva ensuite à la tête de son régiment et entra au Palais-Royal au moment où son père courait la popularité de la manière décrite ci-dessus. Je n'oublierai jamais la façon dont il se redressait sur sa selle et le regard qu'il jetait sur la scène. L'arrivée de son fils aîné fut une grande joie pour la pauvre duchesse ; il était le seul de ses enfants qui avait disparu. Elle était bien consciente du danger qu'il avait couru et il lui en était d'autant plus cher. Au moment où il entrait dans les appartements de son père, je les quittais, et je ne devais y retourner que sur l'appel du roi lui-même. Ce spectacle d'un prince mendiant une couronne m'a ému jusqu'au cœur. Le jeune duc me tendit la main : je la pris et la serrai les larmes aux yeux. Il me fallut quatre ans avant de toucher à nouveau cette main loyale et ouverte, même si, à ce moment-là, je pensais que je devrais être séparé de lui pour toujours et que je la touchais donc pour la dernière fois. Je raconterai en temps voulu les circonstances dans lesquelles je devais le rencontrer à nouveau.

En sortant du Palais-Royal, je tombai sur une pancarte qui affirmait ouvertement que les princes d'Orléans n'étaient pas *des Bourbons* , mais de la maison de *Valois* . J'avais du mal à en croire mes yeux et je restai debout pendant un quart d'heure à le lire et à le relire. A dix mètres de là, je rencontrai Oudard, je le pris par le bras et le conduisis devant la pancarte.

"Oh!" J'ai dit : "il semble qu'il ne suffise pas à Philippe-Égalité de renier son père, mais que le fils doive renier jusqu'à sa race ?"

Je suis rentré chez moi, je dois l'avouer, complètement abattu. Je ne sais pas quel jour c'était, mais je pense que ce devait être le 2 août.

La poudre était arrivée chez Bard le matin même ; Je l'avais remis à deux étudiants de l'École polytechnique, qui m'en ont remis un récépissé et l'ont porté à la Salpétrière. Ce devait être le 2, car j'ai vu M. de Lat notre-Foissac, que je connaissais de vue, se rendre au Palais-Royal en voiture ; Je l'avais rencontré chez Madame de Sériane, sœur du général Coëtlosquet.

M. de Latour-Foissac recevait la réponse à la lettre du lieutenant-général de la veille, lettre substituée, comme on le sait, à celle écrite par M. Dupin. Cette réponse fut l'abdication de Charles X et celle du duc d'Angoulême ; elle autorise le duc d'Orléans à se proclamer duc de Bordeaux sous le titre de Henri V. Le lieutenant général refuse de recevoir le messager, mais il prend le message.

Maintenant, que fallait-il faire ? M. Sébastiani fut consulté et conseilla une régence. Béranger était pour la monarchie. Le duc d'Orléans coupa le nœud difficile en disant :

"Etre Régent ? J'aimerais mieux n'être rien du tout que Régent... Au premier mal de ventre qu'aurait Henri V., on proclamerait sur les toits que je l'avais empoisonné."

Et à partir de ce moment, plus aucun doute ne subsiste dans les esprits : Louis-Philippe deviendra roi.

L'abdication était datée de Rambouillet, comme l'était la lettre. Rambouillet n'était qu'à trente-six milles de Paris ; Charles X avait encore autour de lui quatorze mille hommes, avec trente-huit pièces de canon. Il avait quelque chose de mieux encore : il avait les deux lettres du duc d'Orléans. Charles X ne pouvait rester à Rambouillet ; par une combinaison ou une autre, il faudra qu'il soit contraint de quitter Rambouillet et, plus encore, la France elle-même. Il n'a pas été difficile d'y parvenir : les moyens étaient probablement déjà préparés. Entre-temps, le 2 août, le général Hulot était envoyé à Cherbourg pour prendre le commandement des quatre départements qui séparent Paris de la Manche ; le même jour, M. Dumont-d'Urville reçut aussi l'ordre de partir en toute hâte pour le Havre, et d'y charger deux navires de transport. La veille, ils s'étaient risqués à insérer dans le *Courrier français* la protestation du duc d'Orléans contre la naissance du duc de Bordeaux. Le lecteur sait combien cette proclamation, qui avait provoqué en 1820 l'exil du duc d'Orléans, laissait planer un doute sur la légitimité du jeune prince. Eh bien, le 1er août, le *Courrier français* a été sollicité pour lui accorder une place dans l'un de ses prochains numéros. Cela ne fit pas attendre longtemps le futur roi avec impatience ! Le lendemain matin, 2 août, le *Courrier* contenait la protestation. Il est fort probable qu'elle ait été réalisée par les mêmes compositeurs qui avaient imprimé l'affiche indiquant que les princes d'Orléans étaient de descendance Valois et non Bourbons.

Voilà donc toutes ces choses qui se sont passées le 2 août, car le 3 j'ai été réveillé par l'appel aux armes, qui était furieusement battu dans la rue, et par Delanoue, qui a fait irruption dans ma chambre, un fusil à double canon à la main. Un fusil était un accessoire de toilette si inhabituel dans le cas de Delanoue que j'en fus plus frappé que par tout le reste du tumulte.

"Qu'est-ce qui se passe, bordel ?" Je lui ai demandé.

" Charles X marche sur Paris avec vingt mille hommes et cinquante pièces de canon, mon cher enfant, et tout Paris de son côté s'est levé pour marcher contre lui. Veux-tu venir aussi ? "

"Par Jupiter ! bien sûr que je le ferai !" J'ai pleuré en sautant du lit. « Je devrais plutôt penser que je le ferais !

J'appelle Joseph, dont je n'avais pas vu le visage terrifié derrière Delanoue.

« Me voici, monsieur ! il a dit: "me voici!"

"Donnez-moi mes vêtements de tir et apportez mon fusil chez l'armurerie le plus proche pour qu'il soit nettoyé."

« Ne le laissez pas porter votre fusil dans un magasin, dit Delanoue ; "ils le lui prendront en chemin."

"Quoi!" J'ai dit : "Ils s'en empareraient ?"

"Sans aucun doute... Les choses sont pires que pendant les Trois Jours !"

"Alors, mon cher Joseph, nettoie-le toi-même !"

« Bon Dieu ! bon Dieu ! dit Joseph, est-ce que monsieur va retourner à Soissons ?

"Non, Joseph; je vais au contraire dans la direction exactement opposée."

"Dieu merci!"

Harel entra pendant que je m'habillais.

"Bonjour, Harel... Quelles sont les nouvelles, mon ami ?"

"La nouvelle," dit Harel en sortant sa tabatière de sa poche et en plongeant son doigt et son pouce jusqu'au premier joint, "la nouvelle, c'est que j'ai une idée rusée dans la tête." Il respirait sa prise avec une jouissance sensuelle et, comme c'est l'habitude chez les grands connaisseurs, il en répandait les trois quarts sur le sol et dans l'air. "Une excellente idée !" il continua.

"Eh bien, mon ami, tu me le communiqueras à mon retour."

"Où vas-tu?"

"À Rambouillet, bien sûr !"

" Excellent ! C'est le coup de grâce ! Vous avez couru le risque d'être fusillé il y a trois jours à Soissons, et maintenant vous voulez aller vous faire briser un membre à Rambouillet ! "

— Mais ne vous rendez-vous pas compte que Charles X marche sur Paris avec vingt mille hommes et cinquante pièces de canon ?

— Je sais que tel est le bruit ; mais que les imbéciles croient à de telles nouvelles. Pauvre Charles X ! Je parie que s'il marche dans quelque ville que ce soit, ce sera vers le Havre ou vers Cherbourg.

" Qu'à cela ne tienne, mon cher ami ! Delanoue est venu me chercher, et s'il ne s'agit que de chasser le gros gibier dans le parc de Rambouillet, je ne veux pas manquer l'occasion... Alors encore une fois il faut différer dites-moi vos nouvelles jusqu'à mon retour, si je reviens.

— Donnez-moi un rôle dans votre pièce, murmura Delanoue.

"Certainement, je le promets."

Je me tournai vers Harel.

"Comment êtes-vous venu ici?" Je lui ai demandé.

"Eh bien, dans un taxi, bien sûr."

"Bien ! nous le prendrons."

"Pourquoi?"

"Pour aller à Rambouillet."

"Il faut donc m'emmener jusqu'à l'Odéon !"

"Convenu!"

— D'ailleurs, dit Delanoue, c'est sur la place de l'Odéon qu'on se rassemble.

" Ah ! tu nous prêteras ton drapeau tricolore, Harel, n'est-ce pas ? "

« De quel drapeau tricolore parlez-vous ?

— Celui sous lequel on chante la *Marseillaise* dans votre théâtre depuis trois jours.

« Que dois-je faire, alors ? »

"Vous ferez une annonce au public en lui disant que je l'ai emporté à Rambouillet... Le public est assez bon et se passera du drapeau pendant un jour ou deux."

"Viens le chercher... tu sais bien que tout le théâtre est à ton service."

Chaque fois que Harel voulait me faire jouer une pièce, il faisait toujours cette remarque. Mon arme avait été lavée, frottée et séchée au soleil ; Je l'ai pris, nous sommes montés dans le fiacre et sommes partis vers l'Odéon. Il y avait deux ou trois mille personnes sur la place et dans ses environs. A peine avais-je mis le pied à terre, laissant Delanoue dans le fiacre, que je fus entouré d'une vingtaine d'hommes, m'appelant par mon nom et me demandant de me mettre à leur tête. C'étaient les machinistes de l'Odéon, qui gardaient encore en mémoire les conseils que je leur avais donnés lors de la représentation *de Christine* . Je dis à l'un d'eux d'aller chercher le drapeau, et pendant que nous quittions le fiacre sous la protection des autres (à qui j'envoyai sept ou huit bouteilles de vin pour entretenir leur patience), nous allâmes déjeuner chez Risbeck. Au moment où nous sommes sortis du restaurant, notre troupe avait été renforcée par un batteur. J'ai déjà remarqué avec quelle rapidité les batteurs se multiplient dans les temps de révolution. Nous montâmes dans notre fiacre, prenant naturellement la place d'honneur ; puis tout le monde s'est écrasé à l'intérieur avec nous, ou à l'extérieur sur la caisse avec le conducteur, les uns derrière, les autres sur les brancards, et les autres sur l'impérial. Les chevaux malchanceux se sont mis en route, entraînant dix-neuf personnes ! La plupart de mes hommes n'étaient armés que de piques. A l'angle de la rue du Bac et du quai, un homme qui semblait posté là à cet effet nous cria :

"Avez-vous des armes ?"

"Non!" » répondirent la plupart de mes hommes.

— Eh bien ! on distribue des armes au Palais-Royal.

"Au Palais-Royal!" crièrent les hommes. "Au Palais-Royal."

Le fiacre traversa la place du Carrousel et se dirigea vers le Palais-Royal. La circulation redevenait possible, peu à peu les barricades avaient disparu et les pavés avaient été tant bien que mal posés. Nous arrivâmes au Palais-Royal.

"Un instant", dis-je; " Commandez, s'il vous plaît ! Je suis connu ici, et s'il y a quelque chance d'obtenir quelque chose, je l'aurai. "

Nous entrâmes dans une salle basse, pleine de monde. En entrant, je me suis heurté à un élève de l'École qui sortait.

"C'est toi, Charles ?"

"Oui... Vous êtes venu chercher des armes ?"

"Bien sûr."

"Dans ce cas, tu ferais mieux de te dépêcher. Je n'ai pu me procurer qu'un pistolet."

Il avait un pistolet enfoncé dans son manteau, dont la crosse dépassait entre deux boutons.

"Tu y vas aussi?"

"Pourquoi, bien sûr !"

"Alors nous nous reverrons ?"

"Probablement."

"Bonne journée!"

"Adieu!"

Nous avons réussi, avec les plus grandes difficultés, à nous frayer un chemin jusqu'au distributeur d'armes. Heureusement, un valet de chambre en livrée du duc d'Orléans me reconnut et nous fit place.

« Monsieur de Rumigny, dit-il, voici M. Dumas.

"Très bien, laisse-le venir à moi."

Le distributeur était M. de Rumigny lui-même : il avait alors environ trente-cinq ans et était splendide dans son uniforme. Il avait devant lui une grosse caisse pleine d'épées et de pistolets ; les fusils avaient tous disparu. Ils venaient de Lepage.

Des épées et des pistolets furent donnés à mes hommes, puis, quand tout fut équipé, M. de Rumigny demanda :

« Vos hommes ont soif ?

« Ce sont plutôt, dis-je, des machinistes du théâtre de l'Odéon !

"Donnez-leur chacun un verre de vin, alors."

Ils se dirigèrent vers une table remplie de bouteilles et de verres et furent servis par les propres laquais de Son Altesse Royale.

"Bien?" » demandai-je quand ils eurent bu.

« La livrée est assez belle, répondirent-ils, mais le vin est médiocre.

"Que veux-tu dire?"

" Ce n'est pas égal à ce que vous nous envoyiez place de l'Odéon... Gageons que ce vin ici ne vaut pas douze sous la bouteille. "

"Si vous en avez encore ce soir, sur ma parole, je vous considérerai très chanceux."

« Messieurs, dit un laquais, faites maintenant de la place aux autres.

"Tout à fait vrai" : nous sommes donc sortis.

Paris présentait un aspect tout à fait nouveau : cela paraissait incroyable après les nombreux spectacles différents qu'il offrait. Que les fiacres fussent affrétés par le Gouvernement, ou que leurs chauffeurs partagea l'enthousiasme général, ils se mirent à la disposition des combattants. Au coin de la rue Saint-Roch, j'aperçus Charles Ledru courant à toute vitesse. Je l'ai appelé...

"Salut ! viens avec nous."

"As-tu de la place pour moi ?"

"Nous ne sommes que neuf à l'intérieur, et si nous nous pressons un peu plus, nous pourrons vous faire entrer."

"Merci, j'ai un cheval prêt pour moi chez Kausmann."

"Arrête," dis-je, "ça me rappelle que j'en ai un aussi... Je l'oublie toujours." Je ne l'avais que depuis peu de temps.

Je me suis arrêté devant le café de mon ami Hiraux, porte Saint-Honoré, et il a régalé tous mes hommes avec un *petit verre* d'eau-de-vie. La bouteille a été vidée au cours du processus. Mais, tandis que le drapeau s'agitait, mes hommes chantaient la *Marseillaise* et le tambour tambourinait. Nous avions mis près de trois quarts d'heure pour venir du Palais-Royal à la porte Saint-Honoré, tant la rue était bondée et les voitures marchaient à la file comme à Longchamp.

Nous prenons désormais un nouveau départ, les uns empruntant la route du bord de l'eau, les autres la grande avenue des Champs-Élysées. A la place Louis XV. « Faites place ! » » criait le général Pajol, qui venait de recevoir le commandement de l'armée expéditionnaire, et qui arrivait au grand galop pour prendre la tête de la colonne. Il avait avec lui Charras, Charles Ledru et deux ou trois autres. Nous nous arrêtâmes, il passa et longea le bord de l'eau. Nous restâmes dans la grande allée. Au cirque des Champs-Élysées nous tournâmes à gauche, pour regagner le quai de Billy par l'avenue Montaigne. Au milieu de cette avenue se tenait un groupe de cavaliers avec au centre le colonel Jacqueminot. Il était en tenue de député et portait encore la fleur de lys d'argent sur son col. Le général Pajol l'avait sans doute envoyé chercher, car il causait avec ardeur avec Charras. Étienne Arago passait à ce moment-là avec une bande d'une centaine d'hommes. A chaque fois que nous nous rencontrions, ils criaient « *Vive la Charte !* » et nous répondions pareil ! Cela parut agacer le colonel Jacqueminot, et pour cause, je pense : ce n'était pas du tout amusant de vivre dans le vacarme de ces cris incessants.

"Oui ! oui ! crie *Vive la Charte !* Ça te fera grossir comme manger des morceaux de gaufrette !"

La phrase était si originale que je n'en ai pas oublié un mot pendant toutes ces vingt-deux années. Nous avons seulement crié plus fort, puis nous sommes partis en direction de Versailles.

CHAPITRE III

Mission de quatre commissaires auprès de Charles X.—
Général Pajol.—Il est nommé commandant des
Volontaires de Paris.—Charras s'offre pour être son aide de
camp.—La carte de Seine-et-Oise.—Les espions.—Le
loueur de voitures.—Rations. de pain.—D'Arpentigny.—
La prise de l'artillerie de Saint-Cyr.—Arrêt à Cognières.—
M. Détours

Qu'il me soit permis maintenant de perdre ma pauvre petite individualité dans le tourbillon du mouvement général qui poussait trente à quarante mille êtres humains d'un même élan vers Rambouillet.

Depuis la veille, lorsque, comme nous l'avons dit, le lieutenant-général avait été officiellement informé de l'abdication de Charles X, il avait cherché le meilleur moyen de se débarrasser au plus vite de ce voisin incommode. Maintenant, c'est ce qu'il a fait. Il décida que, pour protéger Charles X de l'explosion de colère publique qui éclaterait le lendemain, il lui enverrait quatre commissaires. Ces quatre étaient : le maréchal Maison, le colonel Jacqueminot, M. de Schônen, qu'ils voulaient conquérir, et Odilon Barrot, qu'il n'était pas nécessaire de convaincre, car il avait été l'un des plus puissants soutiens du nouveau pouvoir qui venait de naître. Le maréchal Maison suscitait un certain intérêt, car c'était lui qui était allé à Calais rencontrer Louis XVIII, et maintenant il s'apprêtait à reconduire Charles X à Cherbourg. D'ailleurs, en se présentant à Rambouillet, les quatre commissaires crurent y être convoqués par Charles X. Ils partirent le 2 août à quatre heures de l'après-midi ; à neuf heures, ils avaient atteint les avant-postes. Ils traversèrent l'armée royale à la lueur des feux de bivouac et atteignirent Rambouillet, non sans apercevoir cependant quelques regards avides et des épées à moitié dégainées. Heureusement, le duc d'Orléans eut l'idée d'y ajouter M. de Coigny, dont le nom était lié à l'ancienne monarchie par des traditions de gloire, par le dévouement de son père et de ses ancêtres. Le nom de M. de Coigny les protégeait et leur procurait l'admission au palais. Charles X ne comprit pas leur présence à une heure aussi insolite et, à leur demande d'audience, fit dire que l'heure des audiences était passée, mais qu'il leur offrait l'hospitalité au château de Rambouillet. Charles X attendait cependant la réponse du duc d'Orléans à la lettre qu'il lui avait adressée le matin par M. de Latour-Foissac et que le duc avait prise des mains de M. de Mortemart, bien qu'il eût voulu pas consentir à recevoir le messager qui l'avait apporté. L'hospitalité du château de Rambouillet ! ce n'était pas pour cela que les quatre commissaires étaient venus ; ils remontèrent donc aussitôt dans leur voiture et revinrent aussitôt à Paris. Ils revinrent plus vite qu'ils n'étaient venus et rentrèrent au Palais-Royal à minuit et demie. Le futur roi n'était pas aussi pointilleux que celui qui se retirait : il recevait à toute heure, surtout lorsque la nouvelle en valait la peine. Les nouvelles apportées par les quatre commissaires l'obligèrent à prendre sur-le-champ, sans perte de temps, une résolution : Charles X sera contraint de quitter Rambouillet dès le lendemain. A cette fin, une grande manifestation patriotique s'imposait et le colonel Jacqueminot fut chargé de susciter une telle manifestation. Au point du jour, deux ou trois cents policiers furent lâchés dans tous les quartiers de Paris avec ordre de crier :

" Charles X marche sur Paris !... A Rambouillet ! A Rambouillet ! "

Ils furent également chargés d'envoyer tous les tambours qu'ils connaissaient et de les laisser battre le *rappel*. Et c'était la cause du vacarme infernal qui avait réveillé Paris.

Le gouvernement possédait dans cette crise un homme sur le courage duquel il pouvait compter : c'était le général Pajol. Il était le vrai type de soldat ; courageux, honorable, ouvert et loyal, prompt à prendre des décisions, persistant dans sa détermination. Lors d'une bataille quelconque, alors qu'il était colonel ou major d'un régiment, juste en vue de l'empereur, un obus transperça le ventre de son cheval et éclata à l'intérieur. Pajol a été envoyé voler à quinze pieds dans les airs. Napoléon a vu l'étrange ascension.

"Par jupiter!" dit-il, "si ce mendiant descend, il doit avoir une vie difficile !"

Quinze jours après, un officier supérieur vint se présenter devant l'empereur en boitant légèrement.

"Qui es-tu?" demanda Napoléon.

"Je suis le mendiant au vécu dur", répondit Pajol.

C'est à cet incident que fut dû son avancement rapide dans une admirable carrière militaire, seulement interrompue par Waterloo.

Pajol appartenait à l'opposition et était presque républicain dans ses opinions.

Trois jours auparavant, alors que la Chambre jetait les premières bases d'une nouvelle monarchie, Pajol, qui voyait la tournure que prenaient les choses, se promenait tristement dans la rue de Chabrol, en compagnie de Degousée, qui déplorait lui-même la direction prise par le gouvernement. La révolution tournait, quand, tout à coup, Pajol s'arrêta.

— Vous m'avez dit, il y a une minute, que vous aviez dirigé une compagnie d'hommes dévoués lors de l'attaque du Louvre ? Il a demandé.

"Cela ne fait aucun doute."

"Eh bien, peux-tu encore compter sur ces hommes ?"

"Je le crois."

"Au point d'exécuter à la lettre et sans discussion aucun ordre que vous pourriez leur donner ?"

"Quel genre d'ordre ?"

— Et si c'était pour arrêter les députés ?

"Oh ! je ne répondrais pas à leur place à cet égard !"

"Dans ce cas, la Révolution a avorté !..."

Il s'est rendu chez lui, rue de la Ferme des Mathurins, pour attendre la tournure des événements.

Les événements ne tardèrent pas à se produire : on le nomma commandant de l'insurrection le 3 et on comptait sur lui pour diriger l'armée démocratique, ce qu'il fit. Tout cela n'était qu'un pour lui, tant qu'il servait la France. Charras avait entendu crier dans les rues que le général Pajol serait commandant en chef de l'expédition et il se précipita chez le général. Commençons par dire qu'il s'était rendu d'avance aux écuries de Kausmann et avait pris son meilleur cheval, pour lequel il s'était disputé avec un homme qui était un grand juge des chevaux et qui l'avait choisi lui-même. L'amateur de chevaux était Charles Ledru, qui m'avait laissé rue Saint-Honoré, refusant la place que je lui offrais dans mon fiacre, pour aller enfourcher le cheval qui l'attendait chez Kausmann. Au moment où il entrait dans les écuries, Charras les quittait au grand galop sur le cheval même que lui, Charles Ledru, avait choisi. Il en choisit cependant un autre et partit après le premier. Heureusement, il trouva la seconde bonne et, lorsqu'il dépassa Charras, il se contenta de lui serrer la main. Charras, sans aucune présentation préalable, se présenta au général Pajol. Ce général, habitué à prendre toutes sortes de précautions lors des expéditions militaires, faisait démonter deux énormes sacoches : l'une était pleine de jambons, de gigots et de volailles, et l'autre était remplie de pain. Au quatrième mot que Charras lui adressa, et au premier regard qu'il lui lança, il dit :

"Regarde ici, je t'aime bien!"

— Tant mieux, dit Charras.

"Tu as l'air d'être un gentil jeune chien !"

"Les chiens ne sont pas autorisés à prendre part aux choses."

« Veux-tu être mon aide de camp ?

"Oui, en effet, c'est pour ça que je suis venu !"

« Alors c'est réglé » ; et il tendit la main au jeune homme.

"Maintenant," répondit-il, "veux-tu manger un peu ?"

"Je serai ravi !... Je meurs de faim."

" Allez donc dans la salle à manger... Madame Pajol ! Madame Pajol ! "

La femme du général entra.

"Donnez un bon petit déjeuner à ce jeune homme... il est venu m'offrir ses services d'aide de camp ; il ne sait pas quelle besogne je vais lui faire."

Charras s'assit à table, dévora sa nourriture à grosses bouchées, but comme un poisson et fut prêt à partir au bout de dix minutes.

" Venez maintenant, *en route !* " dit le général.

Ils descendirent dans la cour, où les attendaient trois ou quatre personnes, sautèrent en selle et le général partit au galop, tournant court au coin de la porte de l'écurie et faisant changer de pied son cheval, comme le il était un cavalier parfait. Charras était lui-même un excellent cavalier et réussit victorieusement cette première épreuve. Mais le cheval monté par un autre élève de l'École a été poussé sur le trottoir et est tombé sur la main gauche. Cela s'est produit devant une pharmacie et l'étudiant et le cheval ont disparu dans la boutique, se brisant devant en tombant. On n'a pas jugé que l'accident valait la peine de perdre du temps et les autres ont continué leur route sans même tourner la tête pour regarder. Lorsqu'ils atteignirent la barrière de Passy, le général prit le commandement de la colonne. Notre fiacre fut un des premiers, après l'état-major général, composé de Jacqueminot, Charras, Charles Ledru, d'Higonnet, M. de Lagrange, Vernon et Bernadou. Vernon et Bernadou portaient l'uniforme des élèves de l'École. Charles Ledru portait le vieil uniforme des National Horse Guards et portait un casque ; Higonnet portait l'uniforme d'élève de l'école de cavalerie de Saumur ; et M. de Lagrange celui de la cavalerie légère. Le général Exelmans parut plus loin, au-delà du quai de Billy.

« Me voici, Pajol ! dit-il en traversant les rangs pour l'atteindre.

"Vous êtes un peu en retard... mais peu importe", répondit Pajol ; "vous pouvez commander l'arrière-garde."

"Bien!" » fut la réponse d'Exelmans.

Et il passa à l'arrière-garde, où il trouva les Rouennais qui venaient d'arriver.

Pajol arrêta son cheval au Point-du-Jour.

"Par jupiter!" s'est-il exclamé, "Je parie..."

"Quoi?" » ont-ils demandé.

"Que personne ici n'a de plan de Seine-et-Oise... Hein ? Quelqu'un a-t-il un plan de Seine-et-Oise ?"

Personne n'a répondu.

"Dois-je aller en trouver un ?" demanda Charras.

"Où?"

"Je ne sais pas ! Partout où je peux !"

"Mais si tu ne sais pas où chercher ?"

"Oh ! si on chasse, on trouve toujours ce qu'on veut."

Charras partit au galop, il savait où chercher. Il se rend à la manufacture de Sèvres : il serait sûrement impossible de ne pas y trouver une carte de Seine-et-Oise. Il ne s'était pas trompé non plus : ils en avaient deux. Ils furent mis à sa disposition par mon homonyme, M. Dumas, le pharmacien, autrefois ministre et actuel sénateur. Pajol reçut les deux cartes à un quart de lieue de Sèvres.

« Eh bien, Jacqueminot, dit-il, il nous faut du pain, et en abondance aussi... Va à Versailles et commande dix mille rations.

Jacqueminot commença.

"Et il nous faut aussi des espions", dit Pajol. "Qui se chargera de me trouver des espions ?"

"Je le ferai", a déclaré Charras.

" Ah ! tu veux entreprendre de tout trouver ? "

"Pourquoi pas?" dit Charras. "Je dois me rendre utile."

"Où vas-tu me trouver ça ?"

"A Versailles."

"Connaissez-vous quelqu'un là-bas ?"

"Pas âme... mais ne vous inquiétez pas pour cela."

"Je t'accompagnerai", dit Bernadou.

"Alors viens."

Les deux jeunes hommes partirent aussi vite que pouvaient aller leurs chevaux. Ils atteignirent l'Hôtel de Ville de Versailles rongés par la soif. Quelqu'un avait eu l'idée d'ouvrir une douzaine de fûts de bière dans la cour, en plein soleil : on essayait de la boire, mais on la trouvait comme un poison.

Il y avait là un homme en civil, représentant le maire, en sueur comme un bœuf : d'ailleurs, tout le monde, maire, adjoints, conseillers municipaux, fondait sous la chaleur.

"Regarde vite !" dit Charras ; "Venez, nous voulons des espions, des chevaux et une calèche !"

"Excusez-moi?" demanda le citoyen en sueur.

"Es-tu sourd ? Je te demande des espions, des chevaux et une calèche !"

"Où pensez-vous que je puisse les trouver ?" répondit le citoyen en transpirant de plus en plus.

"Cela ne me regarde pas... Trouvez-les, il me faut les avoir. C'est tout ce que j'ai à vous dire."

— Mais quand même, monsieur, qui êtes-vous ?

"Je suis M. Charras, premier aide de camp du général Pajol, qui est commandant en chef de l'armée expéditionnaire de l'Ouest."

Charras avait inventé cette phrase sur un coup de tête et, la trouvant suffisamment éloquente, l'avait adoptée pour impressionner les gens de la campagne.

« Tout ce que je peux faire, dit-il, c'est vous donner les noms des propriétaires de voitures.

"Donnez-les-moi... Nous découvrirons le reste, car vous ne me semblez pas très à la hauteur vous-même."

L'homme donna les adresses de deux ou trois propriétaires de taxi. Ils quittèrent l'hôtel particulier qui se trouvait à gauche en entrant dans la ville, environ trois cents mètres avant d'arriver au château, et revinrent dans la direction de Paris. Une magnifique enseigne grillait au soleil de midi : elle représentait un carrosse tiré par quatre chevaux, avec deux chevaux de selle tenus par des palefreniers. Cela a mis l'eau à la bouche de Charras.

"Bonjour ! Où est le propriétaire ?" il cria.

"Me voici!" » dit un individu d'un ton un peu colérique.

"Je veux immédiatement une calèche avec quelques chevaux."

"Pourquoi?"

"Pour les personnes que j'y mettrai."

"Qui sont-ils?"

"Je ne sais pas encore."

"Je n'ai pas de voiture."

"Quoi ! pas de voitures ?"

"Non."

"Et ceux qui sont dans la cour ?"

"Ils sont engagés."

" Ah ! très bien. "

Charras regarda autour de lui : il y avait déjà plus d'une centaine de personnes rassemblées autour, et parmi ces spectateurs se trouvaient une douzaine de soldats de la garde nationale accompagnés d'un sergent.

— Sergent, dit Charras, faites-moi la bonté de mettre la main sur ce monsieur.

Or, un Français est par nature enclin à porter la main sur les gens, surtout s'il porte l'uniforme de la Garde nationale. Le sergent Mercier, qui refusa de s'emparer de Manuel, fit exception à cette règle et c'est pourquoi de tels honneurs lui furent rendus. Le sergent s'avança vers le propriétaire de la voiture et le saisit par le collet.

"Bien!" dit Charras ; "Tout à l'heure, nous verrons ce qu'il faut faire de lui."

" Vraiment, monsieur, " dit le patron, " qui êtes-vous ? "

"Je suis M. Charras, premier aide de camp du général Pajol, qui est commandant en chef de l'armée expéditionnaire de l'Ouest." — Pourquoi ne l'avez-vous pas dit avant, monsieur ? Cela change tout.

"Dois-je le libérer ?" demanda le sergent.

"Pas avant qu'il ne m'ait donné une voiture et deux chevaux... Bernadou, va choisir deux bons chevaux et une bonne voiture."

"D'accord!"

Bernadou, le sergent et le propriétaire disparurent sous le grand portail et se perdirent dans la pénombre de la cour des écuries et dans l'obscurité des écuries elles-mêmes.

— Et maintenant, dit Charras, pour deux volontaires !

"Pourquoi?" » demandèrent une vingtaine de voix.

"Aller examiner la position de l'armée royale et revenir nous donner des détails complets."

"Où?"

"Où que nous soyons... l'état-major... et le général Pajol, nous n'aurons aucune difficulté à le découvrir."

"Nous y allons", ont déclaré deux hommes.

Charras les regardait.

« Je ne sais pas qui vous êtes, dit-il ; "Qui sera responsable de votre bonne foi ?"

"Moi", dit un monsieur qui lui était également inconnu.

— Très bien, continua Charras ; mais sachez, messieurs, que vous êtes pour nous des patriotes, mais des espions pour l'armée royale.

"Bien?"

"Et supposons que vous soyez attrapé...?"

"Ils vont nous tirer dessus... Et puis...?"

"Bien ! si tu avais commencé par me dire que je n'aurais pas dû demander de caution."

La calèche et les chevaux furent alors sortis. Charras ne partit qu'après avoir aperçu la voiture et que les deux hommes prirent sain et sauf la route de Rambouillet. La tête de la colonne apparaît désormais sur la route de Paris. En quelques secondes, Charras fut à côté de Pajol.

"C'est fait, Général", dit-il.

"Quoi?"

"J'ai trouvé des espions."

"Où sont-elles?"

"Disparu."

" Vraiment, mon cher garçon, tu vaux ton pesant d'or !... Maintenant tu dois te rendre au village de Cognières ; nous y ferons probablement halte. "

"Où est-il?"

"Ici... tu vois...!"

Le général indiqua sur la carte la position du village, à quatre lieues de Rambouillet.

"Bien ! Que dois-je faire à Cognières ?"

"Vous devez dire au maire que j'aurai besoin de dix mille repas de foin ce soir."

"Dix mille repas de foin ? Il ne pourra jamais en obtenir autant !"

" Que pensez-vous que nous devions faire alors ? Nous avons deux ou trois mille fiacres, douze ou quinze cents cabriolets, et des tilburys et des chariots et diable sait quoi d'autre ! "

"Très bien ! ne désespérez pas : si nous ne pouvons pas avoir de foin, nous aurons autre chose..."

"Quoi?" interrompit le général avec impatience.

"Eh bien, nous prendrons les récoltes d'avoine sur pied!"

"Excellent!" s'écria Pajol ; "Ma parole, vous comprenez l'art de la guerre ! Quel est votre nom ?"

"Charras."

"Je ne l'oublierai pas, soyez-en sûr ! Partez ! Je me sentirai aussi sûr de mes dix mille aliments que si je les avais déjà ici."

"Oh ! vous pouvez compter sur eux."

Et Charras repartit. Pendant ce temps, nous étions arrivés et nous nous dispersions sur Versailles. Moi, je courus à la caserne des gardes ; J'y avais un ami intime, en compagnie de Grammont, un homme d'une bravoure irréprochable et, ce que j'appréciais encore plus, il était merveilleusement intelligent. Il s'appelait d'Arpentigny. Tout jeune qu'il fût, il avait été soldat sous l'Empire et il écrivit l'un des livres les plus étonnants qu'on puisse imaginer sur sa captivité en Russie.

Il n'y avait pas un seul garde au palais ; tout le monde avait suivi le roi à Rambouillet ; ils l'accompagnèrent jusqu'à Cherbourg, comme on le sait.

Après une halte d'une demi-heure, l'ordre fut donné de reprendre notre marche. Dès le début, le général Pajol apprend qu'il y a deux régiments stationnés à Versailles. Serait-il sage de sa part de les laisser derrière lui ? Trois parlementaires furent envoyés et les deux régiments se rendirent sans résistance ; leurs armes furent réparties entre les hommes de l'expédition et mes dix-sept soldats se saisirent de trois fusils. A son arrivée à Saint-Cyr, Degousée propose de s'emparer de l'artillerie appartenant à l'École ; il demanda des volontaires et nous nous offrîmes, deux cents d'entre nous partant s'emparer de huit pièces de canon. Nous nous attelâmes à eux pour les traîner jusqu'à la route, et des messagers, envoyés dans toutes les directions, ramenaient des chevaux et des traces .

L'Armée expéditionnaire de l'Ouest disposait désormais d'artillerie, mais elle manquait de cartouches et de balles. A ce moment, nous fûmes rejoints par Georges La Fayette et, le commandement de l'artillerie étant vacant, Pajol le lui confia. Je n'ai jamais su s'ils avaient réussi à se procurer des balles et des cartouches. Lorsque l'armée expéditionnaire atteint le sommet de la colline de Saint-Cyr, elle commence à trouver la grande route jonchée de sabres, de fusils, de gibernes et de casquettes de soldats. La retraite fut si démoralisée que les hommes jetèrent leurs armes tout au long du parcours. Cinq autres de mes hommes trouvèrent ainsi des armes, grâce à ces espars de l'épave royale. Nous arrivâmes à Cognières vers sept heures du soir, harassés de fatigue et mourant de faim. Nous avions en effet réussi à ramasser quelques morceaux de pain et quelques verres de vin, à Versailles ; mais, comme l'a dit mon machiniste, il y en avait juste assez pour arrêter une dent creuse. Lorsque nous arrivâmes à Cognières, il y avait un nombre effroyable de dents creuses : les chevaux avaient retrouvé leurs dix mille rations de foin et d'avoine, mais les hommes n'avaient rien trouvé du tout à manger. Pourtant Jacqueminot avait scrupuleusement rempli sa mission : on lui avait promis que, dès l'arrivée du nouveau préfet (et il était attendu d'un moment à l'autre), le pain serait dépêché. Chacun d'entre nous se mettait au travail comme le lion de l'Écriture, cherchant qui il pourrait dévorer. J'avais dressé notre camp autour d'un grand tas de paille qui se dressait sur la droite de la route et notre drapeau avait été planté au sommet du tas par l'un des machinistes, pour servir de poteau indicateur. J'avais été singulièrement malchanceux dans mes recherches, jusqu'à ce que, par bonheur, j'aperçoive la maison du curé. J'entrai et exposai mes besoins et ceux de ma troupe devant le digne homme. Il me donna une belle miche de pain, qui devait peser trois ou quatre livres, et, comme il n'avait pas de bouteilles dans la maison, il remplit de vin une bouteille destinée à contenir du lait. Pendant que j'étais en chasse, deux choses s'occupaient ailleurs : trente des paysans de Cognières, armés d'épées et de fusils ramassés sur la route, étaient placés en avant-poste, à un quart de lieue du village. ; et, avec les trois ou quatre mille fiacres, quinze à dix-huit cents cabriolets, tilburys et chariots, etc., ils dressèrent une grande ligne de barricades en travers de la route s'étendant à gauche et à droite de la plaine, couvrant toute la façade de la ville. le camp et se repliant de deux côtés sur les flancs. En chemin, j'avais été boutonné par un monsieur en habit et pantalon noirs avec un gilet blanc, le tout formant un tableau gris perle. Il avait rencontré le cortège, avait été emporté par le tourbillon, était monté à l'arrière d'un fiacre et avait été ainsi transporté. Il n'avait aucune arme, pas même un canif. Je pouvais voir qu'il avait la main très verte dans ce genre d'entreprise. Il n'avait pas mangé un morceau depuis la veille et réclamait à grands cris une sorte de nourriture. De métier, il était courtier et son nom était Détours. Je lui ai montré notre drapeau et l'ai encouragé à poursuivre encore un peu sa chasse jusqu'alors infructueuse, puis à nous rejoindre à notre pile, que ses mains soient pleines ou vides.

Au bout d'un quart d'heure, je le vis arriver avec un morceau de pain et un demi gigot de mouton. Il avait rencontré Charras, qui avait eu pitié de lui et avait mis à sa disposition la cantine du général Pajol. Il s'est excusé de ne pas en avoir apporté davantage. Mes hommes s'étaient cependant rendus dans les fermes voisines et avaient annexé quelques volailles et œufs. Nous rassemblâmes toutes les provisions et soupâmes du mieux possible. Mais nous seuls, quatre ou cinq cents peut-être, arrivés les premiers, avons pu dîner : les gémissements de faim de ceux qui nous suivaient se faisaient entendre tout autour. Le repas terminé, je creusai sous la meule une sorte de caveau dans lequel Delanoue et moi entrâmes avec une appréciation sybaritique. Le reste de nos hommes jetait de la paille sur le sol et campait en plein air. Quant à M. Détours, je ne sais s'il habite Paris ou en province, s'il est mort ou vif, bonapartiste ou républicain, car je ne l'ai jamais revu. C'est par miracle que je me suis souvenu de son nom.

CHAPITRE IV

Boyer le Cruel. — Les dix mille rations de pain. — Le
général Exelmans et Charras. — Le concierge de la
préfecture de Versailles. — M. Aubernon.—Colonel
Poque.—Entretien de Charles X avec MM. de Schônen,
Odilon Barrot et le maréchal Maison—La famille royale
quitte Rambouillet—Panique—Les joyaux de la
couronne—Retour à Paris

Tandis que Delanoue et moi dormions du sommeil du juste ; tandis que les
hommes de la deuxième ligne n'avaient pas à moitié apaisé leur appétit et
rentraient leur ceinture ; tandis que les hommes de la troisième ligne, qui
n'avaient rien mangé du tout, rugissaient comme un troupeau de lions dans
le désert ; tandis que les cochers ronflaient dans leurs voitures et que les
chevaux mangeaient leur foin et leur avoine ; pendant que les feux de camp
s'éteignaient et jetaient leur lumière incertaine sur une étendue de trois lieues
de champs de moisson piétinés, sur des hommes endormis et des fantômes
errants, décrivons ce qui se passait au quartier général.

A peine les avant-gardes s'étaient-elles établies sur la route entre Cognières
et Rambouillet qu'elles amenèrent au poste-auberge, à gauche de la route, un
général qui avait tenté de force de percer la ligne de sentinelles. Il portait
encore la cocarde blanche : c'était le vieux général Boyer, que nous
connaissions tous, lui qui commanda ensuite en Afrique, et qui s'y gagna, à
juste titre ou non, le surnom de Boyer le Cruel. Le général Pajol n'était pas
encore arrivé. Dans le salon de l'auberge étaient assis, mangeant, à une table
ronde, M. de Schônen, M. Odilon Barrot et M. le Maréchal Maison ; ils
reprenaient la route de Rambouillet pour la seconde fois. Charras
commandait, en l'absence du général Pajol. On lui amène le général Boyer,
qui donne franchement son nom et avoue qu'il est venu offrir son épée au
service de Charles X. C'est en effet un prisonnier embarrassant pour Charras.
Le jeune aide de camp entra dans la salle où dînaient les trois commissaires
et, s'adressant au maréchal Maison, il dit :

"Monsieur le Maréchal, on vient d'arrêter le général Boyer."

"Eh bien," demanda le maréchal, "que voulez-vous que je fasse à ce sujet ?"

"Voulez-vous lui faire accorder sa libération conditionnelle ? Je le libérerai."

"Non, mon Dieu ! non", s'écria le maréchal. "Gardez-le à l'oeil, et quand Pajol
viendra, il fera de lui ce qu'il voudra."

On amena le général Boyer dans une salle voisine de celle où dînaient les commissaires.

Charras n'avait rien mangé depuis le matin où il avait déjeuné avec le général Pajol, et les commissaires devinrent facilement que leur dîner attirait son attention . Ils lui proposent donc une part, qu'il accepte. Le maréchal Maison ne buvait jamais que du champagne ; il versa successivement trois ou quatre verres (on buvait dans une sorte de gobelet) à l'aide de camp du général Pajol, qui, le ventre vide, les nerfs excités par sa campagne à la Fère et le front brûlant depuis six jours soleil consécutif, se trouva envahi par une sorte d'excitation toute nouvelle. Aussi, lorsque le général Pajol les rejoignit, trouvant que le pain n'était pas encore arrivé, et demandant un volontaire pour aller à Versailles, Charras, qui, en comptant les allées et venues, avait déjà fait une vingtaine de lieues dans la journée : Charras, dis-je, voyant que personne ne s'est proposé, il s'est porté volontaire.

"Mais, dit Pajol, es-tu en fer ?"

« Fer ou pas, dit Charras, vous voyez bien que si je n'y vais pas, personne d'autre ne veut y aller.

" Alors, partez !... Mais bien sûr, si vous rencontrez le pain sur la route, vous reviendrez avec lui. "

"Tu paries!"

Charras courut aux écuries, sella son cheval et partit au grand trot. Arrivé à Trappes, il fut arrêté par un avant-poste de l'arrière-garde qui lui barra la route.

« *Qui vive ?* » s'écria la sentinelle.

"Ami."

"Ce n'est pas suffisant !"

"Pourquoi n'est-ce pas suffisant ?"

"Ce n'est pas le cas ! Qui es-tu ?"

"Charras, premier aide de camp du général Pajol, commandant en chef de l'armée expéditionnaire de l'Ouest."

"Avancez-en un et donnez le mot de passe."

Tout s'est déroulé dans le bon ordre militaire, comme on le verra.

"Qui commande ici ?" demanda Charras.

"Général Exelmans."

"Je le félicite : emmène-moi vers lui."

Ils exaucèrent son souhait, qui semblait tout à fait raisonnable. Le général dormait sous un prunier, enveloppé dans son manteau, à gauche du bord de la route. Son fils dormait près de lui. Charras a mis à nu l'objet de sa venue.

"Savez-vous," répondit Exelmans, "que nous aussi sommes tous affamés de faim ?"

" Général, ce n'est pas la faute du général Pajol ; il a envoyé le colonel Jacqueminot à Versailles commander dix mille rations de pain à onze heures ce matin. "

"À qui?"

"Au préfet."

"Et ce n'est pas la brute qui l'a envoyé ?"

"Vous pouvez constater par vous-même qu'il ne l'a pas fait, puisque je suis en route pour le chercher."

"Vous êtes sûr que cela a été commandé ?"

"Le colonel Jacqueminot a commencé en ma présence."

— Dans ce cas, monsieur, moi, général Exelmans, je vous ordonne de faire fusiller le préfet.

Charras sortit de sa poche un carnet et un crayon.

"Un mot écrit, Général, et cela sera accompli dans une heure."

"Mais, monsieur..."

"Au crayon, ce sera tout ce que je veux."

"Mais, monsieur..."

« Voyons, dit Charras, je vois que le préfet de Versailles ne sera pas fusillé ce soir.

— Mais, monsieur, pensez à ce que vous me demandez de faire !

"Je vous demande seulement de me laisser passer dans vos lignes, Général."

"Laissez passer ce monsieur", dit le général Exelmans.

Il se recoucha sous son prunier, et Charras continua sa route. Il atteint la barrière de Versailles, se fait connaître, emmène avec lui quatre gardes nationaux et se dirige vers la Préfecture. Il était une heure du matin et tout le monde dormait. Il dut frapper un quart d'heure avant d'extraire le moindre signe de vie de la maison. Charras et les gardes s'y livrèrent bec et ongles, les uns frappant avec la crosse de leurs pistolets, les autres avec celle de leurs fusils. Enfin, une voix cria depuis la cour :

"Que veux-tu?"

"Je veux parler au préfet."

" Quoi ! avec le préfet ? "

"Oui."

"A cette heure de la nuit ?"

"Certainement."

"Il est endormi."

Eh bien, je vais le réveiller, alors. Viens, viens, ouvre la porte, et vite aussi, ou je la cambriole ! »

"Vous forceriez la porte du préfet !" s'écria le concierge stupéfait.

"Oui", dit Charras. " Par Jupiter ! quel don de bavardage ce type a ! "

Le concierge leur ouvrit : il n'était qu'à moitié réveillé, à moitié rafraîchi et à moitié habillé.

"Viens maintenant, emmène-moi chez le préfet."

"Mais je te dis qu'il dort."

"Et je te dis d'aller dans sa chambre, espèce de voyou !"

Il donna au concierge un coup de pied qui le fit monter très vite l'escalier et, ouvrant la chambre du préfet, le concierge posa sa bougie de suif sur la table de nuit, révélant à Charras un homme qui se frottait les yeux ; alors le concierge sortit en disant :

"Voilà M. le Préfet, réglez avec lui ce que vous voudrez."

Le préfet se souleva sur son coude.

"Quoi!" dit-il, que me veulent-ils ?

« Je veux vous informer, monsieur le préfet, dit Charras, que pendant que vous dormez tranquillement, il y a dix mille hommes autour de Rambouillet qui sont fous de faim par votre faute.

"Et c'est ma faute, je vous prie ?"

"Sans doute... N'avez-vous pas reçu l'ordre d'envoyer dix mille rations de pain à Cognières ?"

"Eh bien, monsieur ?"

"Eh bien, monsieur, ces dix mille rations sont encore à Versailles, c'est tout ce que je puis dire."

« Ciel ! Que veux-tu que je fasse ? »

"Tu veux que tu le fasses ? Oh ! c'est assez clair... Je veux que tu te lèves et que tu viennes avec moi au fournil militaire pour faire charger le pain dans les voitures ; je veux que tu donnes l'ordre de partir. leur voyage en même temps.

"Mais, monsieur, vous parlez sur un tel ton..."

"Je parle comme je dois."

"Est-ce que tu sais qui je suis?"

"Qu'importe qui tu es pour moi ?"

"Monsieur, je suis M. Aubernon, préfet de Seine-et-Oise."

" Et moi, monsieur, je suis M. Charras, premier aide de camp du général Pajol, commandant en chef de l'armée expéditionnaire de l'Ouest, et j'ai ordre de vous fusiller si vous n'envoyez pas sur-le-champ le pain. ".

« Pour *me tirer dessus ?* » s'écria le préfet en bondissant sur son lit.

"Ni plus ni moins que ça... Allez-vous courir le risque ?"

"Monsieur, je vais me lever et vous accompagner au fournil."

"Alors, bien et bien !"

Le préfet se leva et accompagna Charras au fournil, où les charrettes étaient chargées de pain.

« Je vous laisse ici, monsieur, dit Charras ; car vous savez que votre intérêt est de faire partir rapidement les voitures.

Et l'infatigable messager repartit, par la route de Cognières.

Pendant ce temps, les trois commissaires étaient arrivés à Rambouillet, où ils arrivèrent vers neuf heures du soir. Tout était dans la plus grande confusion. Un événement, qui ne manquait pas d'une certaine solennité, avait troublé les esprits. Ce matin-là, le même colonel Poque par lequel La Fayette avait fait dire à Étienne Arago de cesser de porter sa cocarde était arrivé avec une première troupe d'insurgés. Peut-être avait-il eu quelque commission spéciale pour le général Vincent, sous lequel il avait servi en 1814. Quoi qu'il en soit, arrivé aux avant-postes, il laissa sa petite troupe derrière lui et s'approcha à portée de voix, un mouchoir à la main. Il était accompagné d'un cuirassier qui était passé avec le peuple et qui suivait le colonel Poque comme son ordonnance. Le général Vincent se trouvait aux avant-postes royalistes et cria au colonel d'arrêter. Le colonel s'arrêta, mais, agitant son mouchoir, il annonça qu'il ne comptait se retirer qu'après avoir parlé aux soldats. Le général Vincent déclara, de son côté, que si Poque ne se retirait pas, il tirerait sur lui. Poque croisa les bras et attendit. Le général le défia trois fois de se retirer et, le voyant rester immobile la troisième fois, donna l'ordre de tirer sur lui. Tout le monde au premier rang obéit. Le cheval du cuirassier fut abattu sous lui par trois balles. Le colonel Poque eut la cheville brisée par une autre balle et s'allongea agonisant sur le dos de son cheval, mais il ne bougea toujours pas. Ils s'approchent de lui, l'emmènent et le transportent dans les dépendances du château. Cet exemple montrait aux soldats le caractère des hommes avec lesquels ils avaient affaire.

Charles X était désespéré de cet incident : il demanda qui était le colonel Poque et fit dire par Madame de Gontaut s'il avait quelque chose à lui demander.

Poque, dont la mère était dans les Pyrénées, désirait qu'on lui parle de l'accident mais pas de la gravité de la blessure. Charles X envoya son propre médecin chez le colonel et le médecin comprit qu'il n'y avait rien d'autre à faire que de lui couper la jambe ! Madame de Gontaut écrivit elle-même à la mère du blessé.

A cinq heures, on apprit l'approche de l'armée parisienne ; à sept heures, on annonça son arrivée. Matériellement, pour ainsi dire, cette armée n'était pas du tout terrible ; mais, moralement, cela signifiait que l'esprit de la Révolution s'avançait contre la royauté.

Au milieu de ces troubles, de divers conseils et de décisions divergentes, ils débattirent de ce qu'il fallait faire. Certains voulaient tenir jusqu'au bout, proposant une retraite sur la Loire, une seconde Vendée et une guerre des chouans. D'autres ont eu une vision plus décourageante de la fortune de la monarchie et ont conseillé une fuite rapide. Le dauphin, qui avait tenté de lui arracher l'épée du maréchal Marmont, s'était coupé les doigts et boudait comme un enfant. Le maréchal s'estime insulté et s'enferme dans sa chambre, sans rien dire. A huit heures, Rambouillet était déjà à moitié déserte : les courtisans (ceux qui avaient dîné le jour même à la table du roi) avaient disparu, certains avec une telle hâte qu'ils ne s'étaient même pas arrêtés pour ramasser leurs chapeaux. Les soldats restèrent seuls à leur poste, bien qu'ils fussent maussades, maussades et déprimés.

C'est donc dans cette atmosphère funèbre que MM. de Schônen, Odilon Barrot et le maréchal Maison durent passer pour rejoindre Charles X. Le vieux roi les reçut avec un visage renfrogné et une brusquerie qui lui était très inhabituelle.

« Que me voulez-vous de plus, messieurs ? Il a demandé.

"Sire, nous sommes venus de la part du lieutenant-général."

"Eh bien, mais je suis parvenu à un accord avec lui et tout est réglé entre nous."

Les commissaires gardèrent le silence.

" N'a-t-il pas reçu la lettre que je lui ai envoyée par M. de Latour-Foissac, et qui contenait mon abdication et celle du dauphin ? "

— Oui, Sire ; mais y a-t-il répondu ?

"Non, c'est vrai, il ne l'a pas fait. Mais quel besoin avait-il de répondre, comme il a répondu à mes deux lettres précédentes, dans chacune desquelles il m'a assuré de son dévouement ?"

Les commissaires restèrent encore une fois silencieux.

« Venez, messieurs, parlez », dit Charles X.

" Sire, nous venons de la part du lieutenant général du royaume pour avertir Votre Majesté que le peuple de Paris marche sur Rambouillet. "

"Mais mon petit-fils ?... Henri V. ?" s'écria Charles X.

Pour la troisième fois, les commissaires ne répondirent pas.

« Ses droits ne peuvent certainement pas être contestés », reprit Charles X avec véhémence ; " ses droits sont réservés par mon acte d'abdication ; j'ai autour de moi quinze mille hommes prêts à mourir pour conserver ses droits !... Répondez-moi, messieurs ! Par tout ce que la France tient à cœur, je vous adjure de me répondre ! "

Le maréchal Maison fit un mouvement en arrière, affligé à la vue de la douleur accablante qui se révélait sur le visage du vieillard.

« Sire, dit Odilon Barrot, vous ne devez pas fonder le trône de votre petit-fils sur le sang.

— Et, ajouta le maréchal Maison, que le roi réfléchisse au fait que soixante mille hommes marchent vers Rambouillet !

Le roi s'arrêta devant le maréchal Maison et, après un moment de silence, il dit :

"Deux mots à part avec vous, monsieur le Maréchal."

Les autres commissaires reculèrent.

"Je suis aux ordres du roi", dit le maréchal.

Le roi fit signe au maréchal de venir à lui, et le maréchal obéit.

— Sur votre parole d'honneur, monsieur, dit le roi en regardant le maréchal en face, l'armée parisienne compte-t-elle réellement jusqu'à soixante mille hommes, comme vous me l'avez assuré ?

Le maréchal pensait sans doute que ce serait une pieuse fraude que de sauver le pays de la guerre civile. Et peut-être avait-il en même temps cru dire la vérité : la plaine, la route, tout le pays entre Versailles et Rambouillet était couvert d'hommes.

— Sur ma parole d'honneur, il en est ainsi, Sire ! il a dit.

« C'est tout, dit Charles X ; "Vous pouvez vous retirer... Je prendrai l'avis du dauphin et du duc de Raguse."

Les commissaires s'en allèrent ; mais le dauphin refusa de donner des conseils.

« Sire, répondit le duc de Raguse, j'offre à mon roi une dernière preuve de fidélité en lui conseillant de se retirer.

« Bien, monsieur le maréchal, dit Charles X. Que tout soit prêt pour notre départ demain à sept heures du matin.

Hélas! c'est ainsi que, contraint, acculé par les circonstances, ce dernier de nos rois chevaleresques rendit son épée, non cependant comme le roi Jean ou François Ier, qui ne considéraient qu'elle ne pouvait être rendue que sur le terrain. de bataille.

Mais la cause royale subit désormais une défaite plus désastreuse que celles de Poitiers ou de Pavie.

Pendant que toutes ces graves préoccupations se débattaient entre les puissants ou plutôt entre les faibles de la terre (car ces rois qui devaient s'en aller chacun à leur tour et mourir en exil à Goritz ou à Claremont n'étaient-ils pas parmi les le plus faible des hommes ?), moi qui avais eu presque autant de peine à conquérir ma meule de paille que Louis-Philippe en avait eu à conquérir son trône, je dormais certainement mieux sous mon toit de paille que le roi sous son dais de velours. Vers quatre ou cinq heures du matin, je fus réveillé par une fusillade bien soutenue ; les balles sifflaient les unes sur les autres et les fiacres qui devaient nous servir de barricades contre l'attaque des Suisses et des Gardes Royales s'enfuyaient dans toutes les directions à travers la plaine au galop de leurs chevaux. C'était une fausse alerte ! Bonté divine! que se serait-il passé si l'alarme avait été réelle ? C'est ce qui s'était passé. Quelques hommes avaient tiré leurs fusils en s'enfuyant de Rambouillet, et le camp crut que le combat avait commencé : il se leva à demi endormi et tira au hasard ; le premier réflexe de tout homme qui a un fusil à la main est de s'en servir, d'où les tirs et les tirs croisés qui m'ont réveillé. Finalement, tout fut expliqué et éclairci, et il n'en résulta rien de pire qu'un homme tué et deux ou trois blessés ; l'armée tonna une formidable *Marseillaise* et repartit vers Paris. Mais Delanoue et moi avons fait le voyage à pied : notre fiacre avait été un des premiers parmi les déserteurs et il nous était impossible de mettre la main sur lui. Je me souviens que nous sommes revenus jusqu'à Versailles à travers champs avec mes chers bons amis Alfred et Tony Johannot, tous deux morts avant l'heure, frères dans la mort comme dans la vie ! A Versailles, nous reprenons une calèche pour Paris.

Mais il faut raconter ce que sont devenus le général et l'état-major de l' *armée expéditionnaire de l'Ouest*. Pajol monta à cheval au premier coup de feu et traversa le milieu, essayant vainement de faire entendre sa voix au-dessus du brouhaha. Les balles pleuvaient autour de lui, mais il ne s'en souciait pas plus qu'il ne l'aurait fait s'il s'agissait de grêlons. Je lui ai rappelé un jour cet incident et je l'ai complimenté pour son courage et *son sang-froid*.

"Bah!" dit-il, cela aurait été une belle chose si un vieux soldat qui a traversé tous les bouleversements de l'Empire s'était aperçu d'un petit mur comme celui-là !

La tempête s'est calmée autour de lui comme autour de nous, mais tout le monde n'était pas aussi disposé que nous à battre en retraite : une partie de l'armée expéditionnaire ne voyait pas l'intérêt d'être venue pour rien à Cognières et décida de pousser vers Rambouillet. . Pajol soignait ces fanatiques avec un certain sentiment de terreur et envoyait Charras et Degousée à leur tête ; mais ces deux dirigeants comprirent bientôt combien il était désespéré de contenir ce flot humain et se laissèrent emporter par lui. Ils s'avancèrent jusqu'à la cour du château de Rambouillet, où le maire de la ville montra à voix basse, en secret, un wagon de munitions dont il avait remis les clés au maréchal Maison. Ce chariot contenait les joyaux de la couronne, évalués à quatre-vingts millions.

"Bien!" dit Charras : " il faut les confier aux soins du peuple ; c'est le seul moyen d'éviter qu'il ne leur arrive du mal. "

Ils concoctèrent un petit drapeau tricolore sur lequel ils inscrivirent en lettres noires « *Les joyaux de la couronne* » : ce drapeau, ils le plantèrent sur le chariot et là l'affaire s'arrêta. Ensuite, ils proclamèrent que quiconque souhaitait revenir en compagnie et garder les joyaux de la couronne pouvait voyager dans les carrosses du roi. Ce dispositif de Degousée devait les empêcher de mettre le feu à ces voitures. Mais une partie des volontaires préféra s'offrir le plaisir du tir et s'en alla dans le parc royal à la poursuite des cerfs, des biches et des biches. D'autres s'établissaient au château, faisaient de vastes orgies avec les débris trouvés autour des cuisines de l'ex-roi et buvaient les meilleurs vins dans les caves. Enfin, les plus raisonnables, ou peut-être les plus vaniteux d'entre eux, montèrent dans les voitures royales et les reconduisirent à Paris, avec au milieu le chariot contenant les joyaux de la couronne, traités avec autant de respect que les Israélites témoignaient au sacré. Arche. La comparaison est d'autant plus complète que tout homme imprudent qui aurait osé poser le bout du doigt sur cette arche moderne aurait, assurément, été tué et par un mode de mort bien différent de celui dont est mort le sacrilège qui a touché l'arche antique . L'ensemble du cortège était extraordinaire par les contrastes qu'il offrait entre les laquais en grandes livrées, les harnais magnifiques, les carrosses dorés et les hommes en haillons montant dans des voitures. Après avoir longé d'un pas lent et solennel le quai de Passy, le quai de Billy, le quai de la Conférence et le quai des Tuileries, il traversa le Carrousel et s'arrêta dans la cour du Palais-Royal. Inutile de dire que chacun de ces malheureux qui accompagnaient, escortaient et montaient la garde sur quatre-vingts millions de bijoux mourait de faim, n'ayant eu ce jour-là qu'une portion de pain envoyé la veille par le Préfet de Seine-et-Oise. Et comme ces chariots à pain avaient été pillés, certains n'avaient eu qu'une demi-ration et d'autres encore un quart seulement ; certains, aucun. Le lieutenant général descendit, les remercia, leur sourit et remonta.

"Par jupiter!" Charras s'écrie à Charles Ledru, il aurait pu nous inviter à dîner avec lui. Je meurs de faim, tout simplement !

"Eh bien, dit Ledru, allons dîner chez Véfour."

" Vous êtes très séduisant ! Mais je n'ai pas un sou... Avez-vous de l'argent ? "

"J'ai quinze francs."

"Oh ! alors *vive la Charte !* "

Ils allèrent joyeusement ensemble dîner chez Véfour, les bras autour de l'autre.

Le général Pajol, commandant en chef de l'armée expéditionnaire de l'Ouest, revint gaiement à Paris dans un carrosse qu'il avait récupéré à Cognières. Avant son départ, la caisse de l'Armée expéditionnaire avait été ouverte et M. Armand Cassan, le caissier improvisé, avait payé jusqu'au dernier sou le blé coupé, les volailles plumées, les œufs pris au nid, les fruits cueillis. et du vin bu.

A cent contre un, les paysans des environs de Cognières ne font pas une mauvaise chose de l'expédition de Rambouillet.

CHAPITRE V

L'idée d'Harel — On me propose de composer *La Parisienne*
— Auguste Barbier — Mon état moral après les Trois Jours
— Je me fais notaire — Petit déjeuner avec le général La
Fayette — Mon entretien avec lui — Une question
indiscrète — Le marquis de Favras — Une lettre de
Monsieur—Ma commission

Je dois avouer qu'à cette occasion je rentrai chez moi complètement battu, et si l'expédition la plus fascinante qu'on puisse imaginer m'avait été suggérée, elle ne m'aurait pas tiré de mon lit le lendemain. J'étais donc au lit quand Harel m'a appelé. L'idée qu'il m'a apportée d'une nouvelle pièce, qui, pensait-il, ferait fureur à Paris, était celle sur *Napoléon*. Rendons justice là où elle est due. Harel fut le premier des metteurs en scène de théâtre à avoir eu l'idée de faire quelque chose du grand homme qui nous avait tous fait payer cher : Harel ou plutôt Mademoiselle Georges. Car en effet, Mademoiselle Georges lui devait beaucoup ! Malheureusement, bien que cette idée me paraisse une splendide spéculation commerciale, elle ne m'a pas séduit du point de vue de l'art. Les injures que Bonaparte avait faites à ma famille m'inclinaient à être injuste envers Napoléon ; d'ailleurs, je ne croyais pas possible d'écrire un pareil drame sans exciter de mauvaises passions. J'ai donc refusé d'entreprendre cette tâche. Harel éclata de rire.

"Vous y réfléchirez mieux", dit-il.

Et il me quitta, comme Louis-Philippe avait quitté les Républicains, en fredonnant :

"Il ne faut pas dire : 'Fontaine....'"

Je dois dire aussi que cela m'a paru curieux, à une telle époque, que n'importe qui puisse rêver de prendre un stylo en main et d'écrire sur du papier pour faire un livre ou composer un drame.

Zimmermann m'a également contacté pour écrire une cantate à mettre en musique.

« Mon ami, lui dis-je, demande de faire cela pour toi à un homme qui n'a pas combattu, qui n'a rien vu des événements récents, un poète qui a une propriété dans le pays et qui, par hasard, a "

Il retrouve Casimir Delavigne, auteur de *La Parisienne.*

Mais, soudain, face à *La Parisienne* , et comme pour souligner le vide de cette poésie impériale, surgit *La Curée* , flambeau brandi par un poète inconnu. Ce chef-d'œuvre merveilleux, ce poème iambique, brûlant de la fièvre des combats et du soleil brûlant, où la Liberté passait d'un pas ferme, marchant à grands pas, le regard de feu et la poitrine nue, était signé Auguste Barbier. Nous l'avons tous salué avec joie. Voici un autre grand poète parmi nous ; un renfort qui nous est parvenu comme par une trappe au milieu des flammes, comme l'un des esprits qui participent à la scène de transformation d'une pantomime. Mais si les vers de Barbier et même de Hugo m'enthousiasmaient, ils ne m'incitaient pas à l'émulation : je me sentais si complètement indifférent à la prose comme à la poésie, que je compris qu'il fallait laisser à toute cette agitation politique le temps de s'apaiser en moi. . J'aurais aimé rendre quelques services à la France : je ne sentais pas que la crise était passée, je sentais qu'il y avait encore quelque chose à faire, dans quelque coin de notre grand royaume, et qu'une violente tempête n'aurait pas pu se calmer d'un coup. . Finalement, j'étais dégoûté, je dirais presque honteux, du désordre que Paris avait fait. J'ai essayé pendant deux ou trois jours de me lancer dans quelque chose en dehors de ma vie habituelle. En dehors de mon passé ou de mon avenir, j'aurais pu obtenir un autre poste au Palais-Royal, et demander telle ou telle mission, pour être envoyé en Prusse ou en Russie ou en Espagne ; mais je ne le ferais pas. J'avais juré de ne pas rentrer dans le palais, du moins de mon propre chef. J'ai donc tourné mes pensées vers la Vendée. Il y aura peut-être du travail à faire là-bas.

Charles X avait été pris d'une hésitation momentanée à Saint-Cloud ; M. de Vitrolles lui avait parlé de la Vendée, et il était à deux doigts de se lancer dans l'aventure. A Trianon, M. de Guernon-Ranville estimait qu'il ne restait au roi qu'une seule issue, celle de se retirer à Tours et de convoquer les deux Chambres et tous les généraux et hauts fonctionnaires publics et grands dignitaires du royaume. Charles avait sans doute écarté cette suggestion ; sans doute, il se dirigeait vers Cherbourg et allait s'embarquer pour l'Angleterre écrasé et abasourdi ; mais si les fantômes des victimes de Quiberon se soulevèrent et lui interdisèrent de se rendre en Vendée, cette province n'hésita pas à recevoir d'autres membres de sa famille.

J'ai donc estimé qu'il serait prudent, politique et humain d'influencer la Vendée dans une direction opposée. Peut-être aussi que je l'ai vu sous cet angle parce que je voulais voyager en Vendée. Je suis donc allé trouver le général La Fayette. Je ne l'avais pas revu depuis mon expédition à Soissons : il savait que j'avais aussi participé à celle de Rambouillet. Il a tendu les bras lorsqu'il m'a aperçu.

"Ah!" dit-il, "vous voilà enfin ! Comment se fait-il qu'après vous avoir vu pendant la lutte, je ne vous ai pas revu depuis la victoire ?"

« Général, dis-je, j'ai attendu que les affaires les plus pressantes soient terminées ; mais maintenant me voici et en qualité de mendiant.

"Viens maintenant!" dit-il en riant, c'est une préfecture que tu veux, à propos
?

"À Dieu ne plaise, non !... Je veux aller en Vendée."

"Pourquoi?"

"Pour voir s'il existe un moyen d'organiser une garde nationale."

"Connaissez-vous le pays?"

"Non, mais je peux tout apprendre."

"Il y a quelque chose dans votre idée", dit le général. "Viens petit-déjeuner
avec moi un matin et nous en discuterons."

« Ici, Général ?

"Certainement."

"Merci, Général... Et en même temps, puis-je vous demander de me dire
quelque chose ?"

"Quoi?"

"Dites-moi... Je vais vous poser une question bizarre, je sais, mais la chute
des Bourbons lui enlève la moitié de sa gravité... dites-moi comment cela est
arrivé, après s'être mélangé, comme je l'ai dit. sachez par Dermoncourt que
vous avez été... dans toutes les conspirations de Béfort, de Saumur et de la
Rochelle, vous n'avez encore jamais été arrêté.

La Fayette se mit à rire.

" Vous m'avez posé une question qui a déjà été posée plus d'une fois, et à
laquelle j'ai répondu que j'attribuais mon impunité à la chance ; telle a été ma
réponse à la question jusqu'ici ; mais maintenant, Dieu merci ! Je peux en
donner une autre. raison... Votre souhait, cependant, change le lieu de notre
petit déjeuner ensemble, et, au lieu de venir ici, venez chez moi.... Vous
connaissez mon adresse ?

"Tu ne te souviens pas que j'y étais il y a une semaine ?"

"Je vous demande pardon, c'est ce que vous étiez."

« Quand aura lieu le petit-déjeuner, Général ?

"Voyons... aujourd'hui, c'est le 5... et demain ? ou sinon, ce ne doit pas être
avant le 10 ou le 11."

— J'aimerais mieux demain, général ; j'ai hâte de partir. Ce sera donc demain
rue d'Anjou-Saint-Honoré ?

"Oui."

"À quelle heure?"

"Neuf heures... Il est tôt, je sais, mais j'aimerais être ici à onze heures."

"N'ayez pas peur, Général, je ne vous ferai pas attendre."

"Nous serons seuls, car je souhaite causer longuement et tranquillement avec vous."

"Vous m'accordez une double faveur, Général."

Une députation quelconque fut annoncée à ce moment-là et je me retirai.

Le lendemain, à neuf heures moins dix, je me présentai au n° 6 de la rue d'Anjou-Saint-Honoré. Le général m'attendait dans son bureau.

"Nous prendrons le petit déjeuner ici, si cela ne vous dérange pas. Nous aurons alors à portée de main certaines choses nécessaires à notre conversation."

J'ai souris.

Il m'arrêta net, voyant que j'allais renouveler ma question de la veille.

— Parlons d'abord de votre projet pour la Vendée.

"Volontiers, Général."

« Y avez-vous réfléchi davantage ?

"Autant je suis capable de réfléchir sur n'importe quel sujet, autant je suis un homme impulsif et peu enclin à la réflexion."

"Eh bien, alors, raconte-moi ta proposition."

"Ma proposition est que vous m'envoyiez en Vendée pour voir s'il est possible d'y organiser une garde nationale pour protéger cette partie du pays elle-même et pour s'opposer à tout complot royaliste, s'il en surgissait."

"Comment pensez-vous qu'il soit possible de préserver un pays royaliste des tentatives royalistes ?"

« Général, lui dis-je, là j'ai peut-être tort, mais écoutez-moi d'abord, car je ne crois pas que ce que je vais vous présenter soit entièrement dénué de raison, et ce qui vous paraît au premier abord impraticable. C'est néanmoins, à mon avis, au moins possible, bien que peut-être ce ne soit pas facile à réaliser.

"Continuez : je vous écoute."

« La Vendée de 1830 est une autre affaire que la Vendée de 1792 : la population était autrefois exclusivement composée de nobles et de fermiers ; elle s'est accrue depuis lors d'une nouvelle classe sociale, qui s'est insérée entre les deux autres, à savoir celle des propriétaires des domaines nationaux. Or, ce grand ouvrage de partage territorial, qu'il en ait été l'intention réelle, ou qu'il soit le résultat de mesures amenées par la Convention, comme on voudra, a eu beaucoup de peine à s'imposer dans le monde. pays en question, en raison de la double influence des prêtres et de la noblesse, et surtout en raison de ce terrible facteur de désintégration qu'est la guerre civile, et il y avait peu de grands propriétaires fonciers qui ne laissaient pas quelques restes de leur héritage entre les mains des la révolution.

"Eh bien, général, ces restes sont allés former une classe secondaire de propriétaires terriens qui sont possédés d'un esprit de progrès et de liberté, parce que seuls le progrès et la liberté peuvent leur assurer la tranquille possession de leurs domaines, droit auquel tout La révolution réactionnaire pourrait remettre en question. N'y avez-vous pas pensé vous-même, Général ? C'est justement cette classe secondaire qui nous a envoyé depuis 1815 des députés patriotes, et elle s'est réjouie de la Révolution de 1830, parce qu'elle se considérait comme une révolution ; descendant de la Révolution de 1792, quoique représentant mutilé, c'est cette classe qui, voyant dans la Révolution une nouvelle consécration de la vente des biens nationaux, doit donc la soutenir par tous les moyens. vous, Général, quel meilleur moyen pourrait-elle le soutenir que par l'organisation d'une Garde nationale, chargée de veiller à la tranquillité du pays, et qui, composée d'une classe assez nombreuse pour obtenir la majorité aux élections, sera naturellement aussi être suffisamment puissant pour imposer la paix au pays par la force armée ? Vous voyez, Général, que mon plan est comme une solution en algèbre, aussi substantielle que soit tout problème basé sur des chiffres, logique dans son idée et, par conséquent, possible d'exécution.

« Ha, ha ! mon cher poète, dit La Fayette ; "donc nous faisons aussi de la politique, n'est-ce pas ?"

« Général, répondis-je, je crois que nous sommes arrivés à une crise de la genèse sociale, à laquelle tout homme est appelé à contribuer, soit par ses forces physiques, soit par ses facultés mentales, soit matériellement, soit intellectuellement : le poète avec sa plume, le peintre avec son pinceau, le mathématicien avec sa boussole, l'ouvrier avec sa règle, le soldat avec son fusil, l'officier avec son épée, le paysan avec sa voix. Eh bien, j'apporte donc ma contribution de poète : ma part est le désir. faire le bien, méprisant le danger, espérant le succès, à vrai dire, je ne m'estime pas plus grand que je ne le suis réellement. Ne m'estime pas à ma propre estimation, mais à la vôtre.

"Bien !... après le petit déjeuner, vous aurez votre lettre."

Nous nous sommes mis à table. Le général La Fayette avait un esprit charmant, juste et sensé : il péchait par excès de bonté, mais non par manque d'habileté ; il avait vu beaucoup de choses, ce qui compensait son manque de connaissances littéraires. Pensez à ce que cela a été pour un jeune homme comme moi de parler face à face avec l'histoire d'un demi-siècle, pour ainsi dire ; avec celui qui avait connu Richelieu, serré la main du major André, discuté avec Franklin, été l'ami de Washington, l'allié des tribus indigènes du Canada, le frère de Bailly, l'un des dénonciateurs de Marat, l'homme qui sauva la la vie de la reine, l'antagoniste de Mirabeau, le prisonnier d'Olmütz, le représentant à l'étranger de la chevalerie française, le défenseur de la liberté en France, celui qui est devenu un héros en proclamant les droits de l'homme dans la Révolution de 1789, et s'est de nouveau fait un héros. personnalité marquante par la part qu'il prit dans le programme des affaires de l'Hôtel de Ville lors de la Révolution de 1830 ! Hélas! J'ignorais terriblement l'histoire à cette époque, et mon admiration pour le général était tellement celle d'un amateur qu'elle ne pouvait guère lui être flatteuse. Cette conversation mondiale nous a amené peu à peu au dessert et nous a naturellement ramenés au sujet suggéré par ma question.

"Maintenant, général, lui demandai-je, est-ce que ce serait impertinent de ma part de répéter ce que j'ai dit hier ? Comment se fait-il qu'après avoir participé à toutes les conspirations de Béfort, de Saumur et de la Rochelle, vous n'ayez jamais été mis en difficulté ? »

Le général se leva, se dirigea vers un secrétaire, l'ouvrit, en sortit un portefeuille verrouillé et en sortit un papier qu'il gardait dans le creux de sa main gauche ; sur ce, il revint et se rassit à table.

"Avez-vous déjà entendu parler d'un nommé Thomas de Mahi, marquis de Favras ?" il m'a demandé.

"N'était-il pas le chef d'un complot exécuté en 1790 ou 1791 ?"

" Précisément le même... Il fut le premier et le dernier noble qui fut pendu. Il complota pour Monsieur le frère du roi, et essaya d'enlever aux Tuileries le pauvre Louis XVI, soit de gré ou de force, et de transportez-le dans quelque place fortement fortifiée, afin de faire nommer Monsieur régent.

"Monsieur, qui est devenu depuis Louis XVIII?"

" De même... Eh bien, le soir du jour de Noël 1789, M. de Favras fut arrêté ; tous les papiers qu'il avait sur lui furent saisis et, comme j'étais commandant en chef de la garde nationale, on apporta Je les ai envoyés. Parmi ces papiers, il y avait cette lettre.

Je dépliai avec un frisson d'aversion le papier que je croyais, d'après ce que m'avait dit le général, avoir été tiré de la poche d'un homme jugé, condamné à mort, exécuté et poussière depuis quarante ans . J'aurais peut-être épargné mes sentiments, car le papier n'était qu'une copie, pas l'original. Voici le contenu : -

> "1er *novembre* 1790
>
> " Je ne sais, monsieur, à quoi vous emploierez le temps et l'argent que je vous envoie. Le mal devient de pire en pire ; l'Assemblée continue d'enlever quelque chose au pouvoir royal ; que restera-t-il si vous retarder ? Je vous l'ai dit souvent, et par écrit aussi, que ce n'est pas à coups de pamphlets, de tribunes payées et en soudoyant quelques misérables partis politiques que vous parviendrez à écarter Bailly et La Fayette ; ils ont incité le peuple à l'insurrection : il lui faut une autre insurrection pour le corriger et l'empêcher de rechuter. Ce plan a en outre l'avantage d'intimider la nouvelle Cour et de faire destituer un roi de paille lorsqu'il est en place ; Metz ou à Péronne, il doit abdiquer. Toutes ces choses que nous désirons sont pour son bien ; puisqu'il aime la nation, il sera ravi de la voir bien gouvernée au bas de cette lettre pour deux cent mille francs.
>
> .
>
> "LOUIS-STANISLAS XAVIER"

"Ah! en effet," dis-je. "Je commence à comprendre. Mais pourquoi n'avez-vous que la copie et pas l'original ?"

" Parce que l'original, à la possession duquel j'attribue mon impunité, est à Londres entre les mains d'un de mes amis, grand collectionneur d'autographes, qui le considère comme extrêmement précieux, et qui, j'en suis bien sûr, ne le perdez pas en France, ajouta le général en souriant, vous comprenez... il pourrait être perdu.

J'ai parfaitement compris. Je brûlais d'envie de demander l'autorisation de prendre une copie du duplicata. Mais je n'ai pas osé.

En temps voulu, je raconterai comment je suis maintenant en mesure d'en donner un exemplaire au lecteur.

Le général replia la lettre, la remit dans le portefeuille et les déposa toutes deux sur son bureau. Puis il prit un stylo et du papier et écrivit :

« M. Alexandre Dumas est autorisé à parcourir les départements de la Vendée, de la Loire-Inférieure, du Morbihan et du Maine-et-Loire, en qualité de Commissaire spécial , pour conférer avec les autorités locales de ces différents départements sur la question de la formation d'une garde nationale.

« Nous recommandons M. Alexandre Dumas, excellent patriote de Paris, à nos frères patriotes de l'Ouest. — Tous nos vœux.

LA FAYETTE

"6 *août* 1830"

Il me remit le papier qui constituait ma commission.

"M'autorisez-vous à porter une sorte d'uniforme, Général ?" J'ai demandé après l'avoir lu.

"Bien sûr," répondit-il; "faire faire quelque chose qui ressemble à un uniforme d'aide de camp."

"Très bien."

" Seulement, je dois vous prévenir que l'uniforme est la tenue la plus dangereuse qu'on puisse adopter pour parcourir la Vendée ; il y a beaucoup de haies et pas quelques ruelles profondes, surtout au Bocage, et un coup de fusil est bientôt envoyé ! "

"Bah ! Général, nous verrons ça quand nous y serons."

" Très bien ! c'est donc réglé, et tu comptes y aller ? "

"L'uniforme est confectionné directement, Général."

"Et tu correspondras directement avec moi ?"

"Bien sûr!"

"Alors partez et *bon voyage !* Je dois maintenant me rendre à la Chambre."

Il m'embrassa et je pris congé.

Depuis, j'ai souvent revu le vieillard noble, digne et excellent. Le lecteur le retrouvera chez moi lors d'une soirée que j'ai donnée, un bal costumé d'artistes, lui-même en costume, jouant à l'écarté avec Beauchesne, habillé en Charette, jouant ses enjeux avec Louis à l'effigie de Henri V, comme le vrai Vendéen qu'il était.

J'ai été étonné de retrouver, autant que je me souvienne, mot pour mot, l'affaire de la lettre originale de Favras, dans cet excellent et consciencieux ouvrage de Louis Blanc sur la Révolution. C'est à cet ouvrage que j'emprunte mon exemplaire, et j'y renvoie mes lecteurs s'ils désirent plus de détails sur le malheureux Favras, qui refusa Monsieur à La Fayette alors que celui-ci avait la lettre du prince dans sa poche et n'avait qu'à tirer pour prouver son caractère déshonorant.

CHAPITRE VI

Léon Pillet — Son uniforme — Susceptibilité soissonnaise
— Harel revient à la charge avec sa pièce — Je pars pour la
Vendée — La carrière — J'obtiens la grâce d'un monnayeur
condamné aux galères — Mon séjour à Meurs —
Commandant Bourgeois — Effet désastreux de les
tricolores au Bocage, de nouvelles preuves qu'une
gentillesse faite n'est jamais perdue

En traversant la place du Carrousel pour aller voir Mme Guyet-Desfontaines, que je n'avais pas encore remerciée pour son hospitalité pendant les jours périlleux de la Révolution, j'ai vu venir vers moi un homme que j'ai reconnu, et j'ai couru à la rencontre de mon bon ami Léon Pillet. Léon Pillet était un de mes meilleurs amis, et bien que son père, propriétaire du *Journal de Paris* , m'eût un peu taquiné sur *Henri III.* , c'était fait avec tant d'adresse et de si bon goût qu'au lieu d'en vouloir au vieux classiciste, je l'avais remercié. Mais en courant vers lui, j'étais plus préoccupé par le costume brillant que portait Léon Pillet qu'autre chose : il avait un shako à plumes tricolores flottantes, des épaulettes argentées, une ceinture argentée et un manteau bleu roi avec un pantalon assorti. Voici l'uniforme idéal pour un homme qui en recherchait un pour ses voyages en Vendée. Mon premier mot à Léon Pillet, après m'être renseigné sur sa santé, fut de lui demander dans quel corps il était officier, et quel était le charmant uniforme qu'il portait. Léon Pillet n'était officier dans aucun corps ; l'uniforme était celui d'un simple soldat de la Garde nationale à cheval, un uniforme que, je soupçonnais, il venait d'inventer et qu'il annonçait au monde sur sa propre personne. L'annonce a certainement produit son effet sur moi, car elle m'a beaucoup plu : je lui ai demandé l'adresse de son tailleur, et il me l'a donnée. Le nom du tailleur était Chevreuil ; il était un des meilleurs de Paris, et habitait alors place de la Bourse. Je me précipitai aussitôt à Chevreuil, et il me mesura, s'engageant à me fournir shako, épaulettes, épée et ceinture, et à les renvoyer tous chez moi pour le 9 ou le 10. Je suis revenu par le Pont des Arts. C'était la première fois que je passais devant l'Institut depuis que j'y étais en poste ; sa façade était criblée de balles et de balles, comme le visage d'un homme atteint de la variole. En entrant, je trouvai deux jeunes gens qui m'attendaient : à la gravité de leur salutation, je devinai qu'ils avaient un motif sérieux dans leur visite. Ils donnèrent leurs noms : l'un était M. Lenoir-Morand, capitaine des pompiers militaires, de Veilly ; l'autre était M. Gilles, de Soissons.

Je ne sais quel journal raconta mon expédition à Soissons d'une manière insultante pour la ville ; Je pense que c'était peut-être *le Courrier français* ; les deux Soissonnais avaient été blessés et ils en étaient venus à demander des explications.

« Messieurs, leur dis-je, je peux facilement vous expliquer la chose.

Ils s'inclinèrent.

"Voici ce que je vous propose. Afin de ne pas attirer l'attention du public sur ma personnalité très inférieure au milieu d'événements importants qui étaient en train de s'accomplir, je n'ai fait qu'un rapport verbal au général La Fayette sur mon expédition à Soissons. . Je vais dresser un procès-verbal écrit, qui est destiné à être publié au *Moniteur* ; si ce procès-verbal contient la vérité exacte *selon votre pensée* , vous le signerez au journal officiel avec la confirmation de votre. deux signatures, et l'affaire sera terminée. Si, au contraire, le rapport ne vous semble pas convenable, et qu'il n'est vrai que *d'après ma version des faits* , vous refuserez de le signer, bien que je le donne. vous remarquez que cela ne m'empêchera pas de le mettre au *Moniteur* ; mais le jour même il paraît que je serai à votre service, et je me battrai en duel avec celui de vous deux qui décidera... Cela vous satisfera-t-il ? "

MM. Lenoir-Morand et Gilles acceptèrent ma proposition.

Je m'assis là et puis à une sorte de bureau où je ne servais presque à rien, car j'avais l'habitude de travailler uniquement au lit, et, à toute vitesse de ma plume, je rédigeai un rapport contenant le compte rendu. des événements que j'ai relatés ici. Quand je l'eus fait, je le lus aux deux Soissonnais, qui le trouvèrent si exact qu'ils le signèrent tous deux sans faire une seule objection. Ce rapport, signé d'abord par moi-même et par Bard et Hutin, puis par MM. Lenoir-Morand et Gilles, peut-on lire dans le *Moniteur* du 9 août 1830. [1]

Ce point éclairci, je fis une longue visite à ma bonne mère, que j'avais un peu négligée au milieu de tous ces événements ; mais j'ai d'abord donné rendez-vous aux Soissonnais et aux Parisiens pour dîner ensemble chez les *Frères provençaux*. Ma pauvre mère avait appris qu'il se passait quelque chose à Paris, et attendait avec impatience que je vienne me dire que M. le duc d'Orléans avait des chances d'accéder au trône et me féliciter des avantages que l'avènement du nouveau roi lui apporterait. m'apporterait. C'était ma sœur, qui venait d'arriver de province pour me solliciter au nom de son mari, qui le lui avait dit. Pauvre mère ! Je me gardai bien de lui faire savoir que, loin de pouvoir faire quoi que ce soit pour favoriser la carrière administrative de mon beau-frère, la mienne était bien perdue dans le quartier du Palais-Royal.

Un messager est venu de Harel pendant que j'étais avec ma mère. Ce directeur obstiné m'a poussé par tous les moyens, ainsi que mademoiselle Georges, à écrire une pièce *de Napoléon* . Il s'attendait à ce que je discute des conditions, qui devraient être fixées par moi-même, a-t-il déclaré. Je fis dire à Harel que je partais pour la Vendée le lendemain ou le surlendemain ; que je réfléchirais profondément sur le sujet, et que, si j'y voyais l'étoffe d'un drame, je l'écrirais et le lui enverrais. Ce n'était pas du tout ce que voulait Harel, mais il devait se contenter de la promesse, aussi vague soit-elle. Il avait d'ailleurs à monter une pièce de Fontan intitulée *Jeanne la Folle*. Fontan fut naturellement libéré de prison après les journées de juillet, sans lesquelles il eût été enfermé à Poissy pendant dix ans, et il se pressait pour ses répétitions.

J'ai rendu des visites d'adieu à M. Lethière, ainsi qu'à M. de Louvain et à Oudard. Oudard voulait me retenir de force à Paris, ou plutôt m'envoyer à Saint-Pétersbourg avec M. Athalin, qui s'y rendait comme envoyé extraordinaire auprès de l'empereur Nicolas, disait-il. C'était là l'occasion même pour moi d'obtenir la croix de la *Légion d'honneur* qui m'avait manqué lors de la dernière promotion, malgré la lettre que M. le duc d'Orléans avait écrite à Sosthènes. Je remerciai Oudard et le priai de me considérer désormais comme n'ayant aucun rapport avec l'administration du duc royal. Oudard s'obstina avec acharnement à me faire renoncer à ma résolution, et je le quittai véritablement affligé de mon départ, dont il savait bien que c'était une rupture complète. Enfin, le 10 août, au lendemain de la proclamation de la monarchie de Juillet, j'entrai dans la diligence, très mécontent de ne pouvoir inventer un équivalent pour Paris des adieux que Voltaire avait fait à la Hollande. [2]

C'est ainsi que je partis le soir du 10 août dans le grand uniforme d'une garde nationale à cheval. Mon premier arrêt fut à Blois ; J'ai voulu visiter son château ensanglanté, et j'ai gravi les rues en forme d'échelles qui y conduisent. J'ai cherché en vain la statue équestre de Louis XII. sur la porte devant laquelle madame de Nemours pleurait, avide de se venger du meurtre de ses deux petits-fils ; J'entrai dans la cour et j'admirai cette enceinte quadrangulaire bâtie sous quatre règnes différents, chaque côté présentant un style d'architecture bien différent : l'aile bâtie par Louis XII, belle dans sa sévère simplicité ; celle de François Ier, avec ses colonnades surchargées d'ornementation ; L'escalier d'Henri III, à ajourés sculptés ; puis, pour protester contre les styles gothique et Renaissance, c'est-à-dire contre l'imagination et l'art, l'édifice froid et insipide de Mansard, que le concierge me montrait avec insistance, s'étonnait qu'on puisse admirer autre chose qu'elle dans cet endroit. merveilleuse cour ! La rapidité avec laquelle je l'examinais, l'espèce de grimace qui s'exprimait involontairement sur mon visage par la courbure insolite de ma lèvre inférieure, amenèrent sur les lèvres de l'honnête garçon un sourire de mépris que je ne tardai pas à justifier entièrement, en refusant. à en croire ses affirmations obstinées selon lesquelles il y avait un endroit particulier où le duc de Guise aurait été assassiné. Il est vrai que je découvris, hors de doute, à l'autre bout de l'appartement, qui était une salle à manger, un escalier secret par lequel le duc de Guise était sorti de la salle d'apparat ; le couloir qui menait à l'oratoire privé du roi ; et tout, jusqu'à l'endroit même où le duc dut tomber quand Henri III, pâle et suppliant, souleva le rideau de tapisserie et demanda à voix basse : « Messieurs, c'est fini ? car ce n'est qu'à ce moment-là que le roi aperçut le sang qui coulait dans le passage et vit que les semelles de ses pantoufles en étaient trempées ; puis il s'avança et donna un coup de talon au visage du pauvre cadavre, comme le duc de Guise avait à son tour donné un coup de pied à l'amiral le jour de la Saint-Barthélemy, puis se reculant, comme effrayé de son état. courage, dit-il : « Bon Dieu ! qu'il est grand ! Il paraît plus grand couché que debout, mort que vivant ! [3]

Cependant, tandis que je me souvenais de ces choses, le concierge s'efforçait avec ténacité de me ramener à sa façon de penser.

"Mais, monsieur, il n'y a que vous et un grand et beau monsieur nommé M. Vitet qui aient jamais cru ce que je dis", dit-il.

Puis il me montra la cheminée où les corps du duc et du cardinal avaient été coupés en morceaux et brûlés ; la fenêtre par laquelle les cendres des deux corps avaient été dispersées au vent ; les oubliettes faites par Catherine de Médici, profondes de quatre-vingts pieds, avec leurs lames d'acier tranchantes comme des rasoirs, leurs fers à crampons pointus comme des lances, si nombreuses et si artistiquement disposées en spirales qu'un homme tombé d'en haut serait une créature en L'image de Dieu juste avant de tomber, mais, perdant un morceau de chair ou un membre de son corps à chaque impact, ne serait plus qu'une masse informe et découpée au moment où il atteindrait le fond, sur laquelle de la chaux vive serait jetée le lendemain. jour afin de consommer les restes. Et tout ce château, palais royal des Valois, avec ses souvenirs d'assassinats et ses merveilleux trésors d'art, était maintenant la caserne des cuirassiers, qui chancelaient en buvant et en chantant ; qui, dans leurs transports d'amour ou de patriotisme, grattaient avec la pointe de leurs longues épées quelque charmant morceau de sculpture de Jean Goujon pour écrire sur le bois ainsi raboté : « J'aime Sophie ! ou "Vive Louis-Philippe !" [4]

En quittant le château, je pris la malle-poste et j'arrivai à Tours le soir même. On ne pouvait parler là-bas que de l'arrestation de MM. de Peyronnet, de Chantelauze et de Guernon-Ranville ; une foule de détails concernant ces arrestations m'ont été contés avec une volubilité exultante, et qui seront donnés en temps et lieu. Je continuai mon voyage en bateau à vapeur, et arrivé aux Ponts-de-Cé je débarquai pour me rendre à Angers. J'avais ici un ami nommé Victor Pavie, un excellent jeune homme, chaleureux et vrai. Qu'est-il devenu maintenant ? Je n'en sais rien ; Depuis, je ne l'ai presque plus revu. En arrivant chez lui, j'appris qu'il était à une séance d'assises. On essayait un pauvre diable de Vendéen, de Beaupréau, qui avait argenté des sous républicains avec du vif-argent, et essayait de les faire passer pour des pièces de trente sous. Le but du pauvre malheureux en créant de la fausse monnaie était d'acheter de la nourriture pour ses enfants affamés. Dans toute la ville, on sentait un grand intérêt pour le prisonnier ; mais à cette époque, la sanction pour fausse monnaie était terriblement sévère : il ne s'agissait pas seulement d'avertir que les billets de banque portaient une inscription menaçant de mort quiconque tenterait de les contrefaire. Malgré la simplicité de ses aveux, les larmes de sa femme et de ses enfants, et la plaidoirie de son avocat, l'accusé fut condamné à vingt ou trente ans de travaux forcés. J'étais présent lorsque la sentence fut prononcée, et, comme tout le monde, je reçus ma part du coup qui frappa le pauvre malheureux. Pendant que j'écoutais cette sentence, qui, bien que sévère, n'était pas illégale, l'idée me vint que la Providence m'avait envoyé là-bas exprès pour sauver cet homme. Je revins chez Pavie, et, sans rien dire à personne, j'écrivis deux lettres : l'une à Oudard, l'autre à Appert. Je crois avoir déjà parlé d'Appert et avoir dit qu'il était aumônier des œuvres privées de la duchesse d'Orléans. Je leur exposai l'affaire et les priai de demander pardon au condamné : l'un du roi, l'autre de la reine. J'ai beaucoup insisté sur le bon effet politique que produirait un acte de clémence envers un Vendéen, à une époque où il y avait lieu de craindre des troubles de ce côté du pays. Je leur fis savoir à tous deux que je considérais ma pétition comme si juste que je resterais à Angers jusqu'à ce que j'obtienne une réponse favorable. En attendant, j'explorais toute la ville et les environs sous la direction de Pavie. Excellent garçon, Pavie ! Il me montra, avec une indignation très caractéristique de son amour national pour l'art, des ouvriers qui, sur ordre du préfet, sous la direction d'un architecte local, étaient occupés à transformer en consoles les figures grotesques de la cathédrale ! Ainsi ce que vous voyez maintenant, à votre grande satisfaction, si vous n'appréciez pas les merveilleuses figures grimaçantes que le Moyen Âge fixait à ses cathédrales, c'est un entablement romain soutenu par des consoles grecques sur le modèle de ceux de la Bourse, autre merveille moderne, un mélange de styles grec et romain, sans rien de français si ce n'est ses tuyaux de poêle. De plus, ils grattaient la cathédrale sans pitié, sans aucun respect pour la coloration brune que huit siècles avaient répandue sur sa surface ; et ce grattage lui donnait une pâleur maladive qu'on appelait « la rajeunir » ! Hélas! il faut vingt-cinq ans pour achever un homme : un bon royaliste suisse peut tirer sur lui, et alors il est tué ! Il faut six ou huit siècles pour colorer un édifice, et puis un architecte de bon goût arrive et le gratte !... Pourquoi les Suisses ne tuent-ils pas l'architecte ? ou pourquoi l'architecte ne gratte-t-il pas les Suisses ? Nous sommes descendus sur la promenade et je suis passé devant l'ancien château du Xe siècle, entouré de douves et flanqué d'une douzaine de tours massives, travail d'un peuple, asile d'une armée. "Ah!" dit mon pauvre Pavie en soupirant, ils vont le démolir... Ça gâche la vue !

Ce jour-là, je reçus une lettre d'Oudard m'annonçant que la grâce était accordée et que seules les formalités à accomplir auprès du ministre de la Justice retarderaient la libération du prisonnier ; je m'empressai donc de partager la lettre avec la personne la plus directement intéressée par son contenu, et, plus rien ne me retenant à Angers, je sautai dans une voiture qui passait, tant était grand mon désir de quitter une ville de destroyers vandales, et je fus conduit aux Ponts-de-Cé.

Pour épargner à Angers encore d'autres malédictions, disons qu'elle fut la ville natale de Béclard et de David. En chemin, nous traversâmes un long village, appelé, je crois, la Mercerie ; ils inauguraient un nouveau maire. Deux vieux canons usés, qui explosèrent par la bouche, nous saluèrent à notre entrée. Chaque maison arborait son drapeau et nous passions sous un dais tricolore. Le maire et toute sa famille étaient sur le balcon, et la jeune maire, qui, par affection pour son peuple, s'était approchée du bord de la terrasse, paraissait posséder une très belle paire de jambes ; Je ne peux pas parler pour son visage, car la position perpendiculaire qu'elle occupait par rapport à moi m'empêchait de l'apercevoir.

L'endroit que j'avais choisi pour mon centre d'opérations était une petite ferme appartenant à M. Villenave. J'ai déjà mentionné cette ferme; elle s'étendait entre Clisson et Torfou et s'appelait la Jarrie. Madame Waldor y vivait depuis trois ou quatre mois avec sa mère et sa fille. Mon projet était d'atteindre mon objectif en décrivant un grand cercle et en touchant Chemillé, Chollet et Beaupréau sur mon passage. Par ce moyen, quand j'arriverais enfin à la Jarrie, j'aurais déjà une idée de l'humeur du pays, et je saurais comment aller travailler sur les individus et aussi sur les peuples collectivement. J'avais l'intention de faire de petites étapes à la fois, de m'arrêter là où ma fantaisie me porterait, de partir aux heures qui me conviendraient et de rester quand il me plairait de rester. Il n'y avait donc pas d'autre moyen de transport à adopter que d'acheter ou de louer un cheval ; car il n'était pas question pour moi, en uniforme de garde nationale à cheval, d'aller à pied. Cet uniforme et un deuxième, qui était un costume de tir, constituaient toute la garde-robe que j'avais jugé utile d'emporter avec moi. J'ai loué un cheval à Meurs. Je m'y suis arrêté un jour pour visiter le champ de bataille des Ponts-de-Cé. Là, en 1438, les Angevins battent les Anglais ; et en 1620 le Maréchal de Créquy bat les troupes de Marie de Médici ; enfin, en 1793, les Républicains furent ici vaincus par les Vendéens, vaincus, quoique difficilement, puisqu'ils étaient Républicains. Cette défaite du 26 juillet 1793 fut grande, une défaite égale à celle qui rendit Léonidas immortel, et pourtant personne ne sait qui était le commandant Bourgeois. Quand j'ai la chance de tomber au cours de mon voyage sur un de ces noms oubliés, enfouis dans la poussière du passé, je le reprends et je souffle dessus jusqu'à ce qu'il brille bien devant mes contemporains. C'est à la fois mon droit et mon devoir, d'autant plus que Bourgeois est un de ces courageux héros de 93 qu'on calomnie quand on ne les oublie pas.

Après la déroute de Vihiers, tandis que notre armée tentait de se réorganiser à Chinon, Bourgeois, qui commandait le 8e bataillon parisien, celui qu'on appelait le bataillon lombard, reçut l'ordre de quitter Ponts-de-Cé et de occuper le rocher de Meurs. C'était une position odieuse : au nord, le rocher perpendiculaire, commandant un bras du Louet, petite rivière qui se jette dans la Loire ; à l'ouest, une petite plaine au terrain vallonné ; au sud, un ravin, au fond duquel coule l'Aubance ; de l'autre côté se trouvaient les hauteurs de Mozé, de Soulaines et de Derrée. Lorsqu'on campe dans cette plaine malheureuse, il n'y a aucune possibilité de retraite si l'on est attaqué de face et sur le flanc. Mais l'ordre était donné et il devait y obéir. Bourgeois et ses quatre cents hommes campaient sur le rocher de Meurs.

"Quel drôle de nom, la roche de Meurs, commandant !" » a fait remarquer l'un des soldats.

"Mon bon gars, c'est l'impératif du verbe *mourir* ", répondit Bourgeois.

"Qu'est-ce qui est donc un impératif ?"

"Je te montrerai le moment venu."

Les Vendéens débouchaient de la route de Brissac. Ils étaient douze mille, commandés par Bonchamp et appuyés par d'Autichamp et Scépeaux. Le bataillon lombard, comme nous l'avons dit, ne comptait que quatre cents hommes. Le combat a duré cinq heures. Lorsque les redoutes du camp furent emportées et que le camp fut pris d'assaut, d'Autichamp cria : « Arrêtez de tuer ! mais il y avait des prêtres dans les rangs vendéens qui criaient : « Ne faites pas de quartier ! Trois cent quatre-vingt-seize hommes ont péri dans le massacre ! Bourgeois se jeta dans la rivière avec ses trois hommes restants, deux de ces hommes furent tués dans la rivière à ses côtés et lui et son compagnon furent tous deux blessés. Mais, tout blessé qu'il soit, Bourgeois progresse par la route d'Angers et rattrape à *l'Image de Morus* le 6e bataillon de Paris qui s'enfuyait également. Il a rallié les fugitifs et les a arrêtés. A ce moment, le bataillon Jemmapes sortait d'Angers, et Bourgeois se trouvait à la tête d'un bataillon et demi. Il revient sur ses pas, attaque à son tour les chouans et les contraint à se retrancher dans le château et l'île. Un témoin oculaire m'a raconté que, pendant plus d'une lieue, on voyait des serpents rouges sur l'écume des flots de la Loire ! Des escadrons entiers étaient transportés par le fleuve jusqu'à l'océan. [5]

Je quittai Meurs, comme je l'ai dit, après y avoir passé une journée.

Lors de ce voyage à travers la Vendée, le même phénomène me revint une seconde fois que lors de mon excursion à Soissons : à savoir que plus la distance augmentait entre moi et Paris, plus je semblais m'avancer vers le pôle Nord. Mon uniforme excitait l'enthousiasme dans les environs de Paris et à Blois je trouvais encore des admirateurs ; à Angers, cela se réduisait à une simple curiosité ; mais à Meurs, à Beaulieu et à Beaumont, je tombai dans des régions glaciales et sentis que, comme La Fayette me l'avait prévenu, si cela durait plus longtemps, il y aurait quelque danger à passer à proximité de haies et de bosquets. A Chemillé, mon uniforme a failli provoquer une émeute. Comme je l'ai dit, j'avais avec moi une tenue de rechange ; c'était un nouveau costume de tir. Après les trois jours et le voyage à Soissons et l'expédition à Rambouillet, l'ancien n'était plus apte à être porté. Eh bien, ce costume était dans une espèce de longue valise dont un compartiment contenait mon fusil, qui fut démonté. Tout ce que j'aurais à faire serait alors de me dépouiller de mon uniforme de garde nationale, de le plier soigneusement et de le ranger dans mon porte-manteau, à la place de ma combinaison de tir, de le mettre sur mon dos et de continuer mon voyage, et , évidemment, les trois quarts des dangers que je pourrais courir disparaîtraient ; mais il me semblait que ce serait une lâcheté indigne de celui qui avait pris part aux combats de juillet. Je suis donc resté fidèle à mon uniforme et me suis contenté de brandir mon arme. Le lendemain, j'ai commandé mon cheval pour huit heures du matin. J'ai chargé ostensiblement mon fusil de deux balles (ce qui était une nouvelle imprudence), je l'ai passé en bandoulière sur mon dos et j'ai traversé la moitié de la ville au milieu d'un silence qui me semblait nettement menaçant.

Je ne voulais pas coucher à Chollet (il y avait à peine six lieues de Chemillé à Chollet), mais arriver à deux heures de l'après-midi et m'y arrêter jusqu'au lendemain matin.

A onze heures j'avais dépassé Saint-Georges-du-Puy, et à midi Trémentines ; enfin, vers une heure, j'approchai d'un endroit qui me paraissait dangereux (s'il y avait danger à l'étranger), car la route que j'avais à parcourir passait entre le bois de Saint-Léger et la forêt de Breil-Lambert. Je me demandais s'il valait mieux passer cette *malo sitio* , comme on dit en Espagne, au pas ou au galop, quand je crus entendre mon nom prononcé derrière moi d'une voix haletante. Dès que j'ai entendu mon nom appelé, je n'ai ressenti aucune peur de la personne qui le prononçait. Il était cependant peu probable que j'aie bien entendu. Mais je l'entendis maintenant répéter une seconde fois et plus distinctement que la première. Qui diable pourrait me connaître dans le département du Maine-et-Loire, entre Chemillé et Chollet ? Je tournai la tête de mon cheval dans la direction d'où venait la voix et vis bientôt un homme qui courait à bout de souffle du coin du chemin de Nuaillé, me faisant signe avec son chapeau que c'était lui qui m'appelait de m'arrêter. Il ne faisait plus aucun doute que l'homme souhaitait me rattraper et qu'il m'appelait ; mais que pouvait-il bien vouloir ? À mesure qu'il s'approchait, je distinguais son costume qui était celui d'un paysan. J'ai attendu, plus perplexe que jamais. L'homme courait aussi vite que ses jambes le permettaient, et, comme sa voix lui manquait par manque de souffle, il mettait de plus en plus d'expression dans ses gestes. Enfin il me rejoignit, et se jetant sur ma botte, il commença à me baiser les genoux.

Il était totalement hors de question de parler ; Je crois que s'il n'avait eu que cinquante mètres à parcourir, il serait tombé mort à son arrivée, comme le Grec de Marathon. Finalement, il reprit son souffle.

« Vous ne me connaissez pas, dit-il, mais moi, je vous connais : vous êtes M. Alexandre Dumas, qui m'a sauvé des galères !

Sur quoi il tomba à genoux et me remercia au nom de sa femme et de ses enfants.

J'ai sauté à terre, je l'ai pris dans mes bras et je l'ai embrassé. Après quelques instants, il s'est calmé.

" Ah ! monsieur, dit-il, quelle insouciance ! et quelle chance que j'ai été mis en liberté à temps ! "

"Que veux-tu dire?"

"Qui vous a conseillé de voyager en Vendée avec un tel uniforme ?"

"Personne... J'ai agi selon mes propres souhaits."

"Mais c'est un miracle que tu n'aies pas été tué avant ça !"

" Ah ! en effet ! alors vos Angevins sont-ils si mauvais que ça ? "

" Ce n'est pas qu'ils soient méchants, monsieur, mais on croit partout que vous voulez défier ce pays... J'ai été libéré hier soir à quatre heures, monsieur ; j'ai essayé de me renseigner pour savoir où je pourrais je vous retrouve pour vous remercier, et on m'a dit que vous aviez pris la route de Chollet. Aux Ponts-de-Cé, j'ai demandé de vos nouvelles, et on m'a dit que vous vous étiez arrêté un jour à Meurs : cela ne fait aucun doute, vous. on vous reconnaît facilement, et vous vous appelez *le monsieur tricolore* . A Meurs, on m'a dit que vous aviez loué un cheval, et que vous en étiez parti hier matin. Je ne me suis arrêté à Beaumont qu'au point du jour, je suis reparti : à dix heures j'arrivais. Chemillé, et vous aviez quitté le bourg à huit heures... J'ai appris d'ailleurs que votre visite y avait fait un très mauvais effet ; alors je me suis mis à courir à bout de souffle, et j'ai couru comme ça ; depuis dix heures du matin... Au moment où tu tournais le coin de Nuaillé je t'ai aperçu et reconnu ; c'est pourquoi je t'ai appelé... J'espérais te rattraper avant la forêt de Breil-Lambert, et, Dieu merci, j'ai réussi ! Mais voilà , mon cher monsieur... Au nom de notre Seigneur Jésus-Christ, ne vous exposez plus !"

"Pour quoi, mon ami?"

"Au danger d'assassinat."

"Bah!"

"Mais je vous dis qu'ils croient que vous êtes venu bouleverser la campagne."

"Eh bien, ils ont été mal élevés ! Et tant pis pour eux !"

" Laissez-moi vous précéder ou vous accompagner, monsieur ; et quand ils sauront que vous avez sauvé un Bocage des galères, vous pourrez aller où vous voudrez, habillé comme vous voudrez. J'en répondrai, sur la foi de un Chouan, qu'il ne t'arrivera aucun mal... aucun... On ne touchera pas un seul cheveu de ta tête. Me le laisseras-tu ?

Tout bien considéré, j'ai pensé que c'était la meilleure chose à faire.

"Arrangez les choses comme bon vous semble", dis-je.

" Ah ! c'est vrai ! Où vas-tu en ce moment ? "

"A la Jarrie, entre Clisson et Torfou."

"Vous n'êtes pas sur la bonne voie."

"Je le sais très bien, mais j'ai fait exprès un long chemin."

"Tu vas chez des amis ?"

"Oui."

"Eh bien, laisse-moi te conduire chez tes amis... Nous pourrons y arriver facilement après-demain. Reste une semaine avec eux; pendant ce temps-là, je ferai un si bon usage de mes pieds et de mes mains. que vous puissiez reprendre votre voyage... Êtes-vous d'accord ?

"Ma parole, oui... Je me livrerai entièrement à vos soins... Vous connaissez le pays, vous êtes un indigène ! Maintenant, s'il m'arrive un accident, ce sera sur vos épaules."

"Oui, monsieur, et à partir de ce moment je répondrai de vous devant votre ange gardien."

Deux jours plus tard, j'arrivais à la Jarrie, non seulement sans accident, mais de plus chargé de toutes sortes de bons vœux reçus tout au long de ma route, libéré de tout danger, grâce à l'histoire racontée vingt fois par mon homme, qui m'avait précédé. moi comme un héraut, racontant à tous ceux qui voulaient écouter son histoire, et même à ceux qui ne voulaient pas l'écouter, le service que je lui avais rendu. J'avoue avec un profond regret, confinant au remords, que moi, qui me souviens assez bien du nom de M. Détours, j'ai complètement oublié le nom de mon Vendéen.

---

[1] Voir première note en fin de volume.

[2] Voir note en fin de volume.

[3] Je dois dire, pour me rendre justice, que de récentes recherches archéologiques ont prouvé la justesse de mon opinion contre celle du concierge du château de Blois.

[4] Grâce aux efforts du roi Louis-Philippe, les cuirassiers ont été déplacés ailleurs depuis ma visite et le château a été magnifiquement restauré.

[5] Je renvoie les lecteurs, pour plus de détails, à ce curieux ouvrage de M. Fr. Grille, *La Vendée en 1793*.

CHAPITRE VII

Un avertissement aux sportifs parisiens. Clisson. Le château
de M. Lemot. Mon guide. La colonne vendéenne. La bataille
de Torfou. Deux noms omis. Piffanges, Tibulle et la Loire.
Gilles de Laval. Sa mort édifiante. Moyens pris pour graver.
un souvenir dans l'esprit des enfants

***

Le lendemain de mon arrivée à la Jarrie, j'enfilai mon équipement de tir et,
fusil à l'épaule et carnier au dos, je partis pour Clisson. Deux heures plus tard,
j'y arrivais, les cuisses déchirées par les ajoncs, les mains saignantes par les
ronces, sans avoir tué une seule alouette.

Voici un mot d'avertissement, en passant, aux Parisiens qui s'imagineraient
que la Vendée est encore un pays riche en gibier, et qui feraient le voyage de
cent vingt lieues dans cette croyance : J'y ai tiré pendant un mois, et je n'ai
pas élevé quinze perdrix ! En revanche, les vipères y pullulent ; on les
rencontre à chaque pas, et tout sportif devrait avoir un flacon d'alcali dans sa
poche.

Revenir à Clisson, que j'avais si hâte de voir que j'ai laissé mes excellents hôtes
pour la visiter le lendemain de mon arrivée. Eh bien, Clisson, qu'on m'avait
tant vanté, aurait été une ville fort jolie en Grèce ou en Italie, mais en France
et en Vendée elle ne l'était pas : il y a quelque chose d'incompatible entre les
ciels brumeux de l'ouest et le ciel plat. toits de l'Est, entre les jolies usines
italiennes et nos sales campagnes françaises. Le château de Clisson lui-même,
grâce aux soins de M. Lemot, le célèbre sculpteur, est si bien conservé qu'on
est tenté d'en vouloir à son propriétaire de n'avoir pas laissé une seule toile
d'araignée ramper sur ses murs. Cela faisait penser à un vieil homme maquillé
les jours de rasage, avec de fausses dents, de faux cheveux et du fard à joues.
M. Lemot dépensa des sommes énormes pour produire un effet pittoresque
et ne fit qu'une anomalie ; et cette anomalie était illustrée avec d'autant plus
de force par la présence du drapeau tricolore flottant sur la ruine du XIe
siècle : le maire ne permettait pas qu'il soit placé sur la tour de l'horloge. Le
parc est comme tous les autres parcs existants, comme Ermenonville ou
Mortefontaine : une rivière, des rochers, des grottes, des statues et des
temples aux Muses, à Apollon et à Diane. Au lieu de tout cela, imaginez des
deux côtés de la vallée des chaumières groupées là où se dressent les temples,
les unes semblant gravir le flanc de la colline et d'autres la descendre,
disséminées çà et là selon la fantaisie ou la convenance de leurs propriétaires
; la rivière qui coule au fond du ravin, et, au sommet de la colline, le château
: une vieille ruine déchirée par des fissures, entourée de pierres que le temps
a fait rouler comme des feuilles mortes autour du tronc d'un chêne. Ajoutez

à cela ses souvenirs anciens d'Olivier de Clisson et ses souvenirs modernes des Chouans et des Bleus ; la voûte qui servait de donjon aux barons, et le puits qui forme tombeau de quatre cents Vendéens, et, si vous avez l'esprit romantique, vous aurez de quoi nourrir des siècles de contemplation.

M. Lemot avait fait tout ce qu'il pouvait pour tenter d'organiser une garde nationale à Clisson ; il avait déjà trouvé dix volontaires, qui étaient entraînés en secret par le quartier-maître et la gendarmerie. Ce quartier-maître était un excellent garçon ; mais il tenait pourtant extrêmement à m'arrêter : disant aux libéraux que j'avais l'air d'un chouan, et aux chouans que j'avais l'air d'un libéral ; la conséquence en était que la ville aurait été très contente de me voir emmené en prison. J'avais le choix d'une sauvegarde dans mon passeport, qui était parfaitement exact, et dans la lettre du général La Fayette. J'ai opté pour le passeport et je crois que j'ai été à juste titre inspiré dans ma décision. Je revins le soir même à la Jarrie, bien qu'on ne m'attendît que le lendemain et qu'on me reprochât terriblement mon imprudence ; ils ne pouvaient se remettre de leur surprise que je ne m'étais pas reposé pendant le voyage. Il fut décidé en conseil que je ne risquerais plus d'excursions sans mon guide, qui avait demandé quelques jours pour aller rendre visite à ses enfants et répandre dans les villages voisins le récit de son aventure, qui devait servir de récit. sauvegarde pour moi. Il réapparut à l'heure convenue et se mit à ma disposition, se rendant responsable de tout. Nous avons pris la route de Torfou. Mon homme s'était rendu intelligent lorsqu'il allait être condamné aux travaux forcés ; car le type de sa figure et le style de sa tenue étaient ceux d'un citadin, ce qui ne m'avait pas frappé auparavant ; mais il adopta le costume de la campagne en me servant de guide. Je l'examinai alors pour la première fois avec une certaine attention. Il avait conservé le type primitif du paysan de seconde race : par son front étroit, son visage sérieux et ses cheveux coupés en rond, il ressemblait à un paysan du temps de Charles le Gros. Il n'ouvrait guère la bouche, sauf pour désigner quelque point topographique à droite ou à gauche...

"C'est ici que les Bleus ont été vaincus !"

Je ne crois pas qu'il ait entrepris grand-chose en me promettant sa protection, car, quoique gracié du roi Louis-Philippe, ce brave homme était un chouan jusqu'au bout des doigts. D'ailleurs, à ses yeux, c'était moi qui lui avais pardonné et non pas du tout le roi.

A un quart de lieue de Torfou, au milieu d'un espace fait de quatre carrefours, s'élevait une colonne de pierre de vingt pieds de hauteur, presque sur le modèle de celle de la place Vendôme. M. de la Bretèche le fit ériger à ses frais à l'époque de la Restauration. Quatre noms en lettres de bronze, enfermés dans une couronne du même métal, y étaient inscrits, chaque nom faisant face à l'une des quatre routes dont ce pilier forme le rendez-vous : les noms sont ceux de Charette, d'Elbée, Bonchamp et Lescure. J'ai demandé une explication à mon guide.

"Ah!" dit-il, dans sa langue, entrecoupé de vieux mots qui semblaient lui revenir à mesure qu'il marchait sur le sol immortalisé par ces vieux souvenirs, "car c'est ici que Kléber et ses *trente-cinq mille Mayençais* furent battus par les Chouans." [1]

Alors il éclata de rire et, joignant ses deux mains, imita le cri du petit-duc.

Je me trouvais à l'endroit même où s'était déroulée la fameuse bataille de Torfou.

Puis des souvenirs dignes d'un fils de républicain me vinrent à l'esprit, et c'était maintenant mon tour de raconter et celui du paysan d'écouter.

"Oh oui!" Je me suis dit en regardant l'inscription gravée sur la colonne : « 19 septembre 1793 ». Oui c'est ça."

Puis j'ai tourné mon regard vers les villages alentours de Torfou, Buffière, Tiffanges et Roussay.

« Oui, continuai-je, tout cela était en flammes et formait un cercle de feu à l'horizon lorsque Kléber arriva avec l'avant-garde de l'armée de Mayence et cria à ses trois mille hommes le commandement : « Halte ! Au combat. !' Car, outre le bruit de l'incendie, un autre bruit fort, comme le piétinement des feuilles et le bris des branches, se faisait entendre de plus en plus près, sans que l'on aperçoive rien sur les chemins qui convergeaient vers le centre de la forêt, que les Vendéens. Ils le savaient bien, ils se rapprochaient lentement ; tantôt ils étaient obligés de ramper, tantôt de se frayer un passage avec leurs épées, pourtant leur ligne se rapprochait de plus en plus et diminuait chaque minute la distance qui les séparait de leurs ennemis. ils atteignirent si près la lisière du bois qu'ils purent voir l'armée, agitée mais résolue, à portée de feu et chacun put repérer son homme avant de tirer. une ligue s'éteignit, puis se releva, avant qu'on pût dire contre qui et comment ils pourraient le mieux se défendre. Les Vendéens saisirent l'occasion que leur offrait ce moment de désordre et se précipitèrent sur les routes pour charger les Bleus. Trois mille hommes furent attaqués de quatre côtés différents par plus de trente mille, qui connaissaient la géographie du pays et luttaient pour leur foyer et leur foi ! Chacun des chefs dont le nom est inscrit sur cette colonne fit son apparition par la route vers laquelle pointe aujourd'hui son nom. Dès que nos soldats purent distinguer l'ennemi, leur courage revint. « Allez, mes braves gens ! cria Kléber en se jetant à leur tête ; « Donnons à ces mendiants du plomb et de l'acier à digérer ! Il chargea au hasard sur l'une de ces quatre routes, rencontra le corps d'armée de Lescure, le brisa comme du verre et, tandis que celui-ci tentait à pied , le fusil au poing, de rallier les habitants d'Aubiers, Courlé et Échauboignes, il se précipita vers son l'arrière-garde, qui avait suivi son action, et qui était encerclée par les trois corps dirigés par Ellbeé, Bonchamp et Charette. L'artillerie venait d'arriver : quinze pièces en position faisaient des trous à raison de six coups par minute dans la masse, qui se refermait bientôt ; trois charges de cavalerie vendéenne se précipitèrent l'une après l'autre sur les bouches d'airain et disparurent. Cela dura deux heures, Kléber poussant devant lui Lescure, qui ralliait toujours ses hommes. Kléber lui-même, pressé par les trois autres chefs vendéens, poursuivit vaillamment sa retraite, jusqu'à ce qu'une cinquième armée de dix mille hommes, dirigée par Donniss et la Rochejaquelein, vienne se jeter sur ses flancs, tirant à bout portant, tuant à chaque instant. coup dur, et finalement semé la confusion dans les rangs républicains. La tête de l'armée, toujours commandée par Kléber, atteint la Sèvre ; l'héroïque général s'empara du pont, le traversa et, appelant un quartier-maître nommé Schewardin, cria : « Arrêtez-vous ici et soyez tué avec deux cents hommes. « Oui, général ! » fut la réponse de Schewardin. Il a choisi ses hommes, a tenu parole et a sauvé l'armée ! »

" Oh ! oui, c'est comme ça que ça s'est passé, " répondit mon Chouan, " car j'étais là... Je n'avais pas encore quinze ans... Écoutez, monsieur, " continua-t-il en ôtant son chapeau et en soulevant ses cheveux pour me montrer une cicatrice qui sillonnait son front, « Je l'ai eu ici » — il frappa le sol avec son pied. — « Ici !... C'est un des aides de camp du général qui m'a frappé, tout à fait un jeune homme, presque aussi jeune que moi ; mais, avant de tomber, j'ai eu le temps de lui enfoncer ma baïonnette dans le corps et de tirer en même temps... Quand j'ai repris conscience, il était mort... nous étaient tombés les uns sur les autres... et tout autour de nous, sur un rayon d'une lieue, gisaient des Bleus et des Vendéens, de sorte qu'on ne savait où mettre le pied de peur de marcher dessus. Ils étaient enterrés là où ils étaient. était tombé, et c'est pourquoi les arbres ici sont si vigoureux et l'herbe si verte.

Je me tournai vers la colonne : rien n'y faisait mention du courage de Kléber et du dévouement de Schewardin, rien que ces quatre noms vendéens. J'oubliais où j'étais, car cette partialité me faisait monter le sang au visage.

"Je ne sais pas ce qui m'empêche de mettre une balle au milieu de cette colonne et de signer Schewardin et Kléber !" Dis-je à voix haute, en me parlant sans faire part à mon homme des réflexions qui ont conduit à ce monologue.

Je sentis mon guide poser une main tremblante sur mon épaule, et je me retournai ; il était très pâle.

« Pour l'amour du Seigneur, monsieur, dit-il, ne faites pas cela ; j'ai juré de vous en sortir sain et sauf, et si vous commettiez une pareille folie , je ne pourrais plus répondre à votre place. .. Savez-vous que ces quatre hommes sont nos dieux, et que tout paysan vendéen fait ici ses prières, comme aux stations de la Vierge que vous voyez à l'entrée de nos villages. Ne faites pas cela et méfiez-vous des haies ! "

Nous arrivâmes à Tiffanges sans dire un mot.

Tiffanges est une ancienne gare romaine. Pendant les guerres de César contre les Gaules, il y envoya Crassus, son lieutenant, avec la Septième Légion ; de là Crassus se rendit à Théowald, le Doué d'aujourd'hui, où il établit son camp. *Crassus adolescens cum legione septimâ, proximus jument Oceanum dans Andibus hiemârat* . [2] Cette région des Gaules ne fut jamais entièrement soumise aux Romains ; les rois Pictes s'y sont toujours battus pour leur liberté. A peine Auguste était-il monté sur le trône que le Bocage poussa un nouveau cri de guerre. Agrippa s'y rendit aussitôt, crut avoir soumis les habitants et retourna à Rome. De nouveau, ils se révoltèrent. Messala lui succéda et emmena avec lui Tibulle, qui, en sa qualité de poète, revendique une part des honneurs de la campagne :

> "Non sine me est tibi partus honos : Tarbella Pyrene Testis,
> et Oceani littora Santonici ; Testis Arar, Rhodanusque celer,
> magnusque Garumna, Carnuti et flavi, coerula lympha,
> Liger !"

— autant dire : « Vous n'avez pas gagné cet honneur sans moi. Témoin Tarbella les Pyrénées, et les côtes de l'Océan Santonique (Saintonge) ; souvenez-vous aussi de l'Arar (la Saône) et du rapide Rhône et de la large Garonne, et la Loire, les eaux bleues de la foire Carnute."

Peut-être aussi Tibulle suivit-il Messala de la même manière que Boileau suivit Louis XIV ; quant à la Loire, si elle était bleue au temps d'Auguste, elle a singulièrement changé de couleur depuis ce jour ! Tiffanges est en effet un lieu chargé de souvenirs de César, d'Adrien, de Clovis et des Wisigoths ; près du tombeau romain naît le berceau franc, comme on peut le constater clairement à travers l'histoire de vingt longs siècles. Le château, dont nous avons visité les ruines, semble être une construction du XIe siècle continuée au XIIe et achevée seulement à la fin du XIIIe siècle. Le célèbre Gilles de Laval, maréchal de Raiz, connu dans le pays sous le nom de *Barbe-Bleue* , habita ce château, et par sa manière de vivre donna naissance à une multitude de traditions populaires encore bien fraîches dans les pays voisins. villages. Enfin, comme il y a de la justice au ciel, et qu'un homme qui a pillé vingt églises, violé cinquante jeunes filles et s'est enrichi doit toujours mal finir, pour acquitter la Providence il faut savoir que ce Gilles de Laval a été brûlé dans le pré de Bièce, d'abord. étant décapité à la sollicitation de sa famille, qui avait une grande influence auprès du sire de l'Hospital, qui lui accorda cette faveur ; mais auparavant, le condamné avait prononcé un discours à la fin duquel , dit l'histoire, on n'entendait plus que des sanglots de femmes. L'histoire raconte aussi (mais comme c'est l'histoire, il ne faut pas y croire) que les pères et les mères de haut rang qui entendirent les dernières paroles de Gilles de Laval jeûnèrent trois jours pour lui obtenir le pardon divin, qu'il obtint sans doute. , puisque son confesseur était l'un des plus intelligents de l'époque. Cela fait, ces mêmes parents ont infligé un fouet à leurs enfants, sur le lieu de l'exécution, pour fixer dans leurs mémoires le souvenir du châtiment qui s'est abattu sur le grand criminel ! L'histoire oublie de nous dire si les enfants du XVIe siècle étaient aussi friands d'exécutions que ceux du XIXe.

---

[1] Le corps d'armée qui avait évacué Mayence et qui fut envoyé vers la Vendée n'était en réalité composé que de dix mille quatre cents hommes.

[2] *Commentaires* de César , I. iii. § 7.

CHAPITRE VIII

Le Bocage. — Ses chemins profonds et ses haies. — La
tactique des chouans. — Les chevaux et cavaliers vendéens.
— La politique vendéenne. — Le marquis de la Bretèche et
ses fermiers. — Les moyens que j'ai suggérés pour
empêcher une nouvelle chouannerie. — La pierre
chancelante. — Je quitte la Jarrie. — Adieux. à mon guide

J'ai bien entendu mis de côté du mieux que j'ai pu, jusqu'à présent, les détails
relatifs aux statistiques et à la topographie du pays ; mais il faut y arriver un
jour. Aux portes de Tiffanges, on aperçoit d'abord la Vendée avec son pays
vallonné, qui nous fut si désastreux lors de la guerre des Chouans.

Qu'il me soit permis de reproduire ici une partie du rapport que j'ai soumis
au général La Fayette à mon retour à Paris, rapport qui, comme on le verra
plus loin, fut également soumis à l'inspection du roi Louis-Philippe :

"... D'abord, le mot *Vendée* , politiquement parlant, couvre
une superficie beaucoup plus vaste qu'il ne l'est
topographiquement. Et cela parce que le nom d'un seul
département baptisait une guerre qui s'étendait en réalité sur
quatre départements. Ainsi , sous le nom collectif de
Vendée étaient inclus les départements du Maine-et-Loire,
du Morbihan, des Deux-Sèvres et de la Vendée. Aucune
autre partie de la France ne ressemble à la Vendée, c'est un
pays tout à fait unique. J'en reparlerai plus tard en temps
voulu. Les autres voies de communication, et par
conséquent celles du commerce, sont constituées de voies
de quatre à cinq pieds de largeur, bordées de chaque côté
par des talus escarpés, couronnés de ruelles. une haie vive
taillée à hauteur d'homme, et tous les vingt mètres se
dressent des chênes dont les branches entrelacées forment
une tonnelle au-dessus de la route. Des haies délimitant les
champs privés les coupent à angle droit çà et là, formant
ainsi des espaces clos qui ne consistent presque jamais. de
plus d'un ou deux acres, toujours de forme oblongue.
Chacune de ces haies n'a qu'une seule ouverture, appelée
échalier , qui est quelquefois une espèce de porte comme
celles qui enferment les bergeries ; le plus souvent, il est
fabriqué à partir du bois des haies elles-mêmes et, placé dans
la haie, il n'a pas d'apparence différente des haies elles-
mêmes aux yeux d'un étranger, surtout en hiver. L'indigène

se dirige tout droit vers cet obstacle qu'il connaît, mais d'autres personnes doivent généralement parcourir les quatre côtés des champs avant de pouvoir découvrir l'issue. Ces haies expliquent bien la tactique employée dans la guerre de Vendée : tirer avec précision sans être vu ; voler lorsque le coup a été tiré à travers l'ouverture sans risquer d'être touché. D'ailleurs, à l'exception de la belle harangue de la Rochejaquelein : « Si j'avance, suivez ; si je recule, tue-moi ; si je meurs, venge-moi ! les chefs ne prononçaient presque jamais, avant la bataille, d'autres mots que ceux, plus simples et même plus clairs, à l'intention des paysans : « Egayez-vous, mes gars ! ce qui signifiait : « Faites-vous rares, mes gars ! Alors chaque bosquet cachait un homme avec son fusil, devant, derrière, de chaque côté de l'armée qui avançait ; les haies flambaient, les balles sifflaient et les soldats tombaient avant d'avoir eu le temps de découvrir de quel côté venait la tempête de feu ! Enfin, fatigués de voir leurs morts entassés au fond de ces défilés, les Bleus s'élançaient dans tous les sens, escaladaient les talus, escaladaient les haies et, perdant au passage la moitié de leurs hommes, arrivaient au sommet, seulement pour voir un arrêt brusque des tirs : tout avait disparu comme par magie, et on ne voyait plus, de loin ou de près, qu'un pays aussi joliment tracé qu'un jardin anglais, et çà et là un toit d'ardoise pointu. tour, perçant les cieux brumeux de l'ouest, ou le toit rouge d'une ferme se détachant sur un fond vert de chênes, de hêtres et de noyers. Ces ruelles ou, à proprement parler, défilés, qui au premier abord ne semblent avoir été creusés que par les sabots des bœufs, sont des escaliers naturels formés par les inégalités du terrain, sur lesquels seuls les petits chevaux du pays peuvent marcher d'un pied sûr. Il faut dire un peu de ces chevaux et de la manière de les conduire. En été, les ruelles sont assez pittoresques, mais en hiver elles sont impraticables, car la moindre pluie transforme chacune d'elles en lit de torrent, et alors, pendant près de quatre mois de l'année, la communication s'établit à pied et à travers la campagne. Mais revenons aux chevaux. Le plus habile maître d'équitation de Franconi se trouverait désavantagé, je crois, s'il était perché sur une de ces énormes selles bretonnes, qui s'élèvent du milieu du dos de l'animal comme une bosse de dromadaire. Et quant à l'animal lui-même, le cavalier pourrait imaginer qu'il pourrait le guider à l'aide de la bride et des genoux ; mais il s'apercevrait bien vite que les jambes du cavalier vendéen ne servent qu'à conserver son équilibre, et que la bride ne sert qu'à arrêter sa monture en le retenant fortement des deux mains. Mais après un peu d'exercice, il apprendrait à s'aider lui-même du gourdin, et c'est ce qui remplace, dans l'équitation bretonne, l'usage des genoux et de la bride. Pour faire tourner le cheval vers la droite, il faut le frapper sur l'oreille gauche avec le gourdin, et *vice versa* ; et de cette manière, qui simplifie énormément l'art des Larives et des Pellier, on guide l'animal par des chemins qui donneraient le vertige à un Basque !

« Cette image cependant des voies et des cavaliers qui les fréquentent commence à changer dans les départements de la Vendée et de la Loire-Inférieure, où Bonaparte fit couper des routes ; mais elle reste exacte en ce qui concerne le département des Deux- Sèvres et surtout la moitié sud du département du Maine-et-Loire.

" C'est donc dans ces dernières parties du pays que les hommes politiques vendéens se sont réfugiés. Là, l'opposition à toute forme de gouvernement libéral est énergique et flagrante. Heureusement, comme par défi, la civilisation les a entourés d'une ceinture de La commune libérale, qui part de Bourbon Vendée, traverse Chollet, Saumur et Angers, reparaît à Nantes et débouche même sur la Vendée même, à Clisson, qui est une sorte d'avant-poste abandonné d'où l'on pouvait donner l'alarme en cas d'insurrection. Une seule route traverse ce pays à un angle, en forme de Y ; la queue représentant la route de Chollet à Trémentines, et les deux bifurcations, celles de Trémentines à Angers et Saumur, cette dernière route n'est même pas un affichage. La Vendée se compose donc aujourd'hui d'un seul département, sans issue d'attaque ni de fuite.

« Quatre classes d'individus bien distinctes s'activent au milieu de cette fournaise politique : les nobles ou *gros* , le clergé, la bourgeoisie et les paysans ou fermiers.

« La noblesse est totalement opposée à toute forme de système constitutionnel ; son influence est pratiquement mauvaise auprès de la bourgeoisie, mais elle a une immense influence sur les métayers qui sont presque tous à sa solde. Par exemple, en voici un exemple : Le marquis de la Bretèche possède à lui seul cent quatre fermes ; supposons que chaque ferme ne contienne que trois hommes capables de manier un fusil, un mot de lui mettra en action trois cent douze paysans armés !

« Le clergé partage les opinions des nobles et a une plus grande influence encore par ses chaires et son confessionnal.

« La bourgeoisie est donc l'intérieur du triangle formé par la noblesse qui fixe ses lois, le clergé qui les prêche et le peuple qui les accepte.

« Ainsi la proportion de libéraux dans ce département (je parle de l'intérieur) est à peine de un sur quinze : le drapeau tricolore est introuvable, malgré l'ordre formel du préfet ; et les curés ne scandent pas la *Domine. salvum* sauf sous commandement spécial de l'évêque.

« Le mât sur lequel était apposé le drapeau blanc existe toujours, et par sa nudité agit comme une protestation contre le drapeau tricolore ; mais les prêtres recommandent du haut de leurs chaires qu'on prie pour Louis-Philippe, *car il doit inévitablement être assassiné.* Ainsi l'agitation continue sans cesse. Elle est entretenue par des réunions de quarante à cinquante nobles, qui ont lieu une ou deux fois par semaine, soit aux Lavoirs, soit aux Herbiers, soit à Combouros. Moyens dont ils se servent pour exciter le peuple. c'est la rétention des journaux, qui ne sont apportés que par des agents spécialement désignés, la poste ne passant que par Beaupréau, Chemillé et Chollet. Parmi les villes et villages qui ne cachent pas leur espoir d'une nouvelle insurrection, il faut compter en premier lieu. , ceux de Beaupréau, Montfaucon, Chemillé, Saint-Macaire, le May et Trémentines. Le cœur de la révolution royaliste est centré à Montfaucon ; s'il s'éteignait dans toute la France, le pouls de la guerre civile battrait encore ici. Une révolution éclaterait infailliblement si le dauphin ou Madame apparaissait parmi le peuple, ou même un jour où la guerre serait déclarée entre la France et une puissance étrangère, surtout si cette puissance était l'Angleterre, et si, pour la troisième fois, il s'agirait de déverser des hommes et des armes le long de la côte, qui n'est qu'à dix ou onze lieues du département du Maine-et-Loire, où il est facile de faire entrer clandestinement des hommes et des armes par l'ouverture entre Clisson et Chollet. .

« Les éléments suivants nous semblent être le meilleur moyen de prévenir une insurrection :

"I. Pour construire des routes. En général, les gens ne voient dans une route tracée à travers la campagne qu'une facilité impraticable offerte pour l'extension du commerce. Le gouvernement, s'il a des vues libérales, y voit un moyen politique pour atteindre ses propres fins ; la civilisation suit le commerce. , et la civilisation de la liberté. Les relations avec les autres départements ôteront à celui à craindre sa sauvagerie primitive ; les informations fiables se répandront vite et les fausses nouvelles seront aussi vite démenties ; des bureaux de poste seront ouverts dans tous les chefs-lieux du district ; la gendarmerie sera établie en service régulier et actif ; puis, enfin, des troupes circuleront, en cas de besoin, dans tout le district d'une manière impressionnante. Les routes à faire dans le département du Maine-et-Loire partiront. Palet à Montfaucon, en passant par Saint-Crespin. A Montfaucon, la route se divisera en deux, l'une allant à Beaupréau par la Renaudière, Villedieu et la Chapelle-au-Genêt, l'autre se poursuivra jusqu'à Romagne, où elle rejoindra ; celui de Chollet via la Jarrie et Roussay. Le commerce qui naîtrait sur ces routes porterait sur les vins d'Anjou, les bovins de Bretagne et les linges de Chollet. A l'heure actuelle, on ne peut le faire qu'au moyen de wagons à bœufs qui ne se renversent pas, mais qui, à cause des mauvais chemins, doivent être tirés par un attelage de huit ou dix bêtes pour un seul wagon très-légèrement chargé ; ou bien les marchandises sont transportées à dos d'hommes. Ces routes devraient être construites par les ouvriers du pays lui-même, de manière à distribuer l'argent aux classes pauvres ; car les paysans connaissent les endroits où l'on peut se procurer le meilleur métal routier ; aussi parce que les nobles, dont l'intention positive est de s'opposer à l'ouverture de telles routes, soulèveraient facilement les paysans contre des ouvriers étrangers, qui toucheraient une paie que les indigènes considéreraient comme leur dû légitime ; parce qu'enfin les paysans choisis pour construire ces routes s'opposeraient eux-mêmes à toute tentative de la noblesse d'en empêcher l'exécution.

" 2. Transférer dans les villages de la Loire dix ou douze prêtres, en augmentant leurs traitements de quelques centaines de francs pour éviter qu'ils ne se présentent comme des martyrs, notamment ceux de Tiffanges, Montauban, Torfou et Saint-Crespin. Envoyer dans les paris ceux de à leur place, des prêtres en qui le gouvernement peut avoir confiance en toute sécurité. Ces prêtres n'auraient rien à craindre ; leur office sacré les protégerait des paysans, qui pourraient les détester comme hommes, mais respecteraient leurs soutanes.

« 3. Une grande partie des nobles qui se réunissent pour discuter les moyens de renouveler la guerre civile jouissent de pensions très considérables, que le gouvernement continue de leur payer ; rien ne serait plus facile que de les prendre sur le fait, et alors le gouvernement pourrait il était légitime de cesser de payer ces pensions, et de partager l'argent en proportions égales entre les vieux soldats vendéens et républicains, dont la haine mutuelle s'apaiserait peu à peu à mesure que les quarts de journée se succédaient.

« De cette manière, il n'y aurait plus aucune possibilité à l'avenir de nouveaux soulèvements vendéens, puisqu'au moindre éclat le gouvernement n'aurait qu'à tendre le bras et à disperser ses troupes le long des grandes routes pour séparer les rassemblements.

« Si l'on croit que ces hommes, éclairés dans leurs vues depuis 1792, sont arrivés au point de ne plus jamais se relever sous l'influence du fanatisme et de la superstition, ils se trompent étrangement ; même ceux que la conscription de Bonaparte arracha de chez eux et emmena dans le monde a peu à peu perdu ses lumières momentanées depuis qu'il est revenu à ses foyers et a repris son ignorance primitive. J'en citerai un exemple. J'étais allé chasser avec un beau vieux soldat qui avait servi une douzaine d'années sous Napoléon. Sur une colline près de la Jarrie se dressait une pierre d'une douzaine de pieds de haut, en forme de cône renversé, touchant la montagne par un de ses bords supérieurs et par sa base, aussi étroite que la couronne d'un chapeau, reposant sur un gros rocher ; bien que cette pierre pesât de sept tonnes et demie à dix tonnes, elle était si parfaitement équilibrée qu'un homme pouvait facilement la serrer avec sa main. Je pensais que c'était un monument druidique, mais sans me fier au faux. l'enseignement des hommes instruits, qui est si souvent bouleversé par la grossière simplicité des paysans, j'appelai mon compagnon et lui demandai ce qu'était cette pierre et qui l'avait posée là.

"'Le diable!' répondit-il avec une conviction qui ne semblait pas craindre le moindre démenti de ma part.

« Le diable, avez-vous dit ? » répétai-je avec étonnement.

« Oui », a-t-il répondu.

"'Mais pourquoi a-t-il fait ça ?'

"'Vous voyez d'ici le ruisseau de la Maine... là-bas, au fond de la vallée ?'

"'À la perfection.'

« Eh bien, vous pouvez distinguer un endroit où on pourrait le traverser sur des tremplins qui montent à la surface de l'eau, s'il n'y avait pas juste au milieu de ces pierres une brèche. »

"'Oui.'

"'Eh bien ! cet espace devrait être comblé par le rocher contre lequel nous nous appuyons maintenant.'

"'Il est certainement taillé de manière à s'intégrer exactement et à dissiper l'effet de manque de continuité causé par son absence.'

« Je ne comprends pas ce que vous voulez dire, répondit le paysan ; mais voici comment cela s'est produit. Le diable construisait un pont pour traverser la rivière afin de voler les vaches des paysans ; il l'avait terminé. tout sauf cette pierre qu'il portait sur son épaule, oubliant que le jour où il allait achever son ouvrage était un dimanche, quand tout à coup il aperçut le cortège de Roussay, qui l'apercevait aussi. Alors le prêtre fit le signe de la croix, et très vite la force de Satan commença à le quitter ; il fut obligé de poser la pierre ici et pour toujours, là où nous sommes, car il ne pourra plus jamais la relever. C'est pourquoi le pont est brisé et pourquoi cette pierre tremble.

"Comme cette explication valait une autre, j'étais obligé de m'en contenter, car si je lui avais donné ma propre version, elle lui aurait probablement paru aussi absurde que la sienne à moi."

Au bout de six semaines, grâce à mon guide qui m'accompagnait partout, je connaissais le pays aussi bien et peut-être même bien mieux qu'un de ses propres habitants, à la fois la Vendée d'autrefois et la Vendée. du futur. J'ai dit au revoir à Madame Villenave et à sa fille, j'ai embrassé la petite Élisa sur le front et je suis parti pour Nantes. La compagnie de mon Vendéen n'était pas nécessaire au-delà de Clisson, et je me séparai de lui après avoir essayé de lui faire accepter quelque récompense pour les services qu'il m'avait rendus ; mais il refusa obstinément, disant que, quoi qu'il ait fait ou qu'il puisse encore faire pour moi, il serait éternellement mon débiteur. Nous nous sommes embrassés et je suis parti, mais il se tenait là où je l'avais laissé, me faisant signe chaque fois que je me retournais. Je l'ai perdu de vue au détour d'un coin, et tout était fini entre nous. Je ne sais s'il est vivant ou mort, s'il m'a oublié ou s'il garde encore au fond de son cœur cette pierre précieuse qu'on appelle la gratitude, ou s'il l'a jetée si loin de lui qu'il ne pourra jamais la retrouver. encore une fois. J'arrivai à Nantes une heure et demie après l'avoir quitté.

CHAPITRE IX

La Révolution Nantaise – Régnier – Paimbœuf –
Propriétaires et voyageurs – Jacomety – Le Guadeloupéen
et sa femme – Tir aux mouettes – Axiome du tir aux oiseaux
de mer – Le capitaine de *la Pauline* – La femme et
l'hirondelle – Superstition des amoureux – Prendre les
voiles

Nantes, comme Paris, avait eu sa révolution ; c'est Raguse, qui avait donné
l'ordre de tirer sur le peuple ; et ses habitants, qui avaient écrasé Raguse. On
me montra des maisons presque aussi marquées que le Louvre ou l'Institut ;
la fusillade était si bien entretenue par les troupes royales qu'un jeune homme
nommé Petit avait reçu d'une seule décharge trois balles dans le bras, une
dans la poitrine et une blessure par balle jusqu'au visage ; ce dernier avait été
abattu depuis une fenêtre par un de ses compatriotes. Le blessé se remettait
bien ; mais un de ses amis, qui n'avait reçu qu'une accusation de chevrotine,
était sur le point de mourir. S'il mourait, il serait le onzième à perdre la vie
dans cette bagarre secondaire.

Régnier, qui était alors un charmant comédien et qui deviendra plus tard l'un
des principaux piliers de la Comédie-Française, se trouvait alors à Nantes,
donnant une série de représentations très courues.

J'ai passé deux ou trois jours au milieu d'anciens souvenirs de la Révolution,
renouvelés pour moi par M. Villenave, qui, comme on le sait, a failli jouer le
rôle de victime dans le grand drame composé par la Convention et mis en
action. par Carrier. S'il y a un nom sur terre exécré du public, c'est bien celui
de Carrier !

J'ai quitté Nantes pour Paimbœuf. Je n'avais vu la mer qu'au Havre, où on
m'avait dit qu'elle ne méritait guère ce nom ; j'étais donc curieux de voir une
mer réelle, une mer agitée, que même les marins appellent *la mer sauvage*. Je
ne connais rien de plus mélancolique sur terre que ce groupe de maisons,
appelé Paimbœuf, qui borde la Loire sur cinq ou six cents mètres ! On se sent
à mille lieues de Paris, hors de la civilisation, en face de ces braves gens qui
vivent au bord d'un fleuve presque large comme la mer, et qui semblent
occupés de rien d'autre que de réparer leurs filets et d'aller à la pêche. Je me
demandais en quoi les révolutions du cratère parisien pouvaient leur
importer, alors que sa lave ne pouvait pas les atteindre, et qu'ils ne pouvaient
même jamais voir sa flamme ou sa fumée.

Mais cela ne leur importait pas, car à Paimbœuf on parlait hardiment d'une
nouvelle insurrection vendéenne. De plus, la distance qui sépare Paimbœuf

de Paris rend l'essentiel de la vie d'un prix tel qu'il est impossible à concevoir pour les habitants des provinces centrales de la France. Le voyageur qui a entendu parler du bon marché de son poisson ; des homards vendus six à huit sous, des turbots à deux francs, des raies dont personne ne veut manger et des crevettes jetées à vos pieds, est en proie à une illusion mythique : pour lui, les prix dans les auberges sont presque c'est pareil partout ; au nord, au sud, à l'est et à l'ouest, les propriétaires adoptent un tarif égal qui ne laisse jamais le voyageur s'en tirer trop bien en matière de dépenses.

Nous dînâmes chez le *Philippe* du lieu, qui s'appelait Jacométy ; notre dîner en table d'hôte nous coûtait cinquante sous, soit seulement entre dix et vingt sous de différence avec les autres tarifs de table d'hôte de tout le royaume. A ce repas, près de moi, une jeune femme d'air triste dînait ; ou plutôt elle ne dînait pas, car elle ne mangeait rien. Son mari, à sa droite, la soignait avec la sollicitude d'un amant, et pourtant, de temps en temps, la poitrine de la belle en détresse se soulevait de sanglots, les larmes lui montaient aux paupières et, malgré ses efforts pour les retenir, ils roulèrent sur ses joues. Je ne pouvais m'empêcher d'écouter la conversation de mes deux voisins ; J'appris bientôt que le jeune homme était originaire de Guadeloupe et venait d'épouser cette charmante jeune femme des environs de Tours, qu'il transplantait du jardin de la France dans celui des Antilles. La pauvre enfant, outre la confiance qu'elle venait de mettre dans ce côté aveugle de la vie qu'on appelle l'avenir, ne savait rien du pays où elle allait, et, jusqu'à ce qu'elle ait des enfants qui lui suceraient le lait et sécheraient son lait. Avec ses larmes, elle pleurait les amis et les parents qu'elle laissait derrière elle dans la vieille terre d'Europe et, probablement, aussi sur le vieux continent lui-même. A la même table dînait le capitaine du navire qui devait emmener les jeunes mariés sur les mers ; et c'est de lui que j'appris la plupart de ces détails. Ils devaient appareiller le lendemain. Je lui demandai la permission de monter à bord et de rester jusqu'au départ de son navire, ce qu'il m'accorda volontiers. Le bateau était au mouillage entre Paimbœuf et Saint-Nazaire, et s'appelait *la Pauline*. C'était un joli trois-mâts de commerce, aux lignes très gracieuses, et de cinq ou six cents tonneaux.

Je ne dis rien de mon projet à mes deux voisins, certain que, indifférent à leur égard, le lendemain, au moment de partir, je deviendrais pour eux encore plus qu'un compatriote, c'est-à-dire un ami ! J'ai passé le reste de la journée au bord de la rivière à tirer sur des goélands ordinaires et des mouettes rieuses, étonné qu'ils ne tombent pas. Un chasseur indigène, amusé de mon désappointement, que j'abordai pour lui demander si la Loire, comme le Styx, avait la propriété de rendre invulnérables les hommes et les animaux qui se baignaient dans ses eaux, m'apprit, à ma grande surprise, que : faute de savoir mesurer les distances maritimes, je tirais à une distance double de la portée ordinaire. Il a posé les règles suivantes comme essentielles : -

Ne tirez jamais sur un oiseau de mer à moins de voir distinctement son œil ; lorsque vous voyez son œil, son corps est à portée de votre laisse.

J'ai immédiatement appliqué cette maxime à la pratique. J'ai attendu patiemment; J'ai laissé une mouette s'approcher suffisamment pour que je puisse voir distinctement son œil comme un petit point noir, puis j'ai tiré, et ; l'oiseau est tombé. L'auteur de ces conseils s'inclina et continua son tir, content de lui-même d'avoir appris quelque chose à un Parisien.

Je reproduis la leçon telle qu'elle m'a été donnée ; on ne peut pas diffuser trop largement une vérité, qu'elle soit petite ou grande.

J'oublie quel philosophe a dit que s'il avait les mains pleines de vérités, il les ferait entourer d'un cercle de feu, de peur de les ouvrir distraitement et de laisser échapper les vérités. Je devrais ouvrir mes deux mains et annoncer les vérités de toutes mes forces. Rien ne vole avec autant de lenteur et d'hésitation que la vraie vérité ! Mais comme une vérité coûte toujours quelque chose à quelqu'un, celle que je viens de divulguer a coûté la vie à trois ou quatre grandes mouettes.

À mon retour à l'hôtel, je n'ai pas vu nos mariés ; ils s'étaient retirés dans leur propre chambre.

Après huit heures du soir, fin septembre, il n'y a plus beaucoup de divertissements à Paimbœuf, alors je suivis l'exemple du jeune couple et me retirai dans ma chambre en donnant l'ordre que je sois réveillé à temps pour prendre profiter du premier canot qui partait vers *la Pauline*. Le capitaine lui-même a frappé à ma porte. Je pense que le digne homme avait, pendant la nuit, sous la douce et trompeuse rosée du sommeil, laissé germer dans son cœur l'espoir de m'emmener en voyage avec lui. Il vantait les délices d'un long voyage à bord d'un bon navire, parlait de son cuisinier, qu'il estimait bien plus élevé que celui de Jacométy, et louait sa table, qui n'avait d'égale que celle du *Rocher de Cancale* à Paris. Le capitaine avait dîné une fois au *Rocher de Cancale* , et il ne manquait jamais une occasion de dire du bien de l'excellence de la cuisine de Borel.

Il faisait encore un beau temps de fin d'été et, comme je comptais simplement faire une petite halte à *la Pauline* , je n'étais vêtu que d'un pantalon en nankin, d'un gilet en piqué blanc et d'une veste de velours. Ces détails, comme on le verra bientôt, ne sont pas sans importance pour ceux qui ont appris à leurs dépens ce que c'est que souffrir du rhume. C'était la première fois que j'apercevais d'aussi près un navire sur le point de appareiller. J'avais en effet croisé au Havre un ou deux paquebots à destination de Boston ou de la Nouvelle-Orléans ; mais l'élégance de ces bateaux, aménagés pour le transport des passagers, les fait ressembler davantage à des hôtels, à des appartements meublés et à des couloirs de théâtres, qu'à des navires. Mais la

Pauline, au contraire, était un trois-mâts pur-sang. J'examinais tout chez elle avec une curiosité qui me faisait espérer qu'un jour, si l'occasion s'en présentait, je pourrais écrire des romans sur la mer, comme ceux de Cooper, ou, en tout cas, comme ceux d'Eugène Sue. . J'étais en plein examen lorsque le bateau accosta pour la deuxième fois, emmenant le jeune couple et leurs bagages. La jeune épouse ne cherchait pas à retenir ses larmes, mais pleurait abondamment et ouvertement. Elle ne m'a donc pas vu venir vers le compagnon de tribord, et quand je lui ai tendu la main pour l'aider de l'échelle à la passerelle, elle a poussé un petit cri de surprise.

" Ah ! monsieur ! " dit-elle, tu vas aussi en Guadeloupe ?

— Hélas ! non, madame, dis-je ; "à mon grand regret, je ne le suis pas ; mais c'est précisément parce que je reste en arrière que vous me trouvez ici."

"Je ne vous comprends pas, monsieur."

"J'ai remarqué votre tristesse et je sais que vous quittez ceux qui vous sont très chers. C'est pourquoi, étant un de vos compatriotes, j'ai pensé transmettre vos derniers messages à vos amis."

"Oh, monsieur," dit-elle, "comme c'est gentil de votre part !"

Et elle regardait son mari comme pour lui demander jusqu'où elle pouvait engager une conversation de cette nature avec un étranger.

Il sourit, tendit la main et, d'un rapide coup d'œil, laissa sa femme faire ce qu'elle voulait.

« Oui, dit-il, ayez la bonté de porter à sa famille les derniers messages d'adieu de ma chère Pauline ; et dites surtout à sa mère, si vous la voyez, que dans moins de trois ans nous reviendrons la payer. une visite."

"Trois ans!" murmura la jeune épouse d'un air dubitatif.

- Et dites à cet insensé d'enfant, monsieur, continua-t-il en baisant le front de sa femme, qu'il est plus facile d'aller et venir de la Guadeloupe maintenant qu'il ne l'était autrefois pour se rendre à Saint-Cloud... Je ne le suis pas. j'en ai encore trente, et j'ai déjà fait une douzaine de voyages entre Pointe-à-Pître et Nantes."

"Oui, ma chérie ! Vous me le dites maintenant, mais dix-huit cents lieues, c'est loin !"

"Six semaines de voyage... ce n'est sûrement pas grand-chose ?"

Je montrai à la jeune femme une hirondelle qui rasait les mâts.

« Cet oiseau fait justement ce voyage deux fois par an, madame, lui dis-je, guidé par son seul instinct.

"Oui, mais c'est un oiseau", dit-elle en soupirant.

J'ai essayé de donner une nouvelle tournure à la conversation.

« Monsieur, dis-je au mari, je vous ai entendu appeler Madame Pauline... *La Pauline* est le nom du bateau sur lequel nous nous trouvons ; est-ce une simple coïncidence ou votre propre choix que les noms soient les mêmes ? même?"

"C'était mon choix, monsieur; il y avait trois ou quatre bateaux dans le fleuve, et j'ai choisi celui-ci... J'ai pensé qu'en plus de son saint patron je lui en donnerais un en plus... Cela vous amuse à ma superstition ?

"Pas du tout, monsieur, bien au contraire. J'apprécie toutes les superstitions, surtout celles qui ont pour base l'amour. Il m'a toujours paru impossible d'aimer sincèrement sans éprouver de vagues terreurs pour l'objet aimé, qui font que même le cœur le plus vaillant, en proie à des sentiments superstitieux. »

La jeune épouse m'a écouté un petit moment.

« Oh ! monsieur, commença-t-elle alors en lui tendant la main, quelle bonne idée de nous accompagner !

"J'espère donc, madame, que vous me chargerez de porter les derniers messages à votre famille."

" J'ai écrit à ma mère ce matin, monsieur, mais si vous faites escale à Tours et avez un peu de temps à perdre, ayez la bonté de vous renseigner sur la maison de madame M... et dites-lui que vous nous avez rencontrés. et que tu nous as vus sur le bateau, et que tu as été témoin (elle sourit un peu dubitativement) que Léopold avait promis de me ramener en France dans trois ans.

— Je le lui dirai, madame, et je me porterai garant de la parole de votre mari.

Pendant ce temps, les opérations préparatoires au départ se déroulaient à bord. Le vent était d'est-sud-est, parfait pour sortir du fleuve ; ils attendaient seulement que la marée tourne pour prendre un départ rapide avec l'aide combinée du vent et de la marée. Ainsi, tout d'un coup, la voix du capitaine nous fit sursauter. Le pilote venait d'arriver de Saint-Nazaire, et le commandant de bord donnait son premier ordre : « Mettez-vous à l'ancre ! A cet ordre inattendu, la pauvre voyageuse parut comprendre pour la première fois qu'elle devait effectivement quitter la France. Elle poussa un petit cri, se jeta sur le sein de son mari et éclata en sanglots. Je profitai de ce nouvel écoulement de larmes pour quitter les nouveaux mariés et dire au capitaine que j'étais prêt à regagner le rivage à sa convenance.

"Eh!" dit-il, êtes-vous si pressé de nous quitter ? J'avais compté vous retenir à déjeuner et à dîner, ou du moins à déjeuner ; car, ajouta-t-il en regardant le ciel, je doute qu'il y en ait. Il n'y aura pas beaucoup de passagers à manger aujourd'hui.

"Bien!" J'ai répondu; "Mais, en mer, comment proposiez-vous de vous débarrasser de moi ?"

"La manière la plus simple qu'on puisse imaginer : vous seriez retourné à terre avec le pilote en roue libre."

"Arrêtez ! Est-ce vraiment possible ?"

"Tout ce qu'on veut vraiment est possible."

"Eh bien, je vais déjeuner avec toi."

"Alors tu ne nous quitteras qu'à Piliers; tu reviendras avec le pilote, à qui tu pourras donner un écu, et tu passeras pour un Anglais qui voulait goûter au mal de mer."

"C'est fait ! Arrangez les choses avec lui pour moi."

Il a appelé le pilote, lui a dit quelques mots à voix basse, m'a montré du doigt d'un coup d'œil et le pilote a hoché la tête en signe d'acquiescement.

« Voilà, dit le capitaine, cette affaire est bien réglée !

Puis, s'adressant aux matelots qui levaient l'ancre, il dit :

"Lève-toi avec toi et lâche les huniers et les caps, les focs et la fessée !"

" Ah ! capitaine, lui dis-je, n'allez pas me servir le tour que Bougainville a fait à son ami le curé de Boulogne ! "

"Oh, n'ayez crainte ! D'ailleurs, je ne vais pas faire le tour du monde !" [1]

Enfin, se tournant vers ses hommes, il cria :

"Préparez-vous à hisser et à hisser les huniers !"

L'histoire de Bougainville et du curé de Boulogne est une histoire populaire dans la marine française, et, comme vous le voyez, le capitaine m'a répondu comme un communicant répond à une question sur le Catéchisme. Or, comme il est fort possible que mon lecteur ne soit pas marin, et que les dames, notamment, ignorent tout à fait la légende dont je viens de parler, je raconterai en le moins de mots possible l'histoire de Bougainville. et le curé de Boulogne. Ensuite nous reviendrons vers nos deux Paulines.

—————

[1] Voir *le curé de Boulogne* , p. 59 du tome. ii. de *Bric-à-Brac.*

CHAPITRE X

Histoire de Bougainville et de son ami le curé de Boulogne

———

Le 14 novembre de l'année 1766, une voiture découverte, tirée par des chevaux de poste, contenant trois officiers de marine, l'un assis sur le siège avant et les deux autres sur celui arrière, ce qui signifiait une différence marquée dans leur rang, fut transportée. longer le *Bois de Boulogne* en venant de la *barrière de l'Étoile* et en direction de l'*Avenue de Saint-Cloud*. Près du *Château de la Muette*, il croisa un prêtre qui marchait lentement dans un des trottoirs en lisant son bréviaire.

"Salut ! postillon !" cria l'officier assis à l'arrière de la voiture ; "arrêtez-vous un instant, s'il vous plaît."

Le postillon s'arrêta. Cette demande, faite à haute voix, et le bruit que faisait le postillon en tirant ses chevaux, conduisirent naturellement le prêtre à relever la tête et à fixer les yeux sur la voiture et ses trois occupants.

— Pardieu ! je ne me trompe pas, dit l'officier assis derrière ; "c'est bien toi, mon cher Rémy !"

Le prêtre regarda avec étonnement. Cependant, son visage s'éclaircit progressivement à mesure que la lumière se levait sur lui, et ses lèvres passèrent de l'étonnement au sourire.

"Ah!" dit-il enfin, c'est vous !

"Pourquoi *toi* (*vous*) ?"

"C'est toi *alors* , Antoine."

"Oui, c'est moi, Antoine de Bougainville."

"Mon Dieu ! Que fais-tu de toi-même depuis vingt-cinq ans que nous nous sommes séparés ?"

" Qu'ai-je fait de moi-même, cher ami ? " répéta Bougainville. "Viens t'asseoir à côté de moi quelques minutes et je te le dirai."

"Mais..." Le curé regarda autour de lui avec inquiétude, comme s'il avait peur de s'éloigner de chez lui, Bougainville comprit sa peur.

"Ne vous inquiétez pas, nous avancerons au pas", répondit-il.

Un voiturier descendit du siège derrière et abaissa la marche.

« Il est onze heures et quart, dit le curé, et Marianne m'attend pour dîner à midi.

"D'abord, où habitez-vous ? Mais asseyez-vous quand même !"

Il tira légèrement le prêtre par sa robe et le prêtre s'assit.

"Où est-ce que j'habite ?" demanda ce dernier.

"Oui."

"A Boulogne... Je suis curé de Boulogne, mon ami."

" Ah ! ah ! je t'offre mes félicitations ; tu as toujours eu la vocation. "

"Alors, vous voyez, je suis entré dans les Ordres."

"Es-tu satisfait?"

"Enchanté, mon ami ! Le curé de Boulogne n'est pas un des meilleurs : il n'a que huit cents livres de rente ; mais mes goûts sont modestes, et il me reste encore quatre cents livres à donner aux pauvres."

"Bon Rémy !... Tu peux aller au petit trot, pour qu'on perde le moins de temps possible."

Le postillon mit les chevaux au pas requis, ce qui, si modéré qu'il fût, n'en amena pas moins un nuage de détresse sur le visage du curé.

« Rassurez-vous, dit Bougainville, puisque nous allons du côté de Boulogne.

« Mon ami, dit en riant l'abbé Rémy, je suis curé de Boulogne depuis vingt ans ; Marianne est avec moi depuis quinze ans, et jamais, sauf retenu à côté d'un paroissien mourant, je n'ai été cinq minutes plus tard. que midi ; ponctuellement à midi la soupe est sur la table, et... tu comprends ?

"Oui, n'aie pas peur, je ne veux pas contrarier Marianne... Tu seras rentrée à minuit exactement."

"Maintenant, j'ai l'esprit tranquille... Mais parlez un peu de vous : vous ne portez pas l'uniforme de la Marine ?"

"Oui, je suis capitaine d'un navire."

"Comment cela se fait-il ? Je pensais que vous étiez avocat... Vraiment ? - Quand vous avez quitté l'université, n'avez-vous pas commencé à étudier le droit ?"

" Que faire, mon cher Rémy ? Toi, l'oint de Dieu, tu devrais connaître mieux que personne le proverbe :

"'L'homme propose et Dieu dispose.' Il est vrai que j'ai été inscrit comme avocat en 1752 au Tribunal de Grande Instance de Paris."

"Ah ! Je le savais !" dit le bon prêtre en retirant le doigt de son bréviaire, qui marquait l'endroit où il avait arrêté la lecture. "Alors tu es devenu avocat ?"

— Oui, mais en même temps que j'étais admis au barreau, continua Bougainville, je me suis engagé chez les Mousquetaires.

"Oh, en effet ! Vous avez toujours eu un goût pour les armes et un talent particulier pour les mathématiques."

"Tu te souviens de CA?"

"Pourquoi, bien sûr ! N'étais-je pas ton meilleur ami au Collège ?" " Ah ! c'est bien vrai ! "

« Est-ce vous ou votre frère Louis qui appartenez à l'Académie ?

Bougainville sourit.

« C'est mon frère, dit-il ; "ou plutôt, ça l'était, car il faut savoir que j'ai eu le malheur de le perdre il y a trois ans."

" Ah ! pauvre Louis... Mais à quoi faut-il s'attendre ? Nous sommes tous mortels, et il est bon de considérer cette vie comme un voyage qui nous mène au port... Pardon, mon ami, il me semble que nous passent Boulogne."

Bougainville regarda sa montre.

"Bah!" dit-il, qu'importe ! Il n'est que onze heures et demie, et par conséquent vous avez encore vingt bonnes minutes devant vous. — Plus vite, postillon !

"Pourquoi plus vite ?"

"Parce que tu es pressé, mon ami."

"Bougainville !..."

" Quoi ! le désir de savoir ce que j'ai fait ne l'emporte-t-il pas sur votre crainte de contrarier Marianne par un retard de cinq minutes ?... C'est une drôle d'amitié, certes ! "

" Tu as raison, ma parole ; cinq minutes plus ou moins... Parle-moi de toi, mon cher Antoine. D'ailleurs, quand je dirai à Marianne que c'était pour toi et que par toi je suis en retard, elle cessera de gronder. "

"Marianne me connaît alors ?"

" Vous connaît ? Bien sûr qu'elle le sait ! Je lui ai parlé de vous une vingtaine de fois... Mais dépêchez-vous et achevez de me raconter comment cela se fait, après avoir été appelé au barreau et après vous être engagé chez les Mousquetaires. , je te trouve un officier de marine.

"C'est très simple, et je puis vous expliquer tout cela en un mot. En 1753, je devins sous-major au bataillon provincial de Picardie; l'année suivante, je fus nommé aide de camp de Chevert, que je laissai à devenir secrétaire de l'ambassade à Londres, et devenir membre de la Royal Society en 1756, j'allai comme capitaine de dragons auprès du marquis de Montcalm, chargé de la défense du Canada.

"Capitale ! capitale !" interrompit l'abbé Rémy. "Je te vois le faire ! Vas-y, mon ami, je t'écoute."

L'abbé, complètement fasciné par le récit de Bougainville, n'avait pas remarqué que les chevaux étaient passés tranquillement d'un trot lent à un trot rapide. Bougainville a continué son histoire.

"Quand j'étais au Canada, j'étais à peu près maître de mon avenir; il me suffisait de bien me conduire pour parvenir à quoi que ce soit. Je fus chargé de plusieurs expéditions par le marquis de Montcalm, que je menai à bonne fin. Ainsi, par exemple, après une marche de soixante lieues à travers des forêts qu'on croyait impénétrables, tantôt sur des pistes de campagne couvertes de neige, tantôt sur la glace de la rivière Richelieu, j'avançai jusqu'au bout du lac de Saint-Sacrement. , où j'ai brûlé une flottille anglaise sous le fort même qui la protégeait.

"Quoi!" dit l'abbé, c'est vous qui avez fait cela ? Eh bien, j'ai lu le récit de cet événement ; mais je ne savais pas que vous en étiez le héros....

"Tu n'as pas reconnu mon nom ?"

"Je connaissais le nom, mais pas l'homme... Comment pouvais-je reconnaître dans un membre des Basoche, que j'ai laissé étudier le droit et aspirant à devenir avocat, un fringant garçon qui brûle des flottes dans les lointains- au plus profond du Canada ?... Vous voyez sûrement que c'était impossible !

En ce moment, la voiture s'arrêta devant un relais de poste.

"Oh!" dit l'abbé Rémy, où sommes-nous, Antoine ?

"Nous sommes à Sèvres, mon ami."

"A Sèvres ! Quelle heure est-il ?"

Bougainville regarda sa montre.

"Il est midi moins dix."

"Oh ! Mon Dieu !" s'exclama l'abbé, mais je ne serai jamais à Boulogne à midi.

"C'est plus que probable."

"Une ligue à parcourir !"

"Une lieue et demie."

"Si seulement je pouvais trouver un wagon de poste..."

Il se leva dans la voiture et jeta un regard autour de lui aussi loin que sa vue pouvait atteindre, mais il n'y avait aucun signe du moindre véhicule.

"C'est pas grave," dit-il, "je marcherai."

"Tu ne marcheras pas !" dit Bougainville.

"Quoi ! tu ne me laisses pas marcher ?"

"Non, on ne dira pas que vous avez attrapé une pleurésie parce que vous avez fait une promenade en voiture avec un ami."

"J'irai tranquillement."

" Oh ! je vous connais ! Vous auriez peur d'être grondé par Mademoiselle Marianne, vous pressiez le pas, arriveriez en sueur, buvez de l'eau froide et vous donneriez une inflammation des poumons... Quel idiot de médecin je vous purgerais au lieu de saigner, ou vous saignerais au lieu de vous purger ; et, trois jours plus tard, Adieu, ce serait la fin de l'abbé Rémy !

"Il faut quand même que je retourne à Boulogne... Salut ! postillon ! postillon ! Stop !..."

La voiture, avec ses chevaux frais, partit au grand trot.

"Écoutez", dit Bougainville, "c'est la meilleure chose à faire".

"La meilleure chose à faire, mon bon ami, mon cher Antoine, c'est d'arrêter les chevaux pour que je descende et retourne à Boulogne."

"Non", dit Bougainville; le mieux serait que tu m'accompagnes jusqu'à Versailles.

"Jusqu'à Versailles ?..."

"Oui; comme vous avez manqué le dîner de mademoiselle Marianne, vous devez dîner avec moi à Versailles. Pendant que je reçois les derniers ordres de Sa Majesté, un de ces messieurs se chargera de trouver une voiture de voyage pour vous ramener à Boulogne."

"Bien sûr, ce serait un grand plaisir, mon ami, mais..."

"Mais quoi?"

L'abbé Rémy fouilla dans les poches de son gilet, plongeant les deux mains jusqu'aux aisselles.

"Mais", a-t-il poursuivi, "Marianne n'a pas mis d'argent dans mes poches."

" N'importe, mon cher Rémy ! A Versailles je demanderai au roi cent écus pour les pauvres de Boulogne ; le roi me les accordera, et je vous les donnerai. Vous pourrez leur emprunter quelques écus. jusqu'à ce que vous reveniez en voiture à Boulogne, et que l'affaire soit réglée.

" Quoi ! Tu crois que le roi te donnerait cent écus pour mes pauvres ? "

"J'en suis certain."

« Sur votre parole d'honneur ?

"Sur ma foi de gentleman !"

"Mon ami, cela me décide alors."

"Merci ! Vous ne viendrez pas pour moi, mais vous le ferez pour vos pauvres. Il semble qu'il vaut mieux être l'un de vos pauvres paroissiens que votre ami !"

" Je ne le dis pas, mon cher Antoine ; mais vous savez qu'un curé qui déserte son poste doit avoir une bonne excuse. "

"Une excuse ?... Oh ! si tu as dormi, je ne dis pas..."

"Et si je dormais !" s'exclame l'abbé Rémy, terrifié. "Tu veux donc me faire arrêter la nuit ?... Postillon ! salut ! postillon !"

"Non, n'ayez pas peur... Au train où nous allons, nous arriverons à Versailles dans une heure ; nous dînerons à deux heures, et vous pourrez partir à trois heures."

"Pourquoi à trois heures et pas à deux heures ?"

— Parce qu'il faut que j'aie le temps de voir le roi et de lui demander les cent écus.

" Ah ! c'est vrai. "

"Trois heures pour revenir en calèche de Versailles à Boulogne ; vous serez chez vous à six heures."

"Que va dire Marianne ?"

"Bah ! quand elle te verra revenir avec cent écus directs du roi, Marianne sera heureuse et fière de ton influence,"

" Sur ma foi, vous avez raison... Vous devez me dire tout ce que le roi vous dit ; cette aventure lui donnera de quoi en parler à ses voisins pendant une semaine encore. "

"C'est donc réglé, nous dînerons à Versailles ?"

"D'accord pour Versailles ! Mais maintenant, raconte-moi la fin de ton histoire."

" Ah ! c'est vrai... Nous en étions arrivés à mon expédition sur le Saint-Sacrement. Elle me valut le grade d'intendant d'un corps d'armée, et la commission d'aller à Versailles expliquer la situation précaire de l'armée. Gouverneur du Canada, pour demander des renforts pour lui. Je suis resté deux ans et demi en France sans rien obtenir de ce que j'ai demandé. Il est vrai que j'ai obtenu ce que je n'avais pas demandé, c'est-à-dire la Croix de Saint-Louis et. J'arrivai au Canada juste à temps pour recevoir du marquis de Montcalm le commandement des grenadiers et des volontaires, à la fameuse retraite de Québec, que j'avais ordre d'effectuer alors. Montcalm arriva sous les murs de la ville, il crut risquer une bataille. Les deux généraux furent tués : Montcalm dans nos rangs ; Wolfe dans ceux des Anglais mort, notre armée vaincue, il n'y avait aucun moyen de défendre le Canada. Je revins en France et fis la campagne de 1761 en Angleterre, comme aide de camp de M. de Choiseul-Stainville.

— Alors c'est à vous que le roi a fait cadeau de deux fusils ? interrompit le curé de Boulogne.

"Qui t'as dit ça?"

" J'ai lu cela, mon ami, dans la *Gazette de la Cour*... Comment aurais-je pu rêver que ce Bougainville était mon ami Antoine ? "

"Qu'as-tu pensé du cadeau ?"

" Bah ! je pensais que c'était bien mérité... mais, tout de même, je pensais que le roi aurait dû donner à ce M. Bougainville, que j'étais loin de soupçonner que ce soit vous, quelque chose de plus facile à transporter que deux canons ; car , bien sûr, même si c'est un grand honneur, on ne peut pas les emporter partout où l'on va.

— Il y a du vrai dans ce que vous dites, reprit Bougainville en riant ; mais, comme en même temps le roi me nomma capitaine d'un navire et me chargea de fonder un établissement pour moi et les habitants de Saint-Malo, dans les îles Malouines, j'ai pensé que mes deux canons pourraient être utiles. utiliser là-bas."

" Ah ! c'est bien vrai, " dit l'abbé Rémy ; " mais, excusez mon ignorance de géographie, mon cher Antoine, où sont les îles Malouines ? "

"Je vous demande pardon, mon ami," dit Bougainville, "j'aurais dû les appeler les îles Falkland, car c'est moi qui leur ai donné leur nom d'îles Malouines en l'honneur de la ville de Saint-Malo."

"Très bien!" dit l'abbé Rémy en souriant ; "Je les reconnais sous ce nom ! Les îles Falkland appartiennent à l'archipel de l'océan Atlantique ; je sais où elles se trouvent, près de l'extrémité sud de l'Amérique du Sud, à l'est du détroit de Magellan."

— Ma parole, dit Bougainville, Strong, qui les a baptisés, n'aurait pu déterminer lui-même plus exactement leur allure. Vous étudiez donc la géographie dans votre curé de Boulogne ?

"Oh, mon ami, quand j'étais jeune, j'ai toujours rêvé d'être missionnaire aux Indes... Je suis né avec l'amour des voyages et j'aurais tout donné pour faire le tour du monde... à cette époque , mais pas maintenant."

"Oui, je comprends", dit Bougainville en échangeant un regard avec ses deux compagnons, "aujourd'hui, cela vous sortirait de vos habitudes... Vous avez donc voyagé ?"

"Mon ami, je ne suis jamais allé plus loin que Versailles."

"Alors tu n'es pas allé à la mer."

"Non."

"Vous n'avez jamais vu de navire ?"

"J'ai vu des voiles à Auxerre."

— C'est quelque chose, mais cela ne peut vous donner qu'une idée très imparfaite d'une frégate de soixante canons.

— Je le crois, ajouta innocemment l'abbé Rémy. — Vous dites donc que vous êtes allé aux îles Malouines, où le gouvernement vous avait autorisé à fonder une colonie. Je n'en doute pas ?

« Malheureusement les Espagnols, après la paix de Paris, revendiquèrent ces îles ; leur revendication fut jugée juste par la Cour de France, qui les abandonna à condition de m'indemniser de l'argent que j'avais déboursé.

"Mais l'ont-ils fait ?"

"Oui, mon cher ami, on m'a donné un million de francs !"

" Un million de francs ? *Peste !* quelle jolie somme. "

On remarquera que le bon abbé faillit jurer.

"Maintenant," continua-t-il, "où vas-tu ?..."

"Je vais au Havre."

"Que faire ? Pardonnez-moi, mon ami, je suis peut-être curieux."

" Curieux ? Oh ! certainement pas !... Je vais au Havre voir une frégate dont le roi m'a nommé capitaine. "

"Quel est son nom?..."

" *La Boudeuse.* "

"Est-ce un très beau navire ?"

"Superbe!"

L'abbé Rémy poussa un soupir. Il était évident que le pauvre curé pensait quel plaisir il lui eût fait autrefois, quand il avait été libre, de voir la mer et de passer sur une frégate.

Ce soupir provoqua un nouvel échange de regards et de sourires entre Bougainville et les deux officiers. Les sourires et les regards passèrent inaperçus chez le digne abbé Rémy, tombé dans une rêverie si profonde, qu'il ne revint à lui que lorsque la voiture s'arrêta devant un grand hôtel.

"Ah, alors nous sommes arrivés", dit-il. "J'ai très faim!"

"Très bien. Nous n'attendrons pas car le dîner a été commandé à l'avance."

"Quelle vie délicieuse doit être celle d'un capitaine de vaisseau !" dit l'abbé. " Il reçoit des millions des Espagnols ; il voyage en poste dans une bonne voiture ; et, quand il arrive, il trouve un dîner tout prêt pour lui ! Pauvre Marianne ! elle a dîné sans moi ! "

"Bah!" dit Bougainville, une fois ne veut pas dire toujours... Nous dînerons sans elle, et j'espère que son absence ne vous coupera pas l'appétit.

"Oh, ne t'inquiète pas... j'ai vraiment très faim."

"Eh bien, à table ! à table !"

"À la table!" répéta gaiement l'abbé Rémy.

C'était un bon dîner ; Bougainville était un gourmet ; il ne buvait d'autre vin que du champagne ; la mode du glaçage venait d'être inventée.

Tous les prêtres, qu'ils soient curés d'une petite ville ou d'un hameau, ou officiants d'une chapelle sans congrégation, sont enclins à être un peu gourmands ; l'abbé Rémy, tout modeste qu'il fût, avait ce côté sensuel dont la nature a doté le palais des ecclésiastiques. Au début, il ne buvait que quelques gouttes de vin dans son eau ; puis il mélangea du vin et de l'eau à parts égales ; puis, finalement, il décida de boire son vin pur. Quand Bougainville vit qu'il en était arrivé là, il se leva et annonça qu'il était temps pour lui de se présenter devant le roi, à qui il allait adresser la demande relative aux pauvres de Boulogne. En attendant, les deux officiers devaient tenir compagnie à l'abbé Rémy. Comme Bougainville l'avait dit, il s'est absenté une heure. Malgré les efforts des officiers, les espérances du digne prêtre oscillaient de haut en bas d'une manière qui faisait honneur à sa bonté de cœur.

"Bien!" dit-il en apercevant Bougainville, et mes pauvres gens ?

« Ce n'est pas trois cents livres que le roi m'a donné pour eux, dit Bougainville en tirant un rouleau de sa poche, mais cinquante louis !

"Quoi ! Cinquante louis ?" s'écria l'abbé Rémy, tout bouleversé par cette bonté royale ; « douze cents livres ! »

"Douze cents livres."

"Impossible!"

"Les voici."

L'abbé Rémy lui tendit la main.

"Mais le roi me les a donnés à une condition."

"Quoi?"

"Que tu bois à sa santé."

"Oh, si c'est tout !"

Il tendit son verre dans lequel Bougainville versait le goulot de la bouteille.

"Stop STOP!" dit l'abbé.

"Viens maintenant!" Bougainville insista : « Un demi-verre ? Eh bien ! le roi ne serait pas content de voir seulement un demi-verre bu à sa santé ».

"En effet," dit jovialement l'abbé Rémy, "douze cents livres méritent un verre entier. Remplissez-le bien, Antoine; et à la santé du roi!"

"Au roi !" répéta Bougainville.

"Ah!" dit l'abbé Rémy en posant son verre sur la table, c'est ce qu'on pourrait appeler une véritable orgie !... Il est vrai que c'est la première à laquelle je participe, et je n'en aurai pas une seconde pendant une très longtemps."

"Je vous dis ce que c'est..." dit Bougainville en posant ses coudes sur la table.

"Bien?" répondit l'abbé Rémy, dont les yeux brillaient comme des escarboucles.

"Quelque chose que tu devrais faire."

"Qu'est-ce que c'est?"

"Tu me dis que tu n'as jamais vu la mer."

"Jamais."

"Eh bien ! tu devrais venir au Havre avec moi."

"Je... viens au Havre avec toi ?... Mais tu ne rêves pas à cela, Antoine ?"

"Au contraire, c'est exactement ce que je fais. Prendre une coupe de champagne ?"

"Merci, j'ai déjà trop bu !"

"Ah ! à la santé de vos pauvres gens... c'est un toast auquel vous ne pouvez pas résister."

"Oui, mais seulement une goutte."

"Une goutte ! Quand tu buvais le verre plein au roi ? Ah ! ce n'est pas scripturaire, mon cher Rémy. Notre Sauveur a dit : 'Les premiers seront les derniers...' Un verre plein pour les pauvres de Boulogne ou aucun à tous."

" Voilà donc pour un verre plein ; mais c'est le dernier. "

L'abbé, bon catholique qu'il était, portait son toast aux pauvres aussi gaiement qu'au roi.

"Là!" dit Bougainville. "Maintenant, il est convenu que nous partons pour le Havre."

"Antoine, tu dois être fou !"

"Tu verras la mer, mon ami... et une telle mer ! Non pas un lac comme la pauvre Méditerranée ; mais l'océan, qui roule autour du monde !"

« Ne me tente pas, misérable !

"L'océan, que vous admettez vous-même que voir a été le désir de votre vie !"

" *Vade rétro, Satanas !* "

"Ce n'est qu'une question d'une semaine."

— Mais ne savez-vous donc pas que si je m'absente huit jours sans permission, je perdrai mon curé ?

" J'avais prévu cela, et comme Monseigneur l'évêque de Versailles était avec le roi, je lui ai fait signer un permis en lui disant que vous veniez avec moi. "

"Tu lui as dit ça ?"

"Oui."

"Et il m'a signé un permis ?"

"C'est ici."

"Cher moi, c'est bien sa signature ! Bien ! Je le jurerais !"

"Mon ami, tu es un marin dans l'âme."

"Donnez-moi mes cinquante louis et laissez-moi partir."

"Les voici, mais vous n'irez pas."

"Pourquoi pas?"

" Parce que je suis autorisé par le roi à vous en remettre cinquante autres au Havre, et que vous ne serez pas assez méchant chrétien pour priver vos pauvres gens, vos enfants, le troupeau dont le Sauveur vous a confié la garde, de cinquante belles pièces d'or. Louis!"

"Très bien!" s'écria l'abbé Rémy, alors j'irai au Havre ! Mais ce n'est que pour eux que j'y consens.

Puis, s'arrêtant brusquement...

« Non, dit-il violemment, c'est impossible !

"Pourquoi impossible?"

"Marianne !..."

"Tu lui écriras pour soulager son inquiétude."

« Que dois-je lui dire, mon ami ?

"Dites-lui que vous avez rencontré l'évêque de Versailles et qu'il vous a autorisé à vous rendre au Havre."

"Ce serait mentir !"

"Mentir pour un bon motif n'est pas un péché, mais une vertu."

"Elle ne me croira pas."

"Vous pouvez lui montrer le permis signé par l'évêque."

" Restez, c'est vrai... Ah ! vous les avocats, vous les soldats et les matelots, vous ne vous accrochez à rien. "

"Tu vois, tu veux un stylo, de l'encre et du papier ?"

L'abbé Rémy réfléchit une minute, et sans doute se dit-il qu'un mensonge écrit était un plus grand péché qu'un mensonge parlé, car tout à coup il dit :

"Non, je préférerais lui dire à mon retour... Mais elle me croira mort."

"Elle sera d'autant plus contente lorsqu'elle te reverra vivant !"

"Alors, mon ami, ne me laisse pas le temps de réfléchir, mais emporte-moi maintenant !"

"Rien de plus simple."

Alors, me tournant vers les deux officiers...

"Les chevaux sont là, n'est-ce pas ?"

"Oui capitaine."

"Eh bien, allons-y !"

« *En voiture !* » répéta l'abbé Rémy du ton d'un homme qui se jette tête première dans quelque péril inconnu.

« *En voiture !* » répétèrent gaiement les deux officiers.

Ils montèrent en voiture, roulèrent très vite toute la nuit, et à cinq heures du matin ils étaient au Havre. Bougainville choisit lui-même la chambre que devait occuper son ami, qui, fatigué du voyage et encore un peu lourd du dîner de la veille, dormit et ne se réveilla qu'à midi. Au moment où il se réveillait, Bougainville entra dans sa chambre et ouvrit les fenêtres. L'abbé poussa un cri de surprise et d'admiration : les fenêtres donnaient sur la mer. A un quart de lieue de là, *la Boudeuse* chevauchait gracieusement en rade, amarrée avec deux ancres baissées.

"Oh!" demanda l'abbé Rémy, quel est ce magnifique vaisseau ?

« Mon ami, dit Bougainville, c'est *la Boudeuse* , où nous sommes attendus pour dîner.

"Quoi ! Voulez-vous que je monte à bord ?"

" Sûrement ! Vous ne feriez pas le chemin du Havre et n'en reviendrez pas sans avoir vu un navire ! Eh bien, mon cher ami, c'est comme si vous alliez à Rome sans voir le pape. "

« C'est vrai, dit l'abbé Rémy ; "mais quand reviendrons-nous ?"

"Quand tu voudras... après le dîner, c'est à toi de décider... Tu donneras tes ordres et tu seras capitaine sur mon navire."

"Très bien ! Partons tôt plutôt que tard... Nous avons mis quatorze heures pour venir, mais il me faudra bien cinq ou six jours pour revenir."

"Qu'importe, puisque tu as un congé d'une semaine ?"

"Je le sais bien, mais, tu vois, il y a Marianne..."

"Vous imaginez les cris de joie qu'elle poussera en vous revoyant ?"

"Pensez-vous que ce seront des cris de joie ?"

"Zounds ! Je l'espère vraiment !"

— Moi aussi je l'espère, dit l'abbé avec plus de doute que d'espoir.

Puis, comme un homme qui a jeté sa casquette sur le moulin à vent : « Viens, viens, dit-il, à la frégate !

Bougainville semblait servi par des génies, qui exécutaient aussi les ordres de l'abbé Rémy, et si bien que, lorsque celui-ci s'écria : « Au Havre ! il trouva la voiture toute prête ; et de même, lorsqu'il s'écria : « À la frégate ! il trouva le cabriolet du capitaine en attente. Il monta dans le bateau et s'assit près de Bougainville qui prit la barre. Une douzaine de marins attendaient, les rames levées.

Bougainville fit un signe ; les douze rames tombèrent et frappèrent l'eau avec un mouvement si régulier qu'elles semblaient la frapper comme un seul homme. Le cabriolet volait au-dessus de la mer comme ces araignées d'eau aux longues pattes qui glissent sur l'eau. En moins de dix minutes, ils étaient à côté. Inutile de dire que la merveille maritime appelée frégate excita au plus haut point l'enthousiasme du bon abbé Rémy ; il demanda à Bougainville le nom de chaque mât, de chaque vergue et de chaque cordage. Aucune voile n'était déployée, mais elles étaient suspendues à des brailles. Au milieu du nommage des différentes parties du navire, un messager vint prévenir le capitaine que le dîner était servi. L'abbé et lui descendirent dans la cabine du capitaine. Cette cabane aurait pu rivaliser en confort et en élégance avec n'importe quel salon appartenant à l'un des plus riches châteaux de Paris. La surprise de l'abbé grandissait de plus en plus. Heureusement, même si nous étions le 15 novembre, la mer était en feu ; c'était une de ces belles journées d'automne qui semblent un adieu envoyé à la terre par le soleil d'été avant sa disparition pendant six mois.

L'abbé Rémy n'avait pas le moins du monde le mal de mer, ce qui fait que les officiers supérieurs avouèrent à la table du capitaine, et le capitaine lui-même, lui présenta ses félicitations. Cependant, vers le milieu du dîner, il lui sembla que le mouvement de la frégate s'accentuait ; Bougainville a répondu que c'était la marée descendante et a prononcé une savante conférence sur les marées. L'abbé Rémy écouta la thèse scientifique de son ami avec la plus grande animation et la plus grande attention ; et, comme il n'était pas étranger à la science physique, il fit à son tour des observations qui parurent susciter l' admiration ravie des officiers.

Le dîner dura plus longtemps que les convives eux-mêmes ne le pensaient ; rien n'est plus trompeur sur le temps qui passe qu'une conversation intéressante, agrémentée de bon vin. Puis vint le café, ce doux nectar pour lequel l'abbé confessait un faible. Le café du capitaine Bougainville était un mélange si savant et si heureux de moka et de Martinique, que, lorsqu'il en buvait, à petites gorgées, l'abbé déclarait qu'il n'en avait jamais goûté son égal. Puis, après le café, venaient les liqueurs, ces fameuses liqueurs de Madame Anfoux qui faisaient les délices des gourmets de la fin du siècle dernier. Enfin, lorsque les liqueurs furent dégustées, et que l'abbé Rémy proposa de remonter sur le pont, Bougainville ne souleva aucune opposition à ce désir ; mais il fut obligé de donner le bras à son ami le compagnon, l'abbé attribuant naïvement son instabilité d'équilibre au champagne, au café Moka et aux liqueurs de Madame Anfoux qu'il avait bu.

La frégate était sur bâbord amure, la tête au nord-est, et le vent soufflait librement ; toutes les voiles étaient déployées, y compris les voiles à crampons inférieures et supérieures. Seules les voiles d'étai étaient arrimées. Ils devaient aller à onze nœuds à l'heure !

Le premier sentiment du bon abbé fut celui d'une admiration sans réserve pour ce chef-d'œuvre de l'architecture navale toutes voiles dehors. Puis il remarqua que la frégate bougeait. Puis il regarda autour de lui, et enfin il poussa un cri de terreur. La terre de France n'était plus qu'un nuage à l'horizon... Il regardait Bougainville avec une expression où se concentraient tous les reproches d'une confiance trahie.

« Mon cher, dit Bougainville, cela m'a fait tellement de plaisir de vous voir, mon plus vieux et très cher camarade, que j'ai résolu que nous resterions ensemble le plus longtemps possible... Je voulais un aumônier à bord de ma frégate ; J'ai demandé à Sa Majesté de vous laisser occuper ce poste, et il l'a gracieusement accordé, ainsi qu'une allocation de mille écus.... Voici votre commission.

L'abbé Rémy jeta un regard effrayé sur sa nomination.

« Mais, dit-il, où allons-nous ?

"Le tour du monde, mon cher homme !"

"Combien de temps faut-il pour faire le tour du monde ?"

"Oh, de trois à trois ans et demi, plus ou moins... Mais comptez trois ans et demi plutôt que trois."

L'abbé tomba, vaincu, contre la béquille surélevée du guet des officiers.

"Oh!" murmura-t-il, "Je n'oserai plus jamais me présenter devant Marianne !..."

"Je promets de t'emmener au presbytère et de faire la paix avec elle", dit Bougainville.

Le 15 mai 1770, la frégate *Boudeuse* rentre dans le port de Saint-Malo. Il y avait exactement trois ans et demi qu'elle avait quitté le Havre ; Bougainville n'était pas un jour d'arrêt dans son calcul. À cette époque, elle avait fait le tour du monde.

Dieu seul sait ce qui s'est passé lors de la première entrevue qui a eu lieu entre l'abbé Rémy et Marianne.

CHAPITRE XI

Pendant que ces manœuvres s'exécutaient, je rejoignis nos jeunes mariés.

"Eh bien, monsieur, me dit la mariée, le moment est venu pour vous de rentrer à terre et de nous quitter."

"Pas encore, madame," dis-je.

Elle a fixé son regard sur moi.

"Pas encore?" répéta-t-elle.

"Non, madame, j'ai obtenu du capitaine la permission de ne vous quitter qu'à la dernière minute... Je dois déjeuner avec vous, et nous aurons encore plusieurs longues heures à causer de la France."

"Merci, monsieur", répondit le mari.

Mais maintenant, tous ceux qui étaient montés à bord, soit pour des affaires, soit pour des affaires de cœur, dirent adieux, descendirent dans les canots et quittèrent le navire. L'ancre fut tirée de l'eau, jetée, et *la Pauline* commença à obéir au mouvement de la marée descendante et de la brise. Si léger que soit le mouvement, il suffisait à provoquer un nouveau paroxysme de chagrin dans le cas de la mariée. Je suis retourné chez le capitaine.

« Capitaine, dis-je, je crois que vous feriez un très grand plaisir à vos passagers, au moins à deux d'entre eux, si vous commandiez que le déjeuner soit servi sur le pont.

"Pourquoi?"

— Parce que là-bas, il y a une jeune femme qui veut profiter de la France autant qu'elle peut avant de la quitter, ce qu'elle ne peut pas faire si elle est sur l'entre-pont.

" Ce serait assez facile, " dit le capitaine, " car je n'ai que cinq passagers à ma table. "

"Alors tu es d'accord ?"

"Je suis d'accord."

Nous étions maintenant devant Saint-Nazaire, qui se dresse tristement sur le sable et la bruyère, sans même un arbre pour reposer les yeux. Mais le regard de la jeune femme étreignait le paysage nu avec autant d'empressement que s'il s'agissait d'une prairie suisse ou d'un loch écossais.

« Madame, lui dis-je, je viens de chez le capitaine vous dire que le déjeuner est prêt.

"Oh ! Je ne peux rien manger", répondit-elle.

"Permettez-moi, madame, de vous dire que je suis certain du contraire."

Elle secoua la tête.

"Voyant," continuai-je, "que nous n'allons pas déjeuner entre les ponts mais ici sur le pont."

"Vous avez demandé au capitaine de faire ça !" s'exclama-t-elle avec autant de ferveur que si j'avais réalisé un désir sur lequel elle n'avait même pas osé s'appesantir.

"Eh bien, oui, je l'ai fait !" répondis-je en riant.

"Oh!" dit-elle en se tournant vers son mari, comme monsieur est bon, mon cher !

« Sur ma parole, dit-il, vous devriez lui en être très reconnaissant ; je n'avais même pas pensé à une telle chose.

Comment se fait-il que même les maris les plus dévoués, même ceux qui viennent de se marier, ne pensent jamais aux choses que font les étrangers ? Je laisse cette réflexion à la sagesse de tous les psychologues qui auront la chance de parcourir ce livre.

La table était mise sur le pont ; la jeune femme mangeait peu, mais elle ne perdait pas un instant de vue les deux rives de la Loire, qui s'écartaient de plus en plus. À mesure que nous approchions de la mer, la couleur de l'eau passait du jaune au verdâtre ; puis les vagues commencèrent à mousser à sa surface. Lorsque nous eûmes doublé Saint-Nazaire, nous nous trouvâmes dans l'angle d'une sorte de V gigantesque, qui, à son extrémité la plus large, ouvrait à nos regards l'horizon sans limites de la mer. C'était la première fois que la jeune femme voyait la mer qu'elle devait traverser ; il était évident que cette vision lui causait une profonde terreur. La mer était agitée sans être réellement agitée ; mais ce n'était pas sa rudesse qui frappait le voyageur mélancolique, ni les vagues à crête blanche qui la faisaient pâlir : c'était l'idée de son infinité, la sensation d'immensité de l'espace que donne toujours la vue de l'océan. Vers deux heures de l'après-midi, nous atteignîmes le large.

Puis, à notre gauche, se trouvait l'île de Noirmontiers (*nigrum monasteriuni*), qui tire son nom d'un monastère bénédictin, fondé là au VIIe siècle par saint Philibert, et détruit au IXe siècle par ces Normands dont l'aspect attrista les dernières années. de Charlemagne ; à droite, Belle-Ile, l'île du Fouquet, qui devait plus tard donner son nom à l'héroïne d'une de mes comédies ; et, plus tard encore, devait devenir le théâtre d'action de ma triple épopée *Les Mousquetaires* , et fournir un tombeau digne de mon pauvre ami Porthos. A l'époque où j'écris, ces divers noms frappaient indifféremment mes oreilles ; mais ils n'en restèrent pas moins dans ma mémoire, et devaient réapparaître un jour parés de tout le cadre des rêves de mon imagination ; îles flottantes de Délos, qui s'arrêteront dans des positions plus ou moins avancées dans les royaumes du futur. Devant nous s'étendait la mer, avec ses crêtes échancrées, se fondant vers l'horizon dans un ciel sombre de nuages, où le soleil commençait à s'envelopper. Nous étions à près de trois lieues du port, au large de l'écueil appelé les Pitiers ; les mauvais chenaux étaient franchis, le vent était du sud-sud-ouest et fraîchissait. Le pilote annonça que sa tâche était accomplie, qu'il remettait le commandement au capitaine et qu'il devait retourner atterrir. Je dois dire que j'ai regardé avec une certaine inquiétude les moyens de descente du navire jusqu'à l'esquif. Ce n'était rien d'autre qu'une échelle de corde fixée aux flancs arrondis du navire. Et en plus, le navire filait à sept nœuds à l'heure. Un instant, j'aurais souhaité ne pas avoir à descendre avant d'atteindre la Guadeloupe. Heureusement, le capitaine comprit ce qui se passait dans mon esprit et arriva à la conclusion qu'un court retard de dix minutes ne comptait pas dans un voyage de six semaines.

« Viens, me dit-il, va te dire adieu pendant que je m'approche du navire.

Puis il a crié :

"A bas le gouvernail !"

Aussitôt les voiles frémirent : elles faisaient pour moi ce qu'on fait lorsqu'un homme tombe par-dessus bord.

« Alignez la grand-voile, continua le capitaine, et hissez les voiles jusqu'au grand mât ! »

Le navire s'est arrêté, ou presque. Le pilote était déjà dans son bateau.

Je suis monté vers le pauvre exilé ; des larmes coulaient silencieusement sur ses joues.

"Vous serez sûr et remplirez ma mission, n'est-ce pas, monsieur ?" dit-elle d'une voix brisée.

J'ai incliné mon acquiescement.

"Tu embrasseras ma mère pour moi ?"

"Je vous le promets, madame."

"Mais," dit le mari, "si vous voulez que monsieur embrasse votre mère pour vous, vous devez d'abord lui donner le baiser."

"Oh oui, certainement !" s'écria avec effusion la jeune femme ; "avec tout mon coeur." Et elle me jeta les bras autour du cou. Voilà une situation inhabituelle ! Cette femme et moi ne nous étions vus que la veille au soir, et le matin nous étions encore étrangers l'un à l'autre ; au début, nous n'étions que des connaissances ; au déjeuner, nous étions devenus amis ; notre séparation nous a fait ressembler à un frère et une sœur. Oh! mystères du cœur, incompris du grand public, mais qui transforment ceux à qui Dieu a révélé ses secrets en êtres destinés à la souffrance. J'avais plus de peine à quitter ces amis d'un jour qu'il ne m'aurait fait plaisir de revoir des amis de vingt ans.

"Vous n'oublierez pas mon nom, n'est-ce pas, monsieur ?" » dit la jeune épouse.

"Essayez de lire les prochains livres que j'écrirai, madame, et je vous promets que vous retrouverez ce nom dans un de mes tout premiers romans."

Il y avait aussi, peut-être, sous-jacente à l'attirance pour le navire, mon inquiétude devant la perspective de la descente plus ou moins périlleuse à laquelle j'allais me soumettre. Heureusement, j'ai eu beaucoup de spectateurs pour assister à mes manœuvres gymnastiques, et vous savez comme le sentiment d'être regardé redouble le courage. Alors je m'avançai courageusement vers le côté du navire ; Je m'agrippai aux grands haubans ainsi qu'à l'échelle, que le pilote, craignant peut-être que je tombe à la mer avant que je lui aie payé sa couronne, devait, pour faciliter ma descente, tenir tendu d'une main, tandis que de l'autre, à l'aide d'une corde passée dans un hublot, il maintenait la barque à la portée du navire. Je n'avais pas descendu deux barreaux de l'échelle avant que le vent n'emporte mon chapeau. Je n'ai même pas essayé de l'attraper, car j'avais plus que besoin de mes deux mains pour saisir rapidement l'échelle. Enfin, à ma grande satisfaction, et sans montrer trop de maladresse, j'atteignis le fond de la barque. Ce fut l'un des moments les plus heureux de ma vie. A peine étais-je assis sur un des sièges du bateau que le pilote lâcha échelle et corde, et nous étions à trente pieds de *la Pauline*. J'entendis bientôt la voix du capitaine crier :

"Lâchez les grand-voiles !"

Et aussitôt les voiles cessèrent de trembler et le navire reprit sa route. Nos deux jeunes gens se tenaient à l'arrière, lui agitant son chapeau et elle son mouchoir. Pendant ce temps, le pilote réglait un peu la voile ; J'ai remarqué que le bateau s'était soudainement incliné et que si je ne m'étais pas accroché au côté opposé du bateau, j'aurais été projeté directement dans la mer. La plaisanterie commença bientôt à me paraître un peu moins drôle, d'autant plus que le pilote, qui ne parlait presque pas français et qui se méfiait des mots qu'il connaissait de notre langue, regardait fixement l'horizon . cela m'a troublé. Le fait est que plus nous approchions de la côte, plus la mer devenait agitée. La nuit aussi arrivait rapidement. Je voyais encore le trois-mâts, parce que ses pyramides de voiles se détachaient sur l'horizon pourpre du soleil couchant ; mais il était évident qu'ils ne nous voyaient plus, ou que s'ils nous voyaient, nous devions ressembler à une mouette cachée parmi les vagues. Ceux qui se sont déjà retrouvés dans un frêle bateau au-dessus d'un abîme aquatique, avec une paroi mouvante à droite et à gauche, une immensité de mer devant et derrière et un ciel d'orage au-dessus de leurs têtes, seuls savent ce que le vent leur a dit, alors qu'il les pousse. à travers leurs cheveux imbibés de mousse. Au bout d'une demi-heure, le pilote fut obligé d'abaisser sa voile. Il prit les rames, mais elles ne saisirent pas correctement les vagues. Çà et là, nous vîmes de hautes vagues blanches jeter dans les airs leurs crêtes brisées, que le vent portait vers nous en une pluie fine et glaciale. C'étaient les endroits où les vagues se brisaient contre les rochers. Heureusement, le courant nous emportait vers la terre ; mais en même temps que la marée montante nous servait, le vent nous poussait au-delà de l'embouchure de la Loire et nous poussait le long des côtes du Croisic. Je n'avais moi-même aucune idée de l'endroit où nous étions. La nuit tombait de plus en plus vite, et le cercle d'obscurité se rétrécissait de plus en plus, jusqu'à ce que nous n'ayons plus qu'une vingtaine de pas d'horizon.

Je résolus de m'accrocher au fond du bateau et de ne m'occuper de rien d'autre que d'empêcher de me jeter à la mer ; mais, assis au fond comme j'étais, j'étais à moitié trempé dans l'eau que nous avions embarquée lorsque nous naviguions. Deux heures s'écoulèrent ainsi, et je dois dire qu'elles me parurent les heures les plus longues que j'aie jamais vécues. Un jour, alors que je me levais pour regarder autour de moi, je vis le pilote faire un mouvement rapide, et l'instant d'après la barque bondit comme si elle était devenue folle ; nous passâmes sous une sorte de cataracte qui sortait de la sombre crête d'un rocher. Je pensais que tout était fini à ce moment-là ; l'eau coulait le long du col de ma chemise et coulait jusqu'à mes guêtres. J'ai fermé les yeux et j'ai attendu ; au bout de cinq minutes, comme je me sentais encore dans le bateau, je les rouvrirai. Notre situation n'était ni meilleure ni pire qu'avant, et rien n'avait changé si ce n'est que nous entendions maintenant le bruit des vagues contre le rivage ; nous n'étions évidemment pas plus loin que la longueur de quelques câbles. Le pilote s'accrocha à la barre et, poussé par la marée montante, laissa tout le travail à la mer ; sa seule tâche (et pas facile, me semblait-il), était de nous guider à travers les rochers. Soudain, il s'est levé et m'a crié :

"Tiens bon!"

Le conseil était plus qu'inutile ; Je m'accrochais suffisamment au siège pour y laisser mes empreintes digitales. J'ai ressenti un choc violent, comme si le fond du bateau avait ratissé un lit de galets. Le pilote m'a traversé rapidement et a sauté à la mer. Je n'ai pas du tout compris cette évolution, mais, en me levant, je l'ai aperçu debout jusqu'à la poitrine dans l'eau, traînant le bateau vers lui par une corde. A quinze pas de nous se trouvait la falaise. J'avais bien envie de sauter à côté de mon homme, mais il a réalisé mon intention et a chanté :

"Non, non, restez tranquille !... Nous venons d'arriver."

En effet, la première vague a poussé le bateau si près du rivage qu'il s'est échoué.

"Maintenant," dit le pilote en s'approchant de moi, "monte-toi sur mon dos."

"Pourquoi?"

"Pour éviter que tu sois mouillé."

La précaution était bonne, mais elle est arrivée un peu trop tard dans la journée car j'étais déjà trempée comme une éponge.

"Merci pour votre attention," dis-je, "mais vous n'avez pas besoin de vous donner la peine." Et j'ai sauté dans la mer.

À ce moment-là, une vague est venue me passer au-dessus de la tête.

"Capital!" J'ai dit : "Maintenant, mon bain est terminé !... Oh ! quel idiot je suis de faire de tels voyages alors que je n'ai aucune occasion de le faire ! Oh !..."

La dernière exclamation m'a été arrachée par la satisfaction que j'éprouvais de me retrouver sur *la terre ferme.*

Nous avions débarqué dans la petite crique qui est entre Saint-Nazaire et le Croisic, à environ une lieue et demie de l'une ou l'autre de ces deux villes. J'avais donc mon choix. Mais le Croisic était à une lieue et demie de mon chemin, tandis que Saint-Nazaire, en revanche, était bien plus proche. Il n'y a pas eu d'hésitation et je me suis immédiatement porté sur Saint-Nazaire. Quant au pilote, il est resté avec son skiff. Le vent sifflait aussi fort que sur la scène d'Elseneur au moment où le fantôme du roi de Danemark doit apparaître. Je n'avais qu'un seul moyen de me réchauffer : continuer à bouger aussi fort que possible. Je tendis cinq francs au pilote, au lieu de trois comme je lui avais promis, et, la tête nue, les mains dans les poches, sans un chiffon sur moi sec, imbibé de cette délicieuse eau de mer qui ne sèche jamais, Je pars au petit trot pour longer la côte. J'arrivai à Saint-Nazaire une heure plus tard, et je frappai à la porte de la seule auberge du lieu, qui faisait toutes sortes de difficultés pour ouvrir ses portes et recevoir, à onze heures du soir, un homme sans rendez-vous. chapeau. Le dialogue qui s'engageait en vue de mon entrée se prolongeant sans fin et ne promettant pas d'aboutir à ma satisfaction, j'eus l'idée de jeter par la fenêtre du premier étage une pièce de cinq francs, d'où le propriétaire avait envie de me parler. L'hôte serait alors certain du paiement de mon lit. La pièce sonna sur le parquet de la pièce et l'aubergiste la ramassa, alluma une lampe et, s'assurant que mon argent était du bon métal, décida de me laisser entrer. Dix minutes plus tard, je me trouvais tout nu devant une porte. un immense feu de bruyère, qui me rôtissait sans me réchauffer complètement ; mais j'étais si heureux de sentir la terre sous mes pieds que j'oubliais tout le froid extrême que j'avais souffert et ne prêtais aucune attention à l'autre extrême de la chaleur. L'hôte était maintenant devenu aussi aimable qu'au début il avait été grincheux. Il m'a offert sa propre chemise, que j'ai acceptée ; il réchauffait lui-même mon lit et emportait mes vêtements pour les faire cuire au four. Ce jour-là, il faisait du pain et des gâteaux, et le four était encore chaud. Mes vieux vêtements y furent déposés sur une plaque de fer à four et, grâce à cette idée, je trouvai le lendemain que mes vêtements étaient aussi secs que de l'amadou. A onze heures j'étais de retour à Paimbœuf, la nuit j'étais à Nantes, et le lendemain j'arrivais à Tours, où je portais dûment à Madame M... sa fille.

Le même jour, j'ai trouvé une place dégagée dans la malle-poste et je l'ai occupée. J'en avais marre du langage carliste que j'entendais depuis six semaines et je voulais revoir mon soleil de juillet et mon Paris révolutionnaire et mes immeubles tous criblés de balles. Quand je suis arrivé, il pleuvait à torrents ; M. Guizot était devenu Premier ministre et on grattait la devanture de l'Institut !

LIVRE V

CHAPITRE I

Lettre confidentielle de Louis-Philippe à l'empereur Nicolas. — Réponse du tsar. — Ce que pouvait faire la France après la Révolution de Juillet. — Louis-Philippe et Ferdinand VII. — Les réfugiés espagnols. — Réaction de l'Intérieur. — Grattage des monuments publics. — Protestation.

La dernière phrase de mon chapitre précédent montre virtuellement à quel point la réaction à Paris avait progressé au moment où j'y revenais après mon absence de six semaines ou deux mois.

On se souvient de la conversation entre le lieutenant général et les Républicains dans la nuit du 3 juillet, et comment Louis-Philippe avait alors révélé son système du *juste milieu* , système qui répugnait tellement à nos jeunes gens que Cavaignac s'était exclamé :

" Oh ! si les choses doivent être ainsi, monsieur, ne nous inquiétons pas, car vous ne tiendrez pas quatre ans ! "

Cavaignac ne s'est pas trompé dans sa prophétie, même s'il s'est trompé sur la date, simple erreur chronologique après tout. D'ailleurs, une lettre, rendue publique par celui-là même à qui elle était adressée, un prince dont l'orgueil aristocratique et héréditaire se plaisait à humilier un roi issu d'une Révolution, avait publié bien plus clairement que les paroles légères d'une conversation. , le programme du nouveau règne. Des copies de cette lettre effectivement envoyée de Saint-Pétersbourg circulaient : elle était du roi de France à *Monsieur, son frère* , l'empereur de toutes les Russies. M. Athalin l'avait apporté par courrier spécial ; mais elle devait être remise séparément de la lettre officielle qui annonçait l'accession du lieutenant-général au trône : c'était la lettre destinée uniquement à être lue par l'empereur de Russie, mais elle était naturellement la seule des deux qui était lue par le monde entier.

Cela paraissait inexplicable à des hommes qui suivaient depuis quinze ans la politique adoptée par le duc d'Orléans à l'égard de la Branche Aînée ; à ceux qui ont connu sa conduite envers Charles X et le jeune duc de Bordeaux, pendant les jours qui précédèrent sa nomination au grade de lieutenant-général, et ceux qui suivirent ; aussi à ceux qui connaissaient le rôle du Palais-Royal dans cette grande *mise en scène* de l'expédition de Rambouillet, qui ne s'était pas terminée exactement par la fuite (Charles X maintint sa dignité saine et sauve jusqu'à Cherbourg) , mais dans le départ, de la famille royale. Les amis les plus fidèles du roi Louis-Philippe niaient que la lettre ait été écrite par lui ; ils ont dit que c'était tout à fait apocryphe.

Comme je dois expliquer les accusations que j'ai portées contre le gouvernement du roi Louis-Philippe, en ma qualité à la fois de simple citoyen et aussi d'homme de lettres, au bénéfice d'amis passés et présents, qui en ont été surpris , il me sera peut-être permis de continuer à énumérer les raisons de ma répugnance politique, qui m'a amené à remettre ma démission au roi à un moment où mon intérêt, s'il avait pu triompher de mes scrupules de conscience, aurait dû m'ont plutôt incité à compenser la fortune princière lorsqu'ils accédaient au domaine de la royauté.

J'ai parlé de l'impression que m'avait faite la lettre du duc d'Orléans au roi Charles X, qu'avait portée M. de Mortemart ; J'ai raconté comment la poignée de main, les chants de la *Marseillaise* et le front baigné de sueur m'avaient chassé du Palais-Royal au moment même où le jeune duc de Chartres y faisait son entrée ; J'ai aussi décrit la honte qui m'avait cloué immobile devant l'affiche où le duc d'Orléans se prétendait Valois, ignorant les faits historiques les plus élémentaires, et, renonçant à Saint-Louis pour ancêtre, revendiquait François Ier pour chef. de sa Maison, de tous nos rois le plus débauché, le plus impolitique et le plus infidèle à sa parole. D'ailleurs, les trois fils du roi, le duc d'Orléans, le duc d'Aumale et le duc de Montpensier, savaient bien que ma défection était honorable et désintéressée, que je ne me vantais jamais, en les appelant mes amis, bien qu'ils fussent plus plus d'une fois m'a fait l'honneur de s'appeler mien. On verra quand j'aurai occasion de parler d'eux (et cela arrivera fréquemment au cours de ces Mémoires) combien je leur suis fidèle dans leurs malheurs, et que les souvenirs qui jaillissent de mon cœur et de ma plume, tandis que nous suivre les exilés dans leur retraite, sont donnés avec révérence.

Mais revenons à la lettre du roi à l'empereur Nicolas. Cela peut paraître absurde de le dire, mais ce fut pour moi un véritable chagrin, tout comme la réponse du tsar m'a causé un sentiment de honte. Je pense que pour qu'un pays soit vraiment grand, généreux et fort, chaque citoyen qui en fait partie doit être dans une certaine mesure un nerf de l'organisation générale et ressentir individuellement les impulsions qui lui sont données en tant que nation, ou à ses membres. gloire ou honneur.

Voici la lettre. Si longue qu'elle soit, nous la ferons suivre de la réponse, notre seul commentaire étant de mettre en italique certains passages.

> " MONSIEUR MON FRÈRE, — J'ai à annoncer à Votre Majesté mon accession au trône, par une lettre que le général Athalin vous présentera, en mon nom ; mais je veux vous parler en toute confiance de la suite de l'affaire. *catastrophe que j'aurais si volontiers évitée.*

> « Depuis longtemps, j'ai dû déplorer que le roi Charles X et son gouvernement n'aient pas suivi une politique mieux

adaptée aux attentes et aux souhaits de la nation ; je ne pouvais pas du tout prévoir les questions capitales qui se sont produites. se réaliser, et j'ai même pensé que, faute de pouvoir obtenir un esprit franc et loyal dans le ton de la Charte et de nos institutions, il n'aurait fallu qu'un peu plus de prudence et de modération pour permettre au Gouvernement de J'ai continué ainsi pendant longtemps ; mais, depuis le 8 août 1829, la composition du nouveau ministère m'avait beaucoup alarmé. Je voyais à quel point son attitude était détestée et soupçonnée par la nation, et j'y participais. l'inquiétude générale sur les mesures qu'on peut en attendre. Cependant la fidélité à la loi et l'amour de l'ordre ont fait de tels progrès en France, que la résistance au gouvernement ne se serait certainement pas exprimée sous des formes aussi extrêmes, si l'on n'en avait pas fait preuve. Le gouvernement lui-même, dans sa folie, a donné le signal fatal par sa violation audacieuse de la Charte et *par l'abolition de toutes les garanties de notre liberté nationale* , pour la défense de laquelle il n'est guère un seul Français qui ne veuille se défaire de sa sang. Aucun excès n'a suivi cette terrible lutte.

"Mais il était difficile d'empêcher quelque ébranlement de notre condition sociale, et cette exaltation d'esprit même qui dissuadait les gens de tout désordre excessif les conduisait en même temps vers des expériences de théories politiques qui auraient pu précipiter la France et peut-être même l'Europe dans la de terribles calamités ; c'est dans cet état de choses, sire, que tous les regards se tournèrent vers moi : *le parti même vaincu me sentait nécessaire à son salut* ; j'étais d'autant plus nécessaire, probablement, pour empêcher les vainqueurs de prendre. avantage immodéré de leur victoire ; j'ai donc accepté cette noble et pénible tâche, et j'ai renoncé à toutes les considérations personnelles qui me poussaient à refuser la couronne, parce que je sentais que la moindre hésitation de ma part pouvait compromettre l'avenir. de la France et de la paix de tous nos voisins. Le titre de lieutenant-général, qui laissait tout en suspens, excitait une méfiance dangereuse, et il fallait se hâter de se débarrasser de l'État provisoire, autant pour inspirer la confiance nécessaire que pour sauver la paix. Charte. Il fallait conserver cela, dont notre auguste frère le défunt empereur comprenait parfaitement l'importance ; et elle aurait été gravement compromise si les esprits n'avaient pas été promptement satisfaits et rassurés.

« Il n'échappera pas à la perspicacité et à la grande sagesse de Votre Majesté , que, pour atteindre ce but salutaire, il est très désirable que les affaires de Paris soient vues sous leur véritable jour, et que l'Europe, rendant justice aux motifs qui l'ont guidé mes actions, devait soutenir mon gouvernement avec cette confiance qu'il est en droit d'attendre. Que Votre Majesté ne perde pas de vue que, tant que le roi Charles X régnait sur la France, *j'étais l'un des plus soumis.* et fidèle de ses sujets, et que ce n'est que lorsque je vis l'action des lois paralysée et l'exercice de l'autorité royale totalement anéanti, que je crus de mon devoir de m'en remettre au vote national en acceptant la couronne qui m'était offerte. C'est vers vous, sire, que la France se tourne : elle aime à considérer la Russie comme son alliée la plus naturelle et la plus puissante ; la garantie d'une telle alliance réside dans le caractère noble et les nombreuses qualités pour lesquelles Votre Majesté Impériale se distingue.

"Je vous prie d'agréer l'assurance de ma grande estime et de l'amitié inaltérable avec laquelle je demeure le frère affectueux de Votre Majesté Impériale, LOUIS-PHILIPPE"

Une lettre aussi pleine de tendres protestations, aussi humble et obséquieuse que celle-ci, méritait bien une réponse polie.

Voici celui envoyé par Sa Majesté de Toutes les Russies :

" J'ai reçu des mains du général Athalin la lettre dont il était porteur. Des événements toujours déplorables ont placé Votre Majesté dans une situation de cruelle alternative ; et vous avez adopté une détermination qui vous semblait le seul moyen Il me reste à sauver la France des plus grandes calamités. Je ne prononcerai pas de jugement sur les considérations qui ont dirigé Votre Majesté, mais je prierai la Providence de bénir vos intentions et les efforts que vous allez faire pour le bien du peuple français ; de concert avec mes alliés, j'accepte avec plaisir le désir exprimé par Votre Majesté que la paix et l'amitié soient maintenues entre vous et tous les États européens *aussi longtemps que ces relations sont fondées sur les traités existants et avec la ferme résolution de respecter les droits et obligations et Dans les conditions de possession territoriale que ces traités ont ratifiées* , l'Europe y trouvera une garantie de paix très nécessaire à la tranquillité de la France elle-même. Appelé de concert avec mes alliés à cultiver ces relations conservatrices avec la France sous son gouvernement actuel, je, de ma part, je leur accorderai toute l'attention qu'elles exigent, *et je me plais à offrir à Votre Majesté l'assurance de ma bonne disposition, en échange des sentiments qu'elle m'a exprimés.*

"Je vous prie par la même occasion d'accepter l'expression de mes bons sentiments à votre égard.

Nicolas"

C'est tout ce que Louis-Philippe a reçu en échange de ses effusions fraternelles ! Nicolas pouvait bien tolérer sa position s'il respectait les traités de 1815, et il lui offrit ses *dispositions* en échange des sentiments qu'il avait exprimés dans sa lettre. C'était précisément là que sa nouvelle situation se révélait embarrassante. Nous avons parlé de la Révolution de Juillet comme du dernier éclair de Waterloo ; et, en effet, dès que la Révolution fut un fait accompli, tous les esprits généreux en France tournèrent leurs pensées vers la Belgique, l'Italie et la Pologne. La Belgique, à cette époque, faisait encore, on s'en souvient, une partie de la Hollande, en tant que territoire annexé. L'Italie gémissait alors, comme elle l'est encore, sous la tyrannie de l'Autriche. La Pologne était partagée entre la Prusse, la Russie et l'Autriche, et ne lui restait même plus la consolation de rassembler ses membres dispersés dans un même linceul.

Or, des gens de bon cœur demandaient une refonte de l'Europe : ils voulaient donner aux troupeaux qu'on appelle nations des pasteurs choisis par eux-mêmes ; ils refusaient de reconnaître ces bouchers avec lesquels les diplomates sans cœur, assis à la table couverte de verdure du Congrès de Vienne, avaient partagé cent millions de corps et d'âmes, presque au hasard. Mais c'était précisément ce que Louis-Philippe ne voulait pas. Il représentait la bourgeoisie composée d'avocats, d'hommes d'affaires, de banquiers, d'agents d'argent et de financiers ; et la bourgeoisie a son dieu à elle seule, qui n'a aucune sympathie commune avec le dieu adoré des grands esprits et des nobles cœurs.

La situation était si élevée que les yeux clignotants de cette bourgeoisie s'abaissaient, complètement éblouis, avant de pouvoir s'élever à une telle hauteur. Car en effet, après la Révolution de 1830, la France pouvait lancer aux rois le défi d'une ambition démesurée ; elle pouvait non seulement agir sur sa propre force individuelle, mais encore, en s'alliant à elle d'autres peuples, elle pouvait accroître sa puissance et neutraliser celle des rois. Que fallait-il pour cela ? Il suffit de considérer l'état général des monarchies européennes ; à la Russie, avec son vautour du Caucase et sa gangrène à

Constantinople ; à l'Autriche, avec son double cancer de l'Italie et de la Hongrie ; en Hollande, avec sa Belgique hostile ; en Angleterre, avec son Écosse insoumise et son Irlande affamée, pour voir que si nous élevions la voix un peu plus fort, nous ne serions pas seulement maîtres chez nous, mais pourrions étendre notre suprématie sur toute l'Europe. À une époque, il semblait que la France allait adopter cette vaste et magnifique politique à l'égard de l'Espagne. Il est vrai cependant que le motif qui animait Louis-Philippe dans son action à l'égard de l'Espagne était un sentiment tout à fait personnel. Aussi stupide, presque aussi méprisable que son grand-père Ferdinand de Naples, qui ne voulait pas reconnaître en son temps la République française, Ferdinand d'Espagne ne voulait pas reconnaître la Révolution de Juillet, ou, en tout cas, il voulait ignorer le prince qui venait d'hériter du trône après cette Révolution, d'une manière presque aussi mystérieuse qu'il avait lui-même succédé au dernier des Condé. Ainsi, au premier élan de colère, le roi Louis-Philippe reçut une députation de trois des membres du Comité espagnol, MM. Loëve-Weimars, Marchais et Dupont, introduits par M. Odilon Barrot ; il traita son frère Ferdinand d'une manière scorbutante et lui offrit presque une corde avec laquelle il espérait le voir pendu. [1] Il alla plus loin encore et mit cent mille francs à la disposition de La Fayette pour soutenir les entreprises des révolutionnaires espagnols. De ce côté-là, en tout cas, ils se croyaient à l'abri de toute réaction politique. M. Girod (de l'Ain), préfet de police, distribua ouvertement des passeports aux réfugiés espagnols qui se dirigeaient vers les Pyrénées ; les *impériales* de tous les transports publics étaient réservées à ces exilés, qui rentraient chez eux à la face de tout le monde ; et, tout au long de la route, outre ces voyageurs spécialement privilégiés, on rencontrait des bandes de cinquante, cent et cent cinquante hommes, tambours battants et bannières flottantes, marchant vers Bidassoa. Enfin, M. Guizot (originaire de Gand), autrement dit réactionnaire, déclarait très ouvertement que « lorsqu'en 1823 la France reconquit l'Espagne à ses idées absolutistes, elle commet un crime politique ; elle doit donc réparation à l'Espagne. la réparation doit être donnée, signalée et complète ! » M. Guizot dit ces paroles à M. Louis Viardot et lui demanda de les publier radiodiffusées.

On verra que nous ne tâtonnons pas dans le noir, que nous n'accusons pas à la légère : nous citons non seulement les paroles qui ont été dites, non seulement les hommes qui les ont dites, mais aussi les hommes à qui elles ont été dites.

Alors toutes les victimes de Ferdinand VII, telles que Mendizabal, Isturitz, Calatrava, le duc de Rivas, Martinez de la Rosa, le comte de Toreno, le général Mina, le colonel Moreno, le colonel Valdès, le général Torrijos, le général Chapalangara, le général Lopès Baños. et le général Butron levèrent tous la main au ciel et crièrent *Hosannah !*

Des armes furent envoyées si publiquement par MM. Guizot et de Montalivet, que l'ambassadeur d'Espagne, M. d'Ofalia, en prit note diplomatiquement.

Or, nous avons remarqué que Ferdinand VII. d'Espagne était aussi stupide et presque aussi lâche que son grand-père Ferdinand IV. de Naples ; nous aurions vraiment dû dire qu'il était plus lâche, car au simple bruit des armes en France, aux simples cris de liberté qui résonnaient dans le Sud, au simple roulement des tambours approchant de la frontière, il fit amende *honorable* et reçut Louis-Philippe avec toutes les expressions de regret de s'être si longtemps retenu. Et bien que le nouveau roi ait, comme nous l'avons dit, presque offert la corde pour le pendre, il préférait en réalité le repentir du pécheur à sa mort. Sans rien leur dire, il retira la main qu'il avait tendue aux réfugiés espagnols et, livrés à eux-mêmes, ou plutôt livrés à la vengeance de Ferdinand, ils furent tués, les uns sur le champ de bataille, et les autres, tristes et tristes. aussi douloureux et honteux à raconter, ont été pourchassés jusqu'à la frontière et pris et abattus sur le territoire français !

Oh! sire, sire, n'est-ce pas les ombres de ces martyrs qui vous sont apparues le 24 février, vous effrayant jusqu'au roi inerte et fugitif qui s'est effondré sur la place de la Révolution, au pied de l'Obélisque, à l'endroit même où la tête du roi Louis XVI. est tombé?

Et l'Italie, remuée par les promesses que lui faisait La Fayette, promesses que le vieux général croyait pouvoir tenir ; L'Italie, qui, pour accomplir sa révolution, ne demandait qu'un corps d'armée stationné dans les Alpes, regardait en vain vers l'Ouest ; car la route empruntée par Hannibal, Charlemagne et Napoléon restait inoccupée.

Quant à la Pologne, on connaît le célèbre dicton de M. Sébastiani : « L'ordre règne à Varsovie !

Dans la législation nationale, la réaction a été tout aussi évidente. D'abord, ils avaient choisi comme ambassadeur à Londres M. Talleyrand, ce Méphistophélès politique, qui avait vu périr entre ses mains, sous son sourire squelettique, la République, le Directoire, l'Empire et la Restauration. L'abolition de la peine de mort avait échoué à la Chambre. Enfin, des ordres ont été donnés pour effacer les impacts de balles de juillet sur la façade de tous les édifices publics. Certes, cette dernière ordonnance n'a pas été adoptée sans soulever des oppositions. A mon retour à Paris, les murs étaient encore recouverts d'une protestation, qu'il me sera permis de citer, tant le ton de l'époque se montre clairement dans les quelques lignes qui la composent ; et encore parce que le principal mérite de ces Mémoires doit être de conserver intact et de reproduire le caractère du temps où j'ai vécu, au profit de l'avenir, qui tend toujours à devenir flou. Ça y est:-

"Vénération pour les monuments

« Chaque époque glorieuse de notre histoire a ses trophées et ses monuments particuliers : le héros a sa statue de bronze et ses Arcs de Triomphe ; mais quel témoin vivant y aura-t-il pour enseigner aux races à venir les faits de ce cycle des Trois Jours ? et son peuple immortel ? Quelles pages de l'histoire raconteront les âges futurs à quel prix le système monarchique de mille ans, ancien en despotisme, fut détruit ? Quel monument apprendra à notre postérité que là, derrière ces colonnes mutilées, leurs pères tombèrent ? défense de la liberté ? Notre Charte, rapiécée en un jour, est-elle un monument digne de la souveraineté du peuple ? Nous n'avons rien à montrer que nos tombeaux et les traces de balles sur nos murs et les marques de mitraille qui ornent les murs ? frontons de nos palais. Ce sont nos bas-reliefs et nos inscriptions, nos célébrations de cette grande semaine ; le Peuple y lit son triomphe et le Roi y voit les leçons qu'il doit apprendre. Sur ces murs noircis, les temples de la Science et de la Science. de l'Art, les balles de Charles X ont écrit, en caractères ineffaçables, l'amour, la gratitude et l'impartialité qu'on aurait pu chercher chez un Bourbon ! Là, si l'empreinte avait été religieusement conservée, on aurait peut-être découvert les traces des balles d'un autre Charles ! Quelle main vandale a donc osé s'attaquer à ces nobles reliques ? Quelque ordre sacrilège, donné par je ne sais quelle autorité, effacerait ces sublimes brèches ! S'ils disparaissent, on oubliera vite que des milliers de victimes sont tombées amoureuses d'un principe, et que leur sang a coulé pour une liberté éphémère qui n'a brillé sur nous que trois jours ! Sont-ils amis? Peuvent-ils être des frères qui osent ainsi insulter nos actes ? Les Autrichiens, les Russes et les Prussiens ont rendu hommage à notre Colonne, à nos Arcs de Triomphe, et les insignes honteux du vainqueur du Trocadéro souilleront-ils encore l'Arc de Triomphe du vainqueur d'Austerlitz ?

" *Courage, hommes de demain ! Courage ! Continuez votre œuvre héroïque !* Démolissez ces croix de bois, ces drapeaux tricolores qui ornent les tombeaux de nos frères, et alors vous aurez réussi à effacer jusqu'à la dernière trace de notre Révolution !

" *(Signé)*

LANNOY, élève de l'École polytechnique ;
PLOCQUE, avocat ;
ÈME. MASSOT, avocat ;
GUYOT, étudiant en médecine ;
ÉTIENNE ARAGO;
CH. LOTHON, élève de l'École polytechnique."

Vous voyez, ces pauvres combattants de Juillet n'avaient pas de grandes exigences ; eux, qui s'étaient vu arracher la République, qui avaient été enfermés dans les traités de 1815, à qui on avait donné un roi, fils de régicide, qui avaient renoncé à la Convention, demandaient seulement que les balles des Suisses et les gardes royales imprimées sur les façades de leurs monuments publics devraient pouvoir rester intactes. Leur demande, comme raisonnablement liée, fut jugée exorbitante et refusée en conséquence. Ainsi, comme je l'ai déjà dit, à mon retour à Paris, M. Guizot était ministre, et on grattait l'Institut.

———

[1] Voici les propres paroles du roi Louis-Philippe : « Quant à Ferdinand VII, ils peuvent le pendre s'ils le veulent : c'est le plus grand coquin qui ait jamais vécu !

CHAPITRE II

Le drame de Saint-Leu.—La bravoure du duc d'Aumale.—
L'arrestation de MM. Peyronnet, Chantelauze, Guernon-
Ranville et Polignac.—Le serviteur de Mme de Saint-
Fargeau.—Thomas et M. de Polignac.—Les ex-ministres à
Vincennes.—L'abolition de la peine de mort à la
Chambre.—La Fayette.—M. de Kératry—Salverte—Mort
aux ministres—Vive Odilon Barrot et Pétion !

Mais, avant de revenir sur ces réparations de murs endommagés (qui ont joué un rôle important, comme nous le verrons, en temps voulu), terminons par la sombre tragédie de Saint-Leu, et par le dernier des Condé, qui fut trouvé un matin pendu, comme une vieille épée rouillée, au crochet d'une fenêtre. Je dis *qu'on en finira avec la sombre tragédie de Saint-Leu* , car, dans le chapitre précédent, je crois avoir fait allusion à la mort *mystérieuse* du prince de Condé. Or, cette mort était certainement très mystérieuse ; mais mon lecteur ne doit pas interpréter cette épithète dans un autre sens que celui que je lui donne. Un de mes amis les plus intimes (le même qui, le matin du 17 août 1847, en sortant de la chambre à coucher de Madame la duchesse de Praslin, avait déjeuné avec moi, après s'être lavé une seconde fois les mains des taches de sang de cette malheureuse femme, et qui m'avait dit le matin : « Je vous jure que le duc de Praslin a tué sa femme ! »), cet ami, le célèbre chirurgien Pasquier, aussi habile que Dupuytren et aussi honnête que Larrey, répétait maintes fois fois pour moi la phrase suivante :—

" J'ai descendu le corps du prince de Condé de la fenêtre ; eh bien, sur mon âme et sur ma conscience, je déclare qu'il s'est pendu là ! "

Je l'interrogeais avec d'autant plus d'insistance à ce sujet que j'avais connu le pauvre prince à Villers-Cotterêts, que j'avais dîné à la même table avec lui chez M. Deviolaine, et qu'il avait été gentil avec moi, quand j'étais tout petit. , et un étranger et totalement inconnu de lui. Eh bien, ma parole d'honneur, moi aussi, à mon tour, je crois implicitement à ce que Pasquier m'a dit plusieurs fois ; ce qu'il répéta exactement dans les mêmes termes lorsque, il y a moins de deux ans, nous traversâmes tous deux la Manche pour rendre un dernier hommage au roi mort à Claremont (un devoir respectueux qui, en raison d'une susceptibilité familiale inconnue ou autre, , je regrette de ne pas avoir pu payer personnellement). Je crois que, si le roi n'était pas mort aussi avant son temps, comme sont morts beaucoup de mes amis, comme est mort celui à qui ces Mémoires sont dédiés, j'invoquerais son témoignage, qui serait dépourvu de toute affection à son égard. Famille royale dont il avait souvent des raisons de se plaindre auprès des autres, y compris moi-même ; son témoignage, dis-je, ne me ferait pas défaut. Et je crois qu'il est juste de dire, d'écrire et d'imprimer ceci, et de le jurer par le mort, comme j'aurais dû le faire s'il était vivant, lorsque le bruit m'est parvenu dans la retraite que j'avais volontairement choisie dans un pays étranger. , qu'ils allaient soulever un doute sur la question du suicide. Cependant, cela importe peu. Si Mme de Feuchères avait été accusée et convaincue du crime dont la science et la loi l'ont déclarée innocente ; si Mme de Feuchères avait avoué ce crime ; si Mme de Feuchères avait été condamnée à l'expier sur l'échafaud ; avait madame de Feuchères, dans un dernier aveu, accuser de complicité morale ou matérielle ceux que la haine infâme a tenté de souiller par cette complicité ; si Mme de Feuchères avait proféré ce mensonge monstrueux ; avait-elle publié cette ignoble calomnie ; même alors, pour tous les esprits nobles, pour tous les cœurs honnêtes, aucune ombre de soupçon n'aurait jamais pu s'attacher à ceux qu'elle cherchait à atteindre : maudits soient les partis qui se servent de telles armes pour attaquer leurs ennemis ! Comme dans le cas du dauphin, lorsqu'il voulut arracher l'épée au duc de Raguse, ils ne firent que se blesser et se tacher de sang ! L'auteur qui écrit l'histoire est tenu de dire la vérité, et je crois l'avoir toujours fait : il est lâche pour ceux qui manient la plume et écrivent pour le public de ne pas contredire des déclarations calomnieuses. Je nie donc catégoriquement celle-ci. Il eût certainement été plus beau et plus noble de la part du duc d'Orléans, qui était déjà riche de son propre droit comme prince, et qui tirait aussi des richesses, comme roi, de la liste civile ; ce serait un grand acte, je le répète, si le duc avait renoncé à la succession fatale et remis le vaste héritage à une institution bienveillante, une fondation pour la cause de l'art, au secours d'un malheur national à cette époque ou en l'avenir. Mais ceux qui ont lu ces Mémoires savent combien le roi était avare, et s'ils m'ont reproché de l'avoir publié, ils comprendront ce que je veux maintenant qu'on en déduise. Eh bien, le caractère du prince étant connu et son tempérament admis, nous déclarons qu'il eût été tout à fait hors de la puissance de l'homme qui pouvait couvrir six pages de chiffres de découvrir une prime de soixante-six centimes, de renoncer à un héritage de soixante-six millions au moment où cet héritage tant désiré et attendu tombait, pour ainsi dire, entre ses mains.

Mais maintenant, laissons vite de côté ce sujet, comme nous l'avons dit au début de ce chapitre, c'était notre intention de le faire, et gardons-nous particulièrement de faire porter la responsabilité de cette fortune qui lui fut léguée aux jeunes et aux jeunes. noble héros de La Smala.

Hélas! tant de calomnies, tant d'indifférence et d'oubli suivent les exilés, qu'il faut bien que quelques voix rappellent de temps à autre au pays qui les a produits les noms de ces fils bien-aimés et dignes de son amour !

Un officier qui avait reçu ses premières épaulettes du duc d'Aumale me répondit un jour, alors que je louais en sa présence la bravoure du pauvre duc exilé :

"Brave ? Pourquoi, il n'était pas plus courageux que n'importe qui d'autre !"

Pas plus courageux que les autres ! A ce propos, j'ai entendu Yousouf, dont j'espère que personne n'osera contester le courage, dire ce qu'il sera, j'en suis sûr, prêt à répéter :

« Lorsque nous nous trouvâmes avec seulement nos deux cent cinquante hommes face aux quarante mille âmes qui composaient La Smala, je demandai au prince : « Monseigneur, qu'allons-nous faire ? Il répondit : « Entrez, par Jupiter ! Quand il l'a dit, j'ai pensé que j'avais dû mal le comprendre, alors j'ai répété ma question, et quand il a de nouveau dit : « Entrez, je vous le dis ! *J'ai commencé à frissonner.* J'ai pris mon épée, bien sûr, parce que j'étais soldat, mais je me suis dit : "Alors ce sera le dernier d'entre nous, car nous serons tous perdus !"

Pas plus courageux que les autres ! mais Charras (que personne n'a jamais accusé d'orientation orléaniste ni de connaissance de la peur, étant une de ces rares natures qui aiment le danger pour lui-même, *un soldat de nuit* , comme disent les connaisseurs) - Charras lui-même me disait en parlant de cela même prise de La Smala—

« Pour aller comme le fit le duc d'Aumale, avec deux cent cinquante hommes, au milieu d'une telle population, il *faut ou bien n'avoir que vingt-deux ans sans connaître le danger, ou bien avoir le diable en soi ! Les femmes n'avaient qu'à tendre les cordes de la tente devant les chevaux, pour les jeter à terre, et à jeter leurs pantoufles à la tête des soldats, pour les exterminer alliés du premier au dernier. !* "

Non en effet! le courage du duc d'Aumale était d'un autre ordre que celui du reste du monde : il était plus courageux même que le plus brave des hommes.

Je raconterai plus tard ce qu'il m'en a dit lui-même à cette époque, la première fois que je l'ai vu après son retour.

Revenons maintenant au recrépissage des murs, dont nous avons détourné cette digression sur la mort du prince de Condé et la bravoure du duc d'Aumale ; J'écris, je répète, comme je le sens et surtout par conviction ; et je proclame d'une voix également impartiale l'avarice et les intrigues du père ainsi que le courage et la loyauté de ses enfants. D'ailleurs, la discussion qui s'éleva sur la question de savoir si les murs de Paris devaient ou non rester dans leur état mutilé ; s'ils doivent porter l'impression immuable des dates des 27, 28 et 29 juillet ; ou si ces dates devaient être effacées des pierres comme on espérait qu'elles seraient effacées du cœur des gens ; cette discussion, disons-nous, avait une signification bien plus significative que ce que les grattoirs de maisons et les restaurateurs de bâtiments étaient prêts à reconnaître. Il s'agissait bien du sauvetage des chefs des ministres de l'ex-roi, violemment mis en péril par ce ministère public. Quatre d'entre eux avaient été arrêtés : il s'agissait, dans l'ordre de leur arrestation, de MM. de Peyronnet, de Guernon-Ranville, de Chantelauze et de Polignac.

Donnons quelques détails sur ces différentes arrestations ; les journaux de leur époque enregistrent dûment les faits et on en parle, on les discute sur le moment puis on les oublie peu à peu ; il ne reste que le fait cruel et stupide ; puis intervient l'histoire, qui se borne à constater le simple fait, dépouillé de tous ses détails et de son côté pittoresque.

Qu'importe à l'histoire ? Ne représente-t-elle pas l'essentiel des événements et rien de plus ?

Eh bien, nous préférons de loin un être vivant à une momie, et une momie à un squelette. Par conséquent, nous essaierons toujours d'écrire une histoire vivante, et ce ne sera pas de notre faute si elle apparaît sous la forme d'une momie ou d'un squelette.

M. de Peyronnet fut le premier arrêté à Tours. Le lundi 6 août, à deux heures de l'après-midi, une chaise de poste, de passage dans cette ville, ayant éveillé les soupçons, fut encerclée par la garde nationale. Il n'y avait dans la chaise qu'une seule personne qui affectait de ne parler qu'une langue allemande. Il se présenta d'abord comme un courrier de la maison Rothschild et refusa de répondre aux questions qui lui étaient posées, feignant de ne pas les comprendre ; mais, interrogés par ses postillons, ils déclarèrent qu'un deuxième voyageur était descendu de la voiture un kilomètre avant d'atteindre les premières maisons, probablement avec l'intention de faire le tour hors de la ville. Deux gardes nationaux furent aussitôt envoyés en direction de la route de Bordeaux et ils aperçurent bientôt un homme marchant à grands pas sur les hauteurs de Grammont. Un garde-chasse, qui venait de dépasser l'homme, fut signalé par les gardes et l'arrêta en conséquence. Ordonné de dire qui il était, l'étranger montra un passeport indiquant le nom de Cambon ; mais on le fouilla et la lettre P brodée sur son mouchoir et sa tabatière fit naître des doutes sur son identité. Deux autres personnes venant, dont l'une regardait attentivement l'étranger, déclarèrent qu'il reconnaissait en lui M. de Peyronnet. L'ex-ministre n'a pas eu de chance : le nouvel arrivant, qui l'avait reconnu, se trouvait être un ex-magistrat qu'il avait démis de ses fonctions. L'autre, sans le connaître personnellement, avait eu avec lui des relations avec un jeune homme de Tours, nommé Sir Jean, condamné pour délit politique ; il avait demandé à M. de Peyronnet de pardonner au jeune homme, ou du moins d'atténuer sa peine, et il n'eut en réponse qu'un refus brutal. Ces deux personnes avaient donc une haine particulière envers M. de Peyronnet, et, le saisissant par le col de son habit, ils l'emmenèrent dans la ville. Conduit à la prison de Tours, sans que les injures et les mauvais traitements qu'il avait subis n'altèrent le moins du monde l'expression calme de sa physionomie, M. de Peyronnet avait été mis au cachot.

Une autre arrestation eut lieu à Tours le même jour : celle de MM. de Chantelauze et Guernon-Ranville. La veille, ils s'étaient présentés en haut du talus de Barthélemy ; mais, apprenant qu'on fouillait les voitures et les voyageurs, ils se retirèrent. Le lendemain matin, des paysans rencontrèrent dans la campagne deux hommes qui semblaient avoir perdu leurs repères, et les arrêtèrent, les conduisirent dans un petit village appelé la Membrole et les livrèrent à la police, qui les conduisit tous deux liés à Tours. Ce ne fut qu'après quelque temps de chasse qu'on retrouva le prince de Polignac ; on crut qu'il avait dû franchir la frontière, lorsqu'on apprit, par une dépêche télégraphique du 18 août, qu'il venait d'être arrêté à Granville. C'est ainsi que l'arrestation a eu lieu. Il voyageait avec la marquise de Saint-Fargeau, se faisant passer pour sa servante, et était vêtu d'une livrée. Arrivé aux environs de Granville, il se mit sous la protection d'un gentilhomme nommé M. Bourblanc d'Apreville, qui le cacha dans une auberge du port. Malgré son déguisement, peut-être même à cause de lui, les soupçons furent éveillés et accrus par le fait de son atterrissage de nuit. Alors qu'il s'attendait le moins à être reconnu, deux gardes nationaux entrèrent brusquement dans sa chambre. Le prince se détourna en les voyant et cacha son visage dans ses mains.

"Avez-vous vos papiers ?" ils ont demandé.

« Par quelle autorité me posez-vous une pareille question ? répondit le prince.

"Avez-vous vos papiers ?" » demandèrent les hommes une seconde fois, et plus impérativement.

"Non."

"Eh bien, dans ce cas, tu dois venir avec nous en prison."

A ce moment, Mme de Saint-Fargeau, prévenue de ce qui se passait, entra dans la chambre, réclama son domestique et protesta contre le traitement brutal qu'on lui faisait subir. Mais M. de Polignac fut arrêté malgré les protestations de la marquise, lié et conduit en prison dans la ville. Le lendemain, il avoue au maire qu'il est le prince de Polignac. Il fut emmené le même jour sous escorte de la Garde nationale loin de Granville. Son passage par Coutances et son arrivée à Saint-Lô lui furent presque fatals : la population menaçait de le mettre en pièces ; et, pendant une brève période, il sembla que les efforts de ses gardes, qui essayaient de le défendre, se révéleraient inutiles ; les armes étaient tendues sur la garde des soldats et des policiers, essayant de l'arracher de leurs rangs ; un homme a même réussi à se mettre un pistolet sous la gorge et aurait probablement tiré si, par chance, quelqu'un ne lui avait pas levé le bras. Le prince était très pâle, mais on ne pouvait dire si c'était de fatigue ou de terreur. De Saint-Lô, M. de Polignac avait écrit au ministre de l'Intérieur pour protester contre son arrestation et plaider son rang de pair de France, qui lui accordait le privilège de n'être arrêté que sur ordre de la Chambre des députés. Se pairs lui-même.

Par un étrange hasard, il m'est arrivé de pouvoir donner des détails du voyage de M. de Polignac que personne d'autre n'a reçus, et probablement moi et les principaux acteurs sommes les seuls maintenant à nous en souvenir.

Le prince fut confié aux soins de Thomas. Quand je dis Thomas, mes lecteurs sauront très bien à qui je fais référence. C'était cet ami courageux et fidèle de Bastide qui, comme Bastide, risqua sa vie et sacrifia sa fortune pour la cause de la liberté. Il avait promis de conduire le prince sain et sauf à Paris, au prix de sa vie s'il le fallait. À partir de ce moment, le prince pouvait dormir tranquille, car il savait qu'il atteindrait sa destination en toute sécurité avec son conducteur ou qu'aucun d'eux n'y parviendrait. La voiture qui emmenait l'ex-ministre de France à Paris démarrait dans l'obscurité. Mais, quoique Thomas eût entrepris de conduire M. de Polignac sain et sauf à Paris, il n'avait nullement l'intention de le laisser s'échapper en chemin. Et c'est le dialogue qui a eu lieu entre le prisonnier et le conducteur. Thomas, avec cet étonnant *sang-froid* qui ne l'abandonnait jamais, qu'il fût menaçant ou menacé, sortit de sa poche un poignard et un pistolet et les montra au prince.

" Vous voyez, monsieur, j'ai pris mes précautions : si vous tentiez de vous échapper, je vous tuerais, c'est mon devoir. Mais comme je ne désire pas du tout restreindre votre liberté pendant notre voyage, ni humilier un malheureux homme comme vous, que je respecte, donnez-moi votre parole d'honneur que vous ne tenterez aucunement de vous échapper et que vous serez aussi libre que moi.

"Je vous l'accorde, monsieur", répondit le prince, qui se croyait plus en sécurité entre les mains de Thomas que de fuir seul à travers la campagne.

A partir de ce moment, le prince pouvait descendre de voiture quand il voulait, gravir les collines à pied et se promener à sa guise. La conversation, bien entendu, ne devait tourner que sur un seul sujet, à savoir les événements qui venaient de se passer, dans lesquels ces deux acteurs avaient chacun joué leur rôle, l'un dans les hauts quartiers du palais, l'autre dans les rues. . Répondant aux réflexions consciencieuses et un peu sévères de Thomas sur ce qu'il regardait comme le *crime* des ordonnances, qui avait amené la chute de Charles X et l'arrestation du prince, M. de Polignac répondit en soupirant :

"Oh, mon pauvre Thomas, qui aurait jamais pensé que les choses en arriveraient à une telle tournure et se termineraient par un tel désastre ?"

Et une fois, le prince, qui connaissait son Corneille, suivit cette expression mélancolique de ces lignes :

"Chimène, qui l'eût dit ?
Rodrigue, qui l'eût cru ?"

Le prince soupira à la pensée du sort qui l'attendait, mais avec résignation : il avait plus l'expression d'un martyr chrétien que de général vaincu. Il interrogea Thomas sur l'issue probable du grand procès qui s'ensuivrait.

"Bonté divine!" répondit Thomas, tout dépend du type de jury qui est appelé à juger votre cas. Si vous êtes jugé par un jury, vous et vos collègues serez condamnés à mort ; si vous êtes jugé devant la Chambre des pairs, vous serez simplement condamné à la prison.

— C'est exactement mon opinion, répondit calmement M. de Polignac.

Après cette coïncidence d'idées, le silence tomba entre les deux voyageurs, pendant lequel la lumière du jour commença à éclaircir l'obscurité qui avait enveloppé la première partie de leur voyage.

Thomas fut frappé à la vue du long profil de l'ex-ministre, facilement reconnaissable, nettement défini dans la lumière grandissante alors que les pas des chevaux claquaient sur le trottoir d'une ville où les magasins s'ouvraient joyeusement et où les citoyens se tenaient tranquillement debout. de petits groupes sur la place, avides de nouvelles nouvelles qui pourraient arriver. Thomas pensait que leur voiture faisait l'objet de quelques attentions. Il fut cependant obligé de changer de chevaux à l'hôtel de la poste, qui était situé sur la place, et, si courte que fût leur halte, elle pourrait s'avérer bien assez longue pour que le prince soit reconnu et que la nouvelle crée un bruit. sensation dans toute la ville, avec quel résultat il était impossible de calculer. Thomas portait une casquette à large visière ; il le jeta sur le visage aristocratique du prince et lui enroula son édredon autour du cou. Thomas appelait ce procédé *l'extinction* de son prisonnier. Lorsque les citadins curieux arrivèrent et regardèrent par la portière de la voiture et virent, à côté du visage rond, ouvert et froid de Thomas, une silhouette à bonnet enveloppée dans un cache-cou, aucun soupçon ne s'éveilla dans leurs poitrines, et la voiture a commencé avec des chevaux frais à un rythme effréné. Cette manœuvre s'est répétée sur presque tous les lieux de relais. Lorsque Thomas raconta ces incidents, c'était avec une certaine mélancolie. Il n'oubliait pas que la prison, et peut-être même la mort, attendaient à la fin du voyage son compagnon de voyage, lui qui, en effet, devait plus d'une fois affronter devant un tribunal de justice l'alternative de la mort ou de l'emprisonnement.

Le 28 août, les trois prisonniers de Tours et celui de Saint -Lo atteignirent Paris presque simultanément. Ils étaient tous les quatre enfermés dans cette partie du château de Vincennes qu'on appelait le pavillon de la Reine. Trois d'entre eux étaient des hommes nouveaux. En fait, ils n'étaient presque connus de personne avant le jour fatal du malheur qui les surprit. Ils avaient acquis leur notoriété, ou plutôt leur impopularité, par l'impression de cent mille exemplaires des vers de Barthélemy et de Méry, et par les sketches oraux récités contre M. de Peyronnet notamment, par le célèbre Chodruc-Duclos. Nous aurons occasion plus tard de parler de ce Diogène moderne (nous faisons allusion, bien entendu, à Chodruc-Duclos et non à M. de Peyronnet), qui, pendant sept ou huit ans, troubla les galeries du Palais-Royal, où , à toute heure du jour, il montrait son habit déboutonné, son pantalon à peine convenable, son gilet attaché par une ficelle, ses sandales, son vieux chapeau cabossé et l'épaisse végétation qui couvrait la moitié inférieure de son visage, qui avait lui a valu le surnom de *l'homme à la longue écoute*. Puis, comme nous l'avons dit, outre ces vers de Barthélemy et de Méry, et les légendes bordelaisiennes composées par Chodruc-Duclos, MM. de Chantelauze, Guernon-Ranville et de Peyronnet étaient presque inconnus. Il en était tout autrement pour M. de Polignac : outre la prétention de sa famille de descendre de la même souche que Sidoine Apollinaire, les Polignac sont d'une célébrité historique.

Il s'agissait d'abord d'anciens conspirateurs : le cardinal Melchior de Polignac, l'auteur de l' *Anti-Lucrèce* , avait comploté contre le régent au début du siècle précédent ; Le prince Jules de Polignac avait conspiré contre Napoléon au début de l'actuel ; et leurs femmes avaient joué leur rôle pendant la Révolution française : on se souviendra de la comtesse Diane et de la duchesse Jules, ces deux amies inséparables de la reine ; la duchesse Jules notamment, à qui Marie-Antoinette offrit une *layette* de cent mille écus et un duché d'une valeur d'un million et demi.

Le comte Jules de Polignac, promoteur des Ordonnances, était son deuxième fils : il fut fait prince en 1817 ou 1818, par Pie VII, prince de Rome, bien entendu.

Émigré en 1789, il était revenu en France en 1804, avec son frère aîné Armand, exprès pour participer à la conspiration de Cadoudal et de Pichegru ; il allait être condamné, ou était, je crois, même condamné à mort, mais l'intercession persistante de Joséphine lui sauva la vie.

Tous ces faits ne faisaient qu'amplifier l'importance du prisonnier, dont le procès allait bientôt avoir lieu. Après un exil de vingt-six ans, incluant emprisonnement, poste d'ambassadeur, pairie et ministère, il revint en 1830, sous le signe d'une seconde accusation mortelle, dans le même cachot de Vincennes où il avait été incarcéré pour la même cause. du monarchisme en

1804. L'ordre avait été émis pour le transfert des prisonniers du pavillon de la Reine aux cachots. M. de Polignac en sortit le premier.

Je l'ai vu plusieurs fois chez Mme du Cayla : c'était un homme d'une très belle apparence, avec ses cheveux blancs et sa démarche seigneuriale, ses manières hautaines et un air de distinction prééminent. Mais il faut admettre qu'aucune de ces qualités n'a beaucoup impressionné le peuple : elles sont souvent un motif de condamnation : sous la première Révolution, une peau fine et un beau linge étaient des motifs tout à fait suffisants pour envoyer un homme au supplice.

Il y avait plusieurs cours à traverser avant de pouvoir passer du pavillon de la Reine au donjon, et ces cours étaient encombrées de soldats des Gardes Nationaux et de la garnison. M. de Polignac paraissait tête nue, entre deux grenadiers : il y avait dans sa tenue un léger désordre qui n'était pas habituel ; lorsqu'il atteignit l'escalier, ses forces, sinon son courage, lui manquèrent : il chancela et se retint de tomber en appuyant sa main sur le bout d'un fusil de grenadier. L'attitude de M. de Peyronnet était tout autre : extrêmement courageux, il avait parfois le tort d'étendre son courage jusqu'à l'insolence ; il gardait également son chapeau et regardait à gauche et à droite avec dédain tout en avançant. Un homme bas, hors de la foule, le visa en criant :

« À genoux, vous qui avez ordonné qu'on tire sur le peuple !

M. de Peyronnet haussait les épaules, restait les bras croisés et ne hâtait ni ne ralentissait le pas. M. de Chantelauze paraissait malade, pâle et abattu, et semblait accablé par la gravité de la situation. M. de Guernon-Ranville montrait un courage nerveux et une mauvaise humeur.

Les trois commissaires nommés pour examiner les ex-ministres étaient MM. de Bérenger, Madier de Montjau et Mauguin.

Dès le 17 août, aussitôt connue l'arrestation des ministres, l'abolition de la peine de mort fut proposée à la Chambre par M. Victor de Tracy et soutenue par La Fayette. Le 6 octobre suivant, M. de Bérenger, chargé du rapport de l'examen des prisonniers, demanda l'ajournement de la proposition. Alors La Fayette se leva une seconde fois, et, avec cette lourde attitude personnelle que possèdent les hommes qui ont vu, fait et souffert beaucoup, il s'écria :

« On propose d'ajourner la question de l'abolition de la peine de mort, Messieurs ; mais sans doute ceux qui le proposent n'ont jamais eu le malheur de voir, comme je l'ai vu moi-même, leurs familles, leurs amis et les notables citoyens de France traînés à l'échafaud ; ils n'ont pas eu, dis-je, le malheur de voir des malheureux sacrifiés sous prétexte qu'ils étaient *fayettistes*. Je suis entièrement opposé à la peine de mort, surtout pour les délits politiques. J'en supplie donc la Chambre. de prendre en considération la proposition de M. de Tracy.

M. de Kératry monta aussitôt à la tribune et, avec cette éloquence qui est plus remarquable pour le cœur que pour la tête, prononça le discours suivant :

"J'atteste tout cela devant vous, s'il était possible de réunir dans ce bâtiment les parents et amis des courageuses victimes de juillet et de leur demander 'exigez-vous du sang pour du sang ? Décidez !' le jury silencieux secouerait la tête en signe de refus et retournerait à ses nobles chagrins et à ses foyers déserts... Si je me trompe, j'en appellerai en esprit aux mânes des nobles victimes elles-mêmes, je les appellerai à se réformer ; cette sentence indigne ; car je sais que les âmes courageuses, qui risquent leur vie pour une cause sacrée, ne versent le sang que pendant le conflit.

Ces deux discours, dont je n'ai donné que les points les plus saillants, soulevèrent un tel enthousiasme dans l'Assemblée, qu'il fut décidé, sur-le-champ, d'adresser une adresse au roi, pour proposer la suppression de la peine de mort dans les cas intentés. par la Commission. Le soir même, une séance spéciale a eu lieu et l'adresse a été lue et envoyée.

Mais il faut dire que l'enthousiasme qui avait emporté la Chambre n'a pas emporté le peuple ni ému les républicains le moins du monde. Or, pourquoi le peuple, habituellement généreux, pourquoi les républicains, profondément intéressés par l'abolition de l'échafaud sur lequel les têtes de certains d'entre eux pouvaient facilement tomber, se sont-ils déclarés en faveur de la peine de mort ? Parce qu'ils savaient bien que cette clémence augustéenne était artificielle, qu'elle serait proclamée haut et fort tant qu'elle pourrait être utile à la situation politique du moment ; mais qu'ils reprendraient bientôt l'ancienne piste depuis la place de Grève et la place de la Révolution. Car, les regards sombres et les lèvres serrées, ils se disaient ce que seul Eusèbe Salverte avait eu le courage de dire à la Chambre :

« Un homme poussé par la faim et la misère, à la vue de sa femme et de ses enfants sans pain, un homme qui n'a rien mangé depuis trois jours, tente de voler et est pris sur le fait, tue pour échapper aux galères et est condamné à mort et exécuté. Alors la société s'écrie : « Bravo, c'est vrai ! cet homme était un voleur, un assassin et un misérable infâme, il méritait l'échafaud ! Mais un homme d'État de sang-froid ordonne le massacre de dix mille de ses concitoyens, exprès pour grimper à ses fins ambitieuses sur leurs corps entassés. Un tel homme vous inspire de la pitié et non de l'horreur. « Vous vouliez nous faire trancher la tête, mais garder la vôtre sur vos épaules et aller dans un pays étranger jouir des richesses que vous avez amassées. Le temps s'occupera d'un tel vol, les passions s'apaiseront, publiques et privées. les griefs seront apaisés ; l'histoire de nos troubles, écrite sur nos murs par l'empreinte des balles et de la mitraille, ne sera plus lisible ; alors la compassion publique s'élèvera contre la durée de votre exil : elle exigera votre répit, et, pour la troisième ou la quatrième fois, vous amènerez votre pays au bord de l'abîme, où vous réussirez enfin à le jeter. Pourquoi faire une telle distinction ? A moins que ce ne soit parce que, n'ayant pas eu le courage de terrasser vous-même votre victime, comme l'a fait le pauvre affamé, vous payez des soldats et en faites les instruments de votre crime !

C'est ce qu'avait dit M. Salverte ; c'est ce que disaient le peuple et les républicains.

Or, comme ils vont bientôt recommencer à tirer sur le peuple et sur les républicains ; puisqu'ils vont recommencer le mois de juillet avec des résultats diamétralement opposés ; comme pendant dix-huit ans ce sont les vainqueurs des Trois Jours qui vont être les vaincus, il est bon de tracer très distinctement la ligne de démarcation et de ne pas se contenter d'énoncer, comme ils l'ont fait :

"La Chambre et la royauté de juillet souhaitaient l'abolition de la peine de mort, mais le peuple et les républicains ne l'acceptaient pas."

Vous vous trompez, ils l'ont souhaité ; mais comme un principe qui doit sauvegarder l'humanité dans son ensemble, et non comme un moyen de délivrer de la justice quelques coupables privilégiés. Ce qu'ils ne voulaient pas, c'est que, comme des tribunaux d'exception sont créés pour punir, il n'y ait pas, cette fois, de tribunaux d'exception pour absoudre. Ils voulaient que le peuple soit considéré comme une puissance souveraine, et que ceux qui l'avaient fait abattre soient traités de la même manière que ceux qui, plus tard, tireraient sur le roi. Pourquoi donc une plus grande indulgence serait-elle accordée à MM. Polignac, de Peyronnet, de Chantelauze et de Guernon-Ranville, qui ont tué ou blessé trois mille citoyens, qu'à Alibaud, Meunier et Lecomte, dont le complot a échoué en tirant sur le roi, et qui n'a tué ni blessé personne ? On fera probablement valoir que la différence dans les peines découle du fait que les peines sont prononcées par des tribunaux différents. Mais il n'en était rien : la sentence qui condamnait les uns à la prison, les autres à l'échafaud, venait du même jury, la Cour des pairs.

Le peuple avait donc raison, après avoir vu le maréchal Ney condamné à mort, de se plaindre très haut lorsqu'il savait que les ministres allaient être relâchés. Ils ne voulaient pas que leur tête tombe, malgré leur culpabilité ; non, le peuple souhaitait qu'il fasse en 1830 ce qu'il n'avait pas fait en 1793. Il voulait qu'il soit condamné et qu'il fasse appel de la sentence directement au peuple. Alors, comme le disait M. de Kératry, ils auraient été graciés. Mais ils n'ont même pas été consultés : c'est le roi, qui devait sa couronne à la Révolution, sa liste civile de dix-huit millions de rentes et dix ou douze châteaux royaux, qui leur a gracié, et non le peuple abattu, assassiné. et décimé.

Ainsi, une nuance de mécontentement se répandit dans la ville, tandis que la colère qui s'installait à la base de l'échelle sociale commençait à remonter à la surface dans des bulles brûlantes.

Le 18 octobre, les murs du Luxembourg furent couverts dans la nuit de pancartes menaçantes. Deux ou trois de ces bandes d'hommes, qu'on ne rencontrait qu'aux saisons malheureuses, sortaient pour ainsi dire des catacombes et se répandaient dans la ville en chantant *La Parisienne* et en criant : « Mort aux ministres ! Certains sont même allés plus loin et ont porté un drapeau sur lequel le souhait sanguinaire ci-dessus était écrit en grosses lettres.

Cette bande partit du Panthéon, traversa le Pont Neuf et se dirigea vers le Palais-Royal.

Les ministres tinrent conseil ensemble. A ces bruits, à ces cris et au tumulte qui remplissait la place, comme le jour où ils portèrent sur une pique la tête de la princesse de Lamballe, le roi et M. Odilon Barrot s'avancèrent jusqu'au bord de la terrasse. Le peuple n'a jamais poussé un seul cri de « Vive le roi ! » mais a crié « Vive Odilon Barrot ! » au sommet de leur voix.

M. Odilon Barrot était très embarrassé de cette popularité, qui contrastait ainsi publiquement avec l'impopularité manifestée à l'égard du roi.

Mais Louis-Philippe a ri.

"Oh!" dit le roi, n'écoutez pas leurs cris, monsieur Barrot ; en 1792, j'ai entendu les pères de ces mêmes gens crier : Vive Pétion ! comme maintenant ces hommes crient 'Vive Barrot !'"

CHAPITRE III

Oudard me dit que Louis-Philippe désire me voir. — Visite
à M. Deviolaine. — Hutin, garde-à-cheval surnuméraire. —
Mon entretien avec le roi au sujet de la Vendée et de la
politique du *juste milieu* . — Bixio un artilleur. — Il se charge
de me faire enrôler. dans sa batterie - j'envoie ma démission
à Louis-Philippe

C'était au milieu de tous ces troubles que j'étais arrivé ; et ce que je viens de raconter dans le chapitre précédent et le manque même de méthode dans mon récit peignent assez bien l'étrange état d'exaspération où les esprits étaient arrivés. J'avais remis mon rapport au général La Fayette et il l'avait sans doute envoyé au roi ; car, cinq ou six jours après mon retour, je reçus une lettre d'Oudard me demandant d'aller le voir. Je me présentai donc aussitôt au Palais-Royal ; malgré tout ce que m'avait fait l'ancien chef de mon cabinet, j'avais pour lui une réelle affection. Ma conviction était que, comme M. Deviolaine, il m'avait cru stupide, et que, dans cette illusion, il s'était mis à s'opposer à mon œuvre.

« Comment se fait-il, me demanda Oudard, que vous soyez de retour à Paris depuis huit ou dix jours et que nous ne vous ayons pas vu plus tôt ?

— Mais, mon cher Oudard, dis-je, vous savez bien que je ne me considère plus comme membre de ces bureaux.

"Permettez-moi de vous répondre que, tant que vous ne nous donnerez pas votre démission, nous vous considérons comme nous appartenant."

"Est-ce tout?" Dis-je en prenant un stylo et du papier. "Alors il ne faudra pas longtemps pour le modifier !"

"Là!" dit Oudard en m'arrêtant la main, on trouve toujours le temps de commettre telle ou telle bêtise... En tout cas, je vous serais bien obligé si vous vouliez le faire ailleurs que dans mon bureau.

Je posai le stylo et repris le siège que j'occupais devant la cheminée. Il y eut un moment de silence.

"Tu ne veux pas voir le roi ?"

"Pourquoi?"

"Eh bien, ne serait-ce que pour le remercier du pardon qu'il vous a accordé pour votre faux monnayeur."

"Ce n'est pas pour moi qu'il a fait ça, c'était pour toi."

"Vous vous trompez : votre lettre lui a été déposée et il y a écrit 'Accordé'."

"Tu le remercieras de moi, cher ami : tu sais bien mieux que moi comment s'adresser aux têtes couronnées."

"Bah ! Vous avez été très pointilleux sur la façon dont il fallait s'adresser à Charles X."

" Ah ! c'était autre chose ! c'était un roi de l'ordre ancien avec la tradition de sa race... C'était un Bourbon et non un Valois. "

"Chut ! Ne dis pas de telles choses ici !"

"Parce qu'ils provoqueront de la honte ou, peut-être, des sentiments de remords ?"

Oudard haussa les épaules.

"Tu es incorrigible !" il a dit.

Un autre court silence intervint.

« Ainsi, dit-il, vous n'avez aucune envie de voir le roi ?

"Aucun du tout."

"Mais supposons qu'il veuille vous voir ?"

"Le roi ? Allez, vous plaisantez !"

"Supposons que je sois chargé de fixer l'heure d'une audience avec lui !"

"Vous savez bien sûr, mon cher, que je n'aurais pas le mauvais goût de refuser... Mais je ne crois pas que vous ayez reçu une telle commission."

— Alors vous vous trompez encore : le roi vous attend demain matin à huit heures.

" Oh ! mon cher, comme le roi me trouvera désagréable ! "

"Pourquoi?"

"Parce que je suis un ours parfait quand on me fait me lever à des heures aussi matinales."

" Veux-tu dîner avec moi aujourd'hui ? "

"Avec qui à côté ?"

"Lamy et Appert... Est-ce que ça vous plaira ?"

"Excellentement bien."

"Alors à six heures ce soir."

Nous nous sommes serrés la main et nous nous sommes séparés. J'ai profité de ma présence au Palais-Royal pour effectuer une série de visites. J'allai d'abord voir Lassagne, qui était toujours aussi bon et amusant ; puis j'ai vu Ernest, qui avait monté une cheville plus haut ; puis mon ami de la Ponce qui, à cause de mes vieilles habitudes, croyait que j'étais venu lui demander de mettre son habit et son chapeau ; puis enfin sur M. Deviolaine. Je suis entré dans sa chambre, comme d'habitude, à l'improviste. Il était myope comme une taupe et écrivait le visage près de son papier, effaçant avec les poils de ses narines les lettres qu'il traçait avec sa plume. Au bruit que je fis en m'approchant de son bureau, il releva la tête et me reconnut.

" Ah ! vous voilà, dit-il, monsieur Bully ! "

"Me voici, c'est vrai."

"Je vous conseille de revenir à Soissons !"

"Pourquoi?"

"Parce que vous y recevrez un accueil chaleureux."

"Bah ! sont-ils devenus méchants là-bas ?"

"Je me demande que vous n'ayez pas honte de provoquer un tel scandale dans votre propre région du pays."

"Au revoir, j'ai quelque chose à te demander."

"Pour toi?"

"Dieu pardonne!"

"Alors pour qui ?"

"Pour mon compagnon à cette occasion."

« Lequel ? Vous étiez trois.

"Hutin."

"Que veux-tu pour lui?"

"Je veux une place de surnuméraire dans les Horse Guards !"

"Bien ! Pensez-vous que de tels messages sont distribués comme ça !"

"Bien sûr!"

"Qu'a-t-il fait pour mériter une telle faveur ?"

"C'est fait ? Eh bien, tu sais qu'il est allé à Soissons avec moi."

« Une belle recommandation, en effet ! »

"Que pariez-vous pour me donner le poste à sa place ?"

"Que vas-tu parier?"

"Vingt-cinq louis."

"A-t-on déjà vu un coquin comme vous !"

"Parions..."

— Pourquoi ? Vous pouvez me mettre un pistolet sur la tempe, comme vous l'avez fait au commandant de Soissons.

"Oh mon Dieu, non ! Je sais très bien qu'une telle méthode ne fonctionnerait pas avec toi."

"C'est une chance pour moi."

"Mais je vais demander à quelqu'un de vous demander la faveur que vous ne voudrez pas refuser."

"Qui est-ce?"

"Général La Fayette."

"Général La Fayette ! Il a autre chose à faire que de rédiger des pétitions !"

" Vous avez raison ; je la demanderai directement au roi. "

« Du roi ?

"Oui, je le verrai demain."

"Avez-vous demandé une audience ?"

"JE?"

J'ai secoué ma tête.

"Si ce n'est pas le cas, comment peux-tu le voir ?"

"Je le verrai parce qu'il souhaite me voir."

« Le roi souhaite vous voir ?

— Du moins, c'est ce qu'il m'a fait dire par Oudard.

"Pourquoi veut-il te voir ?"

"Je n'en ai aucune idée... Pour converser avec moi, je suppose."

"Pour converser avec lui ! Mon Dieu, quel culot incroyable ce type a ! Que direz-vous au roi si vous lui parlez ?"

"Ce qu'il n'est pas habitué à entendre... la vérité."

"Si vous pensez pouvoir réussir avec de tels principes, vous vous trompez lourdement."

"Mon chemin est fait... et vous savez mieux que quiconque que ni vous ni lui ne m'avez aidé à y parvenir."

"Oh ! par les dieux ! J'ai l'impression de parler encore une fois à son père."

"Nous sommes peut-être plus différents, vous l'admettrez."

"Je pensais que ton ami Hutin était aisé."

"Ah ! on revient vers lui ?"

"Pourquoi pas?"

"Il est riche, puisqu'il demande une place de surnuméraire."

"Un coureur après les demoiselles !"

"Après quoi d'autre devrait-il courir ? Après les garçons ?"

"Un braconnier !"

"Je vous ai entendu dire vingt fois que ce sont les bons braconniers qui font les bons gardiens."

"Nous verrons. Envoyez-le-moi la première fois qu'il viendra à Paris."

"Je l'emmènerai moi-même."

"Rien de tout cela ! Vous avez une telle façon de me contourner..."

" Ah ! oui, dites cela à *Henri III* et à *Christine* , et vous verrez ce qu'ils répondront ! "

"Que fais-tu en ce moment?"

"Rien."

"Un gars inactif."

"Mais je serai bientôt de nouveau au travail, selon toute probabilité."

"Que ferez-vous?"

"Je me battrai."

« Combattre contre qui ?

"Contre les pouvoirs en place : là !"

« Partez, et le plus vite sera le mieux ! Je n'ai jamais entendu une chose pareille… Imaginez venir me parler d'une telle trahison !

" *Au revoir*, cousine ! "

"Je suis ta cousine ? C'est un mensonge ; je préfère être cousine du diable ! Féresse ! Féresse !"

Féresse parut.

"Voyez-vous ce monsieur?" dit M. Deviolaine en me montrant du doigt.

"Oui", répondit Féresse étonnée.

"Eh bien, quand il se présentera à mon bureau, tu pourras lui dire que je ne suis pas chez moi."

"Je m'en fiche de Féresse ! J'entrerai sans sa permission !"

« Vous entreriez sans lui demander ?

"Certainement."

"Eh bien, je vais vous jeter dehors !"

"Toi?"

"Pensez-vous que je devrais hésiter à le faire ?"

"Toi?"

"Voulez-vous un échantillon maintenant ?"

"Sur ma parole, je devrais le faire!"

"Ah ! tu me défies ? Alors fais attention."

M. Deviolaine se leva et se jeta furieusement sur moi. Je passai mes bras autour de son cou et l'embrassai sur les deux joues. Il s'arrêta net et quelque chose qui ressemblait à une larme brillait sur sa paupière.

"Tu peux y aller, Féresse", dit-il.

Puis posant sa main sur mon épaule...

" Ce qui m'inquiète, c'est qu'avec un caractère comme le vôtre, vous mourrez dans une mansarde comme votre père avant vous !... Allons, Hutin aura son poste chez vous. Il faut que je me mette au travail. "

Mais avant de quitter l'immeuble, j'avais posté une lettre à Hutin lui disant de venir au plus vite à Paris et lui annonçant une nouvelle à laquelle il ne s'attendait pas. Disons tout de suite que, trois mois plus tard, Hutin était surnuméraire , et dix-huit mois plus tard, il était *inscrit sur les listes* , ce qui, dans le langage bureaucratique, signifie qu'il recevait un salaire.

Le lendemain, j'étais au palais du roi car huit heures sonnaient. J'avais revêtu mon uniforme d'équitation des gardes nationaux pour cette occasion importante. Soit par hasard, soit par préméditation, le roi me reçut dans la même chambre où il m'avait donné audience la veille de la première représentation de mon *Henri III.* , lorsqu'il était duc d'Orléans. Je ne l'ai trouvé modifié ni dans son aspect ni dans ses manières ; il avait ce même sourire affectueux et cette expression bon enfant auxquels il était si difficile de résister ; le sourire qui lui avait valu la fortune de Laffitte, la santé de Casimir Périer et la réputation de M. Thiers.

« Bonjour, monsieur Dumas, me dit-il.

Je me suis incliné.

"Vous revenez donc de la Vendée."

"Oui, Monsieur."

"Depuis combien de temps étais-tu là?"

"Six semaines, Sire."

"On m'a dit que vous aviez fait une étude très exhaustive du pays, et assez méritante pour être portée à ma connaissance..."

— Par le général La Fayette, sans doute ?

"Précisément."

"Je pensais qu'il avait fait plus que cela, et qu'il vous avait lui-même présenté mon rapport, Sire."

"C'est tout à fait vrai... Mais je trouve une lacune dans ce rapport."

Je me suis incliné en signe que j'attendais d'en savoir plus.

« Vous avez été envoyé par le général La Fayette, continua le roi, pour étudier la possibilité d'établir une garde nationale en Vendée, et vous n'évoquez guère la possibilité ou l'impossibilité d'une telle chose.

" C'est vrai, sire, au motif que l'étude de la localité m'a convaincu que l'établissement d'une garde nationale dans les départements de la Loire-Inférieure, du Maine-et-Loire, de la Vendée et des Deux-Sèvres serait pour le moment ruineux pour les classes moyennes de la société, qui ont leurs affaires à faire comme notaires, drapiers, tisserands, serruriers, menuisiers, avocats, faisant du commerce en gros ou au détail, en un mot, mais qui n'ont pas le temps de faire de l'exercice et des chevaux. Ce serait d'ailleurs une mesure dangereuse pour cette raison : les citoyens qui porteraient l'uniforme redeviendraient des *Bleus* , et ceux qui ne le porteraient pas seraient des *Chouans*. C'est pourquoi j'ai failli abandonner l'idée et insisté. sur l'ouverture des routes, sur le développement des communications, pour agir, comme on dit en médecine, comme une espèce de dissolvant plutôt que de révulsif : que les Vendéens s'éloignent de l'influence des nobles, et leurs femmes de l'influence des nobles. influence des prêtres, et plus aucune insurrection vendéenne ne sera possible. »

"Eh bien, monsieur Dumas, je suis d'un avis différent du vôtre. Je crois qu'une Vendée n'est plus possible, parce qu'il n'y a plus de Vendéens. Dites-moi où sont les Elbées, les Bonchamps, les Lescures, les Laroche-Jaquelins et les Charette ? »

" Sire, où ils étaient en 1789... Cependant, la Vendée n'est pas à craindre, ni maintenant ni dans l'immédiat ; j'irais plus loin encore et je dirais qu'elle ne s'élèverait plus d'elle-même, mais quelqu'un pourrait la jeter. lui-même dans la Vendée et la faire soulever.

"Qui ? Ni le dauphin, il n'a pas assez d'énergie pour cela, ni le duc de Bordeaux, il est trop jeune, ni Charles X, un roi ne serait pas à sa place à la tête d'une poignée de rebelles."

« Le roi connaît trop bien l'histoire générale pour ne pas connaître l'histoire de la Hongrie : *Moriamur pro nostro rege Maria-Theresa !* »

"La duchesse de Berry ?"

"On parle beaucoup d'elle."

" Vous avez raison. Je l'ai moi-même pensé si souvent ; mais rappelez-vous bien ce que je vous dis, monsieur Dumas : il n'y aura pas d'insurrection vendéenne sans l'Angleterre, et je suis sûr de l'Angleterre. "

Je n'ai pas insisté auprès du roi pour qu'il puisse y avoir une explosion vendéenne terrible, implacable, féroce, comme celle de 92 et 93 ; Je ne lui ai pas dit qu'il y aurait peut-être vingt, trente ou quarante mille hommes en armes comme auparavant ; ni qu'il y aurait des batailles désastreuses, fatales et meurtrières, comme celles des Ponts-de-Cé, de Torfou et d'Antrain ; Je ne lui ai pas dit que le soulèvement de l'Ouest serait soutenu par un soulèvement du Sud et par une invasion étrangère. J'ai dit qu'il y avait une chance, une probabilité et presque une certitude de combat, et que des hommes seraient tués, que de nouvelles haines naîtraient de l'effusion de sang renouvelée, et que le roi serait trop attentif à l'effusion du sang français. de ne pas s'opposer à de telles démarches dans la mesure où il en avait les moyens.

Le roi sourit.

"Je vous dis, monsieur Dumas, que j'ai mis le doigt sur le pouls de la Vendée...
Je suis un peu médecin, comme vous le savez."

Je me suis incliné.

"Eh bien ! il ne se passe rien là-bas et il n'y en aura pas non plus."

« Le roi me permettra de ne pas tenter de combattre son opinion, répondis-
je en riant, mais de rester dans ma façon de penser ?

"Bien sûr ! Vous savez que mon influence ne s'étend malheureusement pas
sur les opinions des gens, sinon j'aurais dû essayer de modifier les vôtres et
celles de quelques autres de vos amis."

"En attendant, comme la conversation est tombée sur ce sujet, Votre Majesté
voudra peut-être que je dise ce que je pense ?"

"Sur la disposition de la Vendée ?"

"Et sur la politique du roi..."

"Dites-moi ce que vous pensez des deux."

" Eh bien, je pense qu'une guerre étrangère, sur le Rhin ou en Italie, serait
une guerre populaire à l'heure actuelle ; que le roi ne se soucie pas de
provoquer une pareille guerre, et qu'il n'est pas fâché d'avoir une excuse. pour
ne pas l'avoir fait."

"Ah ! en effet !"

"La Vendée lui offrirait une telle excuse."

"Comment ça?"

" Sans doute, comme le roi le disait tout à l'heure, il est médecin ; quand il
aura à répondre à ceux qui parlent de la nationalité belge, italienne ou
polonaise, il dira : " Pardon, messieurs ; avant de nous occuper des affaires
des autres " peuples, la France doit d'abord se guérir d'une inflammation
interne. Lorsqu'ils tourneront leur regard vers la Vendée, qu'ils entendront le
bruit des tirs et qu'ils apercevront la fumée de la bataille, personne n'aura rien
à répondre, le roi ne s'occupera alors que des gens de sa nationalité et même
des plus les fougueux propagandistes verront que nous n'avons pas assumé
la responsabilité de l'effusion de sang étrangère. »

Le roi se mordit les lèvres ; J'avais évidemment frappé à la maison.

« Monsieur Dumas, dit-il, la politique est un métier mélancolique... Laissez-
le aux rois et aux gouverneurs. Vous êtes poète ; occupez-vous de votre
poésie.

"Pardonnez-moi. Je ne vous suis pas."

"Je veux simplement dire qu'en tant que poète, vous voyez les choses en poète." Je m'inclinai à nouveau.

« Sire, lui dis-je, les anciens appelaient leurs poètes *Vates*. »

Le roi signa de la main, sous-entendant : « Monsieur Dumas, votre audience est terminée ; je sais ce que je voulais savoir de vous et vous pouvez vous retirer.

J'ai compris le signe et je n'ai pas attendu qu'il se répète. J'allais le plus loin possible à reculons, pour ne pas choquer ces idées d'étiquette dont le duc d'Orléans s'était efforcé de me donner une leçon un jour que le roi Charles X était venu au fameux bal du Palais. -Royal.

J'ai rencontré Oudard dans l'escalier.

"Avez-vous vu le roi?" il m'a demandé.

"Je le quitte juste", répondis-je.

"Bien?"

"Hier, nous n'étions qu'à moitié en désaccord."

"Et maintenant?"

"Aujourd'hui il en est autrement ; nous le sommes tout à fait."

"Imbécile!" il murmura.

Je lui ai dit adieu avec ma main et j'ai dévalé les escaliers en riant.

En rentrant chez moi, je rencontrai Bixio sur le pont des Tuileries ; il était vêtu d'un manteau militaire bleu avec des épaulettes rouges et une casquette fourragère et avait une boule de crin rouge sur son shako avec des rayures rouges sur son pantalon.

"Bonjour," dis-je, "dans quoi es-tu ?"

"Dans l'artillerie."

"Il y a donc de l'artillerie ?"

"Certainement."

"De qui se compose-t-il ?..."

"De tous nos amis Républicains : Grouvelle, Guinard, Cavaignac, Étienne Arago, Bastide, Thomas et moi, etc...."

"J'aimerais aussi y participer."

"Ce sera difficile à cause de votre position auprès du roi."

"Le mien ? J'ai complètement rompu avec lui !"

"Alors tu es libre ?"

"Libre comme l'air ! D'ailleurs, il existe une autre façon de me rendre plus libre encore..."

"Lequel est?"

"Donner ma démission aujourd'hui même."

" Si tel est le cas, je m'engage à vous faire admettre... Je crois qu'il manque un ou deux hommes dans la 4e Batterie ; vous n'avez pas de préférence particulière, n'est-ce pas ? "

"Non."

"En plus, c'est le mien."

"Dans ce cas, j'ai une préférence : faites-moi entrer dans la 4ème Batterie."

— J'en parlerai ce soir à Cavaignac et à Bastide.

"Est-ce que c'est convenu ?"

"Plutôt oui!"

" *Au revoir.* "

" *Au revoir.* "

Je suis allé à la maison; prit du papier, de la plume et de l'encre et écrivit la lettre de démission suivante :

> « SIRE, — Mes opinions politiques étant en complet désaccord avec celles sur lesquelles Votre Majesté est en droit d'insister chez les personnes qui composent votre Maison, je prie Votre Majesté d'accepter ma démission du poste de Bibliothécaire. J'ai l'honneur de rester, respectueusement vôtre, etc.,
>
> "ALEX. DUMAS"

Je m'excuse pour le style qui était celui de l'époque. Ensuite, j'ai mis une courte note à Bixio dans le message contenant cette seule ligne :—

" *Alea jacta est!* "

Nous verrons plus tard comment, ma lettre n'étant jamais parvenue entre les mains du roi, je fus obligé de donner une seconde fois ma démission, qui fut insérée dans les journaux et répétée dans la Préface de *Napoléon*.

CHAPITRE IV

Première représentation de *la Mère et la Fille* — Je soupe avec
Harel après la représentation — Harel m'emprisonne après
le souper — Je suis condamné à huit jours de travaux forcés
à *Napoléon* — Le neuvième jour la pièce est lue aux
comédiens et je suis mis en liberté - Les répétitions -
L'acteur Charles - Son histoire sur Nodier

Sur la même table sur laquelle je venais d'écrire ma lettre de démission se
trouvait une lettre d'une écriture que je reconnus comme étant celle d'Harel.
Je l'ouvris avec peur et en tremblant qu'il me reparle du misérable drame
Napoléon, qui était devenu pour moi un véritable cauchemar. Mais rien de tel
: il m'a envoyé une boîte pour la première représentation de *la Mère et la Fille*
et une invitation à dîner avec lui ensuite. J'ai envoyé mon billet à Marie
Nodier, en gardant une place pour moi. J'avais longtemps négligé mes chers
amis d'Arsenal et j'avais très hâte de les revoir. J'arrivai à l'Odéon vers huit
heures.

J'ai déjà exprimé mon opinion sur *la Mère et la Fille* : c'est une des meilleures
pièces de Mazères, et tout à fait la meilleure d'Empis. Frédéric était sublime
dans sa douleur naïve et poignante, son désespoir contenu. Les autres parties
étaient, en langage théâtral, *bien tenus*, bien soutenues. Marie et madame
Nodier pleuraient, et madame de Tracy aussi ; les auteurs ont reçu une
ovation triomphale en larmes.

Lockroy, Janin et moi sommes arrivés chez Harel vers minuit, lorsque nous
l'avons félicité pour son succès. Harel reçut nos compliments en se frottant
les mains et en se bouchant les narines sans jamais un mot de la pièce *de
Napoléon*. Je ne pouvais pas dire ce qui lui avait pris et j'ai commencé à penser
qu'il avait donné la pièce à un autre pour qu'il l'écrive. Ce silence me parut
d'autant plus étranger que M. Crosnier faisait des sommes fabuleuses avec
son *Napoléon à Schoenbrünn*.

Le souper était dans le style de ces somptueux et délicieux que Georges avait
l'habitude de nous donner. Elle faisait une reine glorieuse lors de telles fêtes,
car elle distribuait les meilleurs fruits de Chevet avec ses belles mains de
déesse. Lorsque Harel, Janin et Lockroy étaient présents, il y avait le meilleur
esprit d'esprit imaginable. A trois heures du matin, nous étions encore à table.
Malgré tout cela, il y avait dans l'atmosphère des signes qui sentaient une
certaine conspiration : des regards étaient échangés, des sourires rendus et
des paroles significatives échangées. Quand je demandais des explications,
tout le monde me regardait avec étonnement ; on me riait au nez, et j'avais

l'impression d'arriver de Carpentras. Il est vrai que j'étais de Quimper, ce qui revenait à peu près au même. Nous nous levâmes tous de table et Georges m'emmena dans une autre pièce sous prétexte qu'elle voulait me montrer quelque chose d'extrêmement beau. Qu'est-ce qu'elle m'a montré ? Je ne saurais le dire : mais quoi qu'il en soit, c'était suffisamment fascinant pour m'empêcher de retourner au salon pendant plus d'un quart d'heure. À mon retour, Lockroy et Janin avaient disparu et seul Harel restait. Il sonna trois heures et demie, et je crus qu'il était temps de me retirer ; J'ai pris mon chapeau et je me préparais à repartir par où je suis venu, quand Harel a dit :

"Non, non, tout le monde s'est couché... Suivez-moi par là."

Je l'ai suivi sans m'en douter.

Nous traversâmes de nouveau la chambre de Georges, puis une loge et enfin pénétrâmes dans une pièce que je ne connaissais pas. Deux bougies brûlaient sur une table remplie de livres et de papiers de toutes tailles et dimensions, ainsi que de stylos de toutes sortes. Un lit confortable resplendissait dans l'obscurité avec son édredon violet contrastant avec ses draps et sa couverture blancs. Sur le tapis en peau d'ours, à côté du lit, étaient des pantoufles toutes prêtes à enfiler. D'un côté de la cheminée se trouvait un canapé en velours et de l'autre un grand fauteuil recouvert de tapisserie.

"Eh bien," dis-je, "quelle chambre à l'air confortable et accueillante ! Tout le monde devrait bien dormir et travailler dans une telle chambre."

"Ah!" dit Harel, je suis vraiment enchanté que cela vous plaise.

"Pourquoi?"

"Parce que c'est pour toi."

"Et pour moi ?"

"Il est à vous; et comme vous ne le quitterez pas avant de m'avoir écrit mon *Napoléon* , j'ai dû vous rendre les choses aussi confortables que possible, pour éviter que vous ne soyez de mauvaise humeur pendant votre emprisonnement."

Un frisson me parcourut de la tête aux pieds.

« Harel ! » M'écriai-je, "ne nous laissons pas faire de bêtises, mon ami !"

" Exactement. Vous avez fait une grosse erreur en ne commençant pas le travail quand je vous l'ai demandé pour la première fois... Et j'ai fait une erreur tout aussi stupide en ne donnant pas à quelqu'un d'autre le soin de l'écrire... mais je vous avais parlé ; et je tiens parole. Je pense donc que nous

nous sommes tous deux montrés assez stupides pour deux hommes intellectuels, et il est grand temps que nous revenions à la raison.

" Voyons ! vous ne pouvez pas penser à ce que vous faites ! Je n'ai pas même le moindre plan dressé pour votre *Napoléon* . "

"Tu m'as dit que tu avais réécrit *Christine* en une nuit."

"J'aurais besoin de toutes sortes de livres : Bourrienne, Norvins, *Victoires et Conquêtes...* "

"Il y a *Victoires et Conquêtes* dans ce coin, il y a Bourrienne dans un autre et Norvins est sur la table."

"Je voudrais le *Mémorial de Sainte-Hélène.* "

"Le voilà sur la cheminée."

"Mon fils...."

"Il viendra dîner avec vous."

"Et ma maîtresse ?"

"Ah!" dit Georges qui entra dans la chambre, vous venez de vous passer d'elle pendant six semaines, vous pourrez sûrement vous passer d'elle encore quinze jours.

J'ai commencé à rire.

"Au moins tu lui raconteras ce qui s'est passé ?"

"On lui a dit."

"Par qui?"

"Par moi", dit Harel, "et elle a déjà reçu sa récompense."

"Qu'est-ce que c'était?"

"Un bracelet."

Je saisis les belles mains de Georges, et adressant mes paroles à Harel, je dis :

"Ma parole, mon cher ami, vous faites des choses impossibles à contourner... Demain je me mettrai au travail sur votre *Napoléon* et dans huit jours vous l'aurez."

"Tu es très pressé de nous quitter, mon cher garçon !" » dit Georges en retroussant sa lèvre royale.

"Bien!" J'ai dit. "La pièce sera finie quand je dirai qu'elle est finie... C'est Harel qui est pressé, pas moi..."

"Harel attendra", dit Georges dans son grand style Cléopâtre et Médée.

Je m'inclinai ; Je n'avais plus rien à dire.

Harel me montra une table de toilette et ses accessoires, et observa que ma chambre n'avait d'autre accès que par celle de Georges ; puis il s'en alla avec elle et m'enferma. On était même allé jusqu'à envoyer chercher mon pantalon dans mon appartement. Cette même nuit, ou plutôt ce matin-là, je me mis au travail et réfléchis au rôle de l'espion et à la manière de diviser le drame. Une fois le rôle de l'espion réfléchi, le reste était assez clair. L'histoire elle-même a fourni les divisions de la pièce.

"De Toulon à Sainte-Hélène !" Harel me l'avait dit. — Je suis prêt à débourser cent mille francs, s'il le faut !

Il aurait été difficile de me donner une marge plus large.

Le lendemain matin, j'ai commencé à écrire. Au fur et à mesure que les scènes étaient composées, je les passais à Georges, qui les envoyait à son tour à Harel, qui, de son côté, les confiait à un charmant garçon nommé Verteuil pour qu'il les copie. Verteuil est désormais secrétaire du Théâtre-Français.

Le drame s'est terminé en fin de semaine. Il se composait de vingt-quatre scènes et contenait neuf mille lignes. C'était trois fois plus grand qu'une pièce ordinaire, cinq fois plus long qu'Iphigénie *et* six fois plus long que *Mérope*.

Frédéric devait jouer le rôle de *Napoléon*. J'avais débattu de ce choix au préalable ; le physique m'a semblé être le plus important dans une telle création. Le succès de *Napoléon* à la Porte-Saint-Martin était dû avant tout à la ressemblance de Gobert avec l'empereur ; et personne n'aurait pu ressembler moins à Napoléon et surtout à Bonaparte que Frédéric.

« Mon cher, m'avait dit Georges, souviens-toi de ceci : un génie comme Frédéric peut bien jouer n'importe quel rôle.

La raison m'a paru si bonne que j'ai cédé et le rôle a été confié à Frédéric.

Le neuvième jour, la pièce était copiée ; Verteuil, aidé de deux copistes, n'avait mis qu'un jour de plus à le recopier qu'il ne m'en fallait pour l'écrire.

Ce n'était pas du bon travail, loin de là ; mais le titre assurerait un succès populaire, et le rôle de l'espion suffirait à assurer le succès littéraire.

Ils se sont réunis le neuvième jour pour l'entendre lire, et j'ai lu jusqu'à Moscou ; le lendemain, j'ai continué jusqu'au bout. Le rôle de Frédéric contenait à lui seul quatre mille vers, c'est-à-dire qu'il était aussi long que tous les rôles du *Mariage de Figaro* réunis. Mais il semblait impossible de ne rien couper pendant la collation, et il fut donc décidé que toute réduction se ferait lors des répétitions. Tout le monde s'est mis au travail avec une énergie que j'ai rarement vue, même en apprenant des passages qui risquaient d'être omis, ce qui est une chose des plus difficiles à faire faire à un artiste. Frédéric, Lockroy et Stockleit étaient ravis de leurs rôles. J'ai été mis en liberté le soir de la lecture. Un souper m'a été offert à ma libération, comme il y en avait eu avant mon incarcération.

Ces dîners chez Georges étaient délicieux ; Je réitère cette affirmation, car ils font partie de mes plus beaux souvenirs du passé ; Personne n'aurait pu être plus beau et plus royal, plus méprisant et caustique, plus ressemblant à une courtisane grecque, ou à une matrone romaine, ou à la nièce d'un pape, que ne l'était Georges (dans ses différentes humeurs). Le contraste entre Georges et Mars était incroyablement grand ; Mars a toujours été aussi affectée, réservée, serrée et autonome que l'épouse d'un sénateur de l'Empire. Et puis il y avait Harel, qui était si alerte mentalement qu'il faisait toujours penser à un homme assis sur un tabouret de verre en contact avec une batterie électrique, avec des étincelles au bout de ses doigts et au bout de chacun de ses cheveux.

En *ce qui concerne le théâtre lui-même* , il s'est avéré qu'il contenait plus d'une centaine de pièces différentes. Pendant cinq ou six jours, il y eut un chaos parfait à démêler ; Je crois que j'aurais préféré remettre le monde en ordre tel que décrit dans le livre de la Genèse plutôt que ce monde de *Napoléon*. Toutes les parties fondues, comprimées et assemblées (sans compter les surnuméraires), faites entre quatre-vingt et quatre-vingt-dix personnes avec parties parlantes. Jouslin de la Salle, le régisseur, en perdait complètement la tête, et Harel vidait trois tabatières pleines à chaque répétition.

Comme nous l'avons dit, Harel a dépensé cent mille francs pour le montage de la pièce ; mais le caissier même de M. de Rothschild n'aurait pas été capable de calculer le nombre d'expressions brillantes, pétillantes et comiques qu'il dépensait aussi.

Au milieu de tout ce brouhaha, j'ai poursuivi cette éternelle étude des situations dramatiques et des personnages que je cherche toujours et partout, parfois même là où ils n'existent pas. Voici un exemple, par exemple : -

Parmi mes chefs de troupe, agissant dans je ne sais quel rôle un de ces petits rôles qu'on appelle *accessoires* (parties de secours), j'avais remarqué un beau jeune homme de vingt-cinq à vingt-six ans, tenant une arme à feu comme s'il n'avait jamais fait autre chose de sa vie et, ce qui était encore plus inhabituel et plus important, parlant assez bien son rôle.

Je dois demander pardon à mes lecteurs d'être obligé parfois d'employer l'argot théâtral ; il exprime souvent les choses bien mieux que le langage ordinaire.

Eh bien, il me semblait aussi que le visage *de mon accessoire* m'était familier ; et lui, de son côté, sans être trop en avant, semblait me sourire autant que me dire : « Ce n'est pas seulement au théâtre que je t'ai vu. Maintenant, où m'avait-il vu ? Où l'avais-je vu ? C'est ce que je voulais découvrir. J'avais demandé son nom; c'était Charlet, du même nom que notre célèbre lithographe. Ce nom n'a éveillé aucun souvenir dans mon esprit. Un jour pourtant, en plein milieu d'un mouvement de la Vieille Garde, je m'arrêtai devant lui.

« Excusez-moi, monsieur Charlet, lui dis-je, il me semble vous avoir vu quelque part... Où, je ne sais pas ; mais je parie mon chapeau que vous ne m'êtes pas étranger. Pouvez-vous m'aider ? ma mémoire?"

"C'est vrai, monsieur," répondit-il; "Nous nous sommes vus trois fois auparavant, comme on aperçoit du monde à des moments particuliers : une fois rue Saint-Honoré, une fois sur le pont de la Grève et une fois au Louvre."

"Oh oui, je me souviens... sur le pont de la Grève, vous commandiez l'attaque lorsque le porte-étendard a été tué ?"

"C'était ça," répondit-il.

"Vous êtes acteur ?"

"Eh bien, comme vous le voyez, j'essaie de le devenir."

"Pourquoi as-tu attendu que je te parle ?"

"Je suis timide."

"En tout cas, pas face aux balles !"

"Oh ! les balles ne font que tuer, en fin de compte."

Il commença à rire.

« Je suis en effet, reprit-il, aussi timide que je le dis, à un point qu'on ne croirait pas possible... Par exemple, je connais M. Charles Nodier.

"Vous connaissez Charles Nodier ?"

— Oui, et assez bien pour lui avoir demandé une introduction à vous, ou à M. Hugo, ou à quelqu'un d'autre, mais je n'ai jamais osé le lui demander.

— Vous avez eu tort : Nodier est un bon garçon et il vous aurait certainement fait une telle introduction.

"J'en ai bien conscience... quoique j'ai commencé par vouloir le tuer; mais, comme ensuite je l'ai empêché d'être tué, nous sommes quittes."

"Qu'est-ce que tu me dis?"

"La vérité de Dieu."

"Comment est-ce arrivé ?"

"Oh ! bah ! c'est une histoire trop longue ; en plus, ce n'est pas très intéressant..."

"C'est encore faux, mon ami", lui dis-je; "Je ne suis pas comme les gens ordinaires : tout m'intéresse. Quant à ce que vous dites sur la longueur du récit, eh bien, si ça m'ennuie, je vous demanderai d'abréger."

"Nous ne sommes pas ici dans un endroit convenable. En effet, Jouslin de la Salle a déjà tenté à deux reprises de nous faire taire."

"Ils penseront seulement que je te demande ta part."

Puis il éclata de rire, d'un bon rire ouvert, montrant de belles dents blanches.

J'aime les gens qui savent rire, même s'ils sont pauvres, car cela montre qu'ils ont bon cœur et qu'ils ont une bonne digestion.

« Écoute, lui dis-je, tu n'es pas dans le prochain acte.

"Non, ni dans celui d'après... Je ne reviens que lors de l'incendie de Moscou."

"Alors montons dans le hall et tu pourras me raconter cette histoire."

" Ah ! rien ne me plairait mieux. "

Nous allâmes du théâtre au foyer, et nous nous assîmes dans cette magnifique galerie qui, la nuit surtout, ressemble à un portique d'Herculanum ou à un atrium de Pompéi, dans les ombres fines qui la traversent.

"Bien?" Ai-je demandé à Charlet en posant une main sur son genou.

" Eh bien, dit-il, c'était le 27 juillet dernier — j'étais alors compagnon ébéniste — j'ai entendu dire au faubourg Saint-Antoine, où j'étais occupé à couper du bois, qu'il y avait Il y avait eu une émeute la nuit précédente place de la Bourse, et qu'il y avait en ce moment même des foules autour du Palais-Royal. J'étais furieux des ordonnances, sans bien comprendre où elles restreignaient notre liberté ; J'ai compris que c'était une sorte de défi lancé aux citoyens. J'attendais ce moment depuis longtemps, et je ne me suis pas laissé répéter, mais je me suis précipité pour voir ce qui se passait lorsque j'ai atteint le *Marché des. Innocents,* j'entendis tirer des pelotons en direction de la *halle aux Draps,* puis j'aperçus plusieurs blessés, les uns se traînant comme ils pouvaient, les autres portés sur des brancards, et tous dépensant leurs dernières forces en criant : Aux armes ! ' Ce spectacle m'exaspéra, et, sans bien savoir, disais-je, qui avait tort, du peuple ou de la royauté, je me mis à crier à mon tour : « Aux armes ! Un blessé, qui n'avait plus la force de tenir son fusil, me l'a donné, et un homme, je ne sais qui c'était, a rempli mes poches de cartouches ; des ouvriers et des bourgeois armés, les uns avec des épées et les autres avec des carabines, étaient là ; je courais vers la rue aux Fers, et je courais avec eux... Or, soit que je coure plus vite que tout le monde, soit que j'étais plus excité, tant bien que mal je me trouvais à leur tête, et eux, me voyant à leur tête, me prit pour chef. En entrant dans la rue aux Fers, nous nous trouvâmes en face d'un régiment de la Garde ; la première ligne tirait : nous étions si près des soldats que la fumée de leurs fusils nous enveloppait comme un nuage au milieu ; ce nuage, j'ai distingué un jeune homme chancelant et tombé mort à quelques pas de moi, j'ai couru vers lui ; il a été atteint à la poitrine par une balle qui lui avait traversé, était sortie par le dos et avait dû pénétrer. son cœur. Je l'ai pris dans mes bras et je l'ai emporté... J'étais à peine à cinquante mètres de la troupe mais elle avait cessé de tirer ; Car il n'y avait personne dans la rue que moi, le mort que je tenais dans mes bras et un homme de grande taille, au visage pâle, qui portait un ruban rouge dans sa redingote bleue : ce n'était pas la peine de gaspiller de la poudre sur nous trois. Je ne savais pas vraiment ce que je faisais ; J'ai porté mon mort rue de la Ferronnerie, et l'homme à l'habit bleu au ruban rouge m'a suivi. Cette obstination à me garder en vue me rendait méfiant à son égard ; Je m'arrêtai, et voyant qu'il s'approchait de moi, je lui épargnai la moitié de sa distance en allant à sa rencontre. Enfin nous nous rencontrâmes. Je jugeai à sa figure douce et triste qu'il ne voulait pas me faire de mal ; cependant, après avoir déposé le mort à terre, j'ai préparé mon fusil pour toute urgence ; mais, sans faire attention à ma précaution hostile, il posa une main sur mon épaule, et, la laissant là, tandis que je le regardais avec beaucoup de surprise, il me dit : « Mon ami, je suis depuis longtemps toutes vos actions. dernière heure. « J'ai remarqué que c'était le cas, dis-je, et c'est pourquoi je suis venu vers vous au lieu d'attendre que vous veniez vers moi. « Es-tu le chef de ces hommes ? » « Oui... Mais qu'est-ce que cela vous fait ? « Cela compte beaucoup, répondit-il, car moi aussi je suis un homme. »

" Il y avait tellement de douceur dans la voix de l'inconnu que moi, qui avais commencé par me demander si je devais lui tirer une balle en le voyant me suivre, je me suis senti fasciné et je l'ai regardé avec un certain respect. " Eh bien, ' Je lui ai dit : 'si tu es un homme, tu dois voir qu'ils tuent nos frères, et tu dois nous aider à massacrer tous ces méchants soldats.' Il sourit tristement. « Mais ces soldats sont aussi des hommes, dit-il, ce sont aussi vos frères, seulement, vous agissez de votre plein gré, tandis qu'ils reçoivent des ordres auxquels ils sont obligés d'obéir. cela appelle ce que vous faites de votre mieux ? Cela appelle cela une Révolution ; et savez-vous ce que cela signifie, hein ? « Je ne sais pas si je suscite une révolution ou non, ni si une révolution est une bonne ou une mauvaise chose, mais je sais ce que je veux. 'Qu'est-ce que c'est?' « Je veux la Charte, *vive la Charte !* » Et puis, en un mot, j'ajoutai, essayant de lutter contre l'influence morale que cet inconnu obtenait sur moi malgré moi : « Qui es-tu ? moi ? Pourquoi me suis-tu ? « Je te suis parce que tu m'intéresses. — Très bien, vous m'intéressez aussi au point de vous donner ce conseil : croyez-moi, vous feriez mieux de prendre un autre chemin... — Vous ne le ferez pas ? — Très bien, mon ami. Alors, dans ce cas, je vous quitte. Bonsoir ! Une douzaine d'hommes s'étaient rassemblés autour de moi ; je ramassai le mort et me dirigeai avec ma petite troupe vers l'École de médecine, que je comptais atteindre en traversant la Seine par le Pont au Change ; mais grand fut mon étonnement d'arriver ; encore une fois mon homme au coin de la rue de la Vannerie ; il ne se contenta pas cette fois de me donner des conseils, mais il me prit le bras et essaya de m'entraîner dans une autre direction : « Ah, qu'est-ce que tu veux ? moi ? Nous devons nous en occuper ! m'écriai-je en tapant du pied et en donnant le cadavre aux autres. - Je veux vous empêcher, vous et vos compagnons, d'aller à une mort certaine, dit-il. Il y a tout un régiment sur le quai aux Fleurs, quoi. Vos quinze ou vingt hommes peuvent-ils faire face à un régiment ? « *Sacrebleu !* m'écriai-je, vous m'exaspérez au-delà du supportable ! Qu'est-ce que cela vous fait si je suis tué ? « Mon ami, me dit-il, tu dois avoir un père ou une mère, une sœur ou une femme... Eh bien, je veux leur éviter des larmes. Je me sentais touché malgré moi, mais j'étais au milieu d'hommes qui m'avaient choisi pour chef, et je ne reculais pas... « Vous vous trompez, dis-je, je n'ai aucun de ces liens ; , alors ayez la bonté de suivre votre chemin et laissez-moi suivre le mien. Puis, m'arrachant violemment à lui : « À l'École de médecine ! J'ai crié à mes compagnons : « À l'École de médecine ! répétèrent-ils. Et nous nous précipitâmes sur la place du Châtelet. Effectivement, il y avait un régiment stationné de l'autre côté de la Seine, sur le quai aux Fleurs ! criâmes-nous en direction du Pont au Change *!* et secouant nos fusils. Mais, au lieu de fraterniser avec nous, le colonel nous ordonna de nous retirer ; nous ne fîmes pas attention à son injonction, mais nous continuâmes notre route. Nous n'étions pas plus qu'au tiers du pont lorsque le régiment. on nous a tiré dessus. Ce fut bien un carnage ! Deux ou trois hommes tombèrent autour de moi ; les autres prirent la fuite et abandonnèrent notre mort. Je ne sais pas pourquoi j'étais si attaché à ce cadavre ; comme étendard et comme sauvegarde, je le ramassai et me retirai place du Châtelet. Ce qui restait de ma récente troupe m'attendait, et au premier rang se trouvait cet homme persistant à l'habit bleu et au ruban rouge. Eh bien, mon pauvre garçon, dit-il, que vous ai-je dit ? Trois ou quatre de vos hommes sont tués et autant de blessés ! C'est un miracle que vous soyez en vie ; ils vous ont probablement tiré cinquante balles ! Pour l'amour du ciel, ne faites plus de choses aussi folles... Viens, suis-moi ! 'Oh! c'est ainsi que souffle le vent, n'est-ce pas ? J'ai dit : « espèce d'homme au ruban rouge ; sais-tu que tu commences à m'agacer intensément, et que si tu me pousses encore plus loin, je finirai par te dire en face ce que je pense de toi ? 'Qu'est-ce que c'est?' « Eh bien, que vous êtes probablement un *espion !*'"

"Quand certains de mes hommes ont entendu le mot *espion,* ils se sont exclamés : 'Quoi, dites-vous que c'est un espion ?' Et, visant l'inconnu, ils s'écrièrent : « Si c'est un espion, abattons-le ! J'étais terrifié par cette action, car quelque chose me disait que l'homme avait vraiment des intentions gentilles de ma part : « Non, non ! m'écriai-je, à quoi penses-tu ? Baisse les armes, *sacrebleu !* — Mais tu as dit que c'était un espion, expliquèrent plusieurs voix, je n'ai pas dit cela, au contraire, monsieur est un de mes voisins et il le sait. moi ; vous l'avez entendu parler de ma mère, et me rappeler que si j'étais tué, elle se retrouverait sans personne pour la soutenir... Une espionne en effet, allez !

"Je m'approchai de mon ami inconnu et lui tendis la main; il la prit et la serra cordialement. Il était aussi calme que si sa vie n'avait jamais été mise en danger. "Merci, mon ami", me dit-il. « Je n'oublierai jamais ce que vous venez de faire pour moi. Vous avez raison, je ne suis pas un espion ; je vous en dirai davantage : je suis de vos opinions politiques, mais j'ai vu la première Révolution, et cela a plus que satisfait mon goût. pour les révolutions... Alors maintenant, comme je ne veux pas vous voir tué, je vous dis adieu ! Il nous quitta et frappa à la porte du café du Pont au Change, qui, après quelques difficultés, l'accueillit. Nous autres, nous nous dirigâmes vers le quai de la Mégisserie, pour gagner le Pont Neuf ; à peine avions-nous parcouru quarante mètres le long du quai que nous reçumes une volée de la rue Bertin-Poireé qui tua quatre de nos hommes et, au même instant, un escadron de gendarmerie sortit de la place des Trois-Marie et s'avança vers nous ; , remplissant toute la largeur du quai. J'ai regardé autour de moi et je me suis aperçu que j'étais seul. J'ai tiré avec mon fusil au milieu des policiers et j'ai vu un homme tomber. Ils avaient leurs mousquets en main et je sentais le coup. les balles sifflent devant moi, mais aucune ne m'atteint. L'idée de la mort ne m'est jamais venue à l'esprit ; j'ai reculé tandis qu'ils avançaient et j'ai tiré une seconde fois avec mon fusil, puis je me suis caché derrière la fontaine ! Châtelet. J'ai décidé d'y être tué plutôt que de prendre la fuite. J'avais rechargé mon fusil et je visais pour la troisième fois, quand je sentis quelqu'un me saisir par le col de mon habit et m'entraîner en arrière. Je me retournai rapidement et c'était à nouveau mon inconnu au manteau bleu et aux rubans rouges ! « Mon ami, dit-il, vous êtes complètement fou. Venez prendre un verre d'eau sucrée avec moi, cela vous ramènera à la raison. Je fouillai dans mes poches pour voir si j'avais de quoi payer mon compte, et je trouvai que j'avais dix sous, tout ce dont j'avais besoin ; alors j'ai répondu : « Très bien, ma bouche est très sèche ; Je boirai volontiers quelque chose. J'avais mâché sept ou huit cartouches ; et la poudre, vous savez, donne très soif. J'ai suivi mon homme et la porte du café s'est refermée derrière nous. « Deux verres d'eau sucrée ! a-t-il appelé. « Oh, pas d'eau sucrée pour moi, s'il vous plaît », dis-je ; c'est trop fade ! « Qu'est-ce que tu prendras alors ? Un petit cognac ? » "Je préférerais un kirsch." "Très bien, que ce soit le kirsch." Ils m'ont servi un verre de kirsch et lui ont apporté de l'eau sucrée. « Eh bien, dit-il, vous êtes seul ; tous ceux qui étaient avec vous sont tués, blessés ou ont pris la fuite. «C'est vrai», répondis-je; 'mais d'autres prendront leur place.'... 'Etre tué, ou blessé, ou fuir à son tour.' Pauvres enfants ! Si seulement les révolutions vous donnaient vraiment quelque chose en retour ! mais, après chaque révolution, j'ai remarqué que le peuple est plus malheureux qu'avant. « Bah ! » J'ai dit : « Il est donc d'autant plus nécessaire que nous ayons une véritable bonne révolution ! « Quel est votre métier ? » m'a demandé l'inconnu. 'Compagnon ébéniste du quartier de l'Arsenal.' « Comment se passe le travail au faubourg Saint-Antoine ? 'Il y a plein.' « Réussissez votre révolution et voyez ensuite dans six semaines comment elle se déroule. »

"'Eh bien, le ventre est peut-être pincé, mais au moins nous serons libres !' « Vous pourriez mourir de faim et avoir encore moins de liberté qu'avant ! Il se leva. « Écoute, mon ami, dit-il, tu m'as dit que tu habitais le quartier de l'Arsenal, je crois ? 'Oui.' "Eh bien, si, comme je le crains, le travail manque, souvenez-vous de moi... venez à la bibliothèque de l'Arsenal et demandez le bibliothécaire, - si je peux vous rendre un bon service, soyez sûr que je le ferai." Il se rendit au comptoir, paya et partit. J'avais remarqué des signes d'entente entre le patron du café et mon ami inconnu, et je restai sur place pour savoir avec qui j'avais eu des relations en montant. Pour interroger le patron du café, il s'est approché de moi : « Connaissez-vous la personne qui vient de sortir ? « Non, en effet, je voudrais savoir qui il est. « Vous dites bien, car c'est l'un des meilleurs hommes de la terre ! « Et diable ! » J'ai dit : « Tant pis ! « Pourquoi ? » « Si vous saviez quel nom je l'ai appelé ! « Je *l'ai appelé !* » « Oui, lui ; je l'ai traité d'espion ! — Vous avez traité M. Charles Nodier d'espion ? — Quoi, l'homme qui vient de partir d'ici et avec qui j'ai bu, c'est M. Charles Nodier ? 'Exactement pareil.' 'Oh mon Dieu!' « Eh bien, qu'est-ce que tu vas faire ? » " Courez après lui, rattrapez-le et demandez-lui pardon... Espion... M. Charles Nodier ! " Je secouai de toutes mes forces la porte que le propriétaire avait verrouillée. La fusillade recommença à ce moment, et cinq ou six balles percèrent les volets et brisèrent les vitres. « Mon fusil ! J'ai crié : « Où est mon arme ? « Oh ! » dit le propriétaire, « votre arme est à l'étage. « En haut, pourquoi ? « Parce que je n'ai aucune envie qu'on vous voie sortir d'ici avec votre fusil, et que tout ce qui se trouve dans mon café soit brisé et brisé, je vous rendrai votre fusil et vous pourrez vous en aller. ma parole, d'après ce que m'a dit M. Nodier, vous en avez assez fait pour aujourd'hui ! Une seconde décharge se fit entendre, et plusieurs autres balles passèrent par les volets. « Venez, venez, dit le maître du café, on n'est pas en sécurité ici... Montons au premier étage ! Alors, me prenant par le bras, il m'entraîna vers l'escalier. « M. Charles Nodier ! répétai-je en le suivant, à moitié abasourdi ; et je l'avais traité d'espion ! Je ne pensais à rien d'autre tout le temps que je passais au café du Pont au Change, et j'y restai jusqu'à mon retour à neuf heures. à la maison et je suis resté toute la nuit à penser à l'aventure de ma journée.

A ce moment, le directeur entra dans le hall.

"Oh, monsieur Dumas, dit-il, on vous cherche partout... Et vous ici aussi, Charlet,... vous devrez payer une amende, mon ami !"

"Une amende ! Et pourquoi ?" dit Charlet.

"Parce qu'ils ont refait la scène et que tu n'étais pas là."

"C'est un joli désastre dans lequel je me suis mis !" dit Charlet.

"Eh bien ! Je fais de bonnes affaires !"

" Ne vous inquiétez pas, je réglerai tout avec Jouslin de la Salle... Avez-vous revu Nodier depuis ? "

"Oh ! peu probable, en effet ! après l'avoir traité d'espion ! Alors que j'étais encore chaud d'excitation, j'aurais pu réussir à lui dire quelque chose, mais me présenter à nouveau à lui de sang-froid ? Jamais !"

Nous retournâmes au théâtre et, comme je l'avais promis, je le libérai de l'amende qu'il avait encourue par ma faute.

C'était le même Charlet qu'Arago avait rencontré le 29 juillet, au marché des Innocents, commandant l'escorte du général Dubourg.

Nous nous sommes revus depuis ; Je raconterai l'occasion et raconterai ce que Nodier a fait pour lui.

CHAPITRE V

Je suis officiellement reçu dans le corps d'artillerie de la Garde nationale. — *Antony* est mis en répétition au Théâtre-Français. — Mauvaise volonté des acteurs. — Traité entre Hugo et le directeur de la Porte-Saint-Martin. — Proposition et confiance de Firmin. Les robes de Mademoiselle Mars et les nouveaux feux de gaz—Je retire *Antony* du Théâtre-Français—J'offre à Dorval le rôle d'Adèle

---

Après que ma liberté m'eut été rendue par mon implacable geôlier et ma belle geôlière, je rentrai chez moi et trouvai plusieurs lettres qui m'attendaient, dont deux seulement étaient importantes. L'un venait de Bixio ; il avait frappé trois ou quatre fois à ma porte, et, la trouvant obstinément fermée, il m'avait écrit pour me dire que mon aveu, proposé aux chefs de l'artillerie, avait été adopté à une large majorité ; il fut prié de me demander en leur nom si je voulais entrer dans la même batterie que M. le duc d'Orléans. Si tel était mon souhait, ils parviendraient à le réaliser. Or, le roi avait décrété que le duc d'Orléans rejoindrait la première batterie d'artillerie de la garde nationale ; il comptait sur les dispositions conciliantes et excellentes du prince pour lui rallier un corps qui se vantait fièrement d'être une base active de l'opposition ; et, en tant que centre des opinions, des principes et des intérêts démocratiques, entièrement livré à la bourgeoisie. Après ma rupture avec le roi, il était hors de question que je souhaite entrer en contact avec son fils. Je répondis donc à Bixio que je remerciais les chefs du département d'artillerie de m'avoir admis dans leur corps, et qu'ils pouvaient me placer partout où cela leur conviendrait, sauf dans la première batterie.

La deuxième lettre venait du Théâtre-Français. Comme la censure avait momentanément disparu et *qu'Antoine* était libre d'agir ; il s'agissait donc de commencer immédiatement à la répéter, alors je me précipitai au Théâtre-Français, où je retrouvai mademoiselle Mars et Firmin. Mes lecteurs savent que Mademoiselle Mars avait accepté le rôle d'Adèle, et Firmin celui d'Antoine ; la répartition restante des pièces a été réglée sur-le-champ. La pièce était capitale, surtout dans les parties subordonnées ; Rose Dupuis jouait la comtesse de Lacy ; Menjaud, le jeune poète ; Monrose, l'abonné au *Constitutionnel* ; et madame Hervey prit madame de Camps. Je dis que la pièce était capitalement montée quant aux rôles accessoires, non que je veuille le moins du monde attaquer le génie de mademoiselle Mars ou de Firmin ; mais si grand que puisse être le talent de ces artistes, sauf lorsqu'on les compare à un génie universel et puissant comme celui de Talma, il y a des rôles dont le succès dépend plus ou moins du caractère personnel des individus qui les jouent. Or aucune femme n'aurait pu être moins capable de comprendre le caractère tout à fait moderne d'Adèle que ne l'était Mademoiselle Mars, personnage plein de contrastes subtils, de force et de faiblesse, d'extrêmes passions et de repentir. En revanche, nul homme n'aurait pu être moins capable que Firmin de reproduire la mélancolie sombre, l'ironie amère, la passion enflammée et les divagations philosophiques de la personnalité d'Antoine. Mademoiselle Mars possédait la grâce, l'esprit, le charme, l'art de l'élocution et de la coquetterie au plus haut degré ; mais il lui manquait ce don poétique qui dore toutes les autres qualités du mystère indéfini qui fait le charme des femmes de Shakespeare. Firmin possédait à un moindre degré les qualités de mademoiselle Mars, mais il lui manquait ce fatalisme qui fait un Oreste à tous les âges.

La douceur est l'une des principales exigences du théâtre moderne. Or, Mademoiselle Mars n'osait pas, et Firmin ne pouvait pas se montrer docile. Allons plus loin et disons que le Théâtre-Français lui-même était un mauvais décor pour le tableau. Il existe certaines atmosphères dans lesquelles certaines créations ne peuvent exister.

Les répétitions d' *Antoine* se poursuivaient parallèlement à celles de *Napoléon*. Mais il y avait cette différence entre les deux pièces et les deux théâtres : à l'Odéon, chacun était satisfait de son rôle, et du régisseur au souffleur chacun faisait de son mieux pour m'aider, tandis qu'au Théâtre-Français tout le monde n'était pas satisfait de son rôle, et du directeur au souffleur, tout le monde gênait l'auteur et son travail. Mon lecteur connaît déjà Mademoiselle Mars. Je l'ai montrée lors d'une répétition d' *Hernani* mettant en pièces le rôle de Doña Sol. Je regrette d'avoir été si pressé, j'aurais pu la montrer dans *Antony* mettant en pièces le rôle d'Adèle. De son côté, Firmin pinçait le rôle d'Antoine de toutes ses forces. Chaque plume, d'une coloration un peu vive, brouillait l'espèce de teinte grise qu'on voulait donner à une œuvre dont le thème dominant avait d'abord été la couleur, de sorte qu'à force d'arracher doucement chaque plume, la pièce était doucement transformé en celui d'un amoureux sur la scène du Gymnase.

Au bout d'un mois de répétitions, la pièce, privée de tous ses traits saillants, aurait pu être réduite à trois actes, voire à un seul. Un beau matin, on me proposa de supprimer les actes deuxième et quatrième, parce qu'ils rendaient la pièce trop ennuyeuse. J'avais pris un tel dégoût pour l'ouvrage que j'étais tout prêt à le supprimer entièrement ; J'en étais même arrivé à croire que *Napoléon* était la véritable œuvre d'art, et *Antoine* l'œuvre ordinaire. Ils ont fixé le jour de la production, car *ils devaient le dégager car il bloquait le théâtre* , qui était pressé de monter *Don Carlos, ou l'Inquisition* , un drame dont ils attendaient de grandes choses. , mais dont l'auteur a souhaité préserver son anonymat lors de la première représentation ; et pour cause aussi.

Pendant ce temps, Hugo m'avait recherché ; il avait compris que nous ne devions jamais être considérés au Théâtre-Français par ses comédiens et ses habitués, et même par le public lui-même, comme autre chose que des usurpateurs ; les stupides hérésies qu'on nous avait prêtées sur Molière, Corneille et Racine avaient surgi dans l'orchestre ; et tous ceux qui avaient plus de cinquante ans venaient chaque soir se prélasser voluptueusement à l'ombre de notre audace ! Hugo avait donc cherché et trouvé un théâtre qui ne soit pas un Olympe, où nos triomphes ne seraient pas considérés comme un sacrilège, et où il s'adresserait à de simples mortels et non à des dieux. Ce théâtre était la Porte-Saint-Martin. Il était entré en négociations avec son gérant, M. Crosnier, pour la prise de *Marion Delorme*. Ainsi se réalisa la prophétie faite par Crosnier à Hugo lorsque, le 16 juillet 1829, celui-ci lui avait dit :

" Monsieur, vous êtes arrivé trop tard ; j'ai deux pièces acceptées qui ont priorité sur la vôtre. "

Ce à quoi Crosnier avait répondu :

" Par Jupiter ! monsieur, qui sait ? Malgré ces deux acceptations, c'est peut-être moi, après tout, qui jouerai vos œuvres ! "

En traitant avec Crosnier, Hugo avait négocié en mon nom ainsi qu'en son propre nom, sous réserve de mon accord. Je l'ai remercié de son amicale attention ; mais les deux seules pièces que je possédais étaient en répétition, l'une à l'Odéon et l'autre au Théâtre-Français. Il me faudrait donc attendre d'avoir produit une autre pièce. Mais je n'avais pas besoin d'attendre cela. Plus le jour de la première représentation d'*Antoine* approchait, plus je prenais conscience du malaise qui régnait dans tout le théâtre. D'un autre côté, ceux de mes amis qui avaient assisté aux répétitions étaient repartis en secouant la tête, et lorsque je les pressai de leur donner leur avis, ils avouèrent franchement qu'ils *n'y voyaient aucun jeu*. J'étais complètement démoralisé, car plus j'avançais dans ma carrière dramatique, plus je perdais cette première confiance en moi qui m'avait soutenu dans toutes les tribulations liées à *Henri III*. Je commençai à penser que je devais être trompé et qu'il ne pouvait absolument rien y avoir en *Antoine*.

Deux choses se produisirent alors qui auraient dû me pousser jusqu'au découragement extrême, mais qui, au contraire, rendirent toute ma détermination. Le jour de la *première* fut fixé au samedi suivant, et c'était alors mardi ou mercredi que Firmin me prit à part.

« Mon cher ami, me dit-il, je n'ai pas voulu refuser de jouer pour toi le rôle d'Antoine, d'abord parce que je jouerai tous les rôles que tu m'as assignés ;

deuxièmement parce que m'ayant donné le rôle de saint Mégrin, qui est bon, tu as acquis le droit de m'en donner un mauvais après... "

Il a attendu que je l'arrête à mi-chemin, mais moi, au contraire, je l'ai laissé s'exprimer. Alors il a continué...

"Mais voyez-vous, je représente le personnage principal, et je ne veux pas prendre sur moi la responsabilité de l'échec de la pièce."

"Alors tu crois que ce sera un échec ?"

"C'est ma ferme conviction... Je ne sais pas comment il se fait que vous, qui connaissez intimement le monde théâtral, ayez osé risquer un rôle aussi monotone... Antoine est un gros bavard, qui du monde du premier au cinquième acte ne fait que répéter encore et encore la même chose ; qui se met en colère sans aucune raison, une espèce de monomane qui rage sans cesse et mène une guerre furieuse contre ses semblables.

"Alors c'est l'effet qu'Antoine produit sur toi ?"

"Oui."

"Cela ne me surprend pas ; c'est exactement ce que je souhaitais qu'il fasse."

"Eh bien, cela n'a pas d'importance ; je vous ai prévenu, rappelez-vous."

— Oui, mais il ne suffit pas d'avertir un homme de sa chute : il faut lui donner un moyen d'échapper à sa chute.

"Oh!" dit Firmin, je suis, comme vous le savez, acteur et non auteur ; je joue des pièces, mais je ne les crée pas.

"Mais n'avez-vous aucune suggestion à faire ?"

"Oui, je l'ai fait... mais je n'ose pas le dire."

"Dis-le, bien sûr."

"Vous sauterez jusqu'au plafond !"

"Qu'importe si je ne me mets pas sur vos pieds !"

"Eh bien!"

"Eh bien, quoi ?"

"Si j'étais à ta place, je confierais la pièce à Scribe."

"Non", répondis-je, "mais je le porterai à Crosnier."

Et m'approchant du souffleur, je dis :

" Garnier, s'il vous plaît, donnez-moi mon manuscrit ; c'est un brave garçon.
"

Le souffleur me remit le manuscrit ; et Firmin me regarda le prendre, étonné. Mademoiselle Mars attendait tout ce temps que je sois libre.

"Eh bien, mon brave," dit-elle du ton sec qu'elle prenait toujours lorsqu'elle voulait préparer un auteur à quelque chose de désagréable, "as-tu fini de parler avec Firmin ? Et as-tu encore un mot pour quelqu'un d'autre ?"

"Oh madame !" dit Firmin, vous n'aviez qu'à parler ; je n'ai pas l'habitude de vous enlever vos auteurs.

"En ce qui concerne les parties telles que cet homme me donne, vous pouvez me l'enlever autant que vous le souhaitez."

"Bien!" J'ai dit : « cela semble prometteur ! »

Puis, en remontant chez mademoiselle Mars...

« Madame, lui dis-je, je suis à votre service.

" Ah ! c'est une chance ! Sais-tu ce que je vais te dire ? "

"Non, madame, je ne sais pas; mais si vous voulez bien me prévenir, je le ferai."

"Je n'ai pas l'intention de jouer mon rôle dans votre pièce samedi."

"Oh ! pourquoi pas, s'il vous plaît ?"

— Parce que j'ai dépensé quinze cents francs pour mes robes et que je veux qu'on les voie.

"Mais pourquoi ne peut-on pas les voir samedi comme n'importe quel autre jour ?"

"Parce qu'on nous avait promis un nouveau lustre pour samedi, et que cet homme vient de nous reporter encore trois mois. Quand il y aura un autre lustre, je jouerai dans votre pièce."

" Ah ! madame, lui dis-je, il n'y a qu'une chose susceptible de mettre un obstacle à votre bonne intention... "

"Qu'est-ce que c'est?"

"Dans trois mois, ma pièce aura été jouée."

"Comment est-ce possible ?"

"Ce sera."

"Où?"

"Au Théâtre Porte-Saint-Martin... Adieu, madame... Au revoir, Firmin !"

Et je suis sorti, emportant mon manuscrit avec moi. En descendant l'escalier qui menait du théâtre à l'orchestre, je tournai la tête et vis Mademoiselle Mars et Firmin ensemble, échangeant chacun des regards et des gestes interrogateurs. Je regrette de ne pouvoir transmettre à la postérité la conversation qui a suivi entre eux. Je courus aussitôt chez Mme Dorval, qui demeurait alors boulevard Saint-Martin, dans une maison avec sortie sur la rue Meslay. Par hasard, elle se trouvait toute seule. Quand on m'a annoncé, elle s'est fait répéter mon nom deux fois.

"D'accord!" criai-je depuis la salle à manger ; "C'est moi. Mais peut-être souhaiteriez-vous qu'on me montre devant la porte ?"

"Oh ! tu es un joli garçon !" me dit-elle avec ces accents traînants qui lui faisaient parfois tant de charme ; "Je ne t'ai pas vu depuis six mois !"

"Que veux-tu que je fasse, ma chérie !" Dis-je en entrant et en lui jetant les bras autour du cou, pendant ce temps j'ai fait un enfant et une révolution, sans compter que j'ai failli être fusillé deux fois... C'est ainsi que vous saluez les revenants ?

"Je ne peux pas t'embrasser, mon *bon chien.* "

C'était le petit surnom de l'amitié, et même, pourrais-je dire, de l'amour, que m'avait donné Dorval.

Son *bon chien* est resté fidèle à son pauvre Dorval jusqu'au bout !

"Pourquoi ne peux-tu pas me saluer plus chaleureusement ?" J'ai demandé.

"Parce que, comme *Marion Delorme* , je renouvelle ma virginité."

"Impossible!"

"C'est vrai, sur ma parole d'honneur ! Je deviens respectable."

" Ah ! ma chérie, j'ai parlé de faire une révolution, en voici une autre. Qui diable a provoqué cela ? "

"Alfred de Vigny."

"Tu l'aime?"

"Je ne peux pas en parler ; je suis en colère contre lui !"

" Qu'a-t-il fait pour que vous teniez de si bonnes résolutions ? "

"Il me compose des petites *Élévations* [1] ."

" En ce cas, ma chère, acceptez mes sincères compliments ; car , d'abord, de Vigny est un poète d'un très grand talent ; ensuite, c'est un vrai noble : ces deux attributs valent mieux qu'un mulâtre comme moi-même."

"Tu le penses?" » dit Dorval sur un ton de voix qu'elle seule savait utiliser.

"C'est à mon tour maintenant de jurer sur ma parole d'honneur !"

"Alors tu n'es pas venu me faire l'amour ?"

J'éclatai de rire et fis je ne sais quelle exclamation.

"Non, je n'aurais pas pu recevoir vos attentions... imaginez, il me traite comme une duchesse."

"Il a parfaitement raison."

"Il m'appelle son ange."

"Bravo!"

"L'autre jour, j'avais une petite bosse sur l'épaule et il m'a dit que des ailes commençaient à pousser."

"Vous devez être extrêmement amusé, ma chère."

"Oui, en effet ! Piccini ne m'a pas habitué à un tel traitement."

"Et Merle ?"

"Encore moins... Au fait, tu sais que Merle et moi sommes mariés ?"

"Vraiment?"

"Oui, c'était une façon de se séparer les uns des autres."

"Mais il devrait être l'homme le plus heureux du monde ?"

" Vous croyez ! Il a son *café au lait* le matin, et ses pantoufles à son chevet le soir... Voulez-vous lui dire bonjour ? "

"Merci, non ! Je suis venu pour toi."

" Ah ! tu es bien rusé, mon gros chien... Mais j'avais oublié, il n'est pas ici, il est à la campagne. "

"J'ai des nouvelles à vous annoncer."

"Qu'est-ce que c'est?"

"Que j'ai retiré *Antoine* du Théâtre-Français."

"Oh ! tu as bien fait ! C'était pareil avec Hugo, tu sais ; il leur a pris *Marion Delorme* et nous l'a apporté. Je joue le rôle de Marion."

"Eh bien, que penses-tu de la pièce ?"

"Je pense que c'est extrêmement bien... Mais je ne sais pas comment je vais m'en sortir. Réfléchissez juste aux vers. Pouvez-vous m'imaginer comme une tragédienne"

"Mais je ne pense pas que ce soit votre première tentative."

"Oh ! en *Marino Faliero* , tu veux dire ?"

"Mon Dieu ! comme le rôle d'Helena m'a ennuyé ! Vous m'avez vu là-dedans, n'est-ce pas ?"

"Oui."

"J'étais plutôt mauvais là-dedans, n'est-ce pas ?"

"Honnêtement, tu n'étais pas très bon ; mais j'espère que tu feras mieux avec Adèle."

"Qu'est-ce qu'Adèle ?"

"La maîtresse d'Antoine, ma chère."

Alors tu nous amènes *Antoine ?*"

"Pourquoi, bien sûr !"

"Et dois-je prendre le parti d'Adèle, ma bonne chienne ?"

"Bien sûr!"

" Bravo, alors ! Sur ma parole, quoi qu'il arrive, je dois vous embrasser... Oh ! que c'est mauvais de votre part quand je vous ai dit que je ne devais pas... Salut ! qu'est-ce qu'il y a dans ta poche ? "

"Le manuscrit."

"Oh ! donne-le-moi à regarder."

"Je vais vous le lire."

"Quoi ! tu le penses vraiment ?"

"Certainement."

"Comme ça, pour moi seul ?"

"Certainement."

"Oh ! Pourquoi, alors, tu dois me considérer comme une grande actrice ?"

" De Vigny ne vous traite qu'en duchesse ; mais je veux vous traiter en reine. "

Elle se leva et me fit une révérence.

" La reine sera pour toujours votre servante, monsieur, pour preuve de quoi je vais vous donner une table et vous offrir... qu'est-ce que ce sera ? Qu'aimez-vous le plus pendant que vous lisez ? Aurez-vous de l'eau-de-vie ? " -vie, rhum ou kirsch ?"

"Je préfère l'eau."

"Très bien, alors, attends un instant."

Elle est entrée dans sa chambre, où je l'ai suivie.

"Oh ! pourquoi me suis-tu ici ?"

"Pourquoi je ne le devrais pas ?"

"C'est interdit."

"Même pour moi ?"

"A tout le monde !... Alexandre ! Je vous préviens, je vais sonner !"

"Ah ! en effet !"

"Alexandre !"

"J'aimerais régler cette question. Je parie que vous n'appellerez pas."

"Alexandre !"

Elle s'accrochait à la corde de la cloche et sonnait fort. Je me jetai dans un fauteuil et me mis à rire comme un fou. La femme de chambre entra.

« Louise ! » dit Dorval avec une parfaite dignité, apportez un verre d'eau à M. Dumas.

"Louise !... dans un lavabo", ajoutai-je.

« Impertinent ! » dit Dorval.

Elle s'est jetée sur moi et m'a frappé de toutes ses forces. Juste au moment où elle me battait avec la plus grande avidité, quelqu'un a sonné à l'extérieur. Elle s'arrêta net.

"Ah!" dit-elle, "va vite au salon avant qu'on ne te voie ici, c'est un bon chien !"

"Et si je m'en allais complètement ?"

"Quoi?"

« Et si nous remettions notre lecture à ce soir ?

"Ce serait encore mieux."

"Dois-je sortir par le chemin tu sais ?"

"Oui, oui... A ce soir ! Voulez-vous que je donne un indice à Bocage ?"

"Non. Je veux d'abord vous le lire."

"Comme tu veux... Mais viens, va-t'en !"

" Oh ! comme c'est ennuyeux pour de Vigny de venir en ce moment ! "

" Que veux-tu, mon pauvre ami ! Nous ne devons pas tout faire à notre guise dans ce monde... Au revoir jusqu'à ce soir. "

"Jusqu'à ce soir, alors."

Elle ferma rapidement la porte de sa chambre au moment où celle du salon s'ouvrait.

« Oh ! bonjour, mon cher comte, dit-elle ; "Viens t'asseoir ici à côté de moi... Je t'attendais avec impatience..."

Pendant ce temps, Louise soulevait le rideau de la portière persane et me faisait signe de la suivre. Je lui ai mis un louis dans la main. Elle me regarda avec étonnement.

"Eh bien, qu'est-ce qu'il y a ?" J'ai demandé.

— Tout se passera donc comme si Madame n'avait pas sonné ?

"Précisément."

"On ne te reverra plus ?"

"Oh oui, je reviens ce soir."

"Ah ! maintenant je comprends."

"Eh bien, non, ce n'est pas le cas."

"C'est possible aussi : je n'y peux rien. Que faire ? Depuis six mois, le monde est ici à l'envers. Ah ! monsieur, vous que Madame aime tant, vous devriez bien lui dire qu'elle est perdue!"

Elle avait raison, pauvre Louise !.. Mais nous expliquerons dans un autre endroit pourquoi elle avait raison.

---

[1] Alfred de Vigny publie à cette époque ses délicieux poèmes intitulés *Élévations* .

CHAPITRE VI

Mes accords avec Dorval - Je lis *Antoine* - Ses impressions - Elle me fait modifier sur-le-champ le dernier acte - La chambre de Merle - Bocage en artiste - Bocage en négociateur - Lecture à M. Crosnier - Il tombe dans un profond sommeil - La pièce néanmoins est accepté

Je revins ce soir-là et trouvai Dorval seul et m'attendant.

"Sur ma parole!" M'écriai-je, je n'osais espérer un tête-à-tête.

"J'ai dit que j'avais une lecture."

"Avez-vous dit qui était le lecteur ?"

"Oh non ! mais viens d'abord ici, asseyez-vous à côté de moi et écoutez ce que j'ai à dire, bon chien !"

Je l'ai laissée me conduire jusqu'à un fauteuil et je me suis assis.

Elle se tenait devant moi, ses deux mains dans les miennes et elle me regardait doucement et gentiment.

"Tu m'aimes, n'est-ce pas ?" dit-elle.

"Avec tout mon coeur!"

"Tu m'aimes vraiment?"

"Je ne le dis pas ?"

"Pour moi-même?"

"Pour toi."

"Tu ne veux pas me faire souffrir ?"

"Bon Dieu, non !"

"Vous souhaitez que je joue votre rôle ?"

"Bien sûr, puisque je te l'ai apporté."

"Tu ne veux pas gâcher ma carrière ?"

"Pourquoi ! tu dois être fou pour suggérer une chose pareille !"

" Eh bien, alors, ne me taquinez plus comme vous l'avez fait ce matin. Je n'aurais pas la force de me défendre, et... et je suis heureux comme je suis ; j'aime de Vigny et il m'adore. Vous savez. il y a certains hommes qu'on ne peut tromper, des hommes de génie qui, s'ils sont trompés une fois, eh bien, tant pis pour les femmes qui les trompent !

« Ma chère Marie, lui dis-je, vous êtes la femme la plus noble et la plus chaleureuse que je connaisse. Voici ma main dessus, je ne dépasserai pas les limites de l'amitié.

"Oh ! comprenons-nous : je ne dis pas qu'une telle condition durera éternellement."

"Cela durera, en tout cas, jusqu'à ce que vous me rendiez ma parole promise."

"D'accord. Si, un jour, je suis fatigué de notre lien, je t'écrirai pour te le dire."

"Tome?"

"Pour vous."

"Avant tous les autres ?"

" Avant tout le monde, car tu sais bien combien je t'aime, mon bon chien !... Oh ! maintenant nous allons lire, j'entends que c'est magnifique. Pourquoi cette coquine de Mademoiselle Mars ne jouerait-elle pas le rôle ? "

— Oh ! parce qu'elle a dépensé quinze cents francs pour ses robes et que le lustre ne donne pas assez de lumière pour les mettre en valeur.

" Vous savez, je ne peux pas dépenser jusqu'à quinze cents francs pour mes robes ; mais ne vous inquiétez pas, je trouverai moyen de me parer convenablement ! Adèle est donc une femme du monde ? Comme j'aurai plaisir à jouer de telles un rôle ! Comme vous devez bien savoir comment doit être joué un tel type ! Moi qui n'ai jamais joué que la femme-poisson !... Vite, asseyez-vous là et commencez à lire.

J'ai commencé à lire, mais elle n'a pas eu la patience de s'asseoir sur sa chaise : elle s'est levée, s'est appuyée sur mon dos et a lu par-dessus mon épaule avec moi. Après le premier acte, j'ai levé les yeux et elle m'a embrassé sur le front.

"Bien?" Je lui ai demandé.

"Eh bien, cela semble commencer très bizarrement ! Les choses iront bien si elles continuent de la même manière qu'elles ont commencé."

"Attend et regarde."

J'ai commencé le deuxième acte. A mesure que je poursuivais ma lecture, je sentais contre mon épaule le soulèvement agité du sein de l'excellente actrice ; lors de la scène entre Adèle et Antoine, une larme est tombée sur mon manuscrit, puis une deuxième et une troisième. J'ai levé mon visage pour l'embrasser.

"Oh ! comme tu es vexatoire !" dit-elle, "pour m'interrompre au milieu de ma jouissance, continuez !"

J'ai continué et elle a encore pleuré.

On se souvient qu'Adèle s'envole à la fin de l'acte.

"Ah!" dit Dorval en sanglotant, voilà une honnête femme ! Je n'aurais jamais pu faire ça !

"Toi," dis-je, "tu es un amour !"

" Non, monsieur, je suis " un ange " ! Passons au troisième acte !... ah ! mon Dieu ! s'il la rejoignait ! "

J'ai lu le troisième acte et elle m'a écouté, tremblante d'excitation. Cela se termine par la vitre cassée et le mouchoir appliqué sur la bouche d'Adèle, et par la projection d'Adèle dans sa chambre, après quoi le rideau tombe.

"Eh bien, et ensuite ?" dit Dorval.

"Bien sûr, tu sais ce qu'Antony fait après ça ?"

"Eh bien, il la viole, je suppose."

" Plutôt ! seulement elle ne sonne pas... "

"Oh!"

"Quoi?"

"Bien !... Quelle fin pour un troisième acte ! Vous ne mâchez pas vos mots ! Cet acte sera un peu difficile à jouer. Vous voyez comme je vais dire : 'Cette porte ne se fermera pas !' et "Aucun accident n'est jamais arrivé dans cette auberge!" Il n'y a que le cri quand j'aperçois Antoine ; je pense qu'Adèle serait trop ravie de le revoir pour crier.

"Mais elle doit pousser un cri."

"Oui, je comprends, ça paraît plus moral... Allons ! vas-y, vas-y, bon chien !"

J'ai commencé le quatrième acte. Sur les lieux de l'insulte, elle m'a mis les mains autour du cou et j'ai senti sa poitrine monter et descendre, ainsi que son cœur battre contre mon épaule ; Je pouvais le sentir presque éclater à travers ses vêtements. A la scène entre la vicomtesse et Adèle, où Adèle répète trois fois : "Mais je n'ai rien fait qui puisse blesser cette femme !" J'ai arrêté.

"Bon Dieu ! mec, pourquoi tu continues à t'arrêter ?" s'exclama-t-elle.

"J'arrête parce que tu m'étrangles !" J'ai répondu.

"Eh bien, c'est ce que je suis", dit-elle; "mais de telles choses n'ont encore jamais été faites sur scène. Oh! c'est trop réel, c'est horrible, ça étouffe, oh!..."

"Mais il faut quand même écouter la fin."

"Assez volontairement."

J'ai donc fini de lire l'acte.

"Oh!" dit-elle, vous pouvez être tout à fait tranquille, je peux répondre de moi-même. Oh ! avec quelle émotion je dirai : « C'est sa maîtresse ! Vos pièces ne sont pas difficiles à jouer, mais elles brisent le cœur... Oh ! laisse-moi crier !... Grand chien, où as-tu appris à connaître des femmes comme celles-là ? Tu les connais par cœur ? !"

"Viens, reprends courage. Nous en aurons bientôt fini maintenant."

"Continue!"

J'ai commencé le cinquième acte. A mon grand étonnement, même si elle pleurait beaucoup, cela semblait produire sur elle un effet moins émouvant que les autres.

"Bien?" J'ai demandé.

"Oh ! c'est splendide, je trouve, excellent !"

"Ce n'est pas la vérité : vous n'aimez pas ça, vraiment."

"Oui je le fais."

"Non, ce n'est pas le cas!"

"Eh bien, tu veux honnêtement mon avis ?"

"Oui."

"Je pense que le dernier acte est un peu trop doux."

" Voyez quelles différences de goût il y a entre les gens ! Mademoiselle Mars a trouvé ça trop fort. "

"Je parie que ce n'était pas comme ça au début ?"

"Non, je dois admettre que ce n'était pas le cas."

"Elle t'a obligé à le changer ?"

"Du début à la fin!"

"Viens maintenant!"

"Mais, si tu veux, je vais le modifier à nouveau."

"En effet, je le souhaite!"

"Oh ! ce sera assez facile à faire."

"Mais quand peux-tu le faire ?"

"Demain, ou après-demain, ou un jour."

Elle m'a regardé, a retourné ma chaise sur un de ses pieds et est tombée à genoux devant moi.

"Sais-tu ce que tu dois faire, bon chien ?" dit-elle.

« Que dois-je faire ? Dis-le-moi.

Elle sortit un de ses petits peignes et commença à se peigner les cheveux tout en parlant.

"Je vais te le dire : tu devrais me réécrire cet acte ce soir même."

"Je le veux bien ; je rentrerai chez moi et me mettrai au travail."

"Non, sans rentrer à la maison."

"Pourquoi."

" Écoute : Merle est à la campagne ; prends sa chambre, on t'y apportera du thé ; de temps en temps j'entrerai voir comment avance ton travail. Tu auras fini le matin et tu viendras alors lire à moi, à mon chevet. Ah ! ce sera très délicieux.

"Et si Merle revenait ?"

"Bah ! nous ne le laisserions pas entrer."

"Très bien : vous ferez votre acte demain avant votre petit déjeuner."

"Oh ! bon chien, comme tu es charmant ! Mais, tu sais ?..."

Elle leva le doigt.

"Puisque c'est convenu entre nous !"

"Très bien ! Qu'est-ce que tu vas faire ce soir ? Veux-tu d'abord dîner ou commencer à travailler ?"

"Je préfère me mettre au travail."

Elle a sonné.

"Louise ! Louise !"

Louise entra.

"Eh bien, madame, encore ?" elle a demandé.

"Non... Faites du feu dans la chambre de Merle."

"Mais Monsieur a dit qu'il ne reviendrait pas."

"Ce n'est pas pour lui, mais pour Alexandre."

La servante m'a regardé.

"Oui," dis-je, "ça va, c'est pour moi."

"Oh ! comme c'est drôle !" dit-elle. "Mais-"

« Vous voyez, dis-je à Dorval, c'est inconvenant.

— Ne vous étonnez pas, Louise. Il a une lettre de change et craint d'être arrêté chez lui demain matin, il dormira donc ici, c'est tout ; seulement, il ne faut pas en parler.

Digne Dorval! elle ne voyait que deux raisons pour ne pas dormir chez elle : une maîtresse ou une lettre de change.

"Oh!" dit Louise, d'accord ! Je vois qu'il ne faut pas en parler !

— Surtout pas à M. le Comte, vous comprenez ?... D'autant plus qu'il n'y a pas de mal à cela.

Louise sourit.

" Oh ! Madame me prend pour une femme de chambre ordinaire, je suppose... Madame a-t-elle d'autres commandes pour moi ? "

"Non."

Louise est sortie.

Nous sommes restés seuls. Comme toujours, j'étais rempli d'admiration pour cette femme naïve et impulsive qui obéissait toujours aux premiers instincts de son cœur ou aux premiers diktats de son imagination ; elle, comme une enfant joyeuse qui prend des vacances inattendues ou goûte à un plaisir jusqu'alors inconnu. Puis elle se leva devant moi, sans affectation, dans des attitudes délicieusement naturelles et, avec des accents tout à fait douloureux, elle parcourut tout son rôle, sans en oublier un trait saillant, disant chaque mot comme elle le sentait, avec une justesse frappante, apportant des effets, même dans les scènes les plus banales (celles qui n'étaient mises que comme liens de liaison avec les principales), auxquels je n'avais jamais pensé en les écrivant, et, de temps en temps, je sautais de joie et je l'applaudis. mains et s'exclamant—

"Oh ! tu verras, mon bon chien, tu verras quel grand succès nous en ferons !"

Oh! personnalité splendide, que la mort a cru effacer en la foudroyant dans mes bras ! J'ai juré que le souvenir de son génie ne serait pas détruit par la mort. Je te ferai revivre, comme je te l'ai promis, et, comme ceux qui avaient le droit d'exiger de moi une fausse version m'ont autorisé à dire la vérité, je le ferai bien : à chaque coup de plume tu devras ressuscitez d'entre les morts, palpitant de vie, avec les faiblesses féminines qui vous appartenaient et les qualités qui faisaient de vous l'artiste que vous étiez ; exactement, en somme, tel que Dieu t'a créé, sans voile ni masque : traiter une telle personnalité comme n'importe quel être ordinaire serait insulter ton génie !

Louise rentra au bout d'un quart d'heure : tout était prêt dans la chambre de Merle. Il était prévu que je crée désormais mes pièces chez ceux à qui elles étaient destinées.

A onze heures et demie, je me mis au travail sur mon cinquième acte ; à trois heures du matin, il était réécrit ; à neuf heures, Dorval frappait dans ses mains avec joie et pleurait :

"Comment je vais agir ! 'Mais je suis perdu !' Attendez un peu ; écoutez maintenant : « Ma fille, je dois embrasser ma fille ! et puis : « Tuez-moi ! » et ainsi de suite jusqu'à la fin !"

"Alors tu es assez satisfait ?"

"Je le pense, en effet ! Maintenant, il faut envoyer chercher Bocage déjeuner avec nous et tout entendre."

Je connaissais très peu les talents de Bocage. Je ne l'avais vu que jouer le curé dans *l'Incendiaire* et le sergent dans *Napoléon à Schoenbrünn* , deux rôles qui ne m'aidaient pas du tout à l'imaginer dans *Antony*. J'avais donc des préjugés contre lui, et parlais de Lockroy et de Frédéric, de la facilité avec laquelle on pouvait obtenir les services de l'un ou de l'autre à la rentrée théâtrale ; mais Dorval s'en tenait à son point de vue : elle soutenait que Bocage était le seul acteur capable de donner à Antoine l'apparence nécessaire et convenable au rôle d'Antoine ; alors elle envoya le chercher.

Bocage était alors un beau garçon d'environ trente-quatre ou trente-cinq ans, aux cheveux noirs, aux belles dents blanches, aux beaux yeux mystérieux, qui pouvaient exprimer trois choses essentielles sur scène : la rudesse, la détermination et la mélancolie : parmi ses défauts physiques figuraient qu'il était cagneux, que ses pieds étaient trop grands, qu'il avait une démarche traînante et qu'il parlait par le nez. Comme la lettre de Dorval était urgente, il se précipita vers nous. Nous avons déjeuné, puis j'ai relu *Antoine* .

— Eh bien, qu'en penses-tu, Bocage ? » demanda Dorval, aussitôt que j'avais prononcé les derniers mots : « Elle m'a résisté, alors je l'ai tuée !

-- Ma foi, répondit Bocage, je ne sais vraiment pas ce que j'ai entendu. Ce n'est ni une pièce de théâtre, ni un drame, ni une tragédie, ni un roman ; c'est quelque chose de tous, et certainement de plus frappant ! Seulement, peux-tu m'imaginer comme Antoine ?

"Tu seras superbe !" répondit Dorval.

" Qu'en dis-tu, Dumas ? "

"Je vous connais trop peu pour dire quoi que ce soit; mais Dorval vous connaît et est prêt à répondre à votre place."

"Bien ! Mais j'aurais besoin d'un maquillage spécial pour le rôle. Je ne pourrais pas le jouer avec des vêtements ordinaires de tous les jours."

"Oh ! ne vous inquiétez pas pour ça," répondis-je ; "Nous trouverons entre nous un costume approprié."

« Quelle est notre prochaine étape ? »

"Vous devez informer Crosnier que vous venez d'écouter un drame qui vous convient à vous et à Dorval; que c'est de moi et que je suis prêt à signer avec lui le même accord qu'Hugo."

"Capital!"

— Mais, comprends-le, Bocage, il ne doit y avoir aucune lecture officielle avant l'acceptation ; la pièce est à prendre quoi qu'il arrive : il peut y avoir une lecture officieuse au directeur après son acceptation.

" Très bien, je comprends ! Ne faites pas de lecture devant les autres membres de la compagnie : vous apportez vos pièces et ils doivent simplement les jouer. Quelles sont vos conditions ? "

"Le même que celui d'Hugo."

"Ce sera réglé ce soir."

J'ai pris un taxi et je suis allé raconter à Hugo ce qui s'était passé. Je reçus le soir même un petit mot de Bocage ; il ne contenait que ces quelques lignes :

> " J'ai vu Crosnier. Tout est réglé ; vous devez lire demain à
> 11 heures dans son bureau *officieusement* — il comprend bien.
> — Votre BOCAGE. "

Le lendemain, je me présentai à l'heure dite chez M. Crosnier. Je le connaissais à peine ; car je ne l'avais vu qu'une ou deux fois. Il avait pris une troisième ou une quatrième part en cinq ou six morceaux ; entre autres, dans une parodie de *Intrigue et Amour* de Schiller , jouée sous le titre de *La Fille du Musicien.* Je ne sais même pas si cette pièce, qui eut beaucoup de succès, n'a pas été jouée plus tard que l'époque dont je parle. C'était un homme accompli, intelligent, avec des cheveux blonds et peu de cheveux, des yeux gris, une bouche mais peu garnie de dents et ses manières étaient agréables et affables : il a depuis amassé une très grande fortune, je crois, à laquelle ses parents avec Cavé n'ont fait aucun mal. En conclusion, c'était exactement le tempérament pour comprendre *La Petite Ville* , et le moins propre à comprendre *Antoine* .

J'ai commencé ma lecture. Au troisième acte, M. Crosnier luttait poliment contre son assoupissement ; au quatrième, il dormait aussi confortablement que possible ; au cinquième, il ronflait.

Je suis sorti sans qu'il m'entende, je n'en doute pas. Bocage m'attendait dans le salon pour connaître le résultat de la lecture : je lui montrai son gérant endormi par la porte entrouverte et lui laissai une quittance de mille francs. D'après notre accord, M. Crosnier me devait mille francs pour la lecture.

"Diable!" s'écria Bocage, l'accord est donc signé ?

— Non, mais j'ai votre lettre d'hier, qui vaut un contrat, et j'attendrai votre réponse chez Dorval.

Bocage seul pouvait divulguer ce qui se passait entre lui et Crosnier. J'imagine qu'il y a eu des frictions entre eux. Cependant, une demi-heure à trois quarts d'heure plus tard, il arriva chez Dorval avec le billet de mille francs. Mais Crosnier reporta la pièce de trois ou quatre mois : il ne voulait pas risquer ses succès de l'hiver avec une œuvre qu'il jugeait *si peu sûre de plaire au public*.

"Qu'à cela ne tienne, *certain ou pas* , ça ne l'empêchera pas de gagner de l'argent, mon bon chien, j'en répondrai !" dit Dorval.

Voilà donc l'histoire d' *Antony* , de son retrait du Théâtre-Français et de son apparition au théâtre de la Porte-Saint-Martin, avec votre humble serviteur pour père, et Bocage et Dorval pour parrain et marraine.

ANNEXE

PAS DE THÉ

Comme nous nous y étions attendus en heurtant aussi carrément que nous le faisons les hommes et les choses, une réclamation s'est produite, respectable par le sentiment qui l'a dictée ; elle est du fils de M. de Liniers.

Cette réclamation nous a été communiquée par la rédaction du journal *la Presse* , et nous avons désiré qu'elle fût publiée dans son intégralité.

Nous croyons devoir la reproduire ici, en conservant les réflexions dont l'avait accompagné *la Presse*.

AU RÉDACTEUR

"ORLÉANS, 4 *mars* 1853

"MONSIEUR,—Les *Mémoires* publiés par MA Dumas dans votre journal (n ᵒˢ des 19, 23 et 24 février) sont venus, par hasard, à ma connaissance. Dans le récit fait par l'auteur d'un épisode de sa vie en 1830, la conduite de mon père se trouve présentée sous un jour qui tendrait à jeter sur lui une déconsidération imméritée.

"Permettez au plus jeune de ses fils, témoin oculaire du fait principal, de défendre une mémoire honorable et chère, et veuillez donner place dans votre journal à sa juste réclamation.

"Je me trouvais en 1830 près de mon père; j'étais dans son cabinet au moment où M. Dumas s'y présenta. En rectifiant les faits altérés par lui, je dirai ce que je sais, ce que j'ai vu.

"Au moment où éclata la révolution, il se trouva, sous les ordres de mon père, non pas huit cents hommes, mais un nombre à peine suffisant pour former un peloton d'instruction. Dès la veille de l'arrivée de M. Dumas , M. de Liniers avait été prévenu que cette faible garnison était dans le même esprit que le régiment, qui se trouvait alors à Paris, il ne pouvait compter sur elle pour défendre la poudre confiée à sa garde. la ville; on savait la lutte engagée à Paris; la garde nationale s'organisait; les communications étaient interceptées: il ne fut pas même possible d'envoyer une ordonnance à Laon pour prendre les ordres de M. le général Sérant Dans cette, situation critique, mon père se rendit le soir chez M. de Senneville, f sous-préfet à Soissons, et il fut arrêté entre eux que les poudres remises seraient à la garde nationale, si elle les demandait, et même en cas d'attaque .

"Il restait à maintenir la tranquillité dans la ville; elle fut contrôlée, et la révolte des prisonniers, qui avait inspiré un moment de graves inquiétudes, fut comprimée par l'énergie de mon père.

"Le vicomte de Liniers savait donc bien ce qu'il avait à faire; son plan avait été arrêté à l'avance, et M. Dumas, qui n'avait pas encore paru, ne lui dicta en aucune façon la conduite qu'il avait à tenir.

"Le lendemain matin, M. Dumas se présenta dans le bureau de mon père, qui s'y trouvait avec son secrétaire, ma mère et moi. Il exigea que les poudres lui fussent livrées, et présenta à cet effet un ordre signé par le général Gérard. Mon père refusa. En ce moment parut un planton porteur d'un rapport de service, alors, et à l'instant où le soldat se retournait pour se retirer, sortit un pistolet de sa poche, et lui. dit; 'Si tu me fais arrêter, voilà pour ton commandant !' Mon père reprend alors avec calme : « Vous pouvez m'assassiner ; car, vous le voyez, je suis sans armes. — Prenez garde, monsieur le vicomte, reprit M. Dumas, vous voyez que je suis armé ; livrez vos poudres.—Non pas à vous, répondit mon père, mais à une députation de la garde nationale seulement, puisque je me trouve dans l'impossibilité absolue de défendre le dépôt que le roi m'a confié.'

"M. Dumas sortit alors pour aller chercher cette députation, qui, quelques instants après, entra en armes dans la cour; il monta dans le bureau, et y trouva M. de Lenferna et un autre officier. Le commandant de place, exécutant alors ce qui avait été convenu de la veille entre lui et le sous-préfet, donna l'ordre de remettre les poudres à la garde nationale.

"Tels sont les faits dans leur simple vérité. Le récit fait par M. Dumas, cette scène étrange d'intimidation, ces quatre officiers français menacés par lui, effrayés par lui, attendant patiemment qu'il voulût bien leur brûler la cervelle, s 'ils n'aimaient mieux obéir à ses ordres, tout cela rencontrera certes autant d'incrédules que de lecteurs; l'honneur des braves et loyaux officiers n'a rien à redouter de ces exagérations, et toute cette mise en scène se réduirait à avoir effrayé tout au plus une femme, et menacé avec un pistolet un homme sans armes pour se défendre. M. Dumas cite à l'appui de son récit *le Moniteur* du 9 août 1830, dans lequel l'épisode de Soissons est raconté (il en est le narrateur sans aucun doute); il ajoute : 'Ce récit n'a pas été démenti donc, il est vrai.' M. Dumas est encore dans l'erreur : mon père a protesté ; il a démenti à deux reprises différentes mais, à cette époque où la bonne foi n'était pas de rigueur, sur refusa les colonnes du *Moniteur* à la réclamation de l ; 'ex-commandant de place de Soissons. Il n'était pas, il est vrai, partisan du nouveau gouvernement.

"Je n'entends, du reste, engager aucune polémique avec M. Dumas; j'ai rétabli la vérité des faits, et je ne répondrai à aucune attaque de sa part, dans les journaux; il est facile, mais triste, de ternir la vie des hommes les plus honorables quand ils ne sont plus si mon père vi vait, il n'eût certes pas laissé à ses fils l'honneur de défendre sa conduite, il s'en serait chargé lui-même.

"Un dernier mot, pour terminer cette rectification, si longue bien malgré moi : mon père reçut, en quittant Soissons, les témoignages de sympathie les plus flatteurs. Le général Gaillebois, qui remplaça le général Sérant, lui offrit son influence pour lui faire obtenir un emploi. Les plus honorables habitants de Soissons, ceux mêmes qui ne partageaient pas ses opinions politiques, voulaient lui serrer la main, et lui exprimer leurs regrets de ne plus le voir parmi eux Ce souvenir d'estime des habitants de cette ville fut. toujours précieux à mon père; c'eût été manqué à sa mémoire de ne pas prouver qu'il en fut toujours digne.

" Recevez, monsieur le rédacteur de *la Presse* , l'assurance de ma considération distinguée.

"LE CHEVALIER DE LINIERS"

"M. Alexandre Dumas, à qui nous avons communiqué cette réclamation, mû par un sentiment de convenance qui sera apprécié, à désiré borner sa réponse à la reproduction du rapport qui a paru dans *le Moniteur* du 9 août 1850. Il est vrai que M . de Liniers essaie d'infirmer l'autorité de ce rapport en alléguant que l'hospitalité du *Moniteur* n'a pas été accordée à la réponse itérative de son père. Il est regrettable, si *le Moniteur* a réellement refusé ses colonnes, que l. 'ancien commandant de la place de Soissons n'avait pas eu l'idée d'adresser ses plaintes à l'un des journaux légitimistes qui paraissaient en 1830, à la *Gazette de France* ou à *la Quotidienne* , qui se seraient évidemment empressées de les accueillir. Dans l'état des choses, nos lecteurs ont à choisir entre cette réclamation, évidemment tardive, et un récit contemporain qui a reçu une publicité officielle, qui se présente avec la garantie de cinq signatures, et qui n'a pas été contredit. en temps utile.

"Voici le rapport de M. Alexandre Dumas :

Rapport à M. le général la Fayette sur l'enlèvement des poudres de Soissons

"Conformément à la mission dont vous m'avez fait l'honneur de me charger le 30 juillet dernier, je suis parti à l'instant même pour la remplir, accompagné de l'un des signataires du présent rapport. À trois heures, nous sorties de la barrière.

"Sur toute la route, on nous prévint que nous trouvions à Soissons résistance aux ordres du gouvernement provisoire, qui n'était pas encore reconnu dans cette ville. En arrivant à Villers-Cotterets, un jeune Soissonnais, signataire de ce rapport, nous offrit de faire nous accompagner de trois ou quatre jeunes gens qui s'écondraient notre mouvement À onze heures et demi du soir, nous étions à Soissons.

"À sept heures du matin, ignorant quelles seraient les dispositions de la ville, nous visitions les ruines de Saint-Jean, où nous savions qu'étaient renfermées les poudres, afin d'être prêts à nous en emparer de force, si on ne Je voulais pas reconnaître notre appel aux citoyens de Soissons. Le jeune homme qui s'était chargé de nous aider nous quitta alors pour aller rassembler les quelques personnes dont il était sûr, et, moi, je me rendis chez M. le docteur Missa, que l'on m'avait désigné comme un des plus chauds patriotes de la ville ; son avis fut que nous ne trouverions aucune aide auprès des autorités, et qu'il y aurait probablement résistance de la part du commandant de place, M. le comte. de Liniers.

"Comme il était à craindre que les trois officiers logés à la poudrière ne fussent avertis de mon arrivée et de l'ordre dont j'étais porteur, je me rendis d'abord chez eux, accompagné de trois personnes que m'avait amenées M . Hutin (c'est le nom du jeune Soissonnais). En passant devant la poudrière, j'y laissai un factionnaire. Quelques minutes après M. le lieutenant-colonel d'Orcourt, le capitaine Mollart et le sergent se rendirent prisonniers. à ma première sommation, et promettaient sur parole de ne pas sortir, disant qu'ils étaient prêts à nous livrer les poudres sur un ordre du commandant de place, comme nous en fumées convaincus par la suite étaient, du reste. , bien plus disposés à nous aider qu'à nous être contraires. Je me rendis aussitôt seul chez le commandant de place, tandis que le jeune homme que j'avais amené avec moi et M. Hutin se faisait ouvrir les portes de la cathédrale, et substituaient au drapeau blanc les couleurs de la nation. M. le commandant de place était avec un officier dont j'ignore le nom; je lui montrai le pouvoir que j'avais reçu de vous : il me dit qu'il ne pouvait reconnaître les ordres du gouvernement provisoire; que, d'ailleurs, votre signature ne portait aucun caractère d'authenticité, et que le cachet manquait. Il ajouta de plus qu'il n'y avait à la poudrière que deux cents livres de poudre. Cela pouvait être vrai, puisqu'un ancien militaire me l'affirmait sur sa parole d'honneur. Je sorts pour m'en informer, mais en le prévenant que j'allais revenir. Je craignais peu contre moi l'emploi de la force armée; j'avais reconnu dans la garnison le dépôt du 53 e. J'apprends que, dès la veille, tous les soldats s'étaient distribués des cocardes tricolores.

"J'acquis la certitude qu'il y avait dans la poudrière deux cents livres de poudre appartenant à l'artillerie, et trois mille livres appartenant à la régie.

"Je revins alors chez M. le commandant de place; je savais le besoin qu'on éprouvait de munitions à Paris; je voulais, comme j'avais promis sur ma parole de le faire, m'emparer de celles qui se trouvaient à Soissons , sauf, comme vous me l'aviez recommandé, à laisser à la ville la quantité nécessaire à sa défense M. le commandant de place avait alors au près de lui trois personnes dont deux m'étaient connues, l'une pour le lieutenant. de gendarmerie, marquis de Lenferna, l'autre pour le colonel du génie, M. Bonvilliers. Je suis soumis de nouveau à l'examen de M. le commandant la dépêche dont j'étais porteur ; à moins, me dit-il, qu'il n'y fût contraint par la force. Je crus, effectivement, que ce moyen était le plus court : je tirai et j'armai des pistolets à deux coups que j'avais sur moi. , et je lui renouvelai ma sommation de me livrer les poudres. J'étais trop engagé pour reculer à peu près seul dans une ville de huit mille âmes, au milieu d'autorités, en général, très-contraires au gouvernement ; actuel; il y avait, pour moi, question de vie ou de mort. M. le commandant, voyant que j'étais entièrement résolu à employer contre lui et les trois personnes présentaient tous les moyens que mes armes mettaient à ma disposition, me dit qu'il ne devait pas, pour son honneur, céder à un homme seul , lui, commandant d'une place fortifiée et ayant garnison.

"J'offris à M. le commandant de lui signer un certificat constatant que c'était le pistolet au poing que je l'avais forcé de me signer l'ordre, et de tout prendre ainsi sous ma responsabilité. Il préféra que j' envoyasse chercher quelques personnes pour paraître céder à une force plus imposante. J'enfermai M. le commandant de place et la société dans son cabinet; me rejoint. Quelques minutes après, MM Bard, Moreau et Hutin entraient dans la cour et M. le commandant me signait l'ordre de me délivrer toutes les poudres appartenant à l'artillerie, et voulant opérer le plus. légalement possible, j'allai trouver le maire, qui m'accompagna à la poudrière. Le colonel d'Orcourt nous montra la poudre : il n'y avait effectivement que deux cents livres pour la ville.

"Tout ce que j'avais fait jusque-là était devenu inutile; je réclamai alors les poudres de la régie: elles me furent refusées. J'allai chez l'entreposeur, M. Jousselin; je lui offris d'en acheter pour mille francs; c'était ce que j'avais d'argent sur moi; c'est alors que, voyant que ce dernier refus était la suite d'un système bien arrêté par les autorités de n'aider en rien leurs frères. de Paris, je sorts avec l'intention de tout prendre par force. J'envoyai M. Moreau, l'un des plus chauds patriotes de Soissons, arrêter, en les payant au prix qu'exigeraient les voituriers, des chars de transport ; il me promet d'être avec eux dans une demi-heure à la porte de la poudrière. Son départ réduisit notre troupe à trois personnes. Je pris une hache, M. Hutin son fusil, et Bard (le jeune homme qui nous avait accompagnés). de Paris) ses pistolets. Je laissai ce dernier en faction à la deuxième porte d'entrée; je l'invitai à tirer sur la première personne qui essayait de s'opposer à l'enlèvement de la poudre, et M. Hutin et moi. enfonçâmes la porte à coups de hache. J'envoyai M. Hutin presser M. Moreau, et je l'attendis au milieu de la poudrière. Deux heures après, tout était chargé sans opposition de la part de l'autorité. D'ailleurs, tous les citoyens qui ultérieurement de se soulever nous auraient prêté main-forte.

"Nous quittâmes Soissons à six heures et demi du soir, accompagnés des pompiers, qui s'étaient réunis à nous, de plusieurs jeunes gens à cheval et armés, et d'une trentaine d'hommes qui nous servirent d'escorte jusqu'à Villers-Cotterets. Notre sortie se fit au milieu des acclamations de tout le peuple, qui se découvrait devant le drapeau tricolore flottant sur notre première voiture.

"À dix heures, nous étions à Villers-Cotterets; l'escorte de Soissons ne nous quitta que pour nous remettre entre les mains de la garde nationale de cette ville, qui, à son tour, nous accompagna jusqu'à Nanteuil.

"Voilà le récit exact de ce que j'ai cru devoir faire, général, pensant que, si j'allais trop loin, vous le pardonneriez à mon inexpérience diplomatique, et surtout à mon enthousiasme pour une cause dont, pour la troisième fois, vous êtes un des plus nobles soutiens.

"Respect et admiration.

" *(Signé)*

AL. DUMAS
BARD, rue Saint-Germain-l'Auxerrois, 66, à Paris
HUTIN, rue Richebourg, I, à Soissons
LENOIR-MORAND, capitaine de sapeurs-pompiers, à Veilly

J'atteste la vérité de ce rapport

(Signé) GILLES"

(Extrait du *Moniteur* du 9 août 1830.)

REMARQUEB

AU RÉDACTEUR DU JOURNAL *LA PRESSE*

"MONSIEUR,—Les *Mémoires* de M. Alexandre Dumas, que vous publiez dans votre journal, sont devenus, depuis quelque temps, des mémoires sur la révolution de 1830. Je ne saurais me dispenser de réclamer contre ce qu'ils contiennent sur le gouvernement provisoire de cette époque.

"Ce gouvernement ne s'était pas créé de lui-même. Il avait été constitué par une réunion de députés qui s'était formée immédiatement après la publication des ordonnances.

"L'autorité militaire supérieure avait été remise à M. le général la Fayette, et la direction des opérations actives à M. le général Gérard. Quant à l'autorité civile, on en avait investi une commission de sept membres à qui l'on avait confié les pouvoirs les plus larges, mais à qui l'on avait imposé en même temps, non sans une intention secrète, le titre fort restreint de *commission municipale*. Les sept membres de cette commission étaient MM. , Lobau, de Schonen, Audry de Puyraveau et moi MM. Laffitte et Gérard, retenus par d'autres travaux, n'ont pris aucune partie à nos délibérations; M. Casimir Périer ya paru seulement quatre ou cinq fois. membres, je suis maintenant le seul qui survit, et je n'aurais pas le droit de réclamer pour mon compte, que ce serait, à mes yeux, un devoir de réclamer pour celui de mes anciens collègues.

"La commission municipale de 1830 n'a pas constitué un gouvernement aussi inactif, aussi introuvable que M. Alexandre Dumas se complaît à l'affirmer. Il s'en serait convaincu lui-même à cette époque, s'il eût seulement jeté les yeux sur les murs de Paris, placardés chaque jour de nombreux décrets. Il les retrouvera dans les journaux du temps, si cela lui convient. Nous ne nous réunissions pas chez M. Laffitte, comme il le dit : tous nos actes étaient datés de l. 'hôtel de ville, où était notre siège, et où chacun pouvait nous parler. M. Dumas reconnaît lui-même que nous y avons reçu, dès le 29 juillet, c'est-à-dire dès le jour même de notre installation, MM. de Sémonville, d'Argout et de Vitrolles, qui conféreront avec nous au nom de Charles X ; il reconnaît également que, quatre ou cinq jours plus tard, nous avons reçu M. de Sussy, qui voulait déposer entre nos mains le décret royal rapportant les ordonnances ; il reconnaît, enfin, que nous avons reçu une députation républicaine présidée par M. Hubert. Il nous eût trouvé comme tout le monde, si toutefois il nous eût cherché réellement, et il eût été entendu, s'il avait eu des choses importantes à nous faire connaître; sinon, j'avoue qu'il eût été fort peu écouté.

"De notre conférence avec MM. de Sémonville, d'Argout et de Vitrolles, il ne rapporte que le mot de M. de Schonen, si connu de tout le monde : *Il est trop tard !* Mais ce mot ne terminait pas la discussion ; au contraire, il la faisait naître, car il s'agissait précisément de savoir s'il était ou n'était pas trop tard Charles X disposait encore de forces considérables : aux troupes qui l'entouraient allaient se joindre quarante pièces d'artillerie. qui initialement de sortir de Vincennes, un régiment suisse qui arrivait d'Orléans, et le camp de Saint-Omer, qui était appelé Loin de penser à prendre l'offensive, nous craignions une attaque La nuit du 29 au 30 juillet fut. pleine d'alarmes, et nous n'avions avec nous que deux ou trois régiments de ligne dont nous ne pouvions pas nous servir, parce qu'ils avaient stipulé, en acquiesçant à la cause populaire, qu'on ne les exposait pas à combattre contre leurs frères d'armes. Aussi nous parut-il indispensable d'ordonner la création de vingt régiments de garde mobile. On se trompe, et l'on juge d'après les événements, quand on croit que Charles X était à bout de ressources dès le 29 ou le 30 juillet: la faiblesse de son caractère et l'incapacité de ses conseils ont été pour beaucoup dans le changement de sa fortune.

"Suivant M. Dumas, nous aurions accueilli M. de Sussy avec une bienveillance marquée; M. Dumas se trompe: M. de Sussy fut sans doute écouté avec politesse, mais non avec bienveillance. Ce qui le prouve, c'est que le dépôt qu'il voulait faire entre nos mains fut nettement refusé. La réception du décret et sa publication, que demandait M. de Sussy, n'entrait pas, d'ailleurs, dans nos attributions. haute question politique, c'est-à-dire le droit d'organiser le gouvernement définitif. Nous n'avions à nous occuper de cette question que dans le sein de la réunion même, et comme en faisant partie.

"En nous quittant, M. de Sussy se transporta à la Chambre, et fit remettre le décret à M. Laffitte, qui présidait et qui refusa également de le recevoir : il n'en prévint pas l'Assemblée. M. Dumas ignore, sans doute, qu'il existait alors dans le peuple et dans la Chambre deux tendances opposées. La Chambre se repentait de la révolution, qu'elle avait faite sans le vouloir ni le savoir. Elle était disposée à traiter avec Charles XM de Mortemart. nommé premier ministre à la place de M. de Polignac, avait fait demander à la réunion des députés, devenu fort nombreuse depuis la victoire, à être admis à lui communiquer les intentions royales. le recevrait le même jour; elle avait décidé en même temps qu'elle s'assemblerait au palais législatif pour l'entendre, et s'était même occupée de la question d'étiquette. ; des huissiers seraient ensuite allés au-devant de lui, et l'eussent introduit dans la salle. Pour apprécier la déférence que les députés avaient mis à se transporter au palais législatif, il faut se rappeler que, jusqu'alors, ils ne s'étaient réunis que chez l'un d'eux; ils ne devaient s'assembler correctement, au lieu ordinaire de leurs séances, et avec le caractère de Chambre, que le 3 août, jour fixé par l'ordonnance de convocation, c'est-à-dire deux ou trois jours plus tard.

"La séance eu lieu, mais M. de Mortemart ne parut pas. De là le décret qui, le jour même, après une assez longue attente, conféra la lieutenance générale au duc d'Orléans. Je n'ai jamais douté, quant à moi, que, si M. de Mortemart se présentait, les événements n'eussent pris une direction différente.

"Le peuple n'était pas comme la Chambre : il ne voulait plus de Bourbons. Le duc d'Orléans lui-même, après sa proclamation comme roi, ne put se faire accepter qu'en s'abritant sous la popularité du général la Fayette, et en parcourant les rues de Paris pendant plusieurs jours, donnant des poignées de main aux x uns, faisant des discours aux autres, et trinquant avec le premier venu : je dis les faits, je ne crée pas.

"Au moment où, suivant M. Dumas, nous étions en conférence avec M. de Sussy, arriva la députation Hubert, qui, voyant la porte fermée, l'ébranla à coups de crosse de fusil. On ouvrit. Alors, parut M. Hubert, suivi de quelques amis, et portant une proclamation au bout d'une baïonnette. Les membres de la commission furent *saisis d'épouvante* et *s'éparpillèrent* un instant au milieu de la salle.

"Je ne sais si M. Dumas a voulu faire du pittoresque; mais je sais qu'il n'y a pas un mot de vrai dans son récit.

"Voici ce qui arrive :

"La députation avait demandé à être introduite, et le fut immédiatement. Elle n'était point armée, et se composait de quinze ou vingt personnes; M. Hubert était à sa tête. Je crois me rappeler qu'en effet M. de Sussy était encore présent; je crois même me rappeler que nous voulûmes saisir l'occasion de le rendre témoin d'une scène populaire; il ne pouvait qu'y puiser des enseignements pour la cour de Charles XM Hubert, qui n'avait ni proclamation écrite; , ni baïonnette, parla au nom de la députation, et d'abondance. Il insista notamment sur deux points : sur la nécessité de consulter la nation, et sur celle de ne pas constituer le pouvoir avant d'avoir stipulé et arrêté des garanties pour. les libertés publiques.

"Ce discours a eu un effet que M. Hubert n'avait certainement pas prévu. Il mit en saillie une divergence d'opinion qui existait dans la commission, mais qui était jusque-là restée inaperçue.

"J'avoue franchement que, sur plusieurs points, j'étais de l'avis de l'orateur. On lui fit une réponse qui venait du cabinet du général la Fayette, qui avait été préparé en arrière de moi, qui manquait de franchise. , et qui excita plusieurs fois, de ma part, des gestes ou des mots de surprise et de désapprobation. La députation s'en aperçut. Ce léger incident a même été signalé dans plusieurs brochures de l'époque.

"Tout se passa, du reste, poliment, convenablement, et je crois même pouvoir certifier que, lorsque la députation se retire, M. Audry de Puyraveau ne glissa pas en secret un projet de proclamation dans la main de son chef; autrement, il se serait donné un démenti à lui-même, car il avait approuvé la réponse.

"Je dois ajouter ici que les négociations entreprises par M. de Sussy, et dont le bruit s'était répandu au dehors, avaient tellement alarmé la population, que, pour prévenir un soulèvement populaire, nous fumes obligés de publier la proclamation qui prononçait la déchéance de Charles X.

"Je ne puis me taire sur une scène où M. Dumas me fait figurer personnellement avec M. Charras. Il aurait été question d'une lettre à écrire aux officiers d'un régiment où je ne connaissais personne; je me serais plaint du général Lobau, et M. Charras auraient menacé de le faire fusiller ; sur quoi, j'aurais bondi de surprise, M. Charras m'aurait pris par la main, et, me conduisant à l'une des fenêtres de l'hôtel de ville ; , il m'aurait montré la place en me disant : 'Il y a là cent cinquante hommes qui n'obéissent qu'à moi, et qui fusilleraient le Père éternel, s'il descendait sur la terre, et si je leur disais de le fusilleur !

"M. Charras était, à cette époque, un jeune homme fort peu connu et n'ayant aucune influence. Je ne me rappelle ni l'avoir vu ni lui avoir parlé à l'hôtel de ville. Dans tous les cas, s'il m'eût tenu le langage qu'on lui prête, ou je l'aurais fait arrêter, ou je me serais éloigné sans daigner lui répondre.

"M. Dumas est certainement venu à l'hôtel de ville, puisqu'il l'affirme. Voici ce qu'il a dû y voir:

"Sur la place, sur les quais et dans les rues adjacentes était une population compacte et serrée, attendant les événements, et toujours prête à nous appuyer de son concours. Sur la place, au milieu de la foule, se maintenait un passage de quatre ou cinq pieds de large. C'était une espèce de rue ayant des hommes pour murailles.

"Quand nous avions à donner un ordre exigeant l'appui d'une force quelconque, nous en confions, en général, l'exécution à un élève de l'École polytechnique. L'élève descendait le perron de l'hôtel de ville. Avant d'être parvenu aux derniers degrés, il s'adressait à la foule, devenu attentif, et prononçait simplement ces mots : *Deux cents hommes de bonne volonté !* Puis il achevait de descendre, et s'engageait seul dans le passage. 'instant même, on voyait se détacher des murailles, et marcher derrière lui, les uns avec des fusils, les autres seulement avec des sabres, un homme, deux hommes, vingt hommes, puis cent, quatre cents, cinq cents Il y en. avait toujours le double de ce qui avait été demandé.

"D'un mot, d'un geste, je ne dirai pas en une heure, mais en une minute, nous eussions disposées de dix, de quinze, de vingt mille hommes.

"Je demande ce que nous pouvions avoir à craindre de M. Hubert, de M. Charras et de ses prétendus cent cinquante prétoriens ? Qu'il me soit permis d'ajouter que des hommes qui étaient venus siéger à l'hôtel de ville dès le 29 juillet avaient prouvé par là même qu'ils n'étaient pas d'un caractère facile à effrayer. Pendant les jours de combat, le gouvernement avait attribué des mandats d'arrêt contre sept députés au nombre de ceux que je trouvais, ainsi que. plusieurs de mes collègues de la commission Charles X avaient même annoncé, le lendemain, que nous étions déjà fusillés quand nous n'avions pas reculé devant le pouvoir, aurions-nous reculé devant des jeunes gens, fort honorables sans doute, mais qui. , il faut bien le dire, étions sans puissance ?

" Jamais autorité ne fut obéie aussi ponctuellement que la nôtre. Jamais peuple ne se montra aussi docile, aussi courageux, aussi ami de l'ordre que celui de Paris en 1830. Nous n'avions pas seulement pour nous les masses inférieures, nous avions la garde nationale, la population toute entière. Lorsqu'il fut question de l'expédition de Rambouillet, l'autorité militaire nous demanda dix mille hommes. Sa dépêche nous était arrivée à neuf heures du matin et demi, nos ordres. étaient expédiés aux municipalités que nous avions créés à onze heures, les dix mille hommes étaient rassemblés aux Champs-Élysées, et se mettaient en mouvement, sous le commandement du général Pajol. Leur nombre s'élevait à vingt mille et même à trente mille avant qu'ils fussent arrivés à Cognières, près de Rambouillet, à la vérité, régnait un immense désordre. d'une nombreuse artillerie, et la cause nationale aurait pu éprouver une catastrophe sanglante. Elle n'en eût pas été ébranlée : Paris, dans vingt-quatre heures, aurait fourni cent mille hommes qui eussent été promptement organisés et disciplinés. La guerre civile fut prévenue par un mot du maréchal Maison, mot qui n'était pas exact quand il fut prononcé, mais qui le serait devenu le lendemain, et qui a trouvé son excuse dans ses heureux effets.

"Que si l'on me demande ce que nous avons fait de cette confiance sans mesure qui nous était accordée, je répondrai que ce n'est pas à moi qu'il faut adresser la question. La puissance souveraine, alors, était dans la Chambre, dont le public ignore les dispositions intérieures. La Chambre obéissait tant aux événements qu'à M. Laffitte, et M. Laffitte, en outre, tant par lui que par le général la Fayette, disposait des masses populaires. commission ne venait qu'en troisième ordre mais, comme il grandissait, tous les jours, il inspira des inquiétudes, et on chercha le moyen de s'en débarrasser.

"J'ai déjà signalé la dissidence qui existait entre l'opinion publique et la législature; il s'en déclarera bientôt une autre dans le sein de la législature même.

"Parmi les députés, les uns voulaient constituer la royauté d'abord, sauf à s'occuper plus tard des garanties; les autres exigeaient qu'on s'occupât des garanties et des changements à faire dans l'organisation du pays avant de constituer la royauté. Commencerait-on par faire une constitution, ou commencerait-on parfaire un roi était donc la question.

"Les partisans de la royauté faisaient valoir les inconvénients d'un gouvernement provisoire, et la crainte de l'anarchie; ceux de la constitution répondaient que, dans l'état du pays, et ils en donnaient Paris pour preuve, l'anarchie n 'était pas à redouter; ils ajoutaient qu'il fallait mettre les institutions publiques en accord avec la situation nouvelle, et ne pas s'exposer à une continuation de lutte avec la royauté, ce qui, disaient-ils, aurait pour résultat inévitable une. seconde révolution et l'anarchie même qu'on voulait prévenir. Les premiers répliquaient qu'il n'y avait point de situation nouvelle qu'il pouvait être question, au plus, de changer la personne du prince, que ; le peuple avait fait plus qu'une révolution de palais, et qu'il importait à la royauté même, dans l'intérêt de sa stabilité, d'être reconstituée sur d'autres bases, et de recevoir la sanction du pays.

"Le parti Laffitte et la Fayette passa tout entier du côté de ceux qui voulaient une royauté immédiate, et leur assurer une majorité considérable. Il agit même sur la commission municipale. M. de Schonen, un de ses membres, immédiatement après l'acceptation. par le duc d'Orléans de la lieutenance générale, avait demandé que la commission se démît de ses pouvoirs J'avais représenté que l'autorité nouvelle était déjà engagée dans de mauvaises voies, ce que nous savions tous, et qu'en retardant. notre démission de quelques jours, nous parviendrions peut-être à l'éclairer. Sur mes représentations, la discussion avait été ajournée mais, le lendemain, sur les instances secrètes du général la Fayette, et en mon absence, elle avait été reprise et la démission. On n'y trouvera pas ma signature. Au surplus, c'est moi qui avais tort. On avait voulu simplement supprimer le nouveau pouvoir d'une coexistence qui pouvait le gérer; la responsabilité de ses actes. Quant à la question de primauté entre l'établissement d'une constitution ou celui d'un roi, on sait qu'elle fut résolue par une révision de la Charte en vingt-quatre heures.

"La commission n'a existé comme gouvernement que pendant cinq jours, et, si l'on veut se reporter aux circonstances et à ses actes, on verra qu'elle les a bien remplis. Elle fut priée par le lieutenant général d'organisateur la ville de Paris, ce qu'elle fit, et ce qui continue quinze jours de plus son existence devenue fort étroite, elle se retira. Si elle ne s'est pas occupée plus activement de la grande question politique, c. 'est, comme je l'ai déjà dit, parce que chacun de ses membres appartenait à la réunion des députés, et y portait son opinion et ses votes.

"Dans ces divers événements, il avait été tenu fort peu de compte du parti républicain, et il y avait une raison fort simple, c'est que ce parti n'existait pas alors, ni à Paris ni en France. Il se réduisait , à Paris, à cent cinquante ou deux cents adeptes, jeunes gens, il est vrai, pleins d'activité et de courage, mais qui n'avaient d'importance que par leur chef, le général la Fayette Or, le général la. Fayette n'était pas de leur parti; aussi en furent-ils abandonnés dès le premier pas.

"Je ne veux point dire par là que le général la Fayette n'était pas entré, sous la Restauration, dans la conspiration de Béfort et dans plusieurs autres; j'ai assez connu les affaires secrètes de ce temps pour ne pas l'ignorer mais ces conspirations n'étaient pas républicaines. Je ne veux pas même dire que, dans les deux dernières années de sa vie, il ne se soit mêlé sérieusement à quelques combinaisons contre Louis-Philippe, et je reconnais qu'à cette époque le le parti avait déjà plus d'action ; mais le général la Fayette recherchait surtout le mouvement et la popularité. M. Laffitte disait de lui, avec beaucoup d'esprit, sous la Restauration : « La Fayette est une statue qui cherche son piédestal ; que ce piédestal soit un fauteuil de dictateur ou un échafaud, peu lui importe.

« Si M. Dumas veut connaître les motifs qui ont déterminé le général la Fayette à abandonner le parti républicain, il peut les demander à M. Odilon Barrot, qui a dû les connaître.

"M. Odilon Barrot s'était présenté à nous à l'hôtel de ville, non pas le 28, mais le 31 juillet; il était porteur d'une lettre de M. Laffitte, qui nous priait de le nommer notre secrétaire. Nous les connaissances tous, et il jouissait dès lors d'une réputation trop honorable pour que la recommandation ne fût pas accueillie. M. Mérilhou et M. Baude nous étions déjà attachés en la même qualité M. Barrot leur fut adjoint. qu'il avait reçue de M. Laffitte n'était pas de rester auprès de nous : elle était de s'établir auprès du général la Fayette, avec qui il avait déjà, par sa famille, des rapports d'intimité. lui qui a servi d'intermédiaire entre M. Laffitte et le général la Fayette, ce qui lui a donné une assez grande action sur les événements On craignait que le général la Fayette ne conservât quelque rancune contre le duc d'Orléans, à raison. de certains actes de la première révolution, et qu'il ne se laissa entraîner par les jeunes gens qui l'entouraient à une tentative républicaine.

"Je voudrais finir, et je vous prie, cependant, de me permettre d'ajouter encore un mot.

"On a dit, dans votre journal, et MA Dumas a répété, je crois, que M. Casimir Périer nous avait refusé deux millions que nous lui demandions pour une affaire importante. J'ai attaqué assez vive-men M. Casimir Périer pour avoir le droit de lui rendre justice. Il n'a jamais eu à nous refuser, et nous n'avons jamais eu à lui demander n'ni deux millions ni aucune autre somme. elles étaient pleines. Nous avions notamment sous nos mains celle de l'hôtel de ville, qui contenait de dix à douze millions. C'est sur cette dernière caisse que nous avons fait nos dépenses. Elles ont été arrêtées à cinquante-trois mille francs. , par la cour des comptes, qui a proposé de laisser cette somme à notre charge.

"La révolution de juillet n'a été l'œuvre ni de quelques hommes ni d'un parti; elle est sortie du soulèvement de la France entière, indignée d'un parjure et encore blessée des humiliations de 1815. Comment cette unanimité si noble et si pure at-elle été remplacé, peu de temps après, par des haines de parti et par des scènes de troubles et de désordre Le gouvernement n'at -il pas contribué lui-même à cette transformation Quel a été son mais ? ? Quels ont été ses hommes ? Quelles ont été les fautes des partis, les erreurs et les faiblesses des hommes ? Voilà ce que l'histoire doit rechercher et enseigner Les mémoires privées peuvent certainement lui être, mais sous une condition, c'. est qu'ils apporteront la vérité.

"Dans le mouvement de réaction qui a réussi si promptement aux trois journées, les membres de la commission, rendus entièrement à leurs fonctions législatives, ont presque tous suivi des routes différentes. On peut les juger diversement : la vie d'un homme public appartient au public. Mais ils peuvent aussi se rendre intérieurement ce témoignage que, pendant leur courte existence comme gouvernement, et tandis qu'ils étaient à l'hôtel de ville, ils ont rendu quelques services au pays. de trouble et de confusion où était Paris le 29 juillet Les rues, les boulevards étaient couverts de barricades dont celles de 1848 n'ont point donné l'idée La circulation des piétons en était gênée, celle des voitures impossible, et il ne. Il ne fallait pas penser à les détruire, car aux portes de la ville était une armée, et cette armée pouvait reprendre l'offensive. Toute la population était sur pied, il y avait un grand nombre de blessés qui réclamaient des secours. Il y avait aussi un grand nombre d'hommes qui, sous les armes depuis plus de soixante heures, manquaient de subsistances. Nous leur envoyâmes de l'argent, et ils le refusèrent. « Nous nous sommes battus pour la patrie », disaient-ils : « elle nous doit du pain, non de l'argent ». Or, il n'y avait point de magasins, point de rations préparées. À chaque instant arrivaient des soldats, des compagnies entières qui abandonnaient la cause de Charles X : c'était un tourbillonnement d'hommes et d'événements dont il serait impossible de peindre la rapidité.

"Au milieu de ce mouvement immense, il fut pourvu à tous les besoins; tous les droits ont été respectés. Les communications entre Paris et les provinces, par la poste et le télégraphe, se rouvrent dès le jour même du 29. Le lendemain, de nouvelles municipalités furent créées et installées. L'on ne fut troublé ni dans ses propriétés ni même dans ses opinions. Le peuple s'était livré vis-à-vis de deux ou trois personnes à des manifestations alarmantes : sur un seul mot de. nous, il s'arrête.

"Nous avons pu protéger même des adversaires politiques; ceux d'entre eux qui voulaient quitter la capitale reçurent des passe-ports. Paris reprit promptement sa physionomie ordinaire, et, au bout de peu de jours, il aurait pu se demander s'il y avait eu une révolution.

"Ces résultats ont été dus à la sagesse du peuple, je m'empresse de le reconnaître : nous n'eussions rien pu sans lui, puisqu'il était notre unique instrument. Qu'il me soit permis néanmoins d'en réclamer une modeste part pour la direction qui lui fut donnée, et pour la rapidité des mesures prises et de leur exécution. En nous rendant à l'hôtel de ville, nous avions compromis is notre fortune, et exposé notre vie. aucun gré, je ne m'en plaines pas; mais, du moins, quand on parle de nous, qu'on en parle sérieusement; ; j'en appelle à M. Dumas lui-même.

"Je m'arrête et vous prie, monsieur, de vouloir bien publier ma lettre; j'ai dû attendre, pour l'écrire, que M. Dumas eût fini ou à peu près avec l'hôtel de ville. Vous la trouverez peut-être -être trop longue; je n'ai fait, cependant, que toucher, pour ainsi dire du bout de la plume, les hommes et les choses de 1830. Je n'ai pas osé m'étendre davantage; importer vos lecteurs.

"Veuillez agréer l'expression de ma considération très-distinguée.

" MAUGUIN, *Ancien député*

"SAUMUR, 8 *mars* 1853"

AU RÉDACTEUR

"MONSIEUR LE RÉDACTEUR,—Votre journal de ce jour (15 mars) contient une lettre de M. Mauguin infirmant quelques-uns des faits que je rapporte dans mes Mémoires.

"J'ai pris, en écrivant ces Mémoires, une résolution : c'est de ne répondre que par des preuves officielles, des documents authentiques ou des témoignages irrécusables aux dénégations qui pourraient m'être opposées.

"Ainsi ai-je fait, il ya quelques jours, à propos de M. le chevalier de Liniers; ainsi je ferai-je aujourd'hui à propos de M. Mauguin.

PREMIÈRE INFIRMATION

"Au moment où, suivant M. Dumas, nous étions en conférence avec M. de Sussy, arriva la députation Hubert, qui, voyant la porte fermée, l'ébranla à coups de crosse de fusil. On ouvrit. Alors, parut M. Hubert, suivi de quelques amis, *et portant une proclamation au bout d'une baïonnette*. Les membres de la commission furent *saisis d'épouvante* , et *s'éparpillèrent* un instant au milieu de la salle.

"Je ne sais si M. Dumas a voulu faire du pittoresque, mais je sais qu'il n'y a pas un mot de vrai dans son récit."

Voici ma réponse :

"M. Hubert fut choisi pour porter cette adresse à l'hôtel de ville; il partit en costume de garde national, et accompagné de plusieurs membres de l'assemblée, parmi lesquels étaient Trélat, Teste, Charles Hingray, Bastide, Poubelle, Guinard , à nous hommes pleins d'énergie, de désintéressement et d'ardeur. La députation fendit la foule immense répandue sur la place de Grève. PORTAIT L'ADRESSE AU BOUT D'UNE BAÏONNETTE....

"Les uns s'égarent dans l'hôtel de ville, les autres trouvent la porte du cabinet de la commission municipale fermée. Ils demandent à entrer, on ne leur répond pas. INDIGNÉS, ILS ÉBRANLENT LA PORTE À COUPS DE CROSSE. On leur ouvre, enfin, et *ils aperçoivent le comte de Sussy causant amicalement avec les membres de la commission municipale* .

(Louis BLANC, *Histoire de dix ans.*)

DEUXIÈME INFIRMATION

"M. Hubert, qui n'avait *ni proclamation ni baïonnette* , parla au nom de la députation, *et d'abondance* ; il insista notamment sur deux points....

"Tout se passa, du reste, poliment, convenablement, et je crois même pouvoir certifier que, lorsque la députation se retire, M. Audry de Puyraveau ne glissa point en secret un projet de proclamation dans la main de son chef; autrement, il se serait donné un démenti à lui-même, car il avait approuvé la réponse.

"Je ne sais quelle était la réponse approuvée par M. Audry de Puyraveau. Voici la mienne:

"Seul (dans la commission municipale), M. Audry de Puyraveau avait une attitude passionnée! *Remportez vos ordonnances!* s'écria-t-il alors (s'adressant à M. de Sussy); *nous connaissons plus Charles X!* ON ENTENDAIT EN MÊME TEMPS LA VOIX RETENTISSANTE D'HUBERT LISANT POUR LA SECONDE FOIS L'ADRESSE DE LA RÉUNION LOINTIER....

"La députation républicaine se disposait à sortir lorsque, s'approchant d'Hubert, et TIRANT UN PAPIER DE SA POCHE, M. Audry de Puyraveau lui dit avec vivacité : TENEZ, VOICI UNE PROCLAMATION QUE LA COMMISSION MUNICIPALE AVAIT D'ABORD APPROUVÉE, ET QU'ELLE NE VEUT PLUS MAINTENANT PUBLIER.

(LOUIS BLANC, *Histoire de dix ans* , imprimé et publié à quinze éditions, du vivant de M. Audry de Puyraveau et de M. Mauguin.)

TROISIÈME INFIRMATION

"Je ne puis me taire sur une scène où M. Dumas me fait figurer personnellement avec M. Charr as. Il aurait été question d'une lettre à écrire aux officiers d'un régiment où je ne connaissais personne. *Je me serais plaint du le général Lobau* , et M. Charras auraient menacé de le faire fusiller ; sur quoi, j'aurais bondi de surprise, M. Charras m'aurait pris par la main, et, me conduisant à l'une des fenêtres de l'hôtel de ville, il m'aurait montré la place en me disant : *Il y a là cent cinquante hommes qui n'obéissent qu'à moi, et qui fusilleraient le Père éternel, s'il descendait sur la terre, et si je leur disais de le fusiller.* »

RECTIFICATION

" D'abord, j'ai mis dans la bouche de Charras, non ces paroles tronquées par M. Mauguin, mais celles-ci, qui, à mon avis, sont bien différentes :

" *Et, si le Père éternel trahissait la cause de la liberté, ce qu'il est incapable de faire, et que je leur disse de fusiller le Père éternel, ils le fusilleraient !* "

"Reprenons la troisième infirmation où je viens de l'interrompre.

« M. Charras, poursuit M. Mauguin, était, à cette époque, un jeune homme fort peu connu et n'ayant aucune influence. *Je ne me rappelle ni l'avoir vu ni lui avoir parlé à l'hôtel de ville.* . Dans tous les cas, s'il m'eût tenu le langage qu'on lui prête, ou je l'aurais fait arrêter, ou je me serais éloigné de lui sans daigner lui répondre.

PREMIÈRE RÉPONSE À LA TROISIÈME INFIRMATION

"La garde nationale de Saint-Quentin exigeait deux élèves de l'École polytechnique pour la commander; elle avait envoyé, en conséquence, une députation à la Fayette, et lui avait, en même temps, fait passer l'avis qu'il serait facile d'enlever le régiment caserné à la Fère. La Fayette mande auprès de lui deux élèves de l'École, et les envoie à la commission municipale. Ils arrivent accompagnés de M. Odilon Barrot. salle. Instruit de l'objet de leur visite, *il prit une plume, et commença une proclamation qui s'adressait au régiment de la Fère.* Mais M. Odilon Barrot interrompit son collègue par ces mots : *Laissez-leur faire cela ; 'y entendent mieux que nous !* M. Mauguin céda la plume à l'un des deux jeunes gens.

"La proclamation faite, le général Lobau se présente : *on la lui donne à signer, il refuse et sort.* IL NE VEUT RIEN SIGNER, dit alors M. Mauguin ; *tout à l'heure encore, il refusait sa signature à un ordre concernant l'enlèvement d'un dépôt de poudres.* —IL RECULE DONC? répondit un des élèves de l'École polytechnique; mais rien *n'est plus dangereux, en révolution, que les hommes qui reculent.* —Y PENSEZ-VOUS! répliqua vivement M. Mauguin, FAIRE FUSILLER LE GÉNÉRAL LOBAU! UN MEMBRE DU GOUVERNEMENT PROVISOIRE!—LUI-MÊME, reprit le jeune homme EN CONDUISANT LE DÉPUTÉ À LA FENÊTRE *et en lui montrant une centaine d'hommes qui Avait combattu à la caserne de Babylone* , et JE DIRAIS À CES BRAVES GENS DE FUSILLER LE BON DIEU, QU'ILS LE FERAIENT!" M. Mauguin se mit à sourire et signe la proclamation en silence.

(LOUIS BLANC, *Histoire de dix ans.*)

DEUXIÈME RÉPONSE À LA TROISIÈME INFIRMATION

"MON CHER DUMAS,—Je viens de lire, dans le numéro de *la Presse* que vous m'avez envoyé ce matin, une lettre où M. Mauguin conteste l'exactitude d'un récit que vous avez publié, *et où mon nom figure à côté du sien.*

"meVous demandez la réponse que j'ai à y faire. Je vous avoue que je tiens assez peu à ce que l'on nie ou affirme telle ou telle des scènes où j'ai pu être acteur plus ou moins obscur dans notre grande lutte de juillet 1830; mais, puisque vous y tenez, JE DÉCLARE QUE LA SCÈNE DE L'HÔTEL DE

VILLE EST, sauf quelques détails de peu d'importance, EXACTEMENT RACONTÉE DANS VOS *Mémoires* . JE SUIS SUR DE LA FIDÉLITÉ DES MIENS. Ils concordent, d'ailleurs, parfaitement avec *l'Histoire de dix ans* , publiée il y a longtemps déjà, et où vous avez, sans doute, puisé les faits contestés *aujourd'hui* par M. Mauguin. .

"Tout à vous.

« CHARRAS

"BRUXELLES, 13 *mars* 1853"

QUATRIÈME INFIRMATION

"On a dit, dans votre journal, et M. Dumas a répété, je crois, que M. Casimir Périer nous avait refusé deux millions que nous lui demandions pour une affaire importante; il n'a jamais eu à nous refuser et nous n 'avons jamais eu à lui demander deux millions ni aucune autre somme."

RECTIFICATION

"Je n'ai pas dit qu'on eût demandé à M. Casimir Périer *deux millions* , somme qui, effectivement, vaut la peine qu'on y réfléchisse avant de la donner.

"J'ai dit :

"La moitié des combattants mourait de faim sur les places publiques, et demandait du pain. On se tourna d'un mouvement unanime vers M. Casimir Périer, le même qui proposait, la veille, d'offrir quatre millions au dû de Raguse. *Ah! messieurs* , répondez-il, *j'en suis vraiment désespéré pour ces pauvres diables; mais il est plus de quatre heures et ma caisse est fermée* .

RÉPONSE À LA QUATRIÈME INFIRMATION

"Sur ces entrefaites, on vint annoncer que beaucoup d'ouvriers manquaient de pain; il fallait de l'argent. On s'adressa à M. Casimir Périer, qui répondit: IL EST PLUS DE QUATRE HEURES; MA CAISSE EST FERMÉE."

(Louis BLANC, *Histoire de dix ans.*)

CINQUIÈME ET DERNIÈRE INFIRMATION

"La commission municipale de 1830 n'a pas constitué un gouvernement aussi inactif, aussi introuvable que M. Alexandre Dumas se complaît à l'affirmer. Il s'en serait convaincu lui-même à cette époque, s'il eût seulement jeté les yeux sur les murs de Paris, placardés chaque jour de nos nombreux décrets.

RÉPONSE

M. Mauguin m'accuse à tort de ne pas rendre justice à l'activité de la commission municipale ; car, justement, à propos du premier de ses décrets, j'ai écrit ceci dans mes Mémoires:

" Voilà donc la bourgeoisie à l'œuvre, et recommençant, le jour même du triomphe populaire, son travail de réaction !

"Reconnaissez-vous, abordez-vous avec des cris de joie, embrassez-vous, hommes des faubourgs, jeunes gens des écoles, étudiants, poètes, artistes; levez les bras au ciel, remerciez Dieu, criez *Hosannah!* Vos morts ne sont pas sous terre, vos blessures ne sont pas pansées, vos lèvres sont encore noires de poudre, vos cœurs battant encore joyeusement se croient libres; — et déjà les hommes d'intrigue, les hommes de finance, les hommes à uniforme, tout ce qui se cachait, tremblait, priait pendant que vous combattiez, vous venez impudemment prendre des mains la victoire et la liberté, arrache les palmes de l'une, coupe les ailes de l'autre, et fait deux prostituées de vos deux chastes déesses !

" Tandis que vous fusillez, place du Louvre, un homme qui a pris un vase de vermeil ; tandis que vous fusillez, sous le pont d'Arcole, un homme qui a pris un couvert d'argent, on vous calomnie, on vous déshonore là-bas, dans ce grand et bel hôtel que, par une souscription nationale, vous rachèterez un jour, enfants sans mémoire et au cœur d'or pour en faire don à son propriétaire, qui se trouve ruiné n'ayant plus que quatre ! cent mille livres de rente !

"Écoutez et instruisez-vous! — *Audite et intelligite!*

"Voici le premier acte de cette commission municipale qui vient de s'instituer :

" *Les députés présents à Paris ont dû se réunir pour rencontrer aux graves dangers* QUI MENAÇENT LA SÛRETÉ DES PERSONNES ET DES PROPRIÉTÉS. *— Une commission a été nommée pour veiller aux intérêts de tous, en l'absence de toute organisation régulière.* "

" Comment concilier, maintenant, la prise de cet arrêté avec ce que dit M. Mauguin, dans la lettre à laquelle nous répondons, de ce même peuple qui, selon la commission municipale, *menaçait la sûreté des personnes et des propriétés ?*

"Voici ce que dit M. Mauguin:

" Jamais autorité ne fut obéie aussi ponctuellement que la nôtre ; *jamais peuple ne se montra aussi docile, aussi courageux, aussi ami de l'ordre que celui de Paris en 1830.*

"Convenons que la commission connaissait bien mal ce peuple ou, le connaissant, faisait lui gratuitement une bien grave insulte !

"Mais la commission ne connaissait pas le peuple; elle ne l'avait pas vu.

" Cela tient à ce que la commission ne fut constituée que le 29 juillet au soir, et que le peuple se battait depuis le 27 au matin.

"Nous attendons les nouvelles dénégations qui peuvent se produire, et nous promettons d'y répondre aussi promptement, aussi catégoriquement, aussi victorieusement qu'à celles de M. le chevalier de Liniers et à celles de M. Mauguin.

"ALEX. DUMAS

"BRUXELLES, *ce* 13 *mars* 1853"

REMARQUE À LA P. 357

Dans l'édition bruxelloise de 1853, Dumas ajoute : « Heureusement, ces lignes de Barbier fournissent tout ce que j'aurais souhaité dire :

Oh! lorsqu'un lourd soleil chauffait les grandes dalles
Des ponts et de nos quais déserts, Que les cloches hurlaient, que la grêle
des balles Sifflait et pleuvait par les airs; Que, dans Paris entier, comme la
mer qui monte, Le peuple soulevait grondait, Et qu'au lugubre accent des
vieux canons de fonteLa *Marseillaise* répondait;
Certes, on ne voyageait pas, comme au jour où nous sommes,Tant
d'uniformes à la fois;
C'était sous des haillons que battaient les cœurs d'hommes;
C'étaient, alors, de sales doigtsQui chargeaient les mousquets et renvoyaient
la foudre; C'était la bouche aux vils jurons
Qui mâchait la cartouche, et qui, noire de poudre,Criait aux citoyens:
'Mourons!'. . . . . .Mais, ô honte ! Paris, si beau dans sa colère,Paris,
si plein de majesté,Dans ce jour de tempête où le vent populaire
Déracina la royauté;Paris, si magnifique avec ses funérailles,Ses débris
d'hommes, ses tombeaux,Ses chemins dépavés et ses pans de
muraillesTroués comme de vieux drapeaux;Paris, cette cité de lauriers toute
ceinte,
Dont le monde entier est jaloux,
Que les peuples émus appellent tous la sainte,Et qu'ils ne nomment qu'à
genoux;Paris n'est maintenant qu 'une sentine impure,Un égout sordide et
boueux,Où mille noirs courants de limon et d'ordureViennent traîner leurs
flots h onteux;
Un taudis regorgeant de faquins sans courage,D'effrontés coureurs de
salonsQui vont, de porte en porte et d'étage en étage,Gueusant quelque
bout de galons;Une halle cynique aux clameurs indolentes,Où chacun
cherche à déchirerUn misérable coin des guenilles sanglantes

Du pouvoir qui vient d'expirer !

Ainsi, quand dans sa bauge aride et solitaire,Le sanglier, frappé de mort,Est là tout palpitant, étendu sur la terre,Et sous le soleil qui le mord;Lorsque, blanchi de bave et la langue tirée,
Ne bougeant plus en ses liens,
Il meurt, et que la trompe a sonné la curéeÀ toute la meute des chiens,Toute la meute, alors, comme une vague immense,Bondit; alors, chaque matin
Hurle en signe de joie, et prépare d'avance
Ses larges crocs pour le festin;Et puis vient la cohue, et les abois férocesRoulent de vallons en vallons;Chiens courants et limiers, et dogues, et molosses,Tout se lance, et tout crie : 'Allons !Quand le sanglier tombe et roule sur l'arène,Allons ! allons! les chiens sont rois! Le ca davre est à nous; payons-nous notre peine,
Nos coups de dents et nos abois.Allons! nous n'avons plus de valet qui nous fouailleEt qui se pende à notre cou.Du sang chaud! de la chaise ! allons, faisons ripaille,Et gorgons-nous tout notre soûl!'Et tous, comme ouvriers que l'on met à la tâche,
Fouillent ces flancs à plein museau,Et de l'ongle et des dents travaillent sans relâche,
Car chacun en veut un morceau;
Car il faut au chenil que chacun d'eux revienneAvec un os demi-rongé,Et que,trouver au seuil son orgueilleuse chienne,
Jalouse et le poil allongé,Il lui montre sa gueule encor rouge et qui grogne,Son os dans les dents arrêtées ,Et lui crie, en jetant son quartier de charogne : 'Voici ma part de royauté !'"

FIN DU VOL. IV